इन्क़लाब ज़िन्दाबाद

इन्क़लाब ज़िन्दाबाद

भारत के स्वतन्त्रता संग्राम
में उर्दू शायरी का योगदान

गोपी चन्द नारंग

हिन्दी अनुवाद
अय्यूब ख़ाँ

वाणी प्रकाशन
प्रकाशन के उत्कृष्टतम 61 वर्ष

vaniprakashan.com

पेपरबैक पहला संस्करण : 2024

वाणी प्रकाशन

4695, 21-ए, दरियागंज, नयी दिल्ली-110 002

फ़ोन : +91 11 23273167, 23275710

शाखाएँ

अशोक राजपथ, पटना-800 004, बिहार

कॉफ़ी हाउस कैम्पस, महात्मा गांधी मार्ग, प्रयागराज-211 001, उत्तर प्रदेश

महात्मा गांधी अन्तरराष्ट्रीय हिन्दी विश्वविद्यालय, वर्धा-442 001, महाराष्ट्र

36/ए, शेक्सपियर सरणी, रानी बिरला गर्ल्स कॉलेज के पास, कोलकाता-700 017, प. बंगाल

sales@vaniprakashan.in
vaniprakashan@gmail.com

Inquilab Zindabad

by Gopi Chand Narang

Translated by Ayub Khan

ISBN : 978-93-5775-413-2
Criticism

मूल्य : ₹ 695

जी.एस. ऑफ़सेट, दिल्ली-110 095 में मुद्रित

वाणी प्रकाशन का लोगो मक़बूल फ़िदा हुसेन की कूची से

समर्पण

आज़ादी के शमा के परवानों, कवियों, लेखकों, बुद्धिजीवियों, पत्रकारों को समर्पित जिन्होंने देशप्रेम की भावना को जन मानस तक पहुँचा कर उनमें साम्राज्यवाद से घृणा करने और स्वाधीनता और स्वतन्त्रता के भाव को जाग्रत करने में एक अग्रिम भूमिका निभाई, साथ ही आवश्यकता पड़ने पर अपनी जान न्योछावर कर स्वतन्त्रता संग्राम के पथ को प्रज्ज्वलित किया और बड़े-से-बड़ा बलिदान देने से भी पीछे नहीं हटे।

विषय-सूची

भाग दो

विशेष अध्ययन

प्रस्तावना

तीन वर्ष पहले मैंने उर्दू शायरी के सांस्कृतिक अध्ययन के जिस प्रोजेक्ट को करने और क़ौमी उर्दू से उसको प्रकाशित करने की ज़िम्मेदारी ली थी ख़ुदा का शुक्र है कि प्रस्तुत किताब इसकी अन्तिम कड़ी है। यह प्रोजेक्ट जिन तीन किताबों पर आधारित है वो निम्न हैं :

(1) हिन्दुस्तानी क़िस्सों से माख़ूज़ उर्दू मसनवियाँ

(2) उर्दू ग़ज़ल और हिन्दुस्तानी ज़ेह्न-ओ तहज़ीब

(3) हिन्दुस्तान की तहरीक-ए आज़ादी और उर्दू शायरी

उम्र के इस पड़ाव पर आकर यह कह पाना ज़रा मुश्किल है कि कौन-सा काम पूरा हो पाये और कौन-सी कोशिश धरी रह जाये। वैसे तो पूरा कहना ठीक भी नहीं है क्योंकि कहीं-न-कहीं हर चीज़ कुछ अधूरी रह ही जाती है जिसे ज़माना पूरा करता है और इस प्रकार यह सिलसिला जारी रहता है। 'हिन्दुस्तानी क़िस्सों से माख़ूज़ (आधारित) उर्दू मसनवियाँ' पहली बार 1959 में और फिर 1961 में प्रकाशित हुई थीं। इस पर दोबारा नज़र डाल कर और इसमें कुछ और पृष्ठ जोड़ कर नये आकार एवं संस्कार से एक बार फिर प्रस्तुत किया गया है। अन्य दो किताबें पहली बार सामाजिक पटल पर प्रस्तुत की गयी हैं। यह इस बड़े काम का हिस्सा है जिसे मैंने लगभग चालीस-पैंतालीस वर्ष पहले शुरू किया था और समय के साथ-साथ इसमें बढ़ोतरी होती रही। विदेशी किताब-घरों और अजायब-घरों में भी जब-जब अवसर मिला यह कार्य ध्यान आकर्षित करता रहा। विषय में इतनी विविधता एवं विस्तार था कि समेटने की हिम्मत ही नहीं होती थी। अपनी दूसरी ज़िम्मेदारियों एवं व्यस्तताओं के कारण केवल इसी काम पर ध्यान देना सम्भव नहीं था। क़ौमी उर्दू के डायरेक्टर डॉ. हमीदुल्लाह भट्ट की इच्छा व्यक्त करने और मेरी प्रतिबद्धता ने यह मुश्किल आसान कर दी। यही कारण है कि क़ौमी उर्दू ने इन किताबों को बड़े ही आदर्श स्वरूप के साथ मुद्रित किया। इस कार्य के लिए मैं उनका हृदय से आभार व्यक्त करता हूँ।

देखा जाये तो इस किताब में (अच्छी बुरी जैसी भी है) मेरी उम्र के एक बड़े हिस्से का निचोड़ है। पीछे मुड़ कर जब अपने गुज़रे कल पर नज़र डालता

हूँ तो आश्चर्य होता है। याद्दाश्त सलामत रहे वो भी क्या दौर था जब हस्ती में इक जुनून था:

कुछ मौज-ए हवा पेचाँ ए मीर नज़र आयी
शायद कि बहार आयी ज़ंजीर नज़र आयी

इस बात को मैं 'उर्दू ग़ज़ल और हिन्दुस्तानी ज़ेह्न-ओ तहज़ीब' की प्रस्तावना में लिख चुका हूँ। छठे दशक के अन्त में दिल्ली यूनिवर्सिटी में उर्दू विभाग स्थापित किया गया था और सेंट्रल लाइब्रेरी की बड़ी इमारत फ़ोर्ड फ़ाउंडेशन की सहायता से बन चुकी थी। रिसर्च फ़्लोर पर साथ-साथ उठने-बैठने वालों का अगर प्रचलित भाषा में कहें तो एक 'जमावड़ा' था। इसमें से कई लोग कॉफ़ी हाउस में भी साथ-साथ बैठते थे। कैरियर की दौड़ में लगे हुए हर तरह के मित्रों की मण्डली थी ये। बिना किसी लालच के निडर इन एक-दूसरे से मोहब्बत करने वालों में निसार अहमद फ़ारूक़ी, रशीद हसन ख़ाँ, अब्दुल वुदूद अज़हर, नूरूल हसन अंसारी, ज़हीर अहमद सिद्दीक़ी, ख़लीक़ अंजुम, असलम परवेज़, शरीफ़ अहमद जैसे कई थे। इनमें से कुछ अल्लाह को प्यारे हो गये, कुछ अलग राहों पर निकल गये, कुछ ने 'उर्दू घरों' में घरौंदे बना लिए। यह सब धुन के पक्के और लगन के खरे थे और कुछ ने तो ऐसा-ऐसा काम किया कि फिर इन जैसे उर्दू के जियालों की टोली दिल्ली के बुद्धिजीवियों में मुझे न मिली, या यूँ कह लीजिए कि दूरियों के कारण मैं देख न सका। इस दौर का जोश, एकाग्रता और चाह में एक ऐसी आग थी जिसको कोई नाम नहीं दिया जा सकता, लेकिन जिसमें अस्तित्त्व पिघल-सा जाता है। मेरे साथ कुछ ऐसा ही हुआ। उर्दू की दुकान पर मैं ताज़ा नख़चीर (माल) था। हालाँकि उम्र अपने अन्तिम पड़ाव पर आ चुकी है पर आज भी चाहत की यह डाली हरी है :

ऐ दिल तमाम नफ़ा है सौदा-ए इश्क़ में
इक जान का ज़ियाँ है सो ऐसा ज़ियाँ नहीं

इस किताब को दो भागों में बाँटा गया है। इसका हर एक भाग अपने आप में एक पूरी किताब है। कहा जा सकता है कि इस एक किताब में तीन किताबों की सामग्री को समेट दिया गया है। वैसे इनको अलग-अलग भी प्रकाशित किया जा सकता था, पर विषयों के सहसम्बन्धों को ध्यान में रखते हुए इनको एक ही किताब के रूप में प्रस्तुत करना ज़्यादा उचित लगा। पहले भाग में भारत की भौगोलिक एवं सांस्कृतिक ढाँचे का विवरण है यानि जिस माहौल में स्वतन्त्रता संग्राम की ज्वाला भड़की और उर्दू शायरी परवान चढ़ी। दूसरा भाग स्वतन्त्रता संग्राम से जुड़े क़िस्से और ऐतिहासिक घटनाओं के साथ उर्दू शायरी का क्रमबद्ध शोध एवं आलोचनात्मक विवरण प्रस्तुत करता है, इसमें पाँच अध्याय हैं और

यही भाग इस पुस्तक का मूल भाग है। तीसरे भाग में स्वतन्त्रता संग्राम से जुड़े छः ऐसे शायरों की विस्तृत जानकारी दी गयी है, जो मेरे शोध एवं आलोचनात्मक लेखों पर आधारित है जो समय-समय पर उर्दू शायरी में सामाजिक एवं सियासी आयामों पर प्रकाशित होते रहे हैं। किसी भी देश की सभ्यता एवं संस्कृति कुल मिलाकर एक देश एवं समाज की तन्मयता एवं सक्रियता है। इस अन्तिम परिभाषा में सभ्यता, इतिहास, संस्कृति, समाज, राजनीति सबको अपने दायरे में क़ैद कर लेती है यानी सभ्यता धरती की बू-बास, राष्ट्रीयता के आभास और स्वाधीनता के जोश और स्वतन्त्रता की छाप छोड़ती है, भावना एवं संरक्षण में पूरे तौर से समा जाती है।

एक और कारण है जो ये किताब ध्यान आकर्षित करती है वो यह कि जहाँ एक ओर पहली किताब पूरी तरह से मसनवी पर आधारित है तो दूसरी किताब ग़ज़ल के बारे में है। इस किताब में शायरी के सभी पहलुओं; ग़ज़ल, मसनवी, क़सीदा, नज़्म, गीत, क़तअ, रूबाई हर पहलू पर प्रकाश डालती है मानो पूरी उर्दू शायरी में भारतीय स्वतन्त्रता संग्राम का दिल धड़कता नज़र आयेगा। जहाँ तक दूसरी भाषाओं का सवाल है उनका महत्त्व अपनी जगह है पर इस सन्दर्भ में उर्दू शायरी ने जो सेवा की उसकी मिसाल दूसरी भाषा में इस स्तर की नहीं मिलती। यह भी एक वास्तविकता है कि उर्दू उस समय इतिहास एवं संस्कृति के बड़े धारे में थी, इसीलिए इस भाषा ने ही सबसे अधिक कड़ाई झेली। अब ज़रा परिस्थितियों की विडम्बना पर एक नज़र डालिए कि जिस उर्दू भाषा ने स्वतन्त्रता संग्राम में बढ़-चढ़ कर भाग लिया, जिसके गीत और नारे दिमाग़ों में गूँजते और दिलों में हलचल मचाते थे, और जिसकी साहित्यिक विरासत ही अन्तरधार्मिक है, अर्थात् एकता, सहिष्णुता और मैत्री का अनुलेख जिसने मानवता से किया हो उसी भाषा को सबसे ज़्यादा साम्प्रदायिकता का निशाना बनाया गया और आज़ादी के बाद भाषायी पक्षपात का शिकार बना कर, अँधेरे में मुजरिम बना कर ढकेल दिया गया। फिर भी इतिहास की कोख से ही इतिहास जन्म लेता है, ये भी एक वास्तविकता है कि इतिहास अपनी ग़लतियों को सुधारता और सँवारता भी है और यादों के धरोहर से मदद भी लेता है। देश के स्वतन्त्र होने के पचास-पचपन वर्ष बीत जाने के बाद भी यदि ऐसी किसी किताब के प्रकाशित होने का कारण ढूँढ़ा जाये तो वो सम्भवतः यही—

ग़ालिब कि दिल-ए ख़स्ता शब-ए हिज्र में मर जाये
ये रात नहीं वो जो कहानी में गुज़र जाये

गोपी चन्द नारंग

भाग एक

देशप्रेम, साम्राज्यवाद से घृणा और स्वतन्त्रता संग्राम

अध्याय एक

उर्दू शायरी में देशभक्ति की परम्परा

यह एक वास्तविकता है कि उर्दू शायरी सामाजिक सरोकार से कट कर छुईमुई की तरह किसी काँच के घर में परवान नहीं चढ़ी। इसमें शुरू से सामाजिक, पारम्परिक और राष्ट्रीय संवेदना पायी जाती है (यद्यपि राष्ट्र की व्याख्याएँ बदलती रहती हैं) उर्दू ने अपने लिए कभी भी युग और वातावरण से हट कर अलग रास्ता नहीं खोजा, पर कभी-कभी ऐसा प्रतीत होता है कि जब हम उर्दू शायरी में स्थानीय तत्त्वों के साथ-साथ बाहरी तत्त्वों और भारतीय स्थानों के साथ-साथ विदेशी स्थानों, लक्षणों और प्रभावों इत्यादि को देखते हैं तो सन्देह होता है कि शायद उर्दू शायरों का देशप्रेम स्तरीय है और वह भारत से विरक्त हैं। परन्तु वास्तविकता इससे परे है। अगर देखा जाये तो उर्दू भाषा दो परम्पराओं, दो संस्कृतियों और दो भाषाओं का संगम है। यही कारण है कि इसमें दो सभ्यताओं की मिली-जुली गंगा-जमुनी बहार हमें धनक के रंगों की तरह दिखाई देती है। जैसा कि हम जानते हैं कि यह संगम भारत की धरती पर हुआ इसलिए उर्दू भाषा का बुनियादी ढाँचा तो भारतीय ही है, पर कहीं-कहीं इसमें विदेशी स्थान, सभ्यता और संस्कृति के जो लक्षण दिखाई देते हैं इन्हें हम एक औपचारिकता मात्र ही मान सकते हैं। विदेशी मूल्यों से सम्बन्ध एक औपचारिकता तो हो सकती है पर वास्तविकता नहीं, और यह सम्बन्ध भी आरम्भिक दौर से फ़ारसी शायरों के मामले में कुछ हद तक ठीक भी है, जिनका आगमन भारत में नया-नया हुआ था। लेकिन सत्रहवीं और अट्ठारहवीं शताब्दी में जब उर्दू शायरी का आरम्भ हुआ, मुसलमानों को इस देश में आये और रहते हुए काफ़ी लम्बा समय बीत चुका था और अब यह लोग भारत को ही अपना वतन समझने लगे थे। फ़ारसी शायरी को उस दौर में शिक्षित और सभ्य समाज का हिस्सा माना जाता था और उर्दू पर इसकी छाप साफ़-साफ़ दिखाई देती है। फ़ारसी भाषा के चाहने वालों में हिन्दू और मुसलमान दोनों थे। फ़ारसी शायरी उस दौर में शैक्षणिक और सांस्कृतिक जीवन का एक मानक बन गयी थी। यही कारण है कि उस समय की उर्दू पर इसका प्रभाव ख़ासा झलकता

दिखाई देता है। फ़ारसी के अनुसरण में हिन्दू और मुसलमान दोनों का योगदान बराबर का रहा। दोनों की शैली पर विदेशी संस्कृति की झलक दिखाई देती है। इस तरह फ़ारसी के अनुसरण में विदेशी शैली के संकेतों और संस्कृति की छाप होना एक अलग बात है और अपने देश की सभ्यता, दिलकशी, रंगारंगी का आभास करना या अपने देश की संस्कृति एवं सभ्यता का अनुसरण करना एक अलग ही विषय है। उर्दू शायरी में देशभक्ति की परम्परा पर बहस करते हुए हमें इन दोनों पहलुओं को अलग-अलग रख कर देखना होगा।

इस विषय में यह बात भी ध्यान रखने योग्य है कि मध्यकालीन भारत में देशभक्ति का अभिप्राय आज के युग की परिभाषा से अलग था। उस समय काल में सांस्कृतिक एकता का भाव समाज में नहीं था। कारण था इतिहास और सभ्यता से जुड़ी विशेष परिस्थितियाँ। देशभक्ति की सामूहिक सोच बहुत बाद की बात है। उस समय की देशभक्ति हमारी दूसरी सामाजिक और सांस्कृतिक सोच की तरह निजी और व्यक्तिगत थी। इसकी बुनियाद सामूहिक एकता पर न होकर निजी और स्थानीय आधारों पर केन्द्रित होकर रह गयी थी, और इसकी अभिव्यक्ति भी स्थानीय और सीमित दायरों में क़ैद थी। उर्दू के उत्थान के इस आरम्भिक युग में प्राचीन और आधुनिक अवधारणाओं के बीच के फ़र्क़ को हमें ध्यान रखते हुए आगे बढ़ना होगा।

अमीर ख़ुसरो को हिन्दवी (प्राचीन उर्दू हिन्दी) का पहला शायर माना जाता है जिन्होंने अपने हिन्दुस्तानी होने को विशेषकर सर्वोपरि रखा और उस पर गर्व भी किया। यदि उनकी मानें तो उन्होंने भारत को अपनी जन्मभूमि, आश्रय भूमि और अपना देश बताया।

"हस्त मरा मौलद-ओ मावा-ओ वतन"
(हिन्दुस्तान मेरी जन्मभूमि और मेरा वतन है)

हालाँकि अमीर ख़ुसरो तुर्क नस्ल के थे परन्तु इसे उन्होंने कभी भी अपने लिए गर्व की बात न माना बल्कि इसके विपरीत वो अपने को हिन्दुस्तानी कह कर गौरवान्वित होते थे। मसनवी 'नूह सिपहर' और 'क़िरान उस्सादैन' उनकी ऐतिहासिक रचनाओं में विशेष स्थान रखती हैं। इनमें उन्होंने अनगिनत ऐसे शेर लिखे हैं, जहाँ हमें हज़रत अमीर ख़ुसरो पूरी तरह से हिन्दुस्तानी दिखाई देते हैं और इतना ही नहीं बल्कि अपनी जन्मभूमि की विशेषताओं का वर्णन करते हुए अपने पुरखों और पूर्वजों की धरती बलख़ और बुख़ारा और मावरा-उन् नहर से बढ़कर भारत को स्थान देते हैं। 'नूह सिपहर' में नौ अध्याय हैं। इसमें एक अध्याय पूरा भारत को समर्पित है। यहाँ उन्होंने इस पावन धरती के फलों और फूलों की विशेषताओं का वर्णन करते हुए यहाँ के वातावरण की भी दिल खोलकर तारीफ़

की है। भारत के लोगों का सौन्दर्य इनको ईश्वर द्वारा दी गयी बौद्धिक क्षमता न सिर्फ़ इतना अपितु यहाँ के लोगों की दूसरे देशों की भाषाओं को सीख लेने की कला का वर्णन करते हुए स्थापत्य कलाओं के प्रति भारतीयों के प्रेम का वर्णन भी किया है। साथ ही धार्मिक, सामाजिक और वैचारिक जीवन का कोई भी ऐसा पक्ष नहीं बचा जिस पर उन्होंने कुछ आरम्भिक युग में प्राचीन और आधुनिक अवधारणाओं के बीच के फ़र्क़ को हमें ध्यान रखते हुए आगे बढ़ना होगा।

अपने चौथे और सब से महत्त्वपूर्ण दीवान 'ग़ुर्रतुल कमाल' की प्रस्तावना में अपने हिन्दुस्तानी तुर्क होने पर अमीर ख़ुसरो ने गर्व किया है और कहा है कि मैं हिन्दवी भाषा प्रवाह से बोल सकता हूँ।

तुर्के हिन्दुस्तानेम मन हिन्दवी गोयम जवाब
शकर-ए मिसरी न दारम कज़ अरब गोयम सुख़न

(मैं हिन्दुस्तानी तुर्क हूँ इसलिए हिन्दवी में जवाब देता हूँ।
क्योंकि मिस्र की शकर अर्थात् अरबी नहीं बोलता कि अरब
से बात कर सकूँ)

इसी प्रस्तावना में 'तूति-ए हिन्द' की रिआयत से अपनी हिन्दवी की भी सराहना की है।

चू मन तूति-ए हिन्दम अर रास्त पुरसी
ज़मन हिन्दवी पुर्स ता नग्ज़ गोयम

(चूँकि मैं हिन्दुस्तान का तूती हूँ अगर सच पूछो तो मुझसे
हिन्दवी में बात करो ताकि मैं आला से आला बात कर सकूँ)

अमीर ख़ुसरो के देशप्रेम का एक पक्ष यह भी है कि वो हिन्दुस्तान के कुछ ऐसे रीति-रिवाज़ों की प्रशंसा करते दिखाई देते हैं जिन पर बाहर से आने वाले लोगों ने आपत्ति जताई। ख़ुसरो इन रस्मों को अच्छे शब्दों की माला पहनाते दिखते हैं। उदाहरण के रूप में जौहर और सती प्रथा का उल्लेख हम यहाँ विशेषरूप से कर सकते है। ख़ुसरो की दृष्टि इन रस्मों में दिये त्याग और बलिदान की निःस्वार्थ भावना को देखती है जो उस समय काल में इन प्रथाओं की तह में छिपी हुई थी। इसी सन्दर्भ में वो एक जगह कहते हैं कि इस तरह की आत्महत्या की अनुमति इस्लाम कदापि नहीं देता, पर फिर भी अगर आज्ञा दी जाये तो मुसलमान भी प्रेमभाव और निष्ठा एवं कर्त्तव्य के प्रति अपनी प्राणों की आहुति देने में पीछे नहीं रहेगा।

उर्दू शायरी की शुरुआत दकन से हुई। यहाँ की बहमनी सल्तनत और उसके बाद क़ुतुबशाहियों और आदिलशाहियों ने साझा सभ्यता और संस्कृति के द्वारा इसकी जड़ें मज़बूत करने और उसे बढ़ावा देने का जो काम किया वो इतिहास

का एक हिस्सा है। उर्दू शायरी पर इसका यह प्रभाव पड़ा कि इसमें देश की कलाकृतियों ने अपना स्थान बनाना शुरू किया। यहाँ के दृश्यों, रहन-सहन और जीवन-शैली के वर्णन ने शायरी में अपनी जगह बनाकर इसमें चार चाँद लगा दिये। यहाँ हमें इसमें देशप्रेम की सुगन्ध अलग ही नज़र आती है। मोहम्मद क़ुली क़ुतुब शाह का कलाम इसका जीता जागता उदाहरण है। मोहम्मद क़ुली क़ुतुब शाह की सोच पर हिन्दुस्तान उसी तरह छाया हुआ था, जैसा कि अमीर ख़ुसरो और बादशाह अकबर के भारत प्रेम में हमें नज़र आता है। अमीर ख़ुसरो की तरह उनकी माँ भी हिन्दुस्तानी थी। एकता और सहनशीलता के भाव उनको विरासत में मिले थे। अपने से पहले के लोगों और पूर्वजों की तुलना में क़ुली क़ुतुब शाह दक्षिण का वो पहला शासक है जिसने रहन-सहन के हिन्दुस्तानी तौर-तरीक़ों को व्यावहारिक रूप से जीवन का अंग बनाया। वो भारतीय स्वरूप को इतना सराहता था कि उसने दरबारी वेशभूषा में भी भारतीय स्वरूप की झलक को महत्त्व दिया। क़ुली क़ुतुब शाह का कलाम देखने से मालूम होता है कि उसे इस देश के दृश्यों, पर्यटन स्थलों के अतिरिक्त सभ्यता और संस्कृति के प्रति एक अलग-सा लगाव हो गया था। उसके कलाम में यह चीज़ अलग से झलकती है। अपने प्रेमी स्वभाव के चलते वो यहाँ के जीवन्त और रोमांचक वातावरण और उसके सुरूर का वर्णन बार-बार करता दिखाई देता है। उसके संग्रह में हिन्दुस्तानी सुन्दरियों और उनके हाव-भाव के अनगिनत हवाले मिलते हैं। वह यहाँ के बाग़ों, फूलों, फलों, त्योहारों और खेल-तमाशों का भी प्रेमी है। अपनी इन भावनाओं का वर्णन जगह-जगह उसने अपनी शायरी में किया है। बसन्त, बहार, और वर्षा ऋतु उसे विशेषरूप से पसन्द थे। इन अवसरों पर विशेषरूप से शाही जलसे और दावतें आयोजित की जाती थीं। और बादशाह भी अपनी प्रजा और मन्त्रियों के साथ पारम्परिक रूप से इन त्योहारों और अनूठी रस्मों का आनन्द लेते थे।

इसी तरह दकन के दूसरे शायरों के यहाँ भी स्थानीय रीति-रिवाज़ों और परम्पराओं की छाप के उदाहरण साफ़ नज़र आते हैं। वो अपने देश की हर चीज़ से अपना प्रेम जताते हुए अपने को दकन का नागरिक होने पर गर्व करते दिखते हैं। यहाँ की ऋतुओं, यहाँ के दृश्यों, यहाँ के पेड़-पौधे, परिन्दों और यहाँ से जुड़ी हर चीज़ से उन्हें एक ख़ास लगाव है। उनकी रचनाओं में जो साफ़ झलकता है और जिसका वर्णन जगह-जगह पर सांकेतिक रूप में मिलता है। जहाँ बालों का जूड़ा घनघोर घटा है, गाल कमल के फूल, भवें भँवरे, नाक चम्पा की कली है, चाल हाथी या हंस की, आँखें खिंजन या हिरनी जैसी, गर्दन शंख-सी, कमर चीते-सी और शरीर मदनबान की बेल जैसा है। दकन की शायरी में ऐसी उपमाओं की भी कमी नहीं, जहाँ पर भारतीय सभ्यता, संस्कृति और रीति-रिवाज़ों का पूरी

तरह से आदर नज़र आता है। इस आदर का आधार चेतन है या यह अबोध है, ये बहस का विषय नहीं है। दकनी मसनवियों पर भारतीय पारम्परिक क़िस्सों का व्यापक प्रभाव है। ऐसा होने के पीछे के कारण को हम साहित्यिक एवं सौन्दर्य बोध से जोड़कर देख सकते हैं। वैसे इसके पीछे प्रान्त और देश के सम्बन्धों का भी हाथ रहा है। लैला-मजनूँ, यूसुफ़-जुलैख़ा, जैसे क़िस्से उर्दू शायरी को फ़ारसी से विरासत में मिले थे लेकिन दकन के शायरों ने हिन्दुस्तान के क़िस्से कहानियों की तरफ़ भी ध्यान दिया। इनमें 'क़दम राव पदम राव' का क़िस्सा निज़ामी ने लिखा, 'तोता कहानी' को ग़वासी ने और 'मनोहर ओ मदमालती' के क़िस्से को नुसरती ने कविता रूप दिया। 'पद्मावत' का पहला उर्दू कविता रूपान्तर वली वैल्लोरी और ग़ुलाम अली द्वारा किया गया। मीर मोहम्मद काज़िम हुसैन ने कामरूप और कामलता का रूपान्तरण किया और आरिफ़ुद्दीन आजिज़ ने राजा इन्दर के क़िस्सों से प्रेरित होकर क़िस्सा 'लाल-ओ गौहर' लिखा।[1]

सियासी ऐतबार से यह वो समय था, जब उत्तर में मुग़लों का साम्राज्य था और दक्षिण भारत छोटे-छोटे राज्यों में बँटा हुआ था। दूरियों और यातायात की कठिनाइयों को ध्यान में रखते हुए कहा जा सकता है कि भारत की एकता एवं अखण्डता की कल्पना करना मुश्किल था। ऐसी परिस्थिति में देशप्रेम और उसकी महानता की भावना स्थानीय और व्यक्तिगत तो थी, पर इनमें वो गहराई और सामंजस्य नहीं था, जो बाद के दिनों में विशेषकर नयी रोशनी और सामाजिक जागरूकता के साथ आयी। इसलिए इस दौर के उर्दू शायर अपने-अपने इलाक़ों शहरों का गुणगान करते दिखते थे। वो इन जगहों की मोहकता और सौन्दर्य की तारीफ़ बड़े प्रेम भाव से करते दिखाई देते हैं। अब ज़रा यह देखें कि देशभक्ति की इस भावना में कितनी सहजता है। दकन की तारीफ़ करते हुए वजही कुछ यूँ कहते हैं :

दखन सा नहीं ठार संसार में
पंज फ़ाज़लाँ का है इस ठार में
दखन है नगीना अँगूठी है जग
अँगूठी कूँ हुर्मत नगीना है लग
दखन मुल्क कूँ धन अजब साज हैं
कि सब मुल्क सर और दखन ताज है
दखन मुल्क भू तेज ख़ासा अहे
तिलंगाना इसका ख़ुलासा अहे

1. विस्तृत जानकारी के लिए 'हिन्दुस्तानी क़िस्सों से माख़ूज़ उर्दू मसनवियाँ' (ले. गोपी चन्द नारंग) देखें।

तबई गोलकुंडा का निवासी और क़ुतुब शाह का समकालीन है। वो दरबारी कवि भी था। एक शेर में कहता है कि जिस दिल में देशप्रेम नहीं वो मुर्दे से भी बदतर है :

जे कोई याद करता नहीं अपना वतन
ओ मुर्दा है पीरन[1] *है इसका कफ़न*

इसी सिलसिले में दो शेर और देखें :

अगर कोई ग़ुर्बत में शाही करे
अगर माल होर मुल्काँ होर लाखाँ धरे
आपस कूँ देखे खोलकर जूँ अँखिया
देवे ख़ाक तन का वतन का निशाँ[2]

मोहम्मद नुसरत नुसरती ने अपनी मसनवी 'अली नामा' में एक जगह सूरत की तारीफ़ की है। इन शेरों में वह कहता है कि गुजरात की सूरत नामी बन्दरगाह हर बात में ख़ूब है। मैदानी और समुद्री व्यापारी वहाँ रहते हैं और जो चीज़ पूरी दुनिया में कहीं न मिले सूरत में उपलब्ध हो सकती है। जिस तरह नदी को बादल से शक्ति प्राप्त होती है, उसी प्रकार हिन्दुस्तान सूरत से लाभान्वित होता है। ये शहर एक वाटिका के समान है और जब से यह संसार में फला-फूला है इसने पतझड़ की हवा का झोंका नहीं देखा।[3] सूरत के ही एक शायर समजू[4] का शेर है :

जी नहीं उठने को होता सूरत-ए नक़्शे क़दम
ख़ाक भी सूरत की समजू क्या ही दामनगीर है [5]

दकन की तारीफ़ में क़ाज़ी मोहम्मद बहरी के ये शेर भी दिलचस्प हैं :

अब दिल पे यही है जो दखन छोड़ न जाना
जूते यू दखन खन के रतन छोड़ न जाना
यूगन भरे दिलबर यू नज़र बाज़, यू मजलिस
यू फूल यू बुलबुल यू चमन छोड़ न जाना
ग़र कोई बख़्शता है बुला कर इरम इनआम
बुलबुल के अच्छे मन में जो बन छोड़ न जाना

---

1. क़ुतुब मुश्तरी, पृ. 100
2. जवाहर सुख़न, भाग 1, पृ. 51
3. नुसरती, पृ. 131
4. गुलाम मोहम्मद उर्फ़ समजू ग़ालिब और मोर्मिक के समकालीन के, तज़्किरा महज़न शोरा के संकलन के समय (1851) जीवित थे (मख़ज़न शोरा)।
5. मख़ज़न शोरा, पृ. 62

सट कुहन न कि ज्यूँ लाल हरेक मुल्क न भगना
ज्यूँ सूर गगन यानि वतन छोड़ न जाना
बहरी कूँ दखन यूँ है कि ज्यूँ नल कूँ दमन है
पस नल कूँ है लाज़िम जो दमन छोड़ न जाना[1]

मसनवी 'दीपक पतंग' की प्रस्तावना के भागों में सैयद मोहम्मद ख़ाँ इशरती हिन्दुस्तान की प्रशंसा इन शब्दों में करता है :

अजब साज़ है हिन्द का सोज़नाक
कि करता है नग़मे सूँ ज्यूँ हान राख
हिन्दोस्ताँ है देवल बुताँ इसमें मस्त
कई हात सूँ आशिक़ाँ बुत परस्त
भरया हिन्द में डाटकर यूँ जमाल
कि तस सामने ज़ुहद-ओ तक़वा मुहाल
जंगल सारा इसका है जन्नत के नाद
बयाज़ इसका दस्ता नयन का सवाद[2]

बीजापुर की तारीफ़ में वहाँ के एक शायर सैयद आलम बीजापुरी के इन शेरों पर ज़रा नज़र डालिए। ये शेर इनकी मसनवी 'जामेउल-मोजिज़ात' से लिए गये हैं, जिसकी लिपि इदारा-ए अदबियात उर्दू हैदराबाद में सुरक्षित है। इस मसनवी से ज्ञात होता है कि सैयद आलम बीजापुर के पतन (1685) के बाद कठिनाई के चलते बीजापुर छोड़ कर करनौल में आकर फ़ौज में मुलाज़िम हो गया। नीचे लिखी मसनवी में यद्यपि करनौल का भी उल्लेख है परन्तु शायर अपने वतन बीजापुर की प्रशंसा मुख्य रूप से बयान करता है :

बीजापुर है शहर-ए साहबे जमाल
ज़मीं वाँ की है सख़्त आहन मिसाल
ज़मीं कूँ यूँ नित वाँ की तासीर है
हवा लग के होये जवाँ ग़र पीर है
अगर घाट पर आवे कोई दुखी
तो लगते हवा वाँ की हो रहे सुखी
मुक़र्रर यू पानी में है वाँ के गुन
करे मर्द नामर्द के तईं दोगुन
क़िला इसका जूँ अज़दहा-ए अज़ीम
कुंडल मार बैठे न धर कस से बीम

---
1. कुल्लियात-ए बहरी, पृ. 105
2. तारीख़ मस्नवियात उर्दू, पृ. 85

हर यक तिस है भड़कल बुलन्द शान में
नहीं बल्कि ऐसा हिन्दोस्तान में
यति ऊस की ख़ंदक़ है डोंगी बड़ी
लगे हैं सो पाताल की जस झड़ी
बुज़ुर्गां के रौज़े दसें तिस में यूँ
फ़लक कूँ सितारयाँ ते है नूर ज्यूँ
फ़रह बख़्श का बाग़ अपरूप है
भी दिलकश हरेक पाईं ख़ुशरूप है
अछें वाँ के लोगाँ शुजाअ ओ दिलेर
सटें मार को ले के त्यूँ पल में शेर
करम में अछें अब्र त्यूँ एक सार
तहम्मुल में चूँ झाड़ हैं बारदार
वफ़ा में अछे सूर त्यों बेकसूर
मुहब्बत में नौ माह में जूँ कि नूर[1]

अपने वतन गुजरात के वियोग में वली दकनी (मृत्यु 1707) ने 13 शेरों का एक क़तअ कहा है। शिष्टता यह है कि वली ने शहर गुजरात के लिए ये क़तअ उस समय कहा जब वो अपने ख़ास दोस्त सैयद अबुल मुआली के साथ पंजाब प्रान्त में सरहिन्द और आस-पास घूमने-फिरने के उद्देश्य से गये थे। इस क़तऐ के कुछ शेर देखें :

गुजरात के फ़िराक़ सूँ है ख़ार ख़ार दिल
बेताब है सीने मनें आतिश बहार दिल
मरहम नहीं है इसके ज़ख़म का जहान में
शमशीर-ए हिज्र सूँ जो हुआ है फ़िगार दिल
हिजरत सूँ दोस्ताँ के हुआ जी मिरा गुदाज़
इशरत के पैरहन कूँ किया तार-तार दिल
लेकिन हज़ार शुक्र वली हक़ के फ़ैज सूँ
फिर इसके देखने का है उम्मीदवार दिल[2]

वली को सूरत शहर से बहुत प्रेम था। इसका प्रमाण उनकी एक मसनवी से मिलता है। इस मसनवी की विशेषता यह है कि इसमें सूरत की प्रशंसा का कोई भी पहलू अछूता नहीं रहा। इसके कुछ शेर ज़रा देखें :

---

1. तज़्किरा मख़तूतात, जिल्द 2, इदारा अदबियात-ए उर्दू, पृ. 70
2. दीवान-ए वली, पृ. 327

अजब शहराँ में है पुरनूर यक शह्र
बिला शक वो है जग में मक़सद-ए दह्र
अहे मशहूर इसका नाम सूरत
कि जावे जिसके देखे सूँ कदूरत
जगत की आँख का गोया है यह नूर
अछू इस नूर सूँ हर चश्म-ए बद दूर
शहर ज्यूँ मुंतख़ब दीवान है सब
मलाहत की वह गोया खान है सब
किनारे इसके एक दरिया-ए तप्ती
कि दुनिया देखने कूँ इस के टपती
कि आब-ए ख़िज्र की है इसमें तासीर
हवा देती है इसकी याद-ए कश्मीर
वहाँ अश्नान जब करता है आलम
सुबह और शाम तप करता है आलम
अजब क़ितआ है वाँ इक बा-क़रीना
कि ज्यूँ अंगुश्तरी ऊपर नगीना
नज़क क़िला के बाड़ा घाट है वाँ
कि दायम गुलरुख़ाँ का हाट है वाँ
अहै (सूरत) हक़ीक़त की निशानी
कि हैं मामूर वाँ अहल-ए मआनी
शराफ़त में यह है ज्यूँ बाब-ए मक्का
तो है सब मुल्क पर इसका जो सिक्का
अगर देखे हैं लोगाँ शाम-ओ तबरेज़
न देखा कोई ऐसा मुल्क ज़रख़ेज़
कि इस भीतर किते ऐसे हैं तज्जार
कि क़ारूँ कूँ नहीं इनके नज़क बार

यहाँ के धर्मों की बहुतायत और रंगारंगी का उल्लेख करते हुए कहते हैं :

वहाँ साकिन इते हैं अहल-ए मज़हब
कि गिनती में न आवें इनके मशरब
अगरचे सब हैं वह अबनाए आदम
वले बीनश में रंगा रंग-ए आलम

सूरत के सौन्दर्य का व्याख्यान भी सुनिये :

भरी है सीरत-ओ सूरत सूँ सूरत
हर इक सूरत है वाँ अनमोल मूरत
सभा इन्द्र की है हर इक क़दम में
छुपा इन्द्रसभा कूँ ले अदम में
किशन की गोपियाँ की नईं है यह नस्ल
रहें सब गोपियाँ वो नक़्ल ये अस्ल
नज़र भर कर दिखो हर गुल बदन कूँ
कि है परदे सूँ बेपरवा उनन कूँ

और अब ज़रा इस ओर देखिए ये सूफ़ियाना-सा अन्दाज़ बहक-बहक कर सँभलता हुआ :

किसी कू नईं नज़र बाज़ी बिना चैन
खुले हैं रात-दिन सब गुर्फ़-ए नैन
हर इक जानिब दिखूँ मैं फ़ौज दर फ़ौज
तजल्ली के समुंदर की उठे मौज
नयन की बैठ कश्ती पर तू ऐ पाक
ये तय कर सहज में मौज-ए ख़तरनाक(1)

लाहौर की तारीफ़ में हज़रत मुराद शाह(2) के इन शेरों को भी ज़रा देखिए :

ख़ूबी इसकी थी शोहर-ए आफ़ाक़
हुस्न का उसके था जहाँ मुश्ताक़
इस्फ़हाँ है जो एक निस्फ़-ए जहाँ
ख़ूबियों में न था कुछ इससे कलाँ
था बहिश्त-ए बरीं बरूए ज़मीं
अजब इंसाँ थे इस मकाँ के मकीं
शहर था ये कि कान-ए इल्म-ओ अदब
कान क्या बल्कि जान-ए इल्म-ओ अदब
क्या बहार इसकी मैं करूँ तहरीर
शहर था या मुरक्क़ा-ए तस्वीर

---

1. दीवान-ए वली, पृ. 324-326
2. पिता का नाम पीर करम शाह उर्फ़ मसीता शाह था। 1785 में अपने पिता के देहान्त पर लखनऊ से वापस अपने वतन लाहौर आ रहे थे, यहीं जवानी के दिनों में 1800 में उनकी मृत्यु हो गयी। (पंजाब में उर्दू, पृ. 380)

गुलाज़ारों पे हुस्न की थी बहार
गुल थे हर एक के गले के हार
ख़ूबरू थे हया से सब मौसूफ़
और आशिक़ वफ़ा में थे मारूफ़
जोकि आलम तमाम देख आता
सो न देख इसको फिर कहीं जाता
रश्क-ए आबादी-ए जहाँ था ये
अल-ग़रज़ ख़ूब ही मकाँ था ये[1]

उत्तरी भारत में उर्दू शायरी की शुरुआत नियमित रूप से वली का दीवान देहली आने के बाद शुरू हुई। मोहम्मद शाह से शाह आलम द्वितीय तक के ज़माने को उर्दू शायरी के स्वर्णिम काल के रूप में जाना जाता है। इस दौर ने उर्दू को मिर्ज़ा जान-ए जानाँ, शाह हातिम, सौदा और मीर जैसे अद्वितीय उस्ताद दिये। इन सबने हिन्दुस्तान के अतिरिक्त किसी और राज्य या क्षेत्र को अपना वतन नहीं जाना। इनमें से मज़हर जाने जाना सूफ़ी सरीखे थे और वह हिन्दू-मुसलमान सबको एक नज़र से देखते और दोनों धर्मों की मूल एकता से सहमत थे। वो हिन्दुओं को मुसलमानों से अलग क़ौम नहीं मानते थे बल्कि वो हिन्दुओं को भी 'अहल-ए किताब' (धार्मिक ग्रन्थ के अनुयायी) की श्रेणी में रखते थे। हातिम की मसनवी बहाराँ, हुक़्क़े पर उनकी नज़्म और दीर्घ कविता शहर आशोब पढ़ने के बाद यह बात छिपी नहीं रहती कि उन्हें भी अपने देश के प्राकृतिक सौन्दर्य के साथ-साथ यहाँ की सभ्यता और संस्कृति से कितना लगाव था। होली पर हातिम ने जो शेर लिखे हैं उनमें केवल तुकबन्दी नहीं, अपितु उनमें प्रेमभाव का जो रस है, वो अद्वितीय है। और ऐसी रचना का रचयिता वही हो सकता है जिसके दिल में अपने देश के लिए पीड़ा और उसके मनमोहक वातावरण से आनन्दित होने की क्षमता हो। ऐसा लगता है कि हातिम को पारम्परिक त्योहारों और खेल-तमाशों से भी ख़ासा लगाव था और अपने आस-पास की संस्कृति की रंगारंगी और मनमोहकता का भी उनके हृदय पर गहरा प्रभाव था। देहली की प्रशंसा में उनके ये शेर ऐतिहासिक और साहित्यिक दोनों कसौटियों पर एक विशेष स्थान रखते हैं :

नहीं है शहर देहली है गुलिस्ताँ
चमन से जिसका ख़ुशतर है बयाबाँ
जिधर देखो तिधर हर कूचा बाज़ार
हुआ है गुल रुख़ाँ से सेहन गुलज़ार

---

1. वही, पृ. 382

हर इक जा सब्ज़ा रंग-ओ सरओ दिलजू
हर इक नाज़ुक मियान-ओ अंबरीं मू
हर इक का हुस्न गंदुम गौन-ए ज़ालिम
रक़ीब-ए आदम-ओ हम जान-ए आदम
सवाद-ए हिन्द का जिसको मज़ा है
वो लज़्ज़त से जहाँ की आशना है
वो बेशक वक़्त का शाह-ए जहाँ है
जो कोई मुतवतिन हिन्दोस्ताँ है
रहे ता हश्र क़ायम इसकी बुनियाद
रखे हक़ शाहजहाँ आबाद आबाद

भारतीय स्वभाव और भावना की झलक सौदा के कलाम में भी नज़र आती है। उनकी कल्पना इस स्तर तक भारतीय है कि वो मर्सियों के मुस्लिम पात्रों को भी हिन्दुस्तानी संस्कृति में रंग देता है। सौदा के कलाम की सहायता से उस काल की भारतीय सभ्यता और संस्कृति से जुड़ी घटनाओं का विवरण भी हमको विस्तार से प्राप्त होता है। हिन्दुस्तानी ऋतुओं पर उन्होंने जो मस्नवियाँ कही हैं, उसको लिखने के लिए सभ्यता और संस्कृति के प्रति पूर्ण समर्पण और लगाव अनिवार्य है। सौदा ने अपनी एक मसनवी में हिन्दुस्तानी विवाह की रस्मों को भी बड़े प्रेमभाव से प्रस्तुत किया है।

मीर के बारे में मशहूर है कि मीर ने ग़ज़लें नहीं कहीं, दिल और दिल्ली के मरर्सिये कहे हैं। मीर के जीवन के साठ साल दिल्ली में व्यतीत हुए। यहाँ की हर गली उनके लिए 'हफ़्त अक़्लीम' (सातों महाद्वीप अर्थात् पूरा संसार) थी। इस शहर को वह मायावी और यहाँ के कूचों को 'औराक़-ए-मुसव्विर' अर्थात् चित्रकार का पटल कहते थे, जिनकी एक-एक शक्ल कसौटी पर खरी थी। प्रस्तुत हैं कुछ शेर :

दिल्ली के न थे कूचे औराक़-ए मुसव्विर थे
जो शक्ल नज़र आयी तस्वीर नज़र आयी

हर रोज़ नया एक तमाशा देखा
हर कूचे में सौ जवान राना देखा
दिल्ली थी तिलस्मात कि हर जागेह मीर
इन आँखों से आह हमने क्या-क्या देखा

हफ़्त अक़लीम हर गली है कहीं
दिल्ली से भी दयार होते हैं

राष्ट्रीयता की इस भावना का गुण इनके प्रेम और इनकी सादगी व वास्त. विकता में है। इसमें शक नहीं कि यह भावनाएँ व्यक्तिगत हैं और इनकी रचना के पीछे कोई चेतना या समझ नहीं है, जिसे आज हम राष्ट्रीय या सामाजिक चेतना से परिभाषित करते हैं, और न ही इनकी जड़ों में कोई सामूहिक सोच है, पर ऐसा भी नहीं कि ये इतने सीमित हैं, जिन्हें केवल निजी या व्यक्तिगत कहकर रद्द कर दिया जाये। इनमें भले ही देश या जाति की भावना न हो परन्तु एक हद तक ये अपने समाज का उल्लेख तो करते हैं। उदाहरणस्वरूप दिल्ली से प्रेम करने का यह तात्पर्य नहीं कि केवल वहाँ की इमारतों और कला से प्रेम है अपितु वहाँ के जन मानस, सभ्यता, संस्कृति सबके प्रति प्रेम भावना रखना है और इसी प्रेम भावना का उदाहरण हमें उर्दू शायरों ने जगह-जगह दिया है। अजीब-सा संयोग है कि दिल्ली में उर्दू शायरी की प्रगति व विस्तार का दौर राजनीतिक और आर्थिक परिप्रेक्ष्य से एक कठिन दुर्दशा और पतन का काल था। यही कारण है कि उर्दू शायरों ने जहाँ दिल्ली से अपनी मोहब्बत को जताया तो दूसरी तरफ़ यहाँ की राजनैतिक रुकावटों और प्रजा की परेशानी पर भी आँसू बहाये हैं। यहाँ के सभी वर्गों की बरबादी, व्यवसायों की बदहाली और मजलिसों से उठ रही रंगीनियों और रोशनियों पर दुख भी जताया है और इसे अपनी शायरी का मुख्य विषय भी बनाया है।

आलमगीर की मृत्यु के बाद ही मुग़ल सल्तनत बिखरना शुरू हो गयी थी। शहज़ादों की आपसी रंजिश और गृह युद्ध के कारण देश में चारों ओर अशान्ति और बेचैनी फैल गयी थी। सैयद जाफ़र ज़टल्ली एक नज़्म में इस बदहाली पर दुख जताते हैं और आलमगीर के उत्तराधिकारियों के नाकारा होने पर चोट करते हुए लिखते हैं कि अमन व शान्ति का युग समाप्त हुआ। अब तो एक तरफ़ आज़म है और दूसरी ओर मुअज़्ज़म। तबाही और क़त्ल-ए आम का बाज़ार गर्म है। प्रजा ख़ून के आँसू रोती है। लोगों की नींद हराम हो गयी है। दिन-रात तोप और बन्दूक की मार-धाड़ है। लूटमार को रोकने वाला कोई नहीं और चारों ओर भगदड़ मची हुई है।[1]

मोहम्मद मोअज़्ज़म (शाह आलम बहादुर शाह) को अधिक समय तक शासन करना नसीब नहीं हुआ। उसकी मृत्यु (1712) के बाद सात साल के छोटे-से अन्तराल में पाँच राजा सिंहासन पर बैठे, पर या तो उनकी स्वाभाविक मृत्यु हो गयी या फिर वो दरबारियों की सियासत की भेंट चढ़ गये और क़त्ल कर दिये गये। मोहम्मद शाह (1719-1748) से शाह आलम द्वितीय (1759-1806) तक

1. कुल्लियात जाफ़र ज़टल्ली, पृ. 64

हालात बद से बदतर हो गये। 1739 में नादिर शाह का दिल्ली पर आक्रमण ईश्वर के प्रकोप से कम न था। मोहम्मद शाह को हार का सामना करना पड़ा और फिर चारों ओर जिस प्रकार क़त्लेआम हुआ उसका विवरण रोंगटे खड़े कर देने वाला है।

क़ुदरतुल्लाह क़ासिम का कहना है[1] कि मोहम्मद शाकिर नाजी (तबक़ा-ए अव्वल के मशहूर हिज्वगो शायर) भी इस युद्ध में शरीक थे। ये उमदत-उल मुल्क अमीर ख़ाँ के नेमत ख़ाना के दारोग़ा थे। मोहम्मद शाकिर नाजी ने नादिर शाह के आक्रमण और मोहम्मद शाह की फ़ौजों की तबाही का विवरण एक लम्बी मुख़म्मस (वो कविता जिसके हर बन्द में पाँच-पाँच मिसरे हों) में किया है। इसमें उन्होंने दरबारियों और हाकिमों के ढोंग और नकारात्मक आचरण, आरामतलबी, सिपाहियों की कायरता एवं अयोग्यता, साथ ही सेना में प्रशासनिक अकाल जैसे कई मुद्दों पर व्यंग्य एवं कटाक्ष किया है। शरीफ़ नागरिकों की दुर्दशा और असामाजिक तत्त्वों के ठाठ-बाठ का विवरण भी दिया है। 'मजमूआ-ए नग़्ज़' में इसके केवल दो बन्द ही लिए गये हैं और 'आब-ए हयात' में वहीं से लिए गये हैं।[2] ज़रा देखें :

लड़े हुए न बरस बीस उनको बीते थे
दुआ के ज़ोर से दाई ददों की जीते थे
शराबें घर की निकाली मज़े से पीते थे
निगार-ओ नक़्श में ज़ाहिर गोया कि चीते थे
गले में हैकलें बाज़ू ऊपर तला के नाल

क़ज़ा से बच गया मरना नहीं तो ठाना था
कि मैं निशान के हाथी उपर निशाना था
न पानी पीने को पाया वहाँ न खाना था
मिले थे धान जो लश्कर तमाम छाना था
न ज़र्फ़-ओ मतबख़-ओ दुकाँ न ग़ल्ला-ओ बुक़्क़ाल

नादिर शाह के ज़ुल्म पर अब्दुल हई ताबाँ का यह दुःख-दर्द भी देखने योग्य है:

तरह असकंदर के ताबाँ शाह हफ़्त-ओ अक़लीम हो
ग़र टुक इक जुरअत करे ये ख़ुसरव-ए हिन्दोस्तान

अहमद शाह (1748-1754) के दौर में दिल्ली आये दिन लूटमार करने वालों का निशाना बन गयी। 1748 में नादिर शाह की मृत्यु हो गयी। इसके बाद अहमद

1. मजमूआ नग़्ज़, पृ. 257
2. आब-ए हयात, पृ. 105

शाह अब्दाली ने एक बार नहीं कई बार आक्रमण किये और हर बार नादिर शाह की याद ताज़ा हो गयी। दरबार में भी सफ़दर जंग और इमादुल मुल्क ने अलग. -अलग अपने गुट बना रखे थे। एक के साथ जाट थे और दूसरे के साथ मराठे। इन दोनों गुटों के बीच आपसी झड़पें कई बार हो चुकी थीं। अन्ततः गाज़ीउद्दीन इमादुल मुल्क विजयी रहा और उसने राजा को अपदस्थ करके बन्दी बना लिया।

उर्दू का पहला हास्य कवि अशरफ़ अली फ़ुग़ाँ, उस अहमद शाह का ख़ास था। अपने प्रिय मालिक के अपदस्थ होकर गिरफ़्तार होने का विवरण उसने अपनी एक नज़्म में किया है। यह नज़्म क्या एक व्यथा एक चीत्कार है जहाँ शायर दरबार की गिरती हुई हालत पर ख़ून के आँसू बहा रहा है।[(1)]

अहमद शाह के बाद आलमगीर द्वितीय भी इमादुल मुल्क के राजनैतिक पैंतरों का शिकार हुआ। उसे इमादुल मुल्क ने कोटला फ़ीरोज़शाह के एक फ़क़ीर की क़दमबोसी (चरण स्पर्श) का धोखा देकर मरवा डाला। 1759 में शाह आलम द्वितीय कहने को तो गद्दी पर बैठे पर इनके शासन का होना न होना बराबर था। इनके काल में दिल्ली की रही सही साख भी मिट्टी में मिल चुकी थी। सल्तनत टुकड़े-टुकड़े हो चुकी थी। अमीरों में आपस में एक-दूसरे से ईर्ष्या के कारण फूट पड़ चुकी थी। वे एक-दूसरे के प्रति साज़िशों और राजनीतिक चालों को चलने में व्यस्त थे। आर्थिक और व्यवसायिक संकट के चलते समाज की हालत बहुत ख़राब थी। मालगुज़ारी वसूलने में अनेको कठिनाइयों का सामना करना पड़ रहा था। आलमगीर के बाद से सेना की ओर किसी ने विशेष ध्यान नहीं दिया। सेना की दशा भी बद से बदतर हो रही थी। तनख़ाहें चढ़ी रहती थीं और सिपाहियों में चुस्त रहने और कुछ कर गुज़रने की क्षमता और भावना दम तोड़ चुकी थी। लूटपाट, हत्या और रिश्वत का बाज़ार गर्म था और देश में चारों ओर अशान्ति और विद्रोह ने अपना ठिकाना बना लिया था। चूँकि सल्तनत के सारे व्यवसायों पर मराठे हावी थे, इसलिए इनकी रोहिल्लों और जाटों से आये दिन हिंसक झड़पें होती रहती थीं, और दिल्ली बेचारी इन गृह युद्धों के बीच फँस कर चीथड़े की तरह बार-बार रौंदी जाती थी, जिसकी लाठी उसकी भैंस। बादशाह बेचारा कभी एक के हाथ में खिलौना कभी दूसरे के हाथ में। ग़रीबी इस स्तर पर पहुँच चुकी थी कि एक समय ऐसा भी आया जब स्वयं बादशाह के पास ईदगाह तक जाने के लिए सवारी उपलब्ध नहीं थी। शाही रसोई घर में कई-कई वक़्त तक आग नहीं जलती थी और क़िले की बेगमें तीन-तीन दिन तक अन्न के दर्शन को तरसती थीं। क़िले और दिल्लीवासियों की इस दुर्दशा पर मसहफ़ी का दर्द देखें :

---

1. देखें 'दीवान-ए फ़ुग़ाँ, पृ. 13

कहती है इसे ख़ल्क़-ए जहाँ सब शह-ए आलम
शाही जो कुछ इसकी है सो आलम पे अयाँ है
अतराफ़ में दिल्ली के ये लठमारों का है शोर
जो आवे है बाहर से वो बशकिस्ता दहाँ है
और पड़ते हैं रातों को जो नित शहर में डाके
बाशिन्दा जो वाँ का है ब-फ़रियाद-ओ फ़ुग़ाँ है
इस शहर का जिस दिन से हुआ सेंधिया हाकिम
चोरों की वहाँ सेंध से हर इक निगराँ है
बेदाद से नायब की ये अहवाल है वाँ का
हर रोज़ नया क़ाफ़िला पूरब को रवाँ है
इस शहर के बाशिन्दों से जाकर कोई पूछे
जुज़ ख़ून-ए जिगर कुछ भी ग़िज़ा-ए दिल-ओ जाँ है
बुतख़ाना-ओ मस्जिद में जो फैली है ख़राबी
नाक़ूस का नाला न मुअज़्ज़िन की अज़ाँ है
अहवाल-ए सलातीं की लिखूँ क्या मैं ख़राबी
यानी कि महे ईद अब इनको लब-ए नाँ है
फ़ाक़ों की ज़बस मार है बेचारों के ऊपर
जो माह कि आता है वो माह-ए रमज़ाँ है
गल जाये ज़बाँ मेरी करूँ हिज्व ग़र उनकी
ये तंग मुआशी का सलातीं के बयाँ है
ऐ मसहफ़ी इसका करूँ मज़कूर कहाँ तक
है साफ़ तो ये गुलशन-ए देहली में ख़िज़ाँ है[1]

शाह आलम द्वितीय का अन्त आलमगीर द्वितीय से भी बुरा हुआ। गुलाम क़ादिर रोहेला ने न केवल राजा के साथ दुर्व्यवहार किया बल्कि उनके सीने पर चढ़कर अपने ख़ंजर से उनकी आँखें भी निकाल लीं और बाक़ी उम्र तड़पने के लिए ज़िन्दा छोड़ दिया। डॉ. अबुल्लैस सिद्दीक़ी का बयान है कि गुलाम क़ादिर के हाथों शाह आलम पर जो गुज़री उसे मिर्ज़ा जाफ़र अली हसरत ने अपनी आँखों से देखा था, इसलिए उन्होंने उस दौर के हालात को एक पीड़ादायक नज़्म में बयान किया।[2]

कुल मिलाकर मतलब यह कि अट्ठारहवीं शताब्दी में देश की दरिद्रता और गिरावट अपनी चरम सीमा पर पहुँच चुकी थी, इसका कुछ अन्दाज़ा इस बात से लगाया जा सकता है कि शाह आलम बहादुरशाह प्रथम से शाह आलम द्वितीय

1. दीवान-ए मसहफ़ी (तृतीय) क़लमी, रज़ा लाइब्रेरी, रामपुर
2. लखनऊ का दबिस्तान-ए शायरी, पृ. 120

तक कई बादशाह बदले, उनके सर काटे गये, अन्धा किया गया और उनकी लाशें यमुना की रेती पर फेंकी गयीं। जब शासकों की बेबसी और लाचारी का यह हाल था तो प्रजा की तबाही और बरबादी की सीमा क्या होगी इसको तो समझा ही जा सकता है। इस सिलसिले में उर्दू शायरों के ये शेर उनके दिल के दर्द का दर्पण हैं :

आबरू :

अब ज़माना है बे तरह बिगड़ा
क्या बने रोज़गार की सूरत

———

ज़बानी है शुजाअत इन सभों की
अमीर इस जंग के हैं शेर-ए क़ालीन

सौदा :

लुटी मय उठ गया साक़ी मेरा भी पुर हो पैमाना
इलाही इस तरह देखूँ मैं किन आँखों से मयख़ाना

———

साक़ी है इक तबस्सुम-ए गुल फ़ुर्सत-ए बहार
ज़ालिम भरे है जाम तो जल्दी से भर कहीं

हातिम :

हातिम यही हमेशा ज़माने की चाल है
शिकवा बजा नहीं है तुझे इंक़लाब का

———

ख़ैर-ओ बरकत हिन्द से सब उड़ गयी
सबकी धार-ए तेग़ हिम्मत मुड़ गयी

———

चमन ख़राब हुआ, हो ख़िज़ाँ का ख़ाना ख़राब
न गुल रहा है न बुलबुल है बाग़बाँ तन्हा

मीर :

शहाँ कि कहल-ए जवाहिर थी ख़ाक-ए पा जिनकी
उन्हीं की आँखों में फिरती सलाइयाँ देखीं

———

दिल्ली में आज भीख भी मिलती नहीं उन्हें
था कल तलक दिमाग़ जिन्हें तख़्त-ओ ताज का

———

जिस सर को ग़ुरूर आज है याँ ताजवरी का
कल इस पे यहीं शोर है फिर नौहागरी का

———

अब ख़राबा हुआ जहाँ आबाद
वरना हर इक क़दम पे याँ घर था

जिस जा कि ख़स-ओ ख़ाक के अब ढेर लगे हैं
वाँ हमने इन्हीं आँखों से देखी हैं बहारें

या क़ाफ़िला दर क़ाफ़िला इन रस्तों में थे लोग
या ऐसे गये याँ से कि फिर खोज न पाया

दर्द :

हैफ़! कहते हैं हुआ गुलज़ार ताराज-ए ख़िज़ाँ
आशना अपना भी वाँ इक सब्ज़ा-ए बेगाना था

गुज़रूँ हूँ जिस ख़राबे पे कहते हैं वाँ के लोग
है कोई दिन की बात ये घर था ये बाग़ था

ताबाँ :

फ़र्श पर मख़मल के जो सोते थे हाय
अब मयस्सर इनको नईं होता है टाट

घर के घर ख़ाक में मिल गये फ़लक के हाथों
पर नहीं इसकी ख़राबी के कुछ आसार हुनूज़

दर्द :

आया न ऐतदाल पे हरगिज़ मिज़ाज-ए दह्र
मैं गरचे गर्म-ओ सर्द ज़माना समो गया

जग में कोई न टुक हँसा होगा
कि न हँसने में रो दिया होगा

दिल ज़माने का हाथ से सालिम
कोई होगा कि रह गया होगा

मैं अपना दर्द-ए दिल चाहा कहूँ जिस पास आलम में
बयाँ करने लगा क़िस्सा वो अपनी ही ख़राबी का

जुर्अत :

ऐश-ओ तरब का ज़िक्र करूँ क्या मैं दोस्तो!
मुझ ग़मज़दा से पूछिए रंज-ओ मेहन की बात

जुर्अत ख़िज़ाँ से आह चमन में न कुछ रहा
इक रह गयी ज़बान पे गुल और समन की बात

मसहफ़ी :

मुझे रहम आये है हसरत पे आह इस मुर्ग़-ए बे-पर की
कि उड़ सकता न हो और हो वो ज़ेर-ए अशियाँ बैठा
न तनहा मसहफ़ी ही उसके हाथों से है आवारा
कोई भी चैन से यारों ब-ज़ेर-ए आसमाँ बैठा

कौड़ी-कौड़ी बिकते हैं गुल किशवराँ देहली के बीच
हुस्न के मालिक जो थे वो ऐसे अरज़ाँ हो गये

उर्दू शायरों ने दिल्ली के पतन को देखा नहीं बल्कि ख़ुद इससे गुज़रे थे। अपने पेशे और संस्कृति की गिरती हुई दशा से वो बेख़बर नहीं थे बल्कि इन सबका उनके दिल और दिमाग़ पर गहरा असर पड़ा था। यह सब लोग भी बदहाली और पैसे की तंगी से बच नहीं पाये थे। ऐतिहासिक परिस्थिति की इस मार में इन्होंने भी दुख उठाये थे, तकलीफ़ें झेली थीं और पीड़ा सहन की था। इसकी व्याख्या अगर देखा जाये तो कई शेरों में हमें नज़र आती है पर शहर आशोबों (शहरों में उथल-पुथल, उपद्रव पर लिखी कविताओं) में उर्दू शायरों ने विशेषकर अपने देश और यहाँ के समाज की बिगड़ती दशा का शोक (सोग) मनाया है। शाह हातिम की नज़्म 'नैरंगी-ए जहाँ और मुख़म्मस शहर आशोब'[1], सौदा का क़सीदा शहर आशोब, क़सीदा तज़्हीक-ए रोज़गार, मसनवी दर हज्व शैदी फ़ौलाद ख़ाँ कोतवाल, मुख़म्मस शहर आशोब[2], मीर की मसनवी दर-बयान-ए कज़्ब, मुख़म्मस दर हज्व लशकर, शहर आशोब[3] और ज़िक्र-ए मीर में अपनी और देहली की ख़राबी और पतन का विवरण, शहर आशोब मसहफ़ी[4], शहर आशोब रासिख़ अज़ीमाबादी[5], शहर आशोब हाफ़िज़ अब्दुर्रहमान ख़ाँ एहसान[6], ख़ान दौराँ नवाब ज़ुलक़द्र दरगाह क़ुली ख़ाँ सालारजंग का क़सीदा[7] इसी सिलसिले में देहली की बिगड़ी हुई हालत पर शहर आशोब क़ायम, जाफ़र अली हसरत,

1. देखें दीवान ज़ादा (क़लमी) लिटन लाइब्रेरी, अलीगढ़, पृ. 341
2. कुल्लियात-ए सौदा (भाग एक), पृ. 363-367, 373, 378
3. कुल्लियात-ए मीर, पृ. 806, 954
4. देखें दीवान-ए मसहफ़ी (तृतीय, क़लमी) रज़ा लाइब्रेरी, रामपुर।
5. जज़्बात-ए मिल्लत (3), पृ. 153-155
6. फ़ेहरिस्त उर्दू मख़्तूतात, क़ुतुबख़ाना सालारजंग, पृ. 459
7. मुरक़्क़ा देहली, पृ. 61-62

और शाह कमालुद्दीन कमाल के शहर आशोब को हम इसी की एक कड़ी कह सकते हैं। देहली की बरबादी, यहाँ के गली-कूचों और बाज़ारों की ठण्डी पड़ती चमक-दमक, टूटी हुई इमारतें और बिखरी हुई व्यवस्था इन शहर आशोबों की विषयवस्तु है। इससे पता चलता है कि उर्दू शायर अपने देश की बिगड़ी हुई हालत से खुश नहीं थे और ये सभी गुज़री हुई जगमगाती रौनक से भरपूर देहली की तमन्ना कर रहे थे। पर इतिहास की धार को मोड़ देने की हिम्मत इनमें तो क्या उस समय की हुकूमत में भी नहीं थी। इसलिए ये सब लोग अपने हृदय की पीड़ा का व्याख्यान शेर-ओ शायरी में करते हुए नज़र आते हैं, और बुराइयों और ख़राबियों पर दुख भी जताते हैं। रईसों के नाज़-नख़रे, शरीफ़ो की लापरवाही, धूर्तों के कुकर्म, ज्ञानियों की रिश्वतख़ोरी, सवारों की कायरता और इनके घोड़ों की बदहाली उनके दिलपसन्द विषय हैं। वो इन पर कटाक्ष एवं व्यंग्य करके मानो अपने जले दिल के फफोले फोड़ते हैं। इस ऐतबार से देखें तो इस दौर के शहर आशोब देहली के पतन और गिरावट का नौहा हैं। आमतौर पर शायरी में और विशेषकर व्यंग्यात्मक शायरी में अतिशयोक्ति की छटा तो होती ही है। शायरी में भाव पैदा करने के लिए ऐसा करना उचित भी है। फिर भी अगर इसको अलग रखा जाये तो भी तबाही के दर्द का अन्दाज़ा लगाना मुश्किल नहीं है विशेषकर जब समकालीन इतिहासकारों और घटनाओं का चित्रण करने वालों से भी उन बातों के सुबूत मिलते हैं जिनका उल्लेख इन सभी शहर आशोबों में मिलता है। हातिम को इस सिलसिले में प्रथम स्थान पर रखा जायेगा, पर सौदा और मीर ने भी अपने-अपने शहर आशोबों में आम लोगों के पतन का जो चित्रण किया है वह पूर्ण भी है और दर्दनाक भी। इसमें कोई शक नहीं कि मीर और सौदा की शैली मृदुल भी है और इसकी वाक्पटुता भी दर्शनीय है, इसमें देशवासियों के प्रति पीड़ा के साथ-साथ देशप्रेम भी स्पष्ट नज़र आता है।

दिल्ली की आबादी का एक बड़ा हिस्सा रोज़-रोज़ के इन आक्रमणों और बिगड़ती हुई अर्थव्यवस्था के कारण तितर-बितर सा हो रहा था। जिस किसी को जहाँ कोई सहारा मिल रहा था वो उसी ओर जा रहा था। कारण यही था कि दूसरे कलाकारों की तरह शायर भी इस भागादौड़ी का शिकार हुए और उन्हें भी अपना देश छोड़ना पड़ा। इनके यह शेर सम्भवतः इसी दुख और इन्हीं घटनाओं की पीड़ा का वर्णन करते नज़र आते हैं :

सौदा :

बुलबुल को क्या तड़पते मैं देखा चमन से दूर
या रब न कीजियो तू किसी को वतन से दूर

मीर :

जाता है आसमाँ लिए कूचे से यार के
आता है जी भरा दर-ओ दीवार देखकर

यक़ीन :

हम तो चले हैं या रब आबाद रखियो इनको
इन बाग़ीचों में क्या-क्या घूमें मचाइयाँ हैं

ख़लीक़ :

मुद्दत से बहम रहते थे जिस घर में हम और यार
अब देख के ख़ाली वो मकाँ आँख भर आयी

हिदायत :

हज़ार हैफ़ कि दिल्ली सा शह्र वीराँ कर
किया है यारों ने आबाद मुल्क पूरब को

पूरब की आबादी का कारण यह था कि दिल्ली के मुक़ाबले में उस समय अवध में माहौल शान्त था। इसीलिए दिल्ली के कई शायर लखनऊ में जमा हो रहे थे। जैसा कि मौलाना शरर(1) कहते हैं शरीफ़ों की तो बात छोड़ें इस ज़माने में रंडियाँ तक लखनऊ में आ आ के बस जाती थीं, और जो लोग दिल्ली में क़ुतुब साहेब की सैर के रसिया थे अब करबला और आठों के मेले में अपना दिल बहलाने लगे थे। जहाँ तक इस बात का सम्बन्ध है यह बात उर्दू के उभरते हुए जवाँ शायरों के विषय में तो ठीक है क्योंकि इन सबके लिए लखनऊ में सैर-ओ तफ़रीह और ठाठ-बाठ की कोई कमी तो थी नहीं पर दूसरी तरफ़ बड़ी उम्र के और वृद्ध शायरों के लिए लखनऊ की रंगीनियाँ, दावतें, सभाएँ कोई मायने नहीं रखती थीं, इन सभी के तो दिलों में देहली की याद फाँस की तरह गड़ी थी और अपने देश से विरह की पीड़ा में यह लोग तड़प रहे थे। मीर, सौदा, सोज़, यक़ीन, हिदायत और मसहफ़ी ने देहली की याद में बड़े ही दर्दनाक शेर कहे हैं, इनमें से कुछ इस तरह हैं :

सौदा वतन को तजकर गर्दिश से आसमाँ की
आवारा-ए ग़रीबी है इतनी मुद्दतों से
शौक़-ए ज़बाँ तक अपने हम शहरियों को भूला
नामा जो इसको पहुँचा इन बे-मुरव्वतों से
खोला इसे तो हरगिज़ एक लफ़्ज़ भी न समझा
क़ासिद से पूछे मानी रो रो इशारतों से

---

1. मशरिकी तमद्दुन का आख़री नमूना, पृ. 99

मोहम्मद हुसैन आज़ाद का बयान है कि मीर तक़ी मीर ने निम्नलिखित क़तअ देश से दूर लखनऊ के एक मुशाइरे में पढ़ा था[1] :

क्या बूद-ओ बाश पूछो हो पूरब के साकिनो
हमको ग़रीब जान के हँस-हँस पुकार के
देहली जो एक शहर था आलम में इंतिख़ाब
रहते थे मुंतख़िब ही जहाँ रोज़गार के
उसको फ़लक ने लूट के वीरान कर दिया
हम रहने वाले हैं उसी उजड़े दयार के

और एक जगह मीर जल कर कहते हैं :

ख़राबा दिल्ली का वो चन्द बेहतर लखनऊ से था
वहीं मैं काश मर जाता सरासीमा न आता याँ

एक पूरी ग़ज़ल में मीर बड़े ही दर्द भरे लहजे में सबा के हाथ दिल्ली को सन्देशा भेजते हैं। ज़रा इसके ये दो शेर देखिए :

ऐ सबा ग़र शहर के लोगों में हो तेरा गुज़र
कहियो हम सेहरा नवरदों का तमामी हाल-ए ज़ार
ख़ाक-ए देहली से किया हमको जुदा यक बारगी
आसमाँ को थी कदूरत सो निकाला यूँ ग़ुबार

यक़ीन :

शहर देहली भी अजब नख़्ल-ए तरब था जिसके हाय
बेहतर अज़ गुल थे ख़स-ओ ख़ाशाक के साया तले
वो मकान-ए क़ुतुब साहब और वो अमरियों की छाँव
ऐंडते क्या-क्या थे हम जूँ ताक के साया तले

सच कहो ऐ बुलबुलो किस बाग़ से आयी हो तुम
है हमारे भी तुम्हें कुछ आशियाने की ख़बर

मुसहफ़ी :

क्योंकि देहली से लखनऊ है ख़ूब
न वो कूचे यहाँ न वो गलियाँ

यारब शहर अपना छुड़ाया तूने
वीराने में मुझको ला बिठाया तूने

---

1. आब-ए हयात, पृ. 204

मैं कहाँ और कहाँ ये लखनऊ की ख़िलक़त
ऐ वाये ये क्या किया ख़ुदाया तूने

मेरा जी जानता है या उसे ख़ुद मैं ही जानूँ हूँ
जो ग़म गुज़रे है मुझ पर मेरे ग़मख़्वारों से मत पूछो
हसन का शेर है मियाँ मुसहफ़ी क्या हस्ब-ए हाल अपने
सुनो तुम हमसे इसको ख़ानमाँ दारों से मत पूछो
"गये वो दिन जो रहते थे जहाँ आबाद में हम भी
ख़राबी शहर की सहरा के आवारों से मत पूछो"

मीर हसन को देहली के छूटने का ज़बरदस्त धक्का लगा था। मसनवी गुलज़ार-ए इरम में उन्होंने 'आवारा शुदन अज़ दयार-ओ हाल-ए ज़ार' को शीर्षक बना कर कुछ यूँ लिखा :

हुआ आवारा हिन्दुस्तान जब से
क़ज़ा पूरब में लायी मुझको तब से
चला गाड़ी में यूँ आया मैं नाचार
क़फ़स में जिस तरह सैद-ए गिरफ़्तार
ग़रज़ करने को की क़तअ मनाज़िल
वले हर-हर क़दम रहता गया दिल
करे है ज़िक्र दिल्ली का कोई जब
मेरी आँखों से गिरता है लहू तब
तरावश दिल करे है जा-बजा से
उसे जूँ डंक पूरब की हवा से
जब आया मैं दयार-ए लखनऊ में
न देखा कुछ बहार लखनऊ में

इसके बाद लखनऊ की निन्दा है। मीर हसन की आँखों में देहली के गली-कूचे और इनके रहन-सहन, रस्म-ओ रिवाज़ बसे हुए थे, लखनऊ इनको एक आँख न भाया। यहाँ के घरों को वो 'नजिस का दिल' (अपवित्र का हृदय) और गलियों को 'तराज़-ए गिल' बताते हैं। यह केवल शब्दों से खिलवाड़ नहीं बल्कि उनके दिल का दर्द है। लखनऊ उस समय तक अवध की राजधानी नहीं थी, नवाब और वज़ीर फ़ैज़ाबाद में रहते थे। इसी सन्दर्भ में फ़ैज़ाबाद की प्रशंसा में उनके ये शेर ज़रा देखें :

अजब मामूरा-ए आबाद पाया
मिसाल-ए गुल हर इक दिलशाद पाया

वो अँगूरी वो मोती बाग़ देखा
इरम जिसके हसद से दाग़ देखा
इमारत शहर की देखी वो आली
कि जिसने अर्श की ख़ूबी उठा ली
खुला बाज़ार और रस्ते कुशादा
बयाज़-ए जदवली हो जैसे सादा
दो रस्ता अहल-ए हरफ़ा और दुकानदार
लड़ी मोती की हो जैसे नमूदार
जो कोई शाम को वाँ चौक जावे
शब-ए राहत का दिन को हिज़ उठावे
सर-ए बाज़ार वाँ तिरपोलिया है
कि जूँ दरवाज़ा-ए जन्नत खुला है
वो ठण्डी बाद और साया हवादार
इधर-उधर कटोरों की वो झंकार

इसके बाद फ़ैज़ाबाद के बाज़ारों का नक़्शा खींचा है और यहाँ के लाल-ओ जौहर और गोटा किनारी से लेकर मेवे और मिठाइयों तक एक-एक चीज़ के व्याख्यान में रस घोला है। लाल बाग़ के जलवों और वहाँ के घूमने वालों की सुन्दरता का बखान पूरे विस्तार से किया है। कुछ शेर सूरज कुण्ड के मेले और दरगाहों से सम्बन्धित भी हैं :

अजब सावन में गुड़ियों का मज़ा है
हिंडोला जिस तरफ़ देखो गड़ा है
ख़ुशी है, चुहल है, ऐश-ओ तरब है
सदा आलम यही वाँ रोज़-ओ शब है
कहा जाता नहीं कुछ वाह बस वाह
अजाएब शहर है अल्लाह अल्लाह
अगर फ़िरदौस-ए बर रूए ज़मीं अस्त
हमीं अस्त-ओ हमीं अस्त-ओ हमीं अस्त (1)

मीर हसन अपनी युवावस्था के आरम्भिक दिनों में ही पूरब आये। मसनवी सहरुल बयान उन्होंने लगभग 48 वर्ष की आयु में अपनी मृत्यु से दो साल पहले 1199 हि. (1784 ई.) में लिखी। इसके बावजूद इसकी सामाजिक एवं सांस्कृतिक पृष्ठभूमि दिल्ली ही पर केन्द्रित है। ज़ाहिर है इतना समय व्यतीत हो जाने के बाद

1. मसनवियात मीर हसन, पृ. 134, 161

भी उनका हृदयपटल देहली के चित्रों से ही सजा था। मसनवी की भाषा शैली के अतिरिक्त क़िले की शान और बाज़ारों की आन-बान का वर्णन दिल्ली की ही याद दिलाता था। शहज़ादा बेनज़ीर की सवारी में मुग़ल राजाओं, बादशाहों के जुलूस की सच्ची झलक दिखाई देती है। उद्यान वाटिकाएँ, कोठियाँ और दूसरे दृश्यों पर भी देहली की छाप साफ़ दिखती है। और तो और रीति-रिवाज़ों और परम्पराओं का व्याख्यान भी मिलता है, मीर हसन का अवचेतन देहली के दृश्यों से अनभिज्ञ कभी नहीं रहा।

लगभग उसी दौर में आगरा के गली-कूचे नज़ीर अकबराबादी की सदाओं में खोए हुए थे। नज़ीर की वाणी में भारतीय सभ्यता, संस्कृति, जीवन-शैली कुछ ऐसी बसी थी कि उनके कहे शब्दों में भारतीय समाज, संस्कार अनायास ही छलकता हुआ अपने स्वाभाविक रूप से दिखाई पड़ता था। नज़ीर को अपने देश की मिट्टी के कण-कण से प्रेम था। हिन्दोस्तानी स्वभाव और समाज से नज़ीर के इस लगाव को उदाहरण में पेश करना आसान नहीं। हिन्दू धर्म की मान्यताओं में चाहे वो भगवान श्रीकृष्ण से जुड़ी हों, चाहे उनका सम्बन्ध ऋतुओं या तीज-त्योहारों से हो जैसे बसन्त, होली, दीवाली, दशहरा और राखी इत्यादि त्योहारों पर नज़ीर ने जो नज़्में लिखीं, यह सब इनकी देशभक्ति, विशाल हृदय और हितैषी होने के जीते जागते उदाहरण है।

हिन्दू रीति-रिवाज़ों से नज़ीर के लगाव और प्रेम का एक कारण यह भी है कि वो मथुरा से बहुत क़रीब रहते थे। कृष्ण की जन्मभूमि होने के कारण से मथुरा सदियों से कृष्णभक्ति की परम्पराओं का केन्द्र रहा है। इसका आगरा पर भी गहरा प्रभाव रहा। यही कारण है कि नज़ीर जैसे जनप्रिय शायर की सोच में इस वातावरण ने अपनी जगह बना ली और इसके असर से वो बाहर भी नहीं आ पाये। नज़ीर की भारतीयता का सम्भवतः यहीं सबसे बड़ा रहस्य है।

नज़ीर हिन्दोस्तान के फलों-फूलों, ऋतुओं और खेल-तमाशों के विषय में भी अपनी चाह का व्याख्यान करते हैं। आगरा और उसके आस-पास के मेलों-ठेलों, पतंगबाज़ी और तैराकी पर नज़ीर की जो नज़्में मिलती हैं वो एक गहरे सम्बन्ध और सत्य प्रेम का पता देती हैं। नज़ीर की भावना इस ऐतबार से भिन्न और प्रतिष्ठित है कि उसने अपनी धरती के जिस कण पर अपनी दृष्टि डाली उसे आसमान पर लाकर बिठा दिया। न जाने अपने देश से बिछड़ने की कौन-सी अवस्था में उन्होंने ये शेर कहा :

याद आता है हमें जब वतन अपना तो नज़ीर
सर को हसरत से पटक कहते हैं हम हाये नज़ीर

नज़ीर उर्दू का पहला शायर है जिसने ताजमहल की प्रशंसा में एक नज़्म कही है[1] इसमें उन्होंने इस अजूबे के सौन्दर्य की महानता का पूरा-पूरा विवरण भी किया और इसकी कारीगरी पर गर्व और अभिमान भी किया। नज़ीर लिखता है कि वैसे तो इस संसार में इमारतों की कमी नहीं पर ताजमहल का सौन्दर्य अद्वितीय है। ताजमहल नज़ीर को इसलिए भी पसन्द है क्योंकि ये हिन्दुस्तान के एक बादशाह के सपने को हिन्दुस्तान के कारीगरों ने जो सुन्दर स्वरूप दिया ताजमहल उसी का फल है।

नज़ीर ने शहर आगरा की प्रशंसा में भी एक मुख़म्मस लिखा है।[2] आगरा को उन्होंने 'शहर-ए सुख़न' कहा है। इनका बयान है कि यहाँ के बाग़ों पुरब. हार और इमारतें पुरनिगार (कलात्मकतापूर्ण) हैं। बाज़ारों को देखकर चमन का गुमान होता है और गलियाँ कूचे गुलिस्तान का नक़्शा प्रस्तुत करते हैं। नज़ीर ने आगरा के मनमोहक सौन्दर्य और परिधानों, यहाँ के मेवों की मिठास और वातावरण की मृदुलता की भी प्रशंसा की है। आगरा की तैराकी से नज़ीर को विशेष लगाव था इसीलिए उन्होंने अपने शेरों में इसका उल्लेख भी प्रस्तुत किया है। एक बन्द देखिए :

यारो अजब तरह का ये दिलचस्प है मुक़ाम
होते हैं ऐसे कितने ही ख़ूबी के अज़दहाम
हर तौर दिल रहे है ख़ुश और तबअ शाद काम
मेरी नज़ीर दिल से यही है दुआ मदाम
हँसता रहे ये शहर ब सद अम्न और अमान

आगरा से इसी मोहब्बत के कारण नज़ीर ने अपने एक शहर आशोब में वहाँ की आर्थिक बदहाली का रोना रोया है। इसमें बताया है कि आगरा के कारोबारी, जौहरी, व्यापारी, सौदागर, दुकानदार, पंसारी, कारीगर, तारकश, हज्जाम, लोहार, नानबाई सबके रोज़ी को लेकर दुखी हैं, कारोबार, कारख़ाने ठप्प पड़े हैं और इनके बन्द होने से बेकारी और दरिद्रता बढ़ती चली जा रही है। यहाँ तक कि सिपाही और अमीरों के बच्चे भी इसकी लपेट में आ चुके हैं। नज़ीर ने खँडहर होती हुई इमारतों और उजड़ते हुए बाग़ों और उद्यानों की दुर्दशा की तरफ़ भी दुखी मन से इशारा किया है और ईश्वर से दुआ माँगी कि ऐ ख़ुदा आगरा के लोगों पर दयादृष्टि कर और इनके व्यापार को उन्नति दे। अन्तिम बन्द में खुले शब्दों में उस सम्बन्ध की दुहाई भी दी जो लगाव उनको आगरा से था।

---

1. गुलज़ार-ए नज़ीर, पृ. 75
2. गुलज़ार-ए नज़ीर, पृ. 77

आशिक़ कहो असीर कहो आगरे का है
मुल्ला कहो दबीर कहो आगरे का है
मुफ़लिस कहो फ़कीर कहो आगरे का है
शायर कहो नज़ीर कहो आगरे का है
इस वास्ते ये इसने लिखे पाँच चार बन्द

लखनऊ के ग़ज़ल कहने वाले शायरों में नासिख़, तन्हा, दिलगीर, अनीस, असीर, मेहर, हिन्द, क़ल्क़, मुनीर इत्यादि भी अपने वतन की इमारतों और दृश्यों और यहाँ की सभ्यता और संस्कृति से गहरा लगाव रखते थे। यही कारण है कि वो इसकी प्रशंसा में कोई कसर उठा नहीं रखते। ये और बात है कि दुर्भाग्यवश वो एक ऐसे समय में शायरी कर रहे थे जो पतन की ओर अग्रसर था। अस्थायी बेफ़िक्री और आराम तलबी ने उस सभ्यता पर एक नक़ली-सी परत चढ़ा रखी थी। इसकी दिखावटी चमक-दमक अपने अन्दर एक ग़ज़ब का आकर्षण रखती थी। यह सभ्यता जो अपना कर्तव्य निभा कर मिट रही थी। यही कारण था कि उर्दू शायर लखनऊ की हर अच्छी-बुरी चीज़ पर जान छिड़कते थे। इस युग की शायरी में लखनऊ से प्रेम भावना के जो नमूने मिलते हैं उन्हें इसी नज़र से देखना चाहिए :

नासिख़ :

हम-सफ़ीर अपना वतन है लखनऊ
हम तो बुलबुल हैं चमन है लखनऊ
मुश्क अफ़शाँ ज़ुल्फ़ महबूबों की हैं
ग़ैरत-ए मुश्क-ए ख़तन है लखनऊ
कर दिया है क़ज़ा ने क्या फ़िराक़
जान मैं हूँ और तन है लखनऊ
गलियों में हर संग रेज़ा है अक़ीक़
रास्त कहता हूँ यमन है लखनऊ
मैं हज़ीं आवारा-ए ग़ुरबत जो हूँ
इन दिनों बैतुल हज़न है लखनऊ
कोई ऐसा शहर दुनिया में नहीं
ग़ैरत-ए दहर-ए कुहन है लखनऊ[1]

ये आला मिरे लखनऊ की है शान

1. दीवान-ए नासिख़ (द्वितीय), पृ. 129

ज़मीं है जहाँ आसमाँ लखनऊ
सद अफ़सोस मानिन्द-ए बाग़-ए इरम
हुआ है नज़र से निहाँ लखनऊ
मरेंगे तो पहुँचेंगे बे-शुब्ह हम
कि फ़िरदौस है बे गुमाँ लखनऊ

आसमाँ की क्या है ताक़त जो छुड़ाए लखनऊ
लखनऊ मुझपे फ़िदा है मैं फ़िदा-ए लखनऊ
तूने देखे हैं कहाँ रंगीं अदा-ए लखनऊ
लाला-ओ गुल के चमन है कूचा हाए लखनऊ
पच्छिम और उत्तर के कोने से चली आती है रोज़
बू-ए ज़ुल्फ़-ए यार ले लेकर हवा-ए लखनऊ(1)

सेहर :

ये शहर-ए मोहब्बत का बाज़ार है
यहाँ जो है जी का ख़रीदार है
मोअत्तर है हर एक इसकी गली
खिलाते हैं गुल पाएँचे की कली
इसी शहर का नाम है लखनऊ
इसी शहर की सहर है गुफ़्तगू
अजब शहर है कुछ अजब लोग हैं
बहुत हैं मगर मुन्तख़ब लोग हैं(2)

रिंद :

गो मिले जन्नत में रहने को बजाये लखनऊ
चौंक पड़ता हूँ मैं हरदम कह के हाए लखनऊ

मुनीर शिकोहाबादी :

पेश-ए नज़र है सैर-ए गुलिस्तान-ए लखनऊ
हर एक सिम्त नूर का जलवा है देख लो
जल्से मुशायरों के हैं यारों की सोहबतें
हर एक फ़न-ए शेर में यकता है देख लो
परियों की दीद है सर-ए बाज़ार रात दिन

---

1. दीवान-ए नासिख़ (द्वितीय), पृ. 129
2. इन्तख़ाब उर्दू-ए-मुअल्ला (1903-8), पृ. 26

हर कूचे में तिलस्म का मेला है देख लो
कमली से भी दोशालों को पाया यहाँ ज़लील
कश्मीर से यह शहर ज़्यादा है देख लो
फ़य्याज़ हैं तमाम अमीर इस दयार के
घर-घर में रक़्स-ओ ऐश का जल्सा है देख लो
इस शहर को मैं क्यूँ न कहूँ जन्नत-ए नहुम
इसका नज़ीर हिन्द में अनक़ा है देख लो[1]

नवाब तजम्मुल हुसैन ख़ाँ फ़र्रुख़ाबाद के शासक थे। उन्होंने मुनीर को ज़ादराह भेज कर फ़र्रुख़ाबाद तलब किया। लखनऊ से जाते हुए मुनीर ने कहा :

चला हूँ लखनऊ से सू-ए फ़रुख़ आबाद आज
हज़ारों हसरतें, रंज-ओ मलाल में है सदा
फ़िराक़-ए लखनऊ से है मुनीर ये तारीख़
बहिशत-ए हिन्द से अफ़सोस हाय मैं निकला

कुछ समय पश्चात वापस लखनऊ आ गये। ये मक़्ता फ़र्रुख़ाबाद ही के एक तरही मुशायरे में कहा था :

लखनऊ की आरज़ू में जान देता है मुनीर
सल्तनल का भी ज़माने में तमन्नाई नहीं

शिव प्रसाद वहबी (मृत्यु 1877 ई.) :

ये वज़अ ये लिबास यह हुस्न-ए बुताँ कहाँ
क्यूँ कर हमारे दिल को हो ना लखनऊ पसन्द

अमीर मीनाई :

कहाँ होंगी अमीर ऐसी अदाए हूर-ओ ग़िलमाँ में
रहेगा ख़ुल्द में भी याद हमको लखनऊ बरसों

लखनऊ के कई शायरों के यहाँ लखनऊ प्रेम तो आस्था की श्रेणी तक पहुँचता दिखता है। इन सभी को यहाँ की हर इक चीज़ से गहरा लगाव था। यहाँ के उद्यानों, मेलों और जलसे-जुलूसों की शान में इनके कई क़सीदे मिलते हैं। वज़ीर, सेहर, बेख़ुद और क़लक़ ने ऐशबाग़, क़ैसर बाग़, मोती झील, खजवा इत्यादि की अनेक अवसरों पर प्रशंसा की है। यह सब प्रशंसा या किसी इनाम की चाह में किये गये कार्य में नहीं आता।

सेहर एक क़सीदे में लखनऊ की बहारों की चर्चा करते हुए लिखते हैं कि यहाँ सावन शुरू होते ही बाग़ों में पत्ता-पत्ता बूटा-बूटा निखर आता है।

1. मुन्तख़िब-अल आम, दीवान-ए मुनीर (अव्वल), पृ. 301

जमना जामुनो की सड़क तक आ पहुँचती है। मोती झील में तैराकियाँ शुरू होती है। झूले पड़ते हैं, गीत गाये जाते हैं, महमूबों की अदाएँ अपना अलग ग़ज़ब ढाती हैं और जी चाहता है कि रात-दिन की ये रंगा-रंगी सदा यूँ ही बनी रहे। सच तो ये है कि जिसने ऐसे जोशीले और रंगीन लखनऊ से प्रेम नहीं किया इन्होंने अपने छोटे-से जीवन को व्यर्थ ही खो दिया।[1]

सालार जंग के पुस्तकालय में लखनऊ की प्रशंसा में दो मसनवियाँ मिलती हैं। इनमें से एक के रचयिता का नाम मालूम नहीं है। इनमें 14 पन्ने हैं और आसिफ़-उद दौला के दौर में लिखी गयी हैं।[2] परम्परानुसार मसनवी का आरम्भ उस समय के बादशाह की प्रशंसा से हुआ है, उसके बाद किसी दावत का विवरण और लखनऊ की प्रशंसा की गयी है। एक शेर ज़रा देखें :

मुसाफ़िर उस तरफ़ जो आन निकले
न निकले वाँ से ग़ैर अज़ जान निकले

दूसरी मसनवी मोहम्मद बख़्श शहीद की है।[3] ये 1839 में लिखी गयी और 37 पृष्ठों की है। शहीद के बारे में कुछ मालूम नहीं हो सका। अगर लिखने वालों की मानें तो इनके पिता का नाम ख़ुदा बख़्श था। पहले इनका सम्बन्ध दिल्ली से, तत्पश्चात लखनऊ से रहा। मसनवी का आरम्भ मोहम्मद अली शाह की प्रशंसा से होता है उसके बाद लखनऊ की प्रशंसा का गुणगान इसमें मिलता है।

लखनऊ के जाने माने मर्सिया लिखने वाले दिलगीर ने भी एक मसनवी अमीन. ाबाद की प्रशंसा में कही थी। दिलगीर नये-नये मुस्लिम हुए थे, पहले वो छन्नूलाल कहलाते थे और उनका तख़ल्लुस था तरब। इस मसनवी की हस्तलिखित एक प्रति रामपुर की सरकारी लाइब्रेरी में मौजूद है। ज़रा इन शेरों पर नज़र डालिए :

अमीनाबाद की लिखता हूँ तारीफ़
है बेशक वो जगह शायान-ए तौसीफ़
जो देखें ख़्वाब में यूसुफ़ ये बाज़ार
तो जान-ओ दिल से हों इसके ख़रीदार
न इस बाज़ार को बाज़ार कहिए
अगर कहिए तो फिर गुलज़ार कहिए

लखनऊ की प्रशंसा में एक मसनवी बादशाह हुसैन ख़लफ़ ख़्वाजा मीर वज़ीर की भी मिलती है जो सन् 1868 ई. में अनवरी मोहम्मदी प्रकाशन लखनऊ से प्रकाशित हुई थी। इसमें सारे शहर का सर्वेक्षण करते हुए हर दृश्य की विस्तार

---

1. तारीख़-ए क़सायद-ए उर्दू, पृ. 210
2. देखें फ़ेहरिस्त-ए उर्दू मख़्तूतात सालार जंग पुस्तकालय, पृ. 661
3. वही, पृ. 701

से व्याख्या की गयी है। विशेषकर बाज़ारों का वर्णन और काम कर्मियों की सम्पन्नता का विवरण भी किया है।

ये वो समय था जब उर्दू शायरों के दिलों में विदेशी दृश्यों की तुलना में हिन्दुस्तानी नज़ारों और प्रथाओं से लगाव बढ़ रहा था। शाह हातिम और मज़हर के दौर में फ़ारसी अनुकरण की परम्परा को जो बढ़ावा मिला था, इसका असर अब कम होने लगा था। उर्दू भाषा अब फ़ारसी के बराबर आ खड़ी हुई थी। और उर्दू शायर फिर से देशी और स्थानीय चीज़ों की ओर ध्यान देने लगे थे, इसका एक बड़ा कारण यह था कि उर्दू शायरी की जड़ें उस दौर में एक ऐसे स्थान पर फैल गयी थीं जो सदियों से हिन्दू संस्कृति का केन्द्र बना हुआ था। लखनऊ और आगरा में उर्दू की उन्नति और विस्तार से उर्दू शायरी में बहुत से स्थानीय रीति-रिवाज़ों का समागम हो गया और भारतीय मान्यताओं और भावनाओं का समन्वय भी बढ़ोतरी की ओर अग्रसर हुआ। उर्दू मसनवियों पर इसका प्रभाव यह पड़ा कि ईरानी क़िस्से-कहानियों के साथ-साथ अब हिन्दुस्तानी क़िस्सों इत्यादि में भी जनमानस की पसन्द बढ़ने लगी और कई मसनवियाँ भारतीय लोक कथाओं से प्रेरित होकर लिखी गयीं। मूल चन्द मुंशी और नजीबुद्दीन नजीब ने हीर राँझा पर मसनवियाँ लिखीं। नल-दमन को नियाज़ अली बेग निकहत और भगवन्त राय राहत ने नज़्म में ढाला। नवाज़ द्वारा लिखित शकुंतला का जो अनुवाद काज़िम अली जवाँ ने किया था उसे सैयद मोहम्मद तक़ी और इनायत सिंह ने नज़्म का रूप दिया। ख़्वाजा मीर दर्द के एक शिष्य ने जिनका नाम मालूम नहीं हो सका उन्होंने सिंहासन बत्तीसी को मसनवी में लिखा, रंग लाल चमन और मक्खन लाल ने भी इस क़िस्से को नज़्म में लिखा। रूप बसन्त और कुँवर काम और कलाकाम जैसे और इसके अतिरिक्त और भी कई क़िस्से भी इसी दौर में लिखे गये। क़ासिम अली बरेलवी की कविता रूप में लिखी पद्मावत उर्दू क़िस्सों में शीर्ष स्थान पर रखी जाती है, ज़ियाउद्दीन इब्रत ने जब पद्मावत के क़िस्से को कविता रूप देना आरम्भ किया तो कुछ लोगों ने हिन्दू राजा-रानी का क़िस्सा लिखने पर आपत्ति जताई, इसके जवाब में इब्रत ने कहा अपना देश भारत है और देश से प्रिय कोई धरती नहीं होती, जो बात अपने देश में है वो किसी दूसरे देश में कहाँ, फिर क्यूँ अपने देश के क़िस्सों को छोड़ कर दूसरों के क़िस्से दोहराये जायें। अपने देश की सभ्यता और संस्कृति से मुँह मोड़ना देशभक्ति के विपरीत है। ऐसा कह कर उन्हें नीचे लिखे शेर अपने देश की प्रशंसा में कहे :

सवाद-ए हिन्द को ऐ मूनिस-ए जाँ
बनाऊँ सुरमा-ए चश्म-ए सफ़ाहाँ
अजम से हिन्द का है इश्क़-ए ख़ूँख़ार
क़यामत हिन्द की काटे है तलवार
है शोला-ए इश्क़-ए हिन्दी का शरर रेज़
कि हैगा आफ़ताब इस जानपत तेज़
लिखूँ हिन्दोस्ताँ की ग़र मैं तारीख़
तो दफ़्तर हो जुदा इक और तस्नीफ़
जले परवाने की भी ख़ाक याँ की
कि इश्क़ अफ़्ज़ा है ख़ाक हिन्दोस्ताँ की
जो कोई आशिक़-ओ माशूक़ याँ है
दुई हरगिज़ न उनके दरम्याँ है
बरंग-ए शोला ख़स गिरते हैं साथ
जो मरते हैं वो मरते हैं साथ(1)

ऐसे ही मूल चन्द मुंशी मसनवी हीर-राँझा में लिखते हैं :

तमाशा है अक़लीम-ए हिन्दोस्ताँ
ब ख़ूबी-ओ लुत्फ़ इन्तेख़ाब-ए-जहाँ
सरापा लताफ़त सरापा बहार
बहार-ए चमन होवे जिस पर निसार
अजब सरज़मीं है मसर्रत फ़ज़ा
निहायत है दिलचस्प और दिलकुशा
जिसे देखिए सो तरहदार है
परी चेहरा-ओ माह-ओ रुख़्सार है(2)

भगवन्त राय राहत काकोरवी जिनकी मसनवी नल-दमन बीसियों बार छप कर लोकप्रिय बन चुकी थी, क़िस्से के आरम्भ में वो अपने देशप्रेम को इन शब्दों में पिरोते हैं :

अजब नुज़हत फ़ज़ा हिन्दोस्ताँ है
कि हर शहर इसका रंगीं बोस्ताँ है
गज़ब हैं बुत वहाँ के शोख़-ओ बेबाक

---

1. मसनवी शमा-ओ परवाना (हस्तलिखित), कुतुबख़ाना अंजुमन-ए तरक़्क़ी उर्दू-ए हिन्द, अलीगढ़।
2. मसनवी हीर-राँझा (हस्तलिखित), स्टेट लाइब्रेरी, रामपुर।

कि हैं ज़ाहिद का दिल लेने में चालाक
दिया है हुस्न ऐसा हक़ ने नमकीं
कफ़-ए पा को न पहुँचे लाबत-ए चीं
वो काफ़िर ज़ुल्फ़ रखते हैं कमर तक
फँसे जिसमें दिल-ए इस्लाम बेशक
अजब वो मुल्क है रूए ज़मीं पर
नहीं कोई विलायत इसके हम-सर
नमूना है मगर ख़ुल्द-ए बरीं का
कि है रूत्बा बुलन्द इस सरज़मीं का
जो ख़ूबी इसकी सब तहरीर हो जाये
तो काग़ज़ तख़्ता-ए तस्वीर हो जाये(1)

बहादुर शाह ज़फ़र के दौर तक दिल्ली में राजनैतिक उथल-पुथल और आर्थिक तंगी के बावजूद कई महान शायर एक मंच पर थे। ज़ौक़, मोमिन, सहबाई, आज़ुर्दा, ग़ालिब और शेफ़्ता दिल्ली की महफ़िलों की जान थे। ग़ालिब भले ही ईरानी तलवारबाज़ी से घायल और अपने तूरानी वंश का होने पर गर्व करते थे पर वो हिन्दुस्तान के प्रति उदासीन थे, ऐसा भी नहीं। अपने को फ़ारसी का पण्डित मनवाने के लिए उन्हें क्या कुछ न करना पड़ा, यह एक अलग विषय है और इस बारे में विद्वानों ने काफ़ी चर्चा भी की है। फ़ारसी के ज्ञान को ऊपर रखने के लिए ग़ालिब ने अपनी फ़ारसी शायरी को ऊपर रखा, यहाँ तक कि अपने उर्दू संग्रह को बेरंग तक कहलवा डाला, फिर भी कौन नहीं जानता कि उर्दू से उनको कितना प्रेम था। बिल्कुल इसी तरह दिल्ली और दिल्लीवासियों से जो उनका सम्बन्ध था इसके लिए ग़दर के दौर के उनके द्वारा लिखे ख़तों को देख लेना ही पर्याप्त होगा। इसके अतिरिक्त फ़ारसी और उर्दू शेरों में जो संकेत मिलते हैं वो भी सुखद और सार्थक हैं, ज़रा देखें :

गिरफ़्तम कज़ जहाँ आबाद रफ़्तम
मर अनियाँ रा चरा अज़ याद रफ़्तम
मगर दाग़-ए फ़िराक़-ए बोस्ताँ सोख़्त
ग़म-ए बेमेहरी-ए ईं दोस्ताँ सोख़्त
जहाँ आबाद गर नबवद-ए अलम नीस्त
जहाँ आबाद बादा जाये कम नीस्त

अब ज़रा उर्दू के इस शेख़ को देखें :

1. नल-दमन (हस्तलिखित), लिटन लाइब्रेरी, अलीगढ़।

हिन्दोस्तान साया-ए गुल पाये तख़्त था
जाह-ओ जलाल-ए अहद-ए विसाल-ए बुताँ न पूछ

लगता है ग़ालिब क़िस्सा नल-दमन के भी चाहने वालों में थे, तकिए वाली मशहूर ग़ज़ल का शेर है :

हुआ है काट के चादर को नागहाँ ग़ायब
अगरचे ज़ानूए नल पर रखे दमन तकिया

ग़ालिब का हृदय प्रेम और त्याग-भाव से भरा हुआ था। कई जगह हिन्दुस्तान के ख़ास त्योहारों का वर्णन भी उनकी भाषा में दिखाई देता है :

है तमाशागाह-ए सोज़ ताज़ा हर यक अज़्व तन
जूँ चिराग़ाने दीवाली सफ़-ब सफ़ जलता हूँ मैं

हों शाद न क्यूँ साफ़िल-ओ आली बाहम
है अब के शब क़दर-ओ दिवाली बाहम

एक क़सीदे में ईद और नौरोज़ के बाद होली की रंगीनी और चहल-पहल का भी समाँ बाँधा है :

गरचे है बाद ईद के नौरोज़
लेक बेश अज़ सह हफ़्ता बोद नहीं
सो इस इक्कीस दिन में होली की
मजलिसें जा-बजा हुईं रंगीं
शहर में कू-ब-कू अबीर-ओ गुलाल
बाग़ में सू-न-सू गुल-ओ नसरीं
शहर गोया नमूना-ए गुलज़ार
बाग़ गोया निगारख़ाना-ए चीं
तीन त्योहार और ऐसे ख़ूब
जमा हरगिज़ हुए न होंगे कहीं

ग़ालिब को हिन्दुस्तान से जो बे-पनाह मोहब्बत थी और उसकी जैसी अभि-व्यक्ति इस क़तऐ में जिस तरह उन्होंने की उसे केवल महसूस किया जा सकता है। ये क़तअ उनके देहान्त से कुछ पहले *दिल्ली सोसाइटी* पत्रिका में प्रकाशित हुआ था :

हिन्दोस्तान की भी अजब सर ज़मीन है
जिसमें वफ़ा-ओ मेहर-ओ मोहब्बत का है वुफ़ूर
जैसा कि आफ़ताब निकलता है शिर्क़ से
अख़लाक़ का हुआ है इसी मुल्क से ज़हूर

है अस्ल तुख़्म-ए हिन्द से और इस ज़मीन से
फैला है सब जहान में ये मेवा दूर-दूर

ईरान की धरती से सम्बन्ध होने के बावजूद ग़ालिब को हिन्दोस्तान से बेपनाह मुहब्बत थी। वो 'देहली-ओ आगरा शीराज़-ओ सफ़ाहान मनस्त' अर्थात् देहली और आगरा का महत्त्व शीराज़ और सफ़हान जैसा है। वो हिन्दू, मुसलमान, ईसाई सबको अपना भाई मानते थे और मिर्ज़ा हरगोपाल तफ़्ता और जवाहर सिंह जौहर को अपने बेटों जैसा मानते थे।

मोमिन सैयद अहमद शहीद के अनुयायी थे, साथ ही सशस्त्र क्रान्ति के भी क़ायल थे। वो हिन्दुस्तान पर अंग्रेज़ों के शासन को अच्छी नज़र से नहीं देखते थे और उन्होंने क़सीदा-ए जिहादिया भी इसी नफ़रत के रहते लिखा। किसी काम से जब एक बार रामपुर गये तो देहली की याद में यह शेर लिखा :

दिल्ली से रामपुर में लाया जुनूँ का शौक़
वीराना छोड़ आये हैं वीराना-तर में हम

ज़ौक़ के विषय में मोलवी मुहम्मद हुसैन आज़ाद ने लिखा है कि हैदराबाद के दीवान चन्दू लाल ने एक बार इनकी शायरी की प्रशंसा सुनकर इनको इनाम और पाँच सौ रुपये भेजकर बुलावा दिया मगर ज़ौक़ नहीं गये। ग़ज़ल कह कर भेज दी और मक़तअ में फ़रमाया :

आज कल गरचे दकन में है बड़ी क़दर-ए सुख़न
कौन जाये ज़ौक़ पर दिल्ली की गलियाँ छोड़ कर(1)

ऐसे ही किशन लाल तालिब, जो आज़ाद के शिष्य थे, का एक शेर है :

दिललगी के वास्ते देहली में है मटिया महल
कौन जावे ख़ाक उड़ाने मुल्क बीकानेर को

नासिख़ के शिष्य जवाहर सिंह जौहर जो वज़ीर भी थे, उन्हें अपने भारतवासी होने पर गर्व था। उन्होंने हिन्दुस्तानी फल-फूल, वेश-भूषा, रहन-सहन, खान-पान से अपने सम्बन्ध को इन शब्दों में कहा :

हैं मेवा-हाए-तर ये कहीं और कब नसीब
ये नेशकर ये आम नहीं केला भी नहीं
ने ज़ाफ़राँ न जोज़-ए क़रनफ़ल न क़ाक़ला
केवड़ा ये मोतिया नहीं ये केतकी नहीं
तरकीबें ये मज़ा की न ये नेमत-ओ तमीज़

---

1. आब-ए हयात, पृ. 476

ज़ेवर नहीं ये वज़अ नहीं नाज़ुकी नहीं
शक्कर नमक ये तुरशी-ए अंबा ये मिर्च-ए तेज़
खाने का क्या मज़ा है जहाँ ये कोई नहीं
चश्म-ए बहिश्त के भी इसी सरज़मी पे हैं
हिन्दोस्ताँ से जा कभी बेहतर कोई नहीं
जौहर है जाय फ़ख़्र कि हिन्दी निज़ाद हूँ
इस सरज़मीं से चर्ख़ को भी हमसरी नहीं [(1)]

शेफ़्ता का दिल भी देशप्रेम की भावना से भरा हुआ था। ज़रा देखिए किस तरह वो यहाँ अपने देश की बहारों की हवाओं की फ़िज़ाओं की प्रशंसा कैसे सुखद भाव से कर रहे हैं :

हिन्द की वो ज़मी हैं इशरत ख़ेज़
कि न ज़ाहिद करें जहाँ परहेज़
वज्द करते हैं पी के मय सूफ़ी
मस्त सोते हैं सुबह तक शबख़ेज़
रिन्द क्या याँ तो शाहिद-ओ मय से
पारसा को नहीं गुरेज़ गुरेज़
सख़्त मुश्किल है ऐसी इशरत में
ख़तरा-ए हश्र-ओ बीम-ए रूस्ताख़ेज़ [(2)]

उधर लगभग उस काल में अवध का विघटन शुरू हो चुका था। इसमें नवाबों की ऐश परस्ती और निष्क्रियता भी थी, लेकिन वाजिद अली शाह के काल में सल्तनत के प्रबन्धन में जो ख़राबी पैदा हुई इसका मुख्य कारण था द्वैधशासन, जिसके पूरे उत्तरदायी अंग्रेज़ थे। कुल मिलाकर प्रजा राजा से नाराज़ नहीं थी। इसलिए जब वाजिद अली शाह की सल्तनत का विघटन हुआ तो वो तो चले गये मगर उनके बाद शहर के हर मर्द और औरत ने अपने दिल को दुखी पाया। वाजिद अली शाह के वियोग में ग़ज़लें लिखी गयीं, गीत बनाये गये, डंडे वालों और भाटों ने अपने तरीक़े से गली-गली घूम कर नज़्मे सुनाना शुरू कीं और शायद ही कोई ऐसा घर बचा हो जहाँ औरतें वो ग़ज़ल न गा रही थीं जिसका एक शेर यह है :

वाजिद अली पियारा कलकत्ते को सिधारा
सड़कें निकल रही हैं सूनी गली-गली है [(3)]

---

1. आसार-उश शोअरा-ए हुनूद, पृ. 47
2. दीवान-ए शेफ़्ता, पंजाबी अकादमी-लाहौर, पृ. 108
3. जान-ए आलम, पृ. 21

सल्तनत के विघटन से हज़ारों घर वीरान और लाखों लोग बेरोज़गार हो गये। उर्दू शायरों के लिए यह जगबीती आपबीती भी थी। आफ़ताब-उद दौला क़लक़, मुज़फ़्फ़र अली असीर, ज़की, दरख़शाँ, नसीम, अमीरुल्लाह तस्लीम, हुनर, अत्तार, हिलाल, जैसे कई शायर बेसहारा हो गये। फ़तेह-उद दौला बर्क़ अपने उत्तराधिकारी होने के दिनों से ही वाजिद अली शाह के साथ थे। उन्होंने ज़िलावतन (देश निकाला) होने के बाद भी बादशाह का साथ दिया और वहीं मटियाबुर्ज में अपने प्राण त्यागे। आग़ा हज्जू शरफ़ भी सल्तनत के पतन पर बादशाह के साथ कलकत्ता चले आये थे।

क़लक़ ने बादशाह की कलकत्ता यात्रा और रास्ते की कठिनाइयों और मुश्किलों पर एक विस्तृत सफ़र-आशोब लिखा। लखनऊ लौट आने पर यहाँ जो उन्होंने हालत देखी उसका व्याख्यान करते हुए लिखा है कि सल्तनत के पतन के कारण आम और ख़ास हर कोई बेचैन है और प्रजा में घृणा और असन्तोष फैला हुआ है। कूचा और बाज़ार की रंगारंगी ख़त्म हो चुकी है और सारा शहर एक बेसहारा दिल की तरह सूना पड़ा है। कोठियों और उद्यानों में कूड़े-करकट के ढेर हैं। महलों में चील कौए बोलते हैं और लोग बादशाह की बहाली के लिए दरगाहों में मन्नतें मानते फिरते हैं। ज़रा देखें ये कुछ शेर :

चौक वीरान गली-कूचे में सन्नाटा है
शहर सारा दिल-ए बेकस की तरह सूना है
तीन हिस्से से सिवा शहर खुदा पाया तमाम
जिस तरफ़ देखो नज़र आता है इक हू का मुक़ाम
मेहरवश सैकड़ों रहते थे जहाँ गर्म ख़िराम
ठोकरें खा के बशर चलते हैं इस जा हर गाम
बरसा करता हो शब-ओ रोज़ जहाँ पर कंचन
इन महलात में हो ज़ाग-ओ ज़गन के मसकन
जो ना देखा था इन आँखों ने दिखाया हमको
न सुना था सो वो कानों ने सुनाया हमको
शहर में गाता है जब कोई विदेशी बालम
सारे आलम का अजब होता है उस दम आलम
मन्नतें मानी गयी हैं ये हवा ख़्वाहों में
चिल्ले बाँधे हैं परीज़ादों ने दरगाहों में
असर अल्लाह इनायत करे इन आहों में
ढूँढ़ते फिरते हैं जा जा के तुम्हें राहों में

रुख़ तुम अब अपना सूए क़िबला-ए हाजात करो
ये दुआ दिल से पए ख़ुसरवे ख़ुशज़ात करो
तू मेरे शाह को सुलतान-ए अवध फिर कर दे
दुर-ए मक़सूद से दामान-ए तमन्ना भर दे[1]

अली हसन अश्क का एक शेर है :

क्या वतन में जी लगे दीवानगान-ए इश्क़ का
ऐश बाग़ उजड़ा पड़ा है ख़ुश्क मोती झील है[2].

सल्तनत के पतन के पश्चात लखनऊ की आर्थिक स्थिति पहले से भी बदतर हो गयी। ज़रा सेहर के ये शेर देखें :

गर्दिश-ए चर्ख़ से अबतर है ज़माने का हाल
ज़र्रा-ए ख़ाक हैं पस्ती में नुजूम-ए इक़बाल
हैं अतारद की तरह अहल-ए क़लम चक्कर में
सूरत-ए बद्र हैं गर्दिश में तमाम अहल-ए कमाल
नेस्ती फैली है अब शहर में कंगलों की तरह
लोग वाक़िफ़ नहीं देने से बजुज़ हर्फ़-ए सवाल
देने वाला नहीं मिलता है कोई ज़िन्दों में
जमा हैं क़ब्र पे हातिम के हज़ारों कंगाल
मुद्दतों से नहीं देखी है रूपे की सूरत
लोग सब भूल गये सब्ज़ थी रंगत या लाल[3]

लखनऊ के दूसरे शायरों की तुलना में सेहर का लखनऊ-प्रेम कुछ बढ़ा हुआ था। ज़रा इन शेरों की तरफ़ ध्यान दें कि इनमें दुख, तकलीफ़, परेशानी, ख़ुशी और इच्छा के कैसे तूफ़ान छुपे हुए हैं :

अजीब मजमा अहल-ए कमाल था अफ़सोस
हज़ार हैफ़ वो सोहबत फ़लक न देख सका
न चौथी का कहीं जलसा न तीजे की सोहबत
जहाँ में शादी-ओ ग़म दोनों का मज़ा न रहा
न पाँचों वक़्त की नौबत न वर्दियाँ न गजर
न तोप चलती है अब है ग़ज़ब का सन्नाटा

---

1. इन्तिख़ाब उर्दू-ए मुअल्ला, पृ. 39
2. दीवान-ए अश्क, पृ. 143
3. रियाज़-ए सहर, पृ. 174

जहाँ में साहेब-ए जौहर की है ये बेक़द्री
टके-टके ये बिकें अस्फ़हानियाँ क्या-क्या
ये इन्तेहा की सफ़ाई हुई है गलियों में
कि लखनऊ में किसी का क़दम नहीं जमता
भटके फिरते हैं गुम-करदा कारवाँ की तरह
वही थे हम कि ख़िज़िर को बताते थे रस्ता
सदा वो डंके की कानों से फिर सुनें यारब
चलें सलामी की तोपें ख़ुदा करे ऐसा[1]

अब ज़रा देखें कि मीर अनीस भी शत्रु के दुस्साहस से कितने खिन्न हैं :

क्यों कर दिल-ए ग़मज़दा न फ़रियाद करे
जब मुल्क को यूँ ग़नीम बर्बाद करे
माँगो! ये दुआ कि फिर ख़ुदावंद-ए करीम
उजड़ी हुई सन्तनत को आबाद करे[2]

इसी शृंखला में वहीद इलाहाबादी ने भी एक क़तअ शहर आशोब लिखा था, उसके कुछ शेर यूँ हैं :

लाला-ए ख़ुश रंग का जान-ए चमन क्या हो गया
जलव-ए शमा शबिस्तान-ए चमन क्या हो गया
अपने मौक़े पर नज़र आता नहीं कोई निहाल
इन्तज़ाम-ए नख़्ल बन्दान-ए चमन क्या हो गया
जिसको देखो बे-इजाज़त अब वो रखता है क़दम
इन्तज़ाम अहल-ए कारान-ए चमन क्या हो गया
क्या हुई वो बाग़बाँ की अक़्ल जो साबिक़ में थी
अब वो अफ़लातून-ए यूनान-ए चमन क्या हो गया
किस लिए वो रोशनी चश्म-ए अनादिल में नहीं
सुर्मा-ए गर्द-ए सफ़ाहान-ए चमन क्या हो गया
कौन से नावाक़िफ़ों ने काट डाला सर्व को
मिसरा-ए मौज़ून-ए दीवान-ए चमन क्या हो गया
गुंचा-ओ गुल यारों साक़ी शीशा-ओ जाम-ओ शराब
ऐ वहीद अपना वो सामान-ए चमन क्या हो गया[3]

---

1. तारीख़ क़साएद उर्दू, पृ. 198
2. माह-ए नौ, जुलाई 1957, पृ. 16
3. माह-ए नौ, जुलाई 1957, पृ. 16

अवध की ज़ब्ती अंग्रेज़ों की लूटमार की कार्रवाइयों की शृंखला की एक कड़ी थी। वास्तव में अंग्रेज़ किसी-न-किसी बहाने सारे देश का अधिकरण चाहते थे। यही कारण था कि इन लोगों द्वारा की जा रही इन हरकतों से रजवाड़ों इत्यादि में एक हलचल-सी फैल गयी थी। इधर संयोगवश साल-दो-साल के छोटे-से अन्तराल में कुछ ऐसी घटनाएँ घटीं कि फ़िरंगियों के विरुद्ध घृणा की जो भावना जनमानस के अन्दर पनप रही थी, मौक़ा पाकर 1857 में उसने ज्वाला का रूप ले लिया और क्रान्ति का रूप धर लिया। इस क्रान्ति को स्वतन्त्रता संग्राम की संज्ञा देने में सभी इतिहासकार सहमत नहीं हैं। वैसे इस विषय में देखा जाये तो सन् 57 की घटनाओं के पीछे कोई नियमबद्ध आन्दोलन नहीं था। इसका आरम्भ सिपाहियों के विद्रोह से हुआ जिसके पक्ष में वो राजा महाराजा और नवाब आगे आये जिनके रियासतें और रजवाड़े अंग्रेज़ों ने छीन लिए थे। इस लड़ाई के पीछे चूँकि कोई राष्ट्रीय आन्दोलन न था इसलिए ये देशव्यापी न हो सकी। भले ही यह विद्रोह सफल न रहा हो परन्तु इसके बावजूद सन् 57 की घटनाएँ अपना एक अलग ऐतिहासिक महत्त्व रखती हैं। इन घटनाओं को हमें आज के मानकों पर रख कर परखना नहीं चाहिए। हाँ इतना तो साफ़ है कि अंग्रेज़ों के विरुद्ध घृणा अपने चरम पर थी और स्पष्ट भी, और इसकी अभिव्यक्ति भी खुल कर हुई।

अंग्रेज़ों के विरुद्ध ये हिन्दू मुसलमानों का पहला संयुक्त मोर्चा था। भले ही ये विद्रोह सफल न रहा हो पर ऐसा होने से अंग्रेज़ों की श्रेष्ठता का भ्रम टूट गया और हिन्दुस्तानियों में आत्मविश्वास पैदा हुआ, जिसने आगे चल कर राष्ट्रीयता और राजनीतिक रूप से स्वतन्त्रता की चेतना को उभारा। और उर्दू शायरी ने हमारे इस मानसिक रूप से सुदृढ़ बनने के अन्तर्युद्ध और राष्ट्रीय चेतना को जाग्रत करने में हर मोड़ पर मदद की। इसलिए इस विषय में यह मालूम करना कि सन् सत्तावन की घटनाओं में उर्दू शायरों का कितना हिस्सा था, और इस युग के उर्दू शायरों में देशभक्ति और अंग्रेज़ों से दुश्मनी की भावना कहाँ तक थी यह जानना ज़रूरी है। इसका उल्लेख अगले अध्याय में आयेगा।

अध्याय दो

1857 और उर्दू शायरी

हम इस पर वाद-विवाद कर चुके हैं कि उन्नीसवीं शताब्दी के पूर्वार्द्ध की उर्दू शायरी में देशभक्ति की नवीन अवधारणा खोजना व्यर्थ है। इस काल में देशप्रेम की भावना आज से अलग है। यह नवीन अवधारणा उन्नीसवीं शताब्दी के अन्त में नये ऐतिहासिक परिवर्तनों के परिणामस्वरूप पुनर्जागरण की प्रथा का फल थी। इसके विपरीत देशप्रेम की प्राचीन कल्पना अपने समय के विशेष ऐतिहासिक कारक और सामाजिक ताक़तों की पैदा की हुई थी। इसकी बुनियाद उतनी राजनैतिक या आर्थिक नहीं जितनी व्यावहारिक और धार्मिक थी। यही कारण है कि यह सामूहिक न होकर व्यक्तिवाद पर आधारित थी। फिर भी इस बात से इनकार नहीं किया जा सकता कि यह विचार, त्याग, बलिदान, साहस और मर्दानगी की भावना से ओत-प्रोत था। भारत की एकता का विचार उस दौर में फ़ासलों की दूरी, रजवाड़ों के आपसी द्वेष, अराजकता के रहते दिमाग़ में आ ही नहीं सकता था। पर जैसे-जैसे अंग्रेज़ों ने अपनी चालें चल कर धीरे-धीरे भारत पर अपना क़ब्ज़ा करना और अपना साम्राज्य बढ़ाना आरम्भ कर दिया और इनके स्वार्थ और जनता की ज़रूरतें आपस में टकराने लगे, तब गुलामी और उत्पीड़न की भावना धीरे-धीरे हिन्दुस्तान के हर वर्ग में संयुक्त रूप से पैदा होने लगी। इस ज़माने के उर्दू शायरों पर भी इसका प्रभाव जगह-जगह दिखाई पड़ता है।

कहीं कोई मसहफ़ी, कोई जुर्अत, कोई मोमिन इन दिलों में छिपी हुई भावना को अपने शब्दों में व्यक्त करता दिखाई देता है। पर चूँकि उन दिनों आज़ादी का विचार धार्मिक या व्यावहारिक बुनियादों पर था इसलिए आमतौर पर अंग्रेज़ों का विरोध केवल इसलिए होता था कि उनके साम्राज्य में दीन और धर्म पर संकट छाया हुआ है। बेचैनी की इन चिंगारियों को जब बहादुरी और दिलेरी के साथ परम्परागत मूल्यों का सहारा मिलने लगा तब यह विचार 1857 में जंगल की आग की तरह चारों ओर तेज़ी से फैल गया। इस बात को अंग्रेज़ों ने सपने में भी नहीं सोचा था। देशभक्ति के इस आन्दोलन का स्रोत भावनात्मक और व्यक्तिगत था

इसलिए इसके विनाश का पहलू स्पष्ट रूप से दिखाई पड़ा। अंग्रेज़ी शासन को ख़त्म करने और सरकारी विभागों को बरबाद करने की दिशा में सभी हदों को लाँघ गया। परन्तु जहाँ तक क्रान्ति के रचनात्मक पहलू की अगर बात की जाये तो यह पूर्ण नहीं था। कारण था सामूहिक भावना की कमी बल्कि अनुपस्थिति। जिन क्षेत्रों पर देसी फ़ौजों का वर्चस्व था इनकी दशा भी दयनीय थी, इसी कारण से अंग्रेज़ों ने वहाँ कुछ समय बाद आकर बागडोर अपने हाथों में ले ली।

इस ज़माने की उर्दू शायरी में हमें इन सभी ऐतिहासिक ताक़तों के आपस में भिड़ने के अनेक उदाहरण मिलते हैं। इस सन्दर्भ में उर्दू शायरों ने देशभक्ति की जिन भावनाओं की अभिव्यक्ति की, इनका सही विश्लेषण करने के लिए उन ऐतिहासिक शक्तियों को ध्यान में रखना अति आवश्यक है जो उस समय उकसा रही थीं। लार्ड क्लाइव से लार्ड डलहौजी तक कम्पनी की तोड़-जोड़ की राजनीति से साबित होता है कि अंग्रेज़ किसी-न-किसी बहाने पूरे भारत पर अपना वर्चस्व स्थापित करना चाह रहा था। और इस योजना का आरम्भ प्लासी के युद्ध से हुआ था, और बक्सर के युद्ध पर आकर यह अपने चरम पर पहुँच चुका था। इसके बाद न केवल अवध का नवाब और वज़ीर फ़िरंगियों के हाथ का खिलौना बन गये बल्कि साथ ही मुग़ल राजा शाह आलम भी इनके नियन्त्रण में आ गये। 1837 में बहादुर शाह ज़फ़र सिंहासन पर बैठे तो गवर्नर जनरल लार्ड एलन बरा ने खुलेआम उनको क़िले से निकल जाने और शाही सम्बोधनों को छोड़ देने को कहा। मिर्ज़ा फ़ख़रू के बाद मिर्ज़ा क़वैश को उत्तराधिकारी इस शर्त पर बनाया गया कि बहादुर शाह की मृत्यु के पश्चात इनके लिए केवल शहज़ादे का सम्बोधन ही बाक़ी रहेगा, पेंशन सवा लाख के बजाये केवल 15 हज़ार रुपये होगी और क़िला ख़ाली कर दिया जायेगा। देखा जाये तो तैमूर के वंशजों का अन्त अब इन फ़ैसलों पर ही आ टिका था।

इधर ईस्ट इंडिया कम्पनी देसी रिसायतों पर भी एक के बाद एक हाथ साफ़ कर रही थी। वारेन हेस्टिंग्ज़ बंगाल, बनारस और रुरोहेलखंड को भी ख़ाक में मिला चुका था। वेलेज़ली ने मैसूर, पूना, सतारा और कई रियासतों पर अपना वर्चस्व बना लिया था। अंग्रेज़ों के इस दुस्साहस के कारण राजाओं, नवाबों और जागीरदारों के दिलों में तीव्र घृणा फैल रही थी।

डलहौज़ी के भ्रष्टाचार ने आग पर घी का काम किया। सल्तनत की सीमाएँ बढ़ाने के लिए कम्पनी देसी शासकों को छोटे-छोटे बहाने लेकर उनको उनके पदों से हटाने लगी और उनकी पेंशनें भी ज़ब्त की जाने लगीं। 1849 में अंग्रेज़ों ने पंजाब पर भी अपना क़ब्ज़ा जमा लिया।

आर्थिक-शोषण की स्थिति ये थी कि कम्पनी ने देसी कारोबार को बिल्कुल तबाह कर दिया था। व्यापार मन्दी का शिकार हो चुका था और किसानों की

हालत तो बद से बदतर हो चुकी थी।

सामाजिक स्तर पर भी भारतवासियों के लिए वातावरण अनुकूल न था। अंग्रेज़ पूरे भारत को ईसाई बनाने का सपना देख रहे थे। इसके परिणामस्वरूप मुसलमानों ने सुधार आन्दोलन शुरू कर दिये। शाह वलीउल्लाह मुहद्दिस देहलवी के बाद उनके काम को इनके साथियों और दोस्तों ने जारी रखा। मौलवी अहमद शाह मद्रासी और मौलाना लियाक़त अली ने इसमें अपनी ओर से काफ़ी सहायता की, और उत्तरी भारत में अंग्रेज़ों के विरुद्ध नफ़रत फैलाने में अपनी विशेष भूमिका निभाई।

इधर नाना राव पेशवा और अज़ीमुल्लाह देसी रियासतों में ख़ुफ़िया साज़िश का जाल बिछाने में लगे हुए थे। बंगाल में अली नक़ी ख़ाँ फक़ीरो और संन्यासियों द्वारा फ़ौजियों को भड़का रहे थे। छावनियों में रात को गुप्त बैठकें होती थीं और 1857 के आरम्भ ही में आगजनी की इक्का-दुक्का घटनाएँ भी हुईं। यहाँ तक कि चर्बी लगे कारतूसों का बहाना मिलते ही फ़ौजियों के अन्दर भड़कने वाला लावा 10 मई को मेरठ छावनी में फूट पड़ा और कुछ ही दिनों में विद्रोह की यह ज्वाला समस्त उत्तर और मध्य भारत में फैल गयी। लेकिन चूँकि ये विद्रोह आयोजित नहीं था, अंग्रेज़ों को अवसर मिल गया। ईरान से समझौता हो जाने के कारण हेरात से अंग्रेज़ी सेना वापस आ चुकी थी। चीन की ओर जाने वाले अंग्रेज़ी दस्ते कलकत्ते में रोक लिए गये। साथ ही पंजाब ने अंग्रेज़ों की जो सहायता की उसने विद्रोहियों की कमर ही तोड़ कर रख दी। इधर फ़िरंगियों ने सिखों और मुग़लों के आपसी वैमनस्य को उजागर करके उसका पूरा लाभ उठाया और सिखों को इस विद्रोह से अलग रखने में कामयाब रहे। फलस्वरूप 18 सितम्बर को दिल्ली पर दोबारा अंग्रेज़ों का वर्चस्व हो गया।

इलाहाबाद में विद्रोह की ज्वाला फूँकने वाले मोलवी लियाक़त अली,[1] लखनऊ में मोलवी अहमद शाह, कानपुर में नाना साहब और झाँसी में रानी लक्ष्मीबाई थीं।

1. इलाहाबाद में विद्रोह के समय पर जो बातें शाह अवध को लेकर आस-पास के क्षेत्रों में फैलाई गयीं, इनमें दो का वर्णन पण्डित कन्हैया लाल ने किया (महारबा-ए अज़ीम, पृ. 300) ये दोनों बातें पर्चों पर छाप कर फैलाई गयी थी जिनकी भाषा उर्दू थी। एक गद्य में था और दूसरे की शैली पद्यात्मक थी। न जाने ऐसे कितने पर्चे छाप कर उस समय के शायरों ने अपने दिल की भड़ास निकाली। कहा जा सकता है कि ऐसा उन्होंने अपने हृदय की पीड़ा को व्यक्त करने के लिए किया हो। इलाहाबाद में मोलवी लियाक़त अली अंग्रेज़ों के विरुद्ध जिहाद करने के लिए पूरी तरह से प्रतिबद्ध थे और प्रचारक भी। ''तारीख़ मुहारबा-ए अज़ीम'' के लेखक कन्हैया लाल ने लिखा है कि वो जगह-जगह बयान करते फिरते थे और उन्होंने अंग्रेज़ों के विरुद्ध लोगों में काफ़ी हद तक जोश भर दिया था। उनकी ये नज़्म सुनाई ही नहीं जाती थी बल्कि जगह-जगह दीवारों पर इसको

लखनऊ में अव्यस्क शहज़ादे बिर्जिस क़द्र को गद्दी पर बिठाया गया और मलका अवध हज़रत महल को संरक्षक बना दिया गया। दिसम्बर 1857 से फ़रवरी 1858 तक अंग्रेज़ फ़ौजें तात्या टोपे और लक्ष्मीबाई के साथ अलग-अलग मोर्चों पर जूझ रही थीं। मार्च में लखनऊ पर तीसरा आक्रमण हुआ और विद्रोहियों में आपसी फूट के कारण अंग्रेज़ों ने दोबारा लखनऊ को अपने क़ब्ज़े में ले लिया।

इसके बाद विद्रोही सरदार बरेली में जमा हुए, यहाँ भी ज़ोरदार झड़प हुई। इसमें विद्रोही हार गये। जून 1858 में मोलवी अहमद शाह मद्रासी और रानी लक्ष्मीबाई दोनों मारे गये। यद्यपि इसके बाद भी नाना साहेब और उनके साथी अंग्रेज़ी फ़ौजों पर छापे मारते रहे लेकिन बरेली में मिली हार के बाद से बाग़ियो की शक्ति क्षीण हो चुकी थी और उनके बचे खुचे सरदार नेपाल के जंगलों में जा

लिख कर लगाने का कार्य भी किया जा रहा था। उसमें कहा गया है ''अब वक़्त आ गया है हमारी बात सुनो और तलवार को बढ़ कर मारो''। इस कविता रूपी विज्ञापन के चन्द शेर यहाँ प्रस्तुत हैं :

वास्ते दीन के लड़ना न पये तमअ बिलाद
अहल-ए इस्लाम इसे शरअ में कहते हैं जिहाद
है जो क़ुरान-ओ अहादीस में ख़ूबी-ए जिहाद
हम बयाँ करते हैं थोड़ा सा इसे कर लो याद
फ़र्ज़ है तुम पे मुसलमानो जेहाद-ए कुफ़्फ़ार
इसका सामान करो जल्द अगर हो दीनदार
जो न ख़ुद जावे लड़ाई में न ख़र्चे कुछ माल
इस पे डालेगा ख़ुदा पेशतर-अज़ मर्ग वबाल
जो रह-ए हक़ में हुए टुकड़े नहीं मरते हैं
बल्कि वो जीते हैं जन्नत में ख़ुशी करते हैं
हक़ तआला को मुजाहिद वो बहुत भाते हैं
मिस्ल-ए दीवार जो सफ़ बाँध के जम जाते हैं
ऐ मुसलमानों सुनी तुमने जो ख़ूबी-ए जिहाद
चलो अब रन की तरफ़ मत करो घर बार को याद
कब तलक घर में पड़े जूतियाँ चटख़ाओगे
अपनी सुस्ती का जुज़ अफ़सोस न फल पाओगे
बारह सौ बरस के बाद आयी ये दौलत आगे
हैफ़ इस दौलत-ए बेदार से मोमिन भागे
थे मुसलमान परेशान बग़ैर अज़ असबाब
शुक्र सब तूने दिया ऐ मेरे रब्बुल-अरबाब
यानी असबाब लड़ाई का जो कुछ था दरकार
सब दिया तूने हमें और किया फिर सरदार
बात हम काम की कहते हैं सुनो ऐ यारो
वक़्त आया है के तलवार को बढ़ कर मारो

छिपे थे। बहादुर शाह ज़फ़र पर दिल्ली में मुक़द्दमा चलाया गया और अक्तूबर 1858 में उन्हें निर्वासित करके रंगून भेज दिया गया।

उर्दू के कई शायर 1857 की इस लड़ाई और झड़पों की ज़द में बुरी तरह फँसे। इनमें से कुछ ने तो जंग में हिस्सा भी लिया और अपने देशभक्ति के कर्त्तव्य को निभाया। उर्दू के ये शायर यद्यपि किसी देश या व्यवस्थित राष्ट्रीय भावना से तो प्रेरित थे नहीं लेकिन एक के बाद एक सल्तनतों के जाते रहने से दुखी अवश्य थे और विदेशी अंग्रेज़ों को अच्छी नज़र से नहीं देखते थे। कम्पनी ने जिस समय भारत में अपने साम्राज्य की जड़ों को मज़बूत करना आरम्भ किया था उस समय उर्दू शायरी सूफ़ीवादी विचारों में डूबी हुई थी और कविता में हर तरह की भावना को आध्यात्मिक रूप से प्रस्तुत किया जा रहा था। इसके बावजूद उस दौर में भी अंग्रेज़ों के विरुद्ध कहीं-कहीं गुप्त और सांकेतिक रूप से तो कहीं स्पष्ट रूप से घटनाओं पर राजनीतिक अभिव्यक्ति के उदाहरण मिलते हैं।

प्लासी के युद्ध के समय नवाब सिराजुद्दौला का बलिदान एक राष्ट्र स्तर की घटना थी। देशवासियों के दर्द भरे दिलों पर जो इसका असर हुआ उसकी अभिव्यक्ति राजा राम नारायण मौज़ूँ ने अपने इस शेर के द्वारा की जो इस घटना की भावना का सही व्याख्या करता है।

ग़ज़ालाँ तुम तो वाक़िफ़ हो कहो मजनूँ के मरने की
दिवाना मर गया आख़िर को वीराने पे क्या गुज़री

बकसर के युद्ध के बाद नवाब और वज़ीर सब के सब अंग्रेज़ों के हाथ की कठपुतली बन गये। कम्पनी ने युद्ध की मुँह माँगी क्षतिपूर्ति वसूली। अवध का भी कुछ इलाक़ा छीन लिया। इसके अतिरिक्त अंग्रेज़ी फ़ौजें भी अवध में तैनात कर दीं जिनके ख़र्च का बोझ नवाब को ही उठाना पड़ता था। नवाब बेचारे सबके सब विवश थे। अंग्रेज़ जो चाहते मनवाते और जो चाहते वो करते थे। जुर्अत ने इन हालात के चलते यह शेर लिखे हों इस बात की सम्भावना है :

कहिए न उन्हें अमीर अब और न वज़ीर
अंग्रेज़ों के हाथ हैं क़फ़स में असीर
जो कुछ वो पढ़ाये सो ये मुँह से बोलें
बंगाले की मीना हैं ये यूरप के अमीर

इसी तरह हिन्दुस्तान की आर्थिक बदहाली पर मसहफ़ी ने यह शेर संयोग से नहीं बल्कि परिस्थितियाँ के हाथों विवश होकर कहा होगा :

हिन्दोस्ताँ की दौलत-ओ हशमत जो कुछ कि थी
काफ़िर फ़िरंगियों ने ब-तदबीर खींच ली

अंग्रेज़ों के विरुद्ध देश में जो धार्मिक और कुछ इसी तरह के आन्दोलन

पैदा हुए उसी श्रेणी में शाह वलीउल्लाह देहलवी का समाज सुधार को समर्पित आन्दोलन था जो सबसे अहम था। यह धार्मिक सुधार के साथ-साथ अंग्रेज़ों की बढ़ती हुई लहर को भी रोक देना चाहता था। उर्दू शायरों में मोमिन विशेषरूप से इस आन्दोलन से प्रभावित थे। वैसे मोमिन, शाह इस्माईल शहीद के विचारों से प्रेरित थे, साथ ही वो मोलवी सैयद अहमद बरेलवी के अनुयायी भी थे। इनके विचारों से मोमिन इतना प्रभावित थे कि ख़्वाजा अहमद फ़ारूक़ी के अनुसार "वो विदेशी शासन के विरुद्ध जिहाद को असली ईमान और अपनी जान को इस पर न्योछावर कर देने को सबसे बड़ी इबादत समझते थे।"(1)

मसनवी जिहादिया के कुछ शेर देखें :

अजब वक़्त है ये जो हिम्मत करो
हयात-ए अबद है जो इस दम मरो
सआदत है जो जाँफ़िशानी करे
यहाँ और वहाँ कामरानी करे
इलाही मुझे भी शहादत नसीब
ये अफ़ज़ल से अफ़ज़ल इबादत नसीब
इलाही अगरचे हूँ मैं तीराकार
प तेरे करम को हूँ उम्मीदवार
ये दावत हो मक़बूल दरगाह में
मेरी जाँ फ़िदा हो तेरी राह में
मैं गंज-ए शहीदाँ में मसरूर हूँ
इसी फ़ौज के साथ महशूर हूँ

मोमिन के एक फ़ारसी क़सीदे के ये शेर भी ध्यान देने योग्य हैं :

ईं ईसवियाँ बलब रेसान्दंद
जान-ए मन-ओ जाँ आफ़रीनश
ताचन्द ब-ख़्वाब-ए नाज़ बाशी
फ़ारिग़ ज़ फ़ुग़ाँ आफ़रीनश
बर ख़ेज़ कि शोर-ए कुफ़्र, बरख़ास्त
ऐ फ़ित्ना निशाँ आफ़रीनश

एक और स्थान पर कहते हैं :

मोमिन तुम्हें कुछ भी है जो पास-ए ईमाँ
है मार्का-ए जिहाद चल दीजे वहाँ

---

1. क्लास्की अदब, दिल्ली, 1953 ई.

इंसाफ़ करो ख़ुदा से रखते हो अज़ीज़
वो जाँ जिसे करते थे बुतों पर क़ुरबाँ

इन शेरों में भी घृणा की उड़ती हुई चिंगारियाँ हैं :

मोमिन हसद से करते हैं सामाँ जिहाद का
तरसा सनम को देख के नसरानियों में हम
कहते हैं ये हम चाट के ख़ाक इसमें हों गो ख़ाक़
पर अब तो ज़मीं बोस कलीसा न करेंगे

आशय ये कि विद्रोह से पहले उर्दू शायरी में भी अंग्रेज़ों के प्रति द्वेष की भावना झलकने लगी थी। विद्रोह का सबसे ज़्यादा ज़ोर दिल्ली में रहा और दिल्ली ही उस समय शेर-ओ शायरी और उर्दू साहित्य का सबसे बड़ा केन्द्र थी। वैसे तो नादिर शाह और मराठों के आक्रमण के बाद दिल्ली में शेर-ओ शायरी की महफ़िलें ठण्डी पड़ गयी थीं लेकिन राजनीतिक और आर्थिक गिरावट के बावजूद मुहम्मद शाह रंगीले के काल में उर्दू काफ़ी हद तक अपने स्तर पर वापस आने लगी थी और बहादुरशाह ज़फ़र के काल में बड़े-बड़े दिग्गज शायर देहली में जमा हो चुके थे। इनमें शेख़ इमाम बख़्श सहबाई, शेख़ इब्राहिम ज़ौक़, मुंशी सदरुद्दीन आज़ुर्दा, मिर्ज़ा असदुल्लाह ख़ाँ ग़ालिब, नवाब मुस्तफ़ा ख़ाँ शेफ़्ता, हकीम आग़ा जान ऐश जैसे महान शायर भी थे, और आज़ाद, हाली, दाग़, क़ादिर बख़्श साबिर, शहाबुद्दीन साक़िब, सालिक, मजरूह, मिर्ज़ा अनवर, बाक़र अली कामिल जैसे नौजवान शायर भी थे। गुल-ए राना के लेखक के अनुसार "जब ये लोग एक जगह जमा होते होंगे तो आसमान को भी ज़मीन पर रश्क आता होगा।" बात यह है कि उस ज़माने में दिल्ली के हर वर्ग का झुकाव शेर शायरी की तरफ़ होने लगा था। बादशाह और शहज़ादे अमीर और बाज़ारी सूफ़ी सज्जन से लेकर शराबी सब को शायरी से रुचि पैदा होने लगी थी "तज़्किरा गुलिस्तान-ए सुख़न" ग़दर से कुछ ही पहले लिखा गया।[(1)] इसमें दिल्ली के 375 शायरों का ज़िक्र मिलता है जिनमें अधिकतर समकालीन हैं। शाह नसीर, मोमिन और ज़ौक़ इत्यादि तो 1857 से पहले ही इस संसार को छोड़ चुके थे, बाक़ी में से कई ने क्रान्ति के दिनों में दिल्ली की हालत अपनी आँखों से देखी। क़िले की तबाही और आश्रय रूपी इस शहर की बरबादी स्वयं उनकी अपनी बरबादी की कहानी है। इनमें से कुछ ऐसे भी थे, जो इन घटनाओं को आराम से किनारे पर बैठ कर देखने वाले दर्शक ही नहीं रहे बल्कि उनको ख़ून की बहती हुई नदियाँ भी देखना पड़ीं और फिर इन्हीं लोगों ने अपने क़लम को तलवार बनाया और अंग्रेज़ों

1. 'तज़किरा गुलिस्तान-ए सुख़न', प्रकाशन दिल्ली, 1854

के ख़िलाफ़ ख़ूब बढ़-चढ़ कर नज़्में लिखीं। अनगिनत शायरों ने बलिदान दिया, मुसीबतें झेलीं, क़ैदी बनकर जेलों में बन्द रहे। कई बे-गुनाहों को गोली से उड़ा दिया गया। इनमें कुछ ऐसे भी थे जो अपनी व्यक्तिगत समस्याओं के चलते क्रान्तिकारियों को नमक हराम कहते और अंग्रेज़ों की प्रशंसा करते थे, पर दूसरी तरफ़ दिल्ली की तबाही और बरबादी पर वो भी दिल ही दिल में कुढ़ते थे। हम कह सकते हैं कि 1857 की घटनाओं पर उर्दू शायरों की प्रतिक्रिया विविध थी। इसको ठीक से समझने के लिए ज़रूरी है कि पहले कुछ मुख्य शायरों का ज़िक्र कर लिया जाए, इनमें सहबाई, आज़ुर्दा, मुनीर शिकोहाबादी, ज़हीर देहलवी और मोलवी मोहम्मद हुसैन आज़ाद ध्यान देने योग्य हैं। ग़दर के समय सहबाई कूचा चेलान में रहते थे। अंग्रेज़ों के आक्रमण के बाद इस कूचे पर जो आफ़त का पहाड़ टूटा, सहबाई भी इसकी ज़द में आये और इस कूचे के कई दूसरे लोगों की तरह, बेगुनाह क़त्ल कर दिये गये।(1) इनके साथ इनके बेटे अब्दुल करीम सोज़ भी क़त्ल हुए।

ख़्वाज़ा हसन निज़ामी का बयान है कि इस क़त्ले-आम में सहबाई के परिवार के 21 लोग मौत के घाट उतार दिये गये।(2) आज़ुर्दा का शेर है :

क्यों कि आज़ुर्दा निकल जाये न सौदाई हो
क़त्ल इस तरह से बे-जुर्म जो सहबाई हो(3)

आज़ुर्दा 'ग़दर' के दिनों में दिल्ली के 'सदर उस-सुदूर' (मुख्य न्यायाधीश) थे। उनका विद्रोहियों का सहयोग करना(4) और जिहाद के फ़त्वे पर हस्ताक्षर करना सिद्ध है।(5) इसलिए दिल्ली की हार के बाद उनको भी अंग्रेज़ों का मुजरिम माना गया। नौकरी गयी और साथ ही माल, सम्पत्ति, घर सब बर्बाद हो गया। बहुमूल्य पुस्तकालय और दुर्लभ पुस्तकें बर्बाद हो गयीं। मदरसा दारुल-बक़ा जहाँ वो ज्ञान देते थे, ढा दिया गया। इन दुखों के कारण आज़ुर्दा के जीवन के आख़िरी दिन बड़ी परेशानी में गुज़रे। दिल्ली की तबाही और साथ ही अपना आदर खो देने से उनके दिल पर जो गुज़री उसका कुछ अन्दाज़ा उनके द्वारा लिखे 'शहर आशोब' से होता है जो फ़ुग़ान-ए देहली में शामिल है। इसमें ग्यारह बन्द हैं। पहले ही बन्द में मेरठ के 'कालों' पर बरसे हैं और कहा है कि देहली पर शामत क़िले में

---

1. तारीख़-ए उरूज-ए अहद-ए इंग्लीशिया, मोलवी ज़काउल्लाह, पृ. 706। इसके विवरण के लिए देखें दास्तान-ए ग़दर, ज़हीर देहलवी, पृ. 128, ग़दर की सुबह शाम, पृ. 87, 88 और देहली की आख़िरी बहार, पृ. 78, 79
2. देहली की जान-कनी, पृ. 65
3. फ़ुग़ान-ए देहली (हस्तलिखित), सं. तफ़ज़्ज़ुल हुसैन कौकब मख़तूता, लिटन लाइब्रेरी।
4. देखें 'ग़दर की सुबह-ओ-शाम' पृ. 188, 197
5. देखें, अक्स फ़तवा मशमूला नवा-ए-आज़ादी, बम्बई।

रहने वालों के कर्मों की बदौलत आयी। इसके बाद अपने घर के उजड़ने और शहर वालों की बे-बसी का ज़िक्र किया। ये बन्द इतने प्रभावशाली हैं कि इन्हें पढ़ कर आपके भी रोंगटे खड़े हो जाते हैं :

ज़ेवर अल्मास का था जिनसे न पहना जाता
भारी झूमर भी कभी सर पे न रखा जाता
गाज का जिनसे दोपट्टा न सँभाला जाता
लाख हिकमत से ओढ़ाते तो न ओढ़ा जाता
सर पे वो बोझ लिये चार तरफ़ फिरते हैं
दो क़दम चलते हैं मुश्किल से तो फिर गिरते हैं

तबअ जो गहने से फूलों के अज़ियत पाती
मेंहदी हाथों में लगा सोते तो क्या घबराती
शाम से सुबह तलक नींद न इनको आती
एक सिलवट भी अगर बिछौने में पड़ जाती
उनको तकिया के भी क़ाबिल न ख़ुदा ने रखा
संग पहलू से उठाया तो सरहाने रखा

रोज़ वहशत मुझे सेहरा की तरफ़ लाती है
सर है और जोश-ए जुनूँ संग है और छाती है
टुकड़े होता है जिगर जी ही पे बन जाती है
मुस्तफ़ा ख़ाँ की मुलाक़ात जो याद आती है
क्यूँकि आज़ुर्दा निकल जाये न सौदाई हो
क़त्ल इस तरह से बे-जुर्म जो सहबाई हो[1]

मिर्ज़ा ग़ालिब सन् सत्तावन के हंगामे में शुरू से आख़िर तक देहली ही में रहे। उस दौर के हालात उन्होंने अपनी फ़ारसी किताब 'दस्तंबू' में लिखे हैं। देहली को जीतने के बाद अंग्रेज़ों की सेना की लूट से ग़ालिब का घर तो सुरक्षित रहा लेकिन जो क़ीमती सामान और गहने उनकी बेग़म ने सुरक्षा के विचार से मियाँ काले साहेब के तहख़ाने में रखवाये थे, उन्हें भी अंग्रेज़ फ़ौजियों ने लूट लिया। कुछ गोरों ने ग़ालिब के घर में भी प्रवेश किया और उन्हें गिरफ़्तार करके करनल बर्न के सामने ले गये। पूछताछ हुई पर मिर्ज़ा बच गये। लेकिन शान्ति स्थापित हो जाने के बाद ग़ालिब ने जब पेंशन और दरबोर बहाल किये जाने को लेकर जो बात आगे बढ़ाई तो उनसे साफ़-साफ़ कह दिया गया कि वो 'ग़दर' के दिनों में विद्रोहियों के समर्थक थे।[2] और उन्होंने बहादुरशाह ज़फ़र को सिक्का कह कर

1. फ़ुग़ान-ए देहली (हस्तलिखित)
2. उर्दू-ए मुअल्ला, प्रकाशन लाहौर, पृ. 211

गुज़राना था।[1] ये सिक्का वास्तव में किसी और का था जो बहादुरशाह ज़फ़र के सिंहासन पर बैठने के अवसर पर कहा गया था लेकिन सुबूत न होने के कारण ग़ालिब अपने को इस आरोप से बचा न सके।[2] क़िले की तनख़्वाह तो गयी ही थी पेंशन और दरबार के मामले में भी नुक़सान उठाना पड़ा और 'क्वीन पोएट' बनने का सपना भी अधूरा ही रहा।

इन निजी दुखों और कुछ दूसरे कारणों से ग़ालिब 'ग़दर' को अच्छे शब्दों में नहीं याद करते हैं। वास्तविकता यह है कि मिर्ज़ा की नज़र अपने भविष्य पर थी और ग़दर से दो साल पहले जब ये फ़ैसला हुआ कि बहादुरशाह ज़फ़र के बाद शाही वंश की परम्परा को समाप्त कर दिया जायेगा तो ग़ालिब ने अपने भविष्य को देखते हुए अंग्रेज़ों से सम्बन्ध सुधारने शुरू कर दिये थे। वैसे भी देखा जाये तो अंग्रेज़ों की कामयाबी और दोबारा दिल्ली पर क़ब्ज़े के बाद उनके साथ इस प्रकार ग़ालिब का व्यवहार उनके अपने भविष्य और आने वाले कल को सोच कर चलने की दूरदर्शिता को दर्शाता है और उनके ऐसा करने पर आश्चर्य नहीं होना चाहिए। कुछ ही महीनों में उन्होंने महारानी विक्टोरिया की प्रशंसा में एक क़सीदा 'शुमार याफ़्त रोज़गार याफ़्त' लिखा। यह क़सीदा नवम्बर 1858 में दस्तंबू के पहले एडीशन के साथ प्रकाशित कराया गया और 'दस्तंबू' की कुछ प्रतियाँ विशेष व्यवस्था से तैयार कर कुछ 'विशेष उद्देश्यों और माँगों को लेकर' भारत और इंग्लैंड के चन्द बड़ों की सेवा में भेजी गयी।[3]

'ग़दर' को ग़ालिब ने अगर बुरे नामों से याद किया तो इसलिए कि इस हंगामे से उनके भविष्य का नक़्शा बिगड़ गया। 'ग़दर' की तारीख़ ग़ालिब ने 'रस्तख़ेज़ बेजा' से निकाली है लेकिन इससे ये तात्पर्य नहीं कि इनका हृदय देशभक्ति से ख़ाली था या फिर उन्हें अपने देशवासियों से हमदर्दी नहीं थी। 'ग़दर' के बाद अंग्रेज़ों ने भारतीयों की जो दुर्दशा की, उन पर ज़ुल्म के जो पहाड़ तोड़े, ग़ालिब को इससे ज़बरदस्त धक्का लगा था। अपने लोगों की दुर्दशा और शहर की वीरानी का वर्णन ग़ालिब के यहाँ मिलता है वो बड़ा ही दर्दनाक है।[4] इन ख़तों को पढ़ते हुए ये ख़याल रखना चाहिए कि देहली पर अंग्रेज़ों के आक्रमण के बाद किसकी हिम्मत थी कि उनके विरुद्ध एक शब्द भी बोल सके, फिर भी हमें

1. ज़िक्र-ए ग़ालिब, मालिक राम, पृ. 81
2. हक़ीक़त यह है कि ग़ालिब ने बादशाह का सिक्का शेर कहा था। बाद के शोध से यह बात साबित हो चुकी है। विवरण जानने के लिए इसी किताब का तीसरा भाग और आलेख 'ग़ालिब और सन् अट्ठारह सौ सतावन' देखें।
3. उर्दवी, पृ. 67, 88, 126, 128, 143, 193, 207 और 261
4. उर्दवी, पृ. 58, 91, 137, 252, 255, 316 और 318

मिर्ज़ा के ख़तों में अंग्रेज़ों के अत्याचारों और उनके द्वारा दी जा रही प्रताड़नाओं की ओर संकेत मिलते हैं।[1]

'ग़दर' के बाद देहली वालों और ख़ासतौर पर मुसलमानों पर ऐसी-ऐसी विपदाओं के पहाड़ टूटे कि उनके बयान से आज भी आँखें नम हो जाती हैं। ग़ालिब ने यह सब कुछ अपनी आँखों से देखा था। इस अत्याचार और बेबसी की भावना को एक जगह क़तअ में मिर्ज़ा कुछ यूँ बयान करते हैं :

बसकि फ़ुआल मायरीद है आज
हर सिलहशूर इंग्लिस्ताँ का
घर से बाज़ार में निकलते हुए
ज़हरा होता है आब इन्सान का
चौक जिसको कहें वो मक़तल है
घर बना है नमूना ज़िन्दाँ का
शहर देहली की ज़र्रा-ज़र्रा ख़ाक
तिशना-ए ख़ूँ है हर मुसलमाँ का
कोई वाँ से न आ सके याँ तक
आदमी वाँ न जा सके याँ का
मैंने माना कि मिल गये फिर क्या
वही रोना तन-ओ दिल-ओ जाँ का
गाह जल कर किया किये शिकवा
साज़िश दाग़ हाय पिन्हाँ का
गाह रोकर कहा किये बाहम
माजरा दीद हाये गिरयाँ का
इस तरह के विसाल से यारब
क्या मिटे दिल से दाग़ हिजराँ का[2]

शेफ़्ता ने अंग्रेज़ों से नफ़रत अपने उस्ताद मोमिन से ली थी। दिल्ली की हार के बाद इन्हें भी अंग्रेज़ों का शत्रु माना गया, इनकी जागीर ज़ब्त कर ली गयी और इन्हें सात साल की क़ैद की सजा सुनाई गयी जो बाद में अपील करने से माफ़ हो गयी।[3]

देहली मरहूम से सम्बन्धित उन्होंने 13 शेर का एक मर्सिया लिखा है। यह उनके प्रकाशित दीवान में सम्मिलित नहीं किया गया। देहली की तबाही पर ख़ून

1. उर्दवी, पृ. 52, 103, 137, 151, 152, 158, 193, 243 और 249
2. उर्दवी, पृ. 303 (बनाम अलाउद्दीन अहमद ख़ाँ अलाई)।
3. तलामज़ा-ए ग़ालिब (उर्दू अदब, भाग 2, अंक 1, पृ. 134) (फ़ुग़ान-ए देहली, हस्तलिखित)।

के ये आँसू ज़रा देखें :

हाय देहली व ज़हे दिल शुदगान-ए देहली
आप जन्नत में हैं और दिल निगरान-ए देहली
वही जलवा नज़र आता है तसव्वुर में हमें
मिट गये फिर भी ये बाक़ी है निशान-ए देहली
गर न कह दें कि ये दिल्ली है तो हरगिज़ न पड़े
दिल्ली वालों को भी दिल्ली पे गुमान-ए देहली (1)

मीर मेंहदी मजरूह और क़ुरबान अली बेग सालिक को भी इस हंगामे में देहली को अलविदा कहना पड़ा। देहली छोड़ने के बाद सालिक के देहली वापस आने के प्रमाण नहीं मिलते, लेकिन अपने देश से दूरी बराबर सताती रही। उन्हें अपनी देहली रह-रह कर याद आती रही, देहली की बर्बादी से सम्बन्धित उन्होंने एक तरकीब-बन्द, एक ग़ज़ल और एक क़तअ लिखा है।(2)

मजरूह बेचारे देहली उजड़ने के बाद घर-बार छोड़कर दर-दर की ठोकरें खाते पैदल पानीपत पहुँचे। यहाँ पहुँच कर भी वो देहली के हालात जानने के लिए बेताब रहते हैं। ग़ालिब के ख़तों से ये साबित होता है कि वो उनके बार-बार पूछने पर उन्हें "उनकी दिल्ली की बातें" लिख भेजा करते थे। यही कारण है कि ग़ालिब के यहाँ देहली की तबाही और बर्बादी के विषय में मजरूह को लिखे ख़तों में जितनी विस्तृत जानकारी मिलती है दूसरे ख़तों में नहीं मिलती।(3)

16 सितम्बर 1862 को ग़ालिब द्वारा लिखे गये पत्र(4) से साबित होता है कि इस दौरान मजरूह देहली आये और वापस भी चले गये। देहली में क़याम के दिनों में यहाँ सम्भवतः उस मुशायरे में सम्मिलित भी हुए जिसकी ग़ज़लें कौकब ने सम्पादित की हैं। 'फ़रियाद-ए देहली' में मजरूह की सात शेरों की ग़ज़ल मिलती है।(5) ज़रा दो शेर देखें :

ये कहाँ जल्वा-ए जाँबख़्श बुतान-ए देहली
क्योंकि जन्नत पे किया जाये गुमान-ए देहली
इनका बे-वजह नहीं लूट के होना बरबाद
ढूँढ़े हैं अपने मकीनों को मकान-ए देहली

---

1. फ़ुग़ान-ए देहली, हस्तलिखित।
2. फ़ुग़ान-ए देहली, हस्तलिखित।
3. देखें 'ख़ुतूत-ए ग़ालिब', भाग एक, ख़ुतूत बनाम मीर मेंहदी मजरूह, पृ. 296, 300, 304, 305, 307, 312, 320, 322, 333 और 351
4. वही, पृ. 347
5. फ़रियाद-ए देहली, संकलन निज़ामी बदायूनी, 1931, पृ. 98

दाग़ सन् सत्तावन की घटना के समय क़िले ही में थे। शेख़ मोहम्मद इस्माईल पानीपती का बयान है कि देहली की तबाही के समय जब क़िला ख़ाली होने लगा तो ये भी बुरे हाल में वहाँ से निकले। जल्दी में इनको अपना वो कलाम छोड़कर भागना पड़ा जो इन्होंने अपने शुरुआती दिनों में जमा किया था जिसका दुख उन्हें सारी उम्र रहा।(1)

इस दौर की परिस्थितियों से प्रभावित होकर दाग़ ने जो 'शहर आशोब' लिखा था 'फ़ुग़ान-ए देहली' में वह मौजूद है। इसके शुरू के तीन बन्द हंगामे से पहले की देहली की प्रशंसा करते हैं। चौथे से सातवें बन्द में मेरठ के सिपाहियों के देहली आने और धर्म के नाम पर युद्ध करने का विवरण है। बाद के बन्द में शहर के लोगों की तबाही और बदहाली को इस तरह दिखाया है जिसे पढ़ कर आज भी दिल भर आता है। कुछ बन्द देखें :

ये शहर वो है कि हर इंस-ओ जान का दिल था
ये शहर वो है कि हर क़द्रदान का दिल था
ये शहर वो है कि हिन्दोस्तान का दिल था
ये शहर वो है कि सारे जहान का दिल था
रही न आधी यहाँ संग-ओ ख़िश्त की सूरत
बनी हुई थी जो सारी बहिश्त की सूरत

फ़लक ने क़हर-ओ ग़ज़ब ताक-ताक कर डाला
तमाम पर्दा-ए नामूस चाक कर डाला
यकायक एक जहाँ को हलाक कर डाला
ग़रज़ कि लाख का घर इसने ख़ाक कर डाला
जले हैं धूप में शक्लें जो माहताब की थीं
खिंची हैं काँटों पे जो पत्तियाँ गुलाब की थीं

ब-रंग बू-ए गुल अहले-चमन चमन से चले
ग़रीब छोड़ के अपना वतन वतन से चले
न पूछो ज़िन्दों की बेचारे किस चलन से चले
क़यामत आयी कि मुर्दे निकल कफ़न से चले
मक़ाम-ए अम्न जो ढूँढ़ा तो राह भी न मिली
ये क़हर था कि ख़ुदा की पनाह भी न मिली

ग़ज़ब है बख़्त-ए बद ऐसे हमारे हो जायें
कि हैं जो लाल-ओ गुहर संग-पारे हो जायें

1. नुक़ूश, अंक 62-64, पृ. 277

जो दाने चाहें तो ख़िरमन शरारे हो जायें
जो पानी माँगे तो दरिया किनारे हो जायें
पियें जो आब-ए बक़ा भी तो ज़हर हो जाये
जो चाहें रहमत-ए बारी तो क़हर हो जाए[1]

उर्दू के कई दूसरे शायरों की तरह मोलवी मोहम्मद हुसैन आज़ाद भी अंग्रेज़ों के द्वारा दिये गये घावों से पीड़ित थे। इनके पिता मोलवी मोहम्मद बाक़र अली दिल्ली से देहली उर्दू अख़बार निकालते थे। उन्हें अंग्रेज़ों ने 'ग़दर' के बाद उन पर ये दोष धर कर गोली मार दी कि देहली कॉलेज के प्रिंसिपल टेलर की हत्या करवाने में उन्होंने विद्रोहियों का साथ दिया।[2] खुद आज़ाद का वारंट कट गया था। वो रात की रात दिल्ली से भाग निकले। वर्षों दक्षिण भारत में मद्रास नीलगिरी और बम्बई जैसे शहरों में रहे। वहाँ से फिर सियालकोट और कश्मीर चले गये।[3] अन्ततः लाहौर वापस आये जहाँ उनकी ज़िन्दगी का बाक़ी हिस्सा गुज़रा। फिर उनके बारे में कोई सुराग़ न मिलने के चलते सम्भवतः वारंट रद्द कर दिया गया।

मोलवी मोहम्मद हुसैन आज़ाद के पोते आग़ा मोहम्मद बाक़र लिखते हैं कि आज़ाद विदेशी शासन से घृणा करते थे और देहली उर्दू अख़बार में ईस्ट इंडिया कम्पनी पर खुल कर टीका टिप्पणी करते थे।[4] इसी कारण 'ग़दर' के बाद इस अख़बार की सारी प्रतियाँ ज़ब्त करे ली गयीं। इसके कुछ पर्चे 'राष्ट्रीय अभिलेखागार' में सुरक्षित हैं। इनमें से 24 मई, 1857 के पर्चे में हमें आज़ाद की लोकप्रिय नज़्म 'तारीख़-ए इब्रत अफ़ज़ा' (यह नज़्म बाद में फ़तेह अफ़वाज-ए शर्क़ के शीर्षक से भी प्रकाशित हुई) दर्ज मिलती है। आज़ाद के देशप्रेम की श्रेणी में यह नज़्म अपना एक विशेष स्थान रखती है। इससे यह सिद्ध होता है कि आज़ाद कम्पनी के शासन का सख़्ती से विरोध करते थे और उसे घृणा की दृष्टि से देखते थे और क्रान्तिकारियों की सफलता से प्रसन्न थे। उनके द्वारा लिखे कुछ शेर प्रस्तुत हैं :

कू मुल्क-ए सुलेमान-ओ कुजा हुक्म-ए सिकन्दर
शाहान-ए उलुल-अज़्म सलातीन जहाँदार
कू सतवत-ए हुज्जाज-ओ कुजा सूरत-ए चंगेज़
कू ख़ान हलाकू व कुजा नादिर ख़ूँखार

---

1. फ़ुग़ान-ए देहली (हस्तलिखित)।
2. इस घटना के विवरण के लिए देखें 'तारीख़ अरुज-ए अहद-ए इंग्लीशिया', मोलवी ज़काउल्लाह, पृ. 427 और 'मरहूम देहली कॉलेज', पृ. 61, इसके अतिरिक्त नुक़ूश (शख़्सियात नम्बर 1), पृ. 10 एवं मोहम्मद हुसैन आज़ाद, ले. जहाँ बानो नक़वी, पृ. 15
3. नुक़ूश, (शख़्सियात नम्बर), पृ. 12
4. वही, पृ. 12

होता है अभी कुछ से कुछ इक चश्म ज़दन में
हाँ दीदा-ए दिल खोल दे ऐ साहेब-उल अबसार
है कल का अभी ज़िक्र कि जो क़ौम-ए नसारा
थी साहेब-ए इक़बाल-ओ जहाँबख़्श-ओ जहाँदार
थे साहेब-ए इल्म-ओ हुनर-ओ हिकमत-ओ फ़ितरत
थे साहेब-ए जाह-ओ हशम-ओ लशकर-ए जर्रार
अल्लाह ही अल्लाह है जिस वक़्त कि निकले
आफ़ाक़ में तेग़-ए ग़ज़ब-ए हज़रत-ए क़हार
सब जौहर-ए अक़्ल इनके रहे ताक पे रखे
सब नाखुन-ए तदबीर-ओ ख़िरद हो गये बेकार
काम आये न इल्म-ओ हुनर-ओ हिकमत-ओ फ़ितरत
पूरब के तिलंगों ने लिया सबको यहीं मार[1]

उर्दू के बहुत कम शायरों को 'ग़दर' में इतनी तकलीफ़ उठानी पड़ी जितनी ज़हीर देहलवी को। (इनका पूरा नाम सैयद ज़हीरुद्दीन उर्फ़ नवाब मिर्ज़ा देहलवी है। मृत्यु 1911 ई. में हुई) ये बहादुरशाह ज़फ़र के दरोग़ा थे और इनकी उपाधि राक़िम-उद-दौला थी। अंग्रेज़ों के आक्रमण के बाद इनका हज़ारों का क़ीमती सामान तबाह हो गया। ससुर को मार दिया गया और ये भी जान बचाने के लिए बरसों झज्झर (सोनीपत), पानीपत, फ़ीरोज़ाबाद, मुरादाबाद, बरेली जैसी जगहों में छिपते फिरे और एक लम्बे अन्तराल के बाद नवाब रामपुर ने मध्यस्थता करके इनको माफ़ीनामा दिलवाया। अपने इन दिनों की दशा को ज़हीर ने विस्तार के साथ अपनी किताब 'तराज़-ए ज़हीरी' उर्फ़ 'दास्तान-ए ग़दर' में लिखा है।

'ग़दर' के बारे में ज़हीर की वास्तविक प्रतिक्रिया क्या थी? इस विषय में कहीं कोई सुबूत नहीं मिलता, हाँ स्वयं इनके बयानों से इतना अन्दाज़ा अवश्य होता है कि 'ग़दर' का कुछ-न-कुछ समर्थन थोड़ा बहुत सही मगर इन्होंने किया, अन्यथा 'दास्तान-ए ग़दर' में अपनी सदाचारिता का इतना व्याख्यान न करते।

ज़हीर ने 'ग़दर' की घटनाओं से प्रभावित होकर एक शहर आशोब (मुख़म्मस) और एक ग़ज़ल लिखी थी। इसमें अपने दौर की घटनाओं का चित्रण बड़े ही प्रभावशाली तरीक़े से किया है। शहर आशोब के कुछ शेर 'दास्तान-ए ग़दर' में भी यथास्थान दर्ज हैं।

---

1. देहली उर्दू अख़बार, दिनांक 24 मई, 1857 (राष्ट्रीय अभिलेखागार, काल नं 2, जिल्द 19, अंक 21)।

हाली भी सन् 57 की घटनाओं की चपेट में आने से न बच सके थे। हिसार से पानीपत जाते हुए बुरी तरह लुटेरों का शिकार हुए और घायल अवस्था में अपने वतन पहुँचे।[1]

'ग़दर' के बाद पुरानी संस्कृति पूरी तरह से धूमिल होने लगी थी। हाली ने इसका व्याख्यान अपनी ग़ज़ल 'तज़्किरा देहली-ए मरहूम का ऐ दोस्त न छेड़' में किया है। इसमें शक नहीं कि नयी ऐतिहासिक शक्तियाँ अपने चरम पर थीं लेकिन साथ ही गुलामी की ज़ंजीरें भी कस गयी और मिट रही संस्कृति की अपनी रंगीनियाँ और विशेषताएँ थीं जो अब समाप्ति के कगार पर थीं। हाली की ग़ज़ल इन्हीं रंगीनियों का विलाप है।

मुनीर शिकोहाबादी (मृत्यु 1879) भी 'ग़दर' की घटनाओं में भागीदार बने। हंगामे के समय मुनीर बाँदा के नवाब अली बहादुर ख़ाँ के साथियों में थे। मुनीर अंग्रेज़ों की चालों से भली-भाँति परिचित थे और उनके द्वारा किये जा रहे हमलों को अच्छी दृष्टि से नहीं देखते थे। ये बात इन क़त्ओं से भी स्पष्ट है जो उन्होंने क्रान्तिकारियों को विजयी होने के अवसरों पर कही। बाँदा के नवाब ने जब अजय गढ़ के क़िले पर जीत हासिल की तो मुनीर ने उनके विजयी होने पर प्रसन्नता कुछ यूँ व्यक्त की :

चू फ़ौज-ए बुन्देला ब-बाँदा रसीद
ज़ हिस्न-ए अजय गढ़ बरा-ए फ़साद
बर ईशाँ ज़फ़रयाब नव्वाब-ए मा
दिल-ए अहल-ए इंसाफ़ गरदीद शाद
चुनीं गुफ़्त तारीख़-ए नुसरत मुनीर
ख़ुदा फ़त्ह-ए आली ब नव्वाब दाद

मुंशी इन्तेज़ामुल्लाह शहाबी का कथन है कि नवाब बाँदा की पराजय के बाद मुनीर शिकोहाबादी, मिर्ज़ा विलायत हुसैन के साथ मदद लेने के लिए निकले। फ़र्रुख़ाबाद में इन दोनों को गिरफ़्तार कर लिया गया। मिर्ज़ा विलायत हुसैन को आजीवन कारावास काला पानी की सजा दी गयी और मुनीर शिकोहाबादी पर मुक़दमा चलता रहा।[2] इसी बीच इन पर एक तवायफ़ नवाब जान की हत्या का झूठा मुक़दमा बनाया गया और इन्हें भी आजीवन काला पानी का कारावास दिया गया। यह शेर उसी काल का है :

1. नुक़ूश, 63-64 संस्करण, पृ. 281
2. ग़दर के उलेमा, पृ. 65

रोज़ होता हूँ नये शख़्स के घर में रूपोश
आज फाँसी की ख़बर है तो असीरी की कल[1]

मुनीर ने अपनी गिरफ़्तारी और क़ैद की घटनाओं का अपने शेरों में खुल्लम-खुल्ला चित्रण किया है :

फ़र्रख़-आबाद और यारान-ए शफ़ीक़
छट गये सब गर्दिश-ए तक़दीर से
आये बाँदे में मुक़य्यद हो के हम
सौ तरह की ज़िल्लत-ओ तहक़ीर से
कोठरी तारीक पायी मिस्ल-ए क़ब्र
तंग तर थी हल्क़ा-ए ज़ंजीर से
फिर अलाहाबाद ले जाये गये
जुल्म से तल्बीस से तज़वीर से
जो अलाहाबाद में गुज़रे सितम
हैं फ़ुज़ूँ तक़रीर से तहरीर से
फिर हुए कलकत्ते को पैदल रवाँ
गिरते पड़ते पाँव की ज़ंजीर से
हथकड़ी हाथों में बेड़ी पाँव में
नातवाँ तर क़ैस की तस्वीर से
सूए मशरिक़ लाये मग़रिब से मुझे
थी ग़रज़ तक़दीर को तशहीर से

अंडमान में अपनी योग्यता के कारण मुनीर कमिश्नर के विभाग में मुंशीगीरी पर लगा दिये गये और इस तरह कठोर कारावास से बच गये। इधर नवाब युसुफ़ अली ख़ाँ रामपुर के शासक ने भी इनके लिए कोशिश की। इसके चलते इनकी बची हुई क़ैद माफ़ कर दी गयी और 1865 में रिहा हुए :

आज मैंने क़ैद से पायी रिहाई ऐ मुनीर
फज़्ल-ए हक़ से ये ख़ुशी की दोपहर मसऊद हो
इस जज़ीरे से सूए कलकत्ता होता हूँ रवाँ
ऐ ख़ुदा हिन्दोस्ताँ का अब सफ़र मसऊद हो

सन् 57 की घटनाओं में उर्दू शायरों का जो हिस्सा है इसका एक पक्ष यह भी है कि हंगामे में शामिल कुछ लोग बहादुर शाह ज़फ़र, मिर्ज़ा ख़िज़र सुलतान, मिर्ज़ा बिरजीस क़द्र और नवाब-ए बरेली उर्दू के शायर भी थे। बरेली के नवाब

1. मुनीर शिकोहाबादी, ले. ज़िया अहमद बदायूँनी, आजकल, देहली, जुलाई 1963, पृ. 3

ख़ान बहादुर ख़ाँ का तख़ल्लुस मसरूफ़ था। ये हिन्दुस्तान के उन चन्द गिनेचुने नवाबों और राजाओं में से थे जिन्होंने ग़दर के ज़माने में अंग्रेज़ों के विरुद्ध बड़ी बहादुरी और जोश के साथ लड़ाइयाँ लड़ीं। अंग्रेज़ों की जीत के बाद इन्हें गिरफ़्तार किया गया और बग़ावत के जुर्म में फाँसी पर लटका दिया गया।

बिरजीस क़द्र वाजिद अली शाह के छोटे शहज़ादे थे। उन्हें लखनऊ के क्रान्तिकारियों ने 'ग़दर' के दिनों में अपना बादशाह बना लिया था। लखनऊ की हार के बाद ये अपनी माँ मलका हज़रत महल के साथ नेपाल चले गये और वहाँ शरण ली और वहीं काफ़ी परेशानी में इनका समय बीता। मोलवी नजमुल ग़नी ने इनकी एक ग़ज़ल तारीख़-ए अवध में शामिल की है।[(1)] इस ग़ज़ल को हम उनकी बेबसी और विवशता की यादगार भी कह सकते हैं।

मिर्ज़ा ख़िज़र सुलतान बहादुरशाह ज़फ़र के सबसे छोटे शहज़ादे थे। इन्होंने शायरी में मिर्ज़ा ग़ालिब से सलाह ली थी। इंक़लाब के दिनों में दूसरे शहज़ादों की तरह यह भी क्रान्तिकारियों की सेना के जनरल बनाये गये।[(2)] देहली पर अंग्रेज़ों का क़ब्ज़ा हो जाने के बाद ये मेजर हडसन की गोली का निशाना बने और इनकी लाश चाँदनी चौक कोतवाली के सामने फाँसी के तख़्ते पर एक रात और दिन खुलेआम लटकती रही।[(3)]

बहादुर शाहज़फ़र आयु और स्वभाव दोनों कारणों से क्रान्तिकारियों का पूरा-पूरा साथ न दे सके। इसका एक कारण था, उनके वो दरबारी जो अंग्रेज़ों के प्रति वफ़ादार थे और यही लोग उन्हें क्रान्तिकारियों के विरुद्ध भड़काते रहते थे। फिर भी जहाँ तक बन पड़ा उन्होंने क्रान्तिकारियों को प्रोत्साहित करने में कोई कसर न छोड़ी। इसका सुबूत जगह-जगह उनके लिखे शेरों में हमें नज़र आता है।

मुंशी जीवन लाल अपने रोज़नामचे में लिखते हैं कि 2 अगस्त, 1857 को बादशाह ने दरबार-ए आम में जिसमें मोलवी सदरुद्दीन आज़ुर्दा सरीखे क़लम के धनी उपस्थित थे, अपने कहे हुए कुछ शेर सुनाये। ये शेर बाद में जनरल बख़्त ख़ाँ को भेज दिये गये। उनका तात्पर्य कुछ इस तरह है :

ख़ुदा करे कि दीन के दुश्मन तबाह-ओ बरबाद हो जायें
ख़ुदा करे कि फ़िरंगी नेस्त-ओ नाबूद हो जायें
क़ुर्बानियाँ दे के ईद-ए क़ुरबाँ के त्योहार को मनाओ
और दुश्मन को तह-ए तेग़ करो कि कोई बचने न पाये [(4)]

---

1. तारीख़-ए अवध, भाग 5, नजमुल ग़नी, पृ. 286
2. तारीख़ उरूज-ए अहद-ए इंगलीशिया, पृ. 479
3. तलामज़ा-ए ग़ालिब, उर्दू अदब, भाग 3, 4, पृ. 499
4. ग़दर की सुबह-ओ शाम, पृ. 197

लश्कर-ए आदा इलाही! आज सारा क़त्ल हो
गोरखा गूजर से लेकर ता नसारा क़त्ल हो (1)

इस ज़माने में बहुत से 'जंगी अशआर' कहे गये जो नारे के रूप में इस्तेमाल हुए। अंग्रेज़ों की जीत के बाद लोग इन्हें सुनाते हुए डरते थे, फिर भी यह नारे कहीं-कहीं सुरक्षित रह गये :

एक दो तीन
घोड़े की ज़ीन
भाग जाओ वारेन हस्तीन (2)

और ये भी हर ख़ास-ओ आम की ज़ुबान पर चढ़ा हुआ था :

लबालब प्याला भरा ख़ून से
फ़िरंगी को मारा बड़ी धूम से (3)

सावरकर से जुड़ा एक बयान है कि 'ग़दर' के दिनों में जब क्रान्तिकारियों का ज़ोर कम पड़ने लगा तो किसी ने व्यंग्य किया :

दमदमे में दम नहीं ख़ैर माँगो जान की
ऐ ज़फ़र ठण्डी हुई शमशीर हिन्दोस्तान की

बहादुरशाह ज़फ़र ने जवाब दिया :

ग़ाज़ियों में बू रहेगी जब तलक ईमान की
तब तो लन्दन तक चलेगी तेग़ हिन्दोस्तान की (4)

'ग़दर' के समय का बहादुरशाह ज़फ़र का कलाम नहीं मिलता है। ये कलाम हकीम एहसानुल्लाह के पास व्यवस्थित करने के लिए जमा होता था।(5) इस बात का पता नहीं कि ये कलाम उन्होंने ग़ायब करवा दिया या नष्ट हो गया। यही दशा रंगून की क़ैद के दौरान कहे हुए कलाम के साथ हुई। कहा जाता है कि ज़फ़र अपने मिलने वालों को अपना ताज़ा कलाम उपहार स्वरूप भेंट कर दिया करते थे।(6) इस कलाम ने अपने समय में बहुत प्रसिद्धि पायी और एक समय काल में एक से दूसरे और फिर तीसरे से आगे बढ़ते-बढ़ते जो कुछ हम तक पहुँचा उसकी असल सूरत क्या थी कहना आसान नहीं। इस काल के ज़फ़र के

---

1. बहादुरशाह ज़फ़र, पृ. 243
2. वारेन हेस्टिंग्ज़
3. माह-ए नौ, कराची, नवम्बर 1957, पृ. 12
4. पहली जंग-ए आज़ादी (अंग्रेज़ी), पृ. 545
5. बहादुरशाह ज़फ़र, अमीर अहमद अल्वी, पृ. 162
6. इन्तिख़ाब-ए जौक़-ओ ज़फ़र, मुक़दमा, पृ. 114

कलाम में जो एक बात विशेष रूप से झलकती है वो हैं उस समय की विशेष परिस्थितियाँ जिनका व्याख्यान करता दिखाई देता है उनका कलाम, जिसमें देशभक्ति की भावना को बड़े ही भारी मन से व्यक्त किया है। ज़रा देखें :

न दबाया ज़ेर-ए ज़मीं उन्हें न दिया किसी ने कफ़न उन्हें
न हुआ नसीब वतन उन्हें न कहीं निशान-ए मज़ार है

कोई क्यों किसी का लुभाये दिल कोई क्या किसी से लगाये दिल
वो जो बेचते थे दवा-ए दिल वो दुकान अपनी बढ़ा गये

बँधे क्यों न आँसुओं की झड़ी कि ये हसरत इनके गले पड़ी
वो जो काकुलें थीं बड़ी-बड़ी वो उन्हीं के बीच में आ गये

ये रिआया-ए हिन्द तबाह हुई कहूँ क्या जो इनपे जफ़ा हुई
जिसे देखा हाकिम-ए वक़्त ने कहा ये तो क़ाबिल-ए दार है

न दबाया ज़ेर-ए चमन उन्हें, न दी ग़ोर और न कफ़न उन्हें
किया किसने यारों दफ़न उन्हें बे-ठिकाने जिनका मज़ार है

न था शहर-ए देहली ये था चमन वले सब तरह का था याँ अमन
सो ख़िताब इसका तो मिट गया फ़क़त अब तो उजड़ा दयार है[1]

नीचे दिये गये ये शेर भी बहादुरशाह ज़फ़र के नाम से मशहूर हैं :

कितना है बदनसीब ज़फ़र बाद मर्ग भी
दो गज़ ज़मीन भी न मिली कूए यार में

न किसी की आँख का नूर हूँ न किसी के दिल का क़रार हूँ
जो किसी के काम न आ सके मैं वो एक मुश्त-ए ग़ुबार हूँ[2]

इन शायरों के अतिरिक्त जिनके विषय में ऊपर कहा जा चुका है, उर्दू के कुछ और शायरों ने भी 'ग़दर' के बाद देहली की बर्बादी और दयनीय स्थिति पर अपनी पीड़ा की अभिव्यक्ति की है। वैसे ये भी देहली के रहने वाले थे पर ग़दर से सम्बन्धित इनके बारे में ज़्यादा जानकारी नहीं मिलती। इन शायरों के नाम ये हैं :

1. फ़ुग़ान-ए देहली, मत्बा मुर्तज़्वी, देहली, पृ. 3 (आम आदमी का लहजा और कुछ शब्दों के उच्चारण से लगता है कि ये शेर गाँव गाँव डंडे वाले गाते होंगे और समय के साथ-साथ इनमें बदलाव आता रहा।
2. कहा जाता है कि ज़फ़र के नाम से मशहूर यह शेर दरअसल मुज़्तर ख़ैराबादी का है।

अफ़सुर्दा	क़ाज़ी फ़ज़ल हुसैन
तजम्मुल	हकीम तजम्मुल हुसैन ख़ाँ
तिशना	मोहम्मद अली
सोज़ाँ	हकीम मोहम्मद तक़ी
सफ़ीर	देहलवी
ऐश	हकीम आग़ा जान
फ़रहत	बिशन प्रशाद
कामिल	बाक़र अली ख़ाँ
मुबीन	गुलाम दस्तगीर
मोहसिन	हकीम मोहम्मद मोहसिन ख़ाँ

वैसे देखा जाये तो इनमें से कुछ ने देहली के उजड़ने का बयान ग़ज़लों और क़त्ओं में किया है, लेकिन इनका महत्त्व इनके द्वारा लिखे गये शहर आशोबों के कारण अधिक है, और यहाँ हम चर्चा उन्हीं की करेंगे। ग़ज़लों से सम्बन्धित चर्चा आगे आयेगी। ये शहर आशोब अधिकतर मुसद्दस में मिलते हैं। मुख़म्मस केवल सफ़ीर और फ़रहत ने कहे हैं। अफ़सुर्दा, तिशना, सोज़ाँ, कामिल का एक-एक, ऐश के दो और मुबीन के तीन मुसद्दस मिलते हैं। तजम्मुल ने 21 शेरों का एक बड़ा प्रभावशाली क़तअ कहा है। ऐश के मुसद्दस में दृढ़ता की कमी है, इनमें पीड़ा का अभाव है। सोज़ाँ का विस्तृत मुसद्दस भी कमज़ोर है। मुबीन के मुसद्दस में विस्तार तो है पर इसमें पीड़ा का आभाव नहीं है। इसमें हमें उनकी सूक्ष्मदर्शिता के साथ-साथ उनके राजनीतिक और सामाजिक विश्लेषण की कार्यनीति भी उभर कर सामने आती है जहाँ उन्होंने कारणों की समीक्षा की है। कामिल का मुसद्दस संक्षिप्त भी है और व्यापक भी। मोहसिन ने कुछ ऐतिहासिक घटनाओं का बहुत अच्छे से वर्णन किया है, जिससे उनकी नज़्म में घटना के विवरण का पक्ष बढ़ गया है। लेकिन एक बात विशेषकर इन सभी नज़्मों में संयुक्त रूप से दिखती है वो यह कि लगभग सभी शायरों ने 'ग़दर' की कठिन परिस्थितियों और ख़ून-ख़राबे से सम्बन्धित घटनाक्रम के किसी-न-किसी क़िस्से का विशेष रूप से विवरण ज़रूर दिया है। इस हिसाब से यह शहर आशोब जिनमें आज़ुर्दा, दाग़ और ज़हीर के शहर आशोब भी सम्मिलित किये जा सकते हैं, उर्दू में अपनी तरह की पहली चीज़ है। इनमें देहली के राजनैतिक व सामूहिक जीवन के पतन और व्यवधान का व्याख्यान हज्व (निन्दा) रूप में नहीं बल्कि मर्सिए के रूप में मिलता है। उदास भावनाएँ वैसे भी प्रभावी होती है, पर जब अपने ही बरबाद होने की दास्तान हो तो इसका प्रभाव और भी बढ़ जाता है। कहीं-कहीं तो ऐसा प्रतीत होता है कि दिल ख़ून हो गया, और आहों, सिसकियों के क्रन्दन ने काग़ज़ के वस्त्र धारण कर लिए।

इन शहर आशोबों में शायरों का व्यक्तिगत भाव अलग से नज़र आता है। हर किसी ने अपनी विशेष परिस्थितियों, स्वभाव और प्रकृति के अनुसार पतन और व्यवधान को लिखा। किसी ने इस त्रासदी को केवल कविता में पिरोने तक का काम किया, किसी ने सूक्ष्मदर्शिता से काम लिया तो कुछ ने इन घटनाओं को इतिहासकार की दृष्टि से देखकर कार्य किया। किसी को एक बात से दुख हुआ तो किसी को कोई दूसरी से। किसी का सम्बन्ध दरबार से था तो किसी का बाज़ार से तो कोई मठ का वासी था। किसी को क़िले के उजड़ने का दुख था और किसी को यह ग़म सता रहा था कि देहली की सांस्कृतिक और सामा. जिक श्रेष्ठता मिट्टी में मिल रही थी। साथ ही यहाँ की इमारतों और खँडहरों का निशान तक बाक़ी न रहा। कोई इस बात के लिए तड़प रहा है कि इतनी साफ़ व शुद्ध भाषा अब कहाँ? अब न वो विद्वत्तापूर्ण सभाएँ हैं और न वो शैक्षिक हलचल। कोई ज्ञान का विलाप कर रहा है तो कोई माल के लुट जाने का। किसी के दिल पर अपनों से बिछड़ जाने का घाव है तो कोई अपने बीवी बच्चों के मार दिये जाने से दुखी है। कुल मिलाकर देखा जाये तो इन शहर आशोबों में अलग-अलग घटनाओं के बावजूद इनकी शैली के विवरण की रंगा-रंगी और घटनाओं की विविधता से उन तमाम मुसीबतों का पूरा-पूरा विवरण मिलता है जो अंग्रेज़ों के क़ब्ज़े के बाद देहली और देहली वासियों को झेलना पड़े। हर किसी ने अपनी आँखों देखी घटनाओं को जूँ का तूँ बयान करने की कोशिश की। दिल का दर्द है किसी-न-किसी रूप में ज़ुबान पर तो आना ही था। इसलिए अंग्रेज़ों के ज़ुल्म-ओ सितम और देहली की बदहाली की दास्तान का शायद ही कोई ऐसा पक्ष हो जिसका विवरण इन शहर आशोबों में न मिलता हो। उदाहरण के तौर पर ज़रा ये बन्द देखिए :

पसन्द-ए ख़ातिर हर ख़ास-ओ आम थी देहली
तिलस्म-ए दिलकश-ओ जन्नत मुक़ाम थी देहली
तरब फ़ज़ा-ए जहाँ सुब्ह-ओ शाम थी देहली
गुल-ए ख़ुशी से मोअत्तर तमाम थी देहली
उजाड़ा ऐसा चमन जिसके ग़म से दिल है ख़ूँ
मिटे ख़िज़ाँ की हवा ख़ाक में मिले गरदूँ

हर एक सू है यह ग़ारतगरी से बेगाना
कि मिस्ल-ए दीदा-ए गिरयाँ है हर दर ख़ाना
रुला रहा है फ़रिश्तों को भी ये अफ़साना
न वो है घर न वो महफ़िल न शम्आ-ओ परवाना

बना है गंज-ए शहीदाँ बसान-ए ख़िरमन-ए गुल
फ़रिश्ते नाश पे अब नाला-कश हैं चूँ बुलबुल
क़यामत आयी क़यामत से किस लिए पहले
दिखाये किस लिए क़िस्मत ने हादसे ऐसे
जो ग़म न सहने को जी चाहे आँख से देखे
कहाँ तलक कोई रोये कहाँ तलक पीटे
कहीं पिदर है तड़पता कहीं पिसर बेताब
ग़ज़ब है तफ़र्क़ा परदाज़ चर्ख़-ए ख़ाना-ख़राब
घर ऐसे लुट के हुए हैं ख़राब क्या मैं कहूँ
कि जैसे ख़ुश्क हों बे-अश्क दीदा-ए पुर-ख़ूँ
न ज़र न सीम न पोशाक ने दर-ए मकनूँ
लबों पे आते हैं अब नाला-ए दिल-ए महज़ूँ
जो दुरफ़िशाँ थी कफ़-ए दस्त है ख़ज़फ़ आगीं
गुहर जो देते थे कौड़ी भी इनके पास नहीं
न देखा था जो सितम वो फ़लक से अब देखा
ये वो है हादसा जिससे जिगर भी टुकड़े हुआ
पिदर को सामने बेटे को क़त्ल हाय किया
ग़म आये याद न क्यूँ कर जनाब-ए असग़र का
ये करबला का नमूना दिखाती है देहली
पिदर को नाश-ए पिसर पर रुलाती है देहली

(मुबीन)

कहाँ वो ताज का मालिक कहाँ है वो दरबार
कहो किधर गयी दीवान-ए ख़ास की वो बहार
अब इसके देखे जो उजड़े हुए दर-ओ दीवार
ये जी में आयी कि सर फोड़ और चीख़ें मार
है पारा पारा जिगर कैसी दिल-फ़िगारी है
बजाए अश्क जो आँखों से ख़ून जारी है
हमेशा इत्र जो पोशाक में लगाते थे
बदलते शाम-ओ सेहर जोड़े और बसाते थे
थी निगहत ऐसी कि इससे न ताब लाते थे
ख़जिल हो गुल कफ़-ए अफ़सोस मलते जाते थे

वो देखो पैरहन आलूदा ख़ाक फिरते हैं
कहाँ है जेब गिरेबान चाक फिरते हैं
वो नाज़नीं कि नज़ाकत भी देख घबरावे
कि जिसकी बिस्तर-ए गुल पर से नींद उड़ जावे
गुमान में जो न हो क्या ख़याल में आवे
लिखा अज़ल का जो तक़दीर सामने लावे
पकड़ के ज़ुल्फ़ किया क़त्ल इनको नंगे सर
सबा के छुए से जो होते थे परेशाँ तर
बरहना पा कोई निकला कोई गिरेबाँ चाक
किसी की चश्म थी गिरयाँ किसी के सर पर ख़ाक
हर एक बेद सा लरज़ाँ था बा-दिल-ए ग़मनाक
थी दुश्मनों की भी हर सिम्त से ये उन पर ताक
क़दम न उठता था जो वो क़दम उठाते थे
हज़ारों ठोकरें खाते थे गिरते जाते थे
(सोज़ाँ)

ये वही चौक है मेला था जिस जगह हर रोज़
यहाँ तो रहते थे मह तलअतान-ए दिल अफ़रोज़
नज़र को होती थी कैफ़ियत-ए सुरूर अंदोज़
जिधर को देखते थे इक बहार-ए कुलफ़त सोज़
निशान भी नहीं अब तो हुजूम-ए ख़िलक़त का
बनी है वो ही जगह बस मुक़ाम इबरत का
(कामिल)

वो लाल जोड़े पहन कर कोई निकलते थे
वो बाँकपन से उठा पाईंचों को चलते थे
वो हाथ पाँव में मेंहदी को अपने मलते थे
वो बात-बात में अन्दाज़ से मचलते थे
हुए हैं रंज-ओ तरद्दुद में अब तो वो महबूस
बजाए मेंहदी के मलते हैं वो कफ़-ए अफ़सोस
वो लोग बिस्तर-ए संजाब पर जो सोते थे
सेहर गुलाब से जब मुँह को अपने धोते थे

तमाम उम्र को लहू-ओ लअब में खोते थे
वो बाल-बाल में मोती सदा पिरोते थे
अब उनका हाल तबाही में ऐसा अबतर है
बिछौना ख़ाक है और ख़िश्त बालिश-ए सर है
बने हुए थे वो चौपड़ के चौक में बाज़ार
कि जैसे चार चमन हों ब सतह-ए गुलज़ार
हर एक दीदा-ए आईना रोशन-ओ हमवार
ख़जल था जिन से ख़त-ए आरिज़ान-ए गुल रुख़्सार
हर इक दुकान में बैठा हुआ है फ़रियादी
टपक रही दर-ओ दीवार से है बरबादी
सुनाते फिरते थे सक़्क़े कटोरों की झंकार
वो गुलफ़रोशों के फूलों के टोकरों की बहार
वो सौदा बेचते थे लोग वाँ पुकार-पुकार
वो फिरना ख़्वाँचा वालों का वाँ क़तार-क़तार
रखा था देहली का लोगों ने नाम इश्क़ आबाद
बसान-ए ख़ाना-ए आशिक़ वो हो गयी बरबाद
(मोहसिन)

उर्दू शायरों की एक बड़ी संख्या ऐसी भी है, जिन्होंने देश की बरबादी से सम्बन्धित अपनी पीड़ा की अभिव्यक्ति ग़ज़लों द्वारा की है, इनमें से कुछ के नाम यह हैं : शहाबुद्दीन साक़िब, दाग़, मिर्ज़ा हुसैन अली ख़ाँ राक़िम, क़ुर्बान अली बेग सालिक, मुस्तफ़ा ख़ाँ शेफ़्ता, क़ादिर बख़्त साबिर, ज़हीरुद्दीन ज़हीर, बाक़र अली ख़ाँ कामिल और मीर मेंहदी मजरूह।

इन शायरों में से कई की ग़ज़लों का सम्बन्ध सम्भवतः उस भव्य मुशायरे से है जो इस क़त्ल-ए आम के बाद देहली में हुआ था। इस यादगार मुशायरे का पूरा विवरण तो मालूम नहीं हो सका पर मुअज़्ज़म ज़मानी बेगम उर्फ़ बग्गा बेगम[1] के कथनानुसार[2] देहली में शान्ति बहाल हो जाने के बाद यहाँ के लोगों ने एक मुशायरा किया जिसमें उस समय के बड़े-बड़े उस्तादों ने शहर की बर्बादी का रोना रोया। इस मुशायरे में मिसरअ-ए तरह क्या दिया गया ये तो मालूम नहीं हो

1. बग्गा बेगम नवाब ज़ियाउद्दीन अहमद ख़ाँ की बेटी थीं। इनका विवाह ज़ैन-उल आबिदीन ख़ाँ आरिफ़ के बड़े बेटे बाक़र अली ख़ाँ कामिल से हुआ था। इनका निधन 1 मई, 1945 को हुआ। (तलामज़ा-ए ग़ालिब, भाग 2, अंक 112/4।
2. मलिक राम द्वारा नक़्ल किया गया।

सका पर मुशायरे पर ज़मीन 'शान-ए देहली ज़बान-ए देहली' थी। यह भी मालूम नहीं हो सका कितने शायरों ने इस मुशायरे में हिस्सा लिया। पर इस मुशायरे में पढ़ी जाने वाली ग़ज़लों को तफ़ज़्ज़ुल हुसैन ख़ाँ कौकब(1) ने 'फ़ुग़ान-ए देहली' में संकलित किया। इस मुशायरे का ऐतिहासिक महत्त्व तो है ही, साहित्यिक दृष्टिकोण से भी अपनी तरह का पहला जमावड़ा था जिसमें कम-से-कम तीस शायरों ने मिल कर घटना से प्रेरित एक ही विषय पर अपने विचार कविता में पिरोये। ये कार्य कोई व्यक्तिगत या निजी न होकर एक सामूहिक एवं राष्ट्रीय स्तर का था। इस मुशायरे में तजम्मुल और कामिल ने दो ग़ज़लें कहीं। लिखने वाले ने केवल मतला लिया। शायक़ की तरही ग़ज़ल फ़ारसी में है। अहसन ने भी तरही उर्दू ग़ज़ल के अतिरिक्त एक ग़ज़ल फ़ारसी में भी इस ज़मीन में कही। इकराम और ऐश की ग़ज़लों की ज़मीन तो यही है पर इसका छंद अलग है। ये भी सम्भव है कि इस मुशायरे में दो तरहें दी गयी हों या शायद इससे मिलता-जुलता कोई और मुशायरा भी उस ज़माने के लगभग हुआ हो। यह भी सम्भव है कि शायरों ने अपने तौर पर इस ज़मीन में ग़ज़लें कही हों। इन तरही ग़ज़लों के अतिरिक्त कुछ ऐसी भी ग़ज़लें है जो उस दौर में अलग-अलग लोगों ने अपनी-अपनी कहीं, इन ग़ैर-तरही ग़ज़लों में तीन ग़ज़लें ऐश की हैं, एक मुबीन की और एक तजम्मुल की। ऐश की तीसरी ग़ज़ल में देहली के अतिरिक्त लखनऊ की दुर्दशा का भी विलाप दिखता है।

इन ग़ज़लों में से कुछ के सन्दर्भ पहले दिये जा चुके हैं। उन्हें और तजम्मुल और मुबीन की ग़ैर-तरही ग़ज़लों को छोड़ कर बाक़ी में से कई ग़ज़लें संवेदना के उस तीव्र भाव से ख़ाली हैं जिसकी झलक शहर आशोबों में मिलती है। इसका एक कारण तो यह है कि यह ग़ज़लें एक तो बाद में लिखी गयीं और

---

1. कौकब के हालात नहीं मिलते पर 'फ़ुग़ान-ए देहली' की प्रस्तावना जिसे क़ुरबान अली बेग सालिक ने लिखा, इतना अवश्य ज्ञात होता है कि कौकब में क्षमता थी और उन्हें कई विषयों का ज्ञान था। वो स्वयं को ग़ालिब का शिष्य बताते थे। 'फ़ुग़ान-ए देहली' में जहाँ उनकी ग़ज़ल दर्ज है उसके आगे यह लिखा है ''अज़ ख़ोशा चीनान-ओ ज़िल्ला रियायान मिर्ज़ा असदुल्लाह ग़ालिब।''

   'फ़ुग़ान-ए देहली' के अब तक चार संस्करण प्रकाशित हो चुके हैं। पहला अकमल-उल मुताबा देहली से 1863 में प्रकाशित हुआ था। दूसरा इसके कुछ ही साल बाद मत्बा मुर्तज़्वी देहली से छपा। इसी किताब में कुछ वृद्धि करके निज़ामी प्रेस बदायूँ से 1931 में तीसरी बार प्रकाशित किया गया जिसका नाम 'फ़रियाद-ए देहली' रखा गया। 'फ़ुग़ान-ए देहली' का चौथा संस्करण अकादमी पंजाब लाहौर ने 1954 में प्रकाशित किया। इस किताब की एक हस्तलिखित प्रतिलिपि 1862 में लिटन लाइब्रेरी अलीगढ़ में संरक्षित की गयी जिससे लोग लाभान्वित हुए।

दूसरा कारण यह कि शहर आशोबों की तरह आम आदमी की ज़बान पर नहीं चढ़ पायीं, बल्कि मुशायरे के लिए कही गयी हैं। यही कारण है कि इनमें आमद (ऐसी दशा जब शेर स्वयं शायर के दिमाग़ में आता है) के बजाय आवुर्द (जब स्वयं कवि प्रयास करता है किसी विषय पर शेर लिखने का) अधिक है। ऐसे में रदीफ़ और क़ाफ़िए की सहायता लेकर किसी घटना का विवरण कितना कठिन है इसका अनुमान इन ग़ज़लों से लगाया जा सकता है। कहीं-कहीं एक ही विषय बार-बार आता है। कहीं-कहीं तकरार और तवारुद (दो कवियों की रचनाओं में एक ही विचार का चित्रण) के उदाहरण भी अधिकांश जगहों पर मिलते हैं। आमतौर पर इन ग़ज़लों में देहली का उल्लेख और देहली की भाषा का मातम मिलता है। 'ग़दर' से पहले की देहली की तारीफ़ और फिर उसके उजड़ने का विवरण औपचारिक और परम्परागत है प्रभावशाली नहीं। राजनैतिक उथल-पुथल और आर्थिक तंगी की ओर भी शायरों ने ज़्यादा ध्यान नहीं दिया। घटनाओं की विविधता और उनकी गहराई और विस्तार से जो बात शहर-आशोबों में पैदा हो गयी है, अधिकतर ग़ज़लों में वो चीज़ ना के बराबर हैं। इनमें पीड़ा का अंश भी न होने के समान है और इसका प्रभाव भी क्षणिक है। कहीं-कहीं एक आध शेर अवश्य ऐसे हैं, जहाँ शायर ने इशारों-इशारों में अपने दिल को खोल कर रख दिया है :

आल-ए फ़िरऔन के जूँ ज़ुल्म से आल-ए मूसा
ऐसे बेकस हुए अफ़सोस किसान-ए देहली
कौन-सा गुंचा-ए दिल था कि न पज़मुर्दा हुआ
हिन्द में ऐसी चली बाद-ए ख़िज़ान-ए देहली

(मुमताज़ हुसैन अहक़र)

बसकि गुलज़ार है ज़ख़्मों से तन इक आलम का
बन गयी मौसम-ए गुल फ़स्ल-ए ख़िज़ान-ए देहली

(क़ादिर बख़्श साबिर)

अब जो दिल्ली हुई आबाद तो क्या ख़ाक हुई
जिनसे ज़ीनत थी कहाँ हैं वो जवान-ए देहली

(मोहम्मद मोहसिन ख़ाँ मोहसिन)

नहीं बचने का पड़ेगा बेशक
'चर्ख़' की जाँ पे वबाल-ए देहली

(तजम्मुल हुसैन तजम्मुल)

इस अवलोकन से यह बात स्पष्ट है कि सन् सत्तावन की घटनाओं के विरोध में उर्दू शायरों की प्रतिक्रिया अलग-अलग है। साफ़ सी बात है कि हर कवि का

चेतन और भावनात्मक दृष्टिकोण अपना स्वयं का होता है। अलग-अलग सोच और सामाजी सम्पर्क के कारण भी 'ग़दर' की घटनाओं से सम्बन्धित उर्दू शायरों का सोचने का तरीक़ा अलग-अलग रहा। अधिकतर ने राजनैतिक कारणों का उल्लेख तक नहीं किया। जो कुछ शायर वास्तविकता को जानते भी थे, अपने भविष्य को अंग्रेज़ों से सम्बद्ध देखकर चुप रहना स्वीकार किया। कुछ ने एक क़दम बढ़कर क्रान्तिकारियों की निन्दा की और अंग्रेज़ों का गुणगान किया। फिर भी कुछ शायर ऐसे भी थे जिन्होंने ग़दर के कारणों पर ग़ौर किया और इसे स्वतन्त्रता संग्राम समझकर इसमें भाग भी लिया। ऐसे शायरों में से मुनीर शिकोहाबादी, मोहम्मद हुसैन आज़ाद और बदायूँ के अशरफ़ अली नफ़ीस[1] उल्लेखनीय हैं। मुनीर और आज़ाद के कलाम का हवाला पहले दिया जा चुका है और यह बताया गया है कि उनको अंग्रेज़ों से बहुत नफ़रत थी, क्रान्तिकारियों की सफलता से प्रसन्न थे और विजय के अवसरों पर तारीख़ें कहते थे। इसके विपरीत ग़ालिब और ज़हीर जैसे कुछ शायर ऐसे भी थे जिन्होंने हंगामों के बढ़ने के बाद अपनी व्यक्तिगत मजबूरियों के चलते अंग्रेज़ों से इनाम पाने के लिए अपनी तटस्थता का ऐलान किया और 'ग़दर' की निन्दा की।

लेकिन जहाँ तक देशप्रेम का तात्पर्य है, यह भावना दोनों तरह के शायरों के यहाँ समान थी। प्रत्यक्ष रूप से देखें तो यह कुछ आश्चर्यचकित कर देने वाला मालूम होता है कि वह शायर जो अंग्रेज़ों के तरफ़दार थे और दूसरे वो जो इनका विरोध कर रहे थे इन दोनों का मूल दृष्टिकोण एक कैसे हो सकता है? परन्तु वास्तविकता यही है। असल चीज़ अंग्रेज़ों का गुणगान या बुराई नहीं बल्कि वो दृष्टिकोण है जिससे ये सभी लोग 1857 की घटनाओं को देखते थे और यह नज़रिया दोनों के यहाँ लगभग एक ही है। इनके बयानों में जो विरोधाभास दिखता है वो असल में दृष्टिकोण का न होकर इन ऐतिहासिक परिस्थितियों का है जिनके परिप्रेक्ष्य में ये नज़्में लिखी गयीं। उर्दू के वो शेर जिनमें अंग्रेज़ों के विरोध की महक आती है, उस दौर की चीज़ हैं जब क्रान्तिकारियों का सितारा चरम पर था और इन शायरों को अभिव्यक्ति में किसी भी प्रकार की कोई कठिनाई समझ नहीं आ रही थी। इसके विपरीत वो कलाम जिसमें पूर्बियों और तिलंगों को बुरा-भला कहा गया है और 'ग़दर' की निन्दा की गयी है उस समय का है जब अंग्रेज़ विजयी हो चुके थे और उन्होंने देशवासियों को प्रताड़ित करना शुरू

1. अशरफ़ अली नफ़ीस, नजफ़ ख़ाँ बदायूनी के सुपुत्र थे। मौलाना फ़ज़्ल-ए रसूल के शिष्य थे। इनका ये मिस्रा बदायूँ में आज तक मशहूर है 'लोहे से बहुत डरती है सरकार हमारी।' 'ग़दर' के बाद अंग्रेज़ों ने इन्हें फाँसी पर चढ़ा दिया। (रिवायत : फ़ख्र जलाली बदायूनी)।

कर दिया था। देशवासियों का ख़ून इस समय इतना सस्ता हो चुका था कि एक मामूली से बहाने को लेकर उन्हें गोली का निशाना बनां दिया जाता था। मोहल्ले के मोहल्ले ढ़ाए जा रहे थे और हज़ारों घर वीरान पड़े थे। ऐसे में किसको इस बात की पड़ी थी कि वो अंग्रेज़ों के विरोध में अपने दिल की पीड़ा का बखान करे। साथ ही ये बात भी अपनी जगह है कि हर कलम का सिपाही तलवार का भी धनी नहीं होता। फ़ज़्ल-ए हक़ ख़ैराबादी ने तो सच बोलने की सजा उम्रक़ैद के रूप में स्वीकार कर ली पर आज़ुर्दा ने जब पासा पलटते देखा तो अपनी जान बचाने के लिए अपना बयान बदलने में भी संकोच नहीं किया। आज़ुर्दा की बात अलग, जिस किसी ने भी अंग्रेज़ों के वर्चस्व के बाद ग़दर के ताल्लुक़ से क़लम उठाई उन सभी ने अंग्रेज़ों को ख़ुश करने के लिए 'ग़दर' की निन्दा की है।[1] लेकिन इन बयानों को ज्यों का त्यों माना नहीं जा सकता। ये बातें हालात से मज़बूर होकर कहीं गयी हैं। ग़ौर से देखा जाये तो अर्द्धसत्य के उच्चारण से दिल की बात खुल कर सामने आ जाती है। वास्तविकता यह है कि 'ग़दर' में जिन शायरों ने हिस्सा लिया या वो जिन्होंने नहीं लिया सब के दिल दुख दर्द से चूर थे। अपने लोगों की तबाही और आर्थिक बदहाली का एहसास अधिकतर शायरों को था और यही कारण था कि यह सब अन्दर-ही-अन्दर अंग्रेज़ों से भयभीत थे और उनके मानवता के प्रति दुर्व्यवहार पर खिन्न, वरना वो अपने कलाम में अपनी तबाही और बदहाली का इतने बड़े पैमाने पर कभी मातम न करते। 'फ़ुग़ान-ए-देहली' की प्रस्तावना में क़ुर्बान अली बेग सालिक ने लिखा है : "ऐसी क्रान्ति पैदा हो कि जहाँ ज़ुबाँ पर कोई मुहूर न हो कि बोल न सके, और दिल पर ज़ोर नहीं कि दर्द से भर न आये और इस दर्द की अभिव्यक्ति शायराना न की जाये... किस में इतना दम है कि सुने और रोए बिना रह जाये, किसका जिगर है कि इस दर्द से ख़ून न हो जाये। जब कोई किसी का शेर इस सन्दर्भ में सुना जाता है, कान गुंग हो जाते हैं कलेजा मुँह को आता है।" यह दूसरी बात है कि उस वक़्त देशप्रेम का कोई स्पष्ट राजनैतिक अर्थ नहीं था। स्वतन्त्रता इस ज़माने में धार्मिक और सांस्कृतिक रूप में एक नये आकार में उभरकर सामने आयी थी।[2] इसलिए उर्दू शायर भी देश की राजनैतिक और आर्थिक बदहाली

---

1. देखें फ़रियाद-ए देहली, पृ. 46-63 और 67। इसके अतिरिक्त देखें क़सीदा-ए ग़ालिब 'शुमार याफ़्त रोज़गार याफ़्त' एवं 'दस्तंबू' जबकि यह वास्तविकता अब मालूम हो चुकी है कि ग़ालिब ने भी विद्रोह के दौरान क़िले से सम्पर्क बनाये रखा था और बादशाह की शान में सिक्का-ए शेर भी कहा था। र.क. परिशिष्ट।
2. देखें फ़रियाद-ए देहली, पृ. 1, 7, 11, 18, 24, 38, 40, 57, 60, 61, 83, 100, इसके अतिरिक्त देखें दास्तान-ए ग़दर, पृ. 45, 53 और 59

के लिए विदेशी शासन या अपनी गुलामी पर दोष मढ़ने के बजाये अपने भाग्य को कोसते नज़र आते हैं।[1] और परिस्थितियों को बेहतर बनाने के लिए केवल दुआओं में विश्वास रखते हैं[2] या फिर इस दर्दनाक अवस्था में जीने से मर जाना अच्छा समझते हैं।[3]

---

1. इन शेरों को देखें :

आफ़त इस शहर में क़िले की बदौलत आयी
वाँ कि आमाल से दिल्ली की भी शामत आयी
(आज़ुर्दा)

जैसे-जैसे हमने गुनह किये
ये उन्हीं गुनाहों का बार है
(हुस्सामी)

ज़ुहल की आँख पड़ी इत्तेफ़ाक़ से नागाह
तमाम हो गया ताराज मुल्क-ओ माल और जाह
(तिशना)

कहें ये किस से कहो किसकी थी ये गुमराही
है अपनी ज़िश्ती-ए आमाल की ये रुस्वाई
(सोज़ाँ)

ज़ुल्म गोरों ने किया और न सितम कालों ने
हमको बरबाद किया अपने ही आमालों ने
(मुबीन)

कोई ज़ाहिर में न था इसकी ख़राबी का सबब
अपने आमाल हुए आफ़त-ए जान-ए देहली
(ज़ाहिर)

तुझे कुछ ख़बर भी है बे-ख़बर
के ये बख़्त बद का है सब असर
(फ़रहत)

2. देखें फ़रियाद-ए देहली, पृ. 27, 73 93, 105

3. *काश हो जाये ज़मीं शिक़ तो समा जायें हम* (आज़ुर्दा)
"ज़िन्दा हूँ मगर ज़िन्दगी बवाल है" (ग़ालिब बनाम तुफ़्ता, उर्दवी, पृ. 60)
"जब सख़्त घबराता हूँ और तंग आता हूँ तो ये मिस्रा पढ़कर चुप हो जाता हूँ :
ऐ मर्ग-ए नागहाँ तुझे क्या इन्तिज़ार है" (बनाम तुफ़्ता, उर्दवी, पृ. 91) और देखें उर्दवी, पृ. 138
मौत को समझा हूँ अब मतलब रसी (अफ़सुर्दा)
ये दिल में आये कि सर फोड़ और चीख़ें मार (सोज़ाँ)
मिले है खाने को हीरे की भी न उन कोकनी (मोहसिन)
मुझे छोड़ गयी है अजल कहाँ, जहाँ साँस लेना भी बार है (फ़रहत)
पुकारते हैं अजल को अजल नहीं आती (दाग़)

सन् सत्तावन का संग्राम भारतीय इतिहास की तरह उर्दू साहित्य में भी प्राचीन और आधुनिक के बीच एक सीमा तय करता है। इस संग्राम की असफलता से देश में पराजय की लहर में अंग्रेज़ों द्वारा किये गये ज़ुल्म और बर्बरता ने भय के ऐसे वातावरण को पैदा किये जिसमें जी रहे एक आम आदमी ने अंग्रेज़ों से छुटकारा पाने को एक सपना समझ कर सोचना ही छोड़ दिया था। इस संग्राम के बाद लगभग चौथाई शताब्दी तक भारत देश एक बेजान और आत्माहीन ज़िन्दगी बसर करता दिखाई पड़ता है। कुछ धार्मिक मार्गदर्शक और रूढ़िवादियों के अतिरिक्त अधिकतर ने सन् सत्तावन की विफलता को अन्तिम समझकर इस ऐतिहासिक और सामाजिक परिवर्तन से थक-हार कर समझौता करना शुरू कर दिया। ये परिवर्तन पीड़ादायक और अटल वास्तविकता थी और इसे रोक सकने का साहस किसी में नहीं था। इस परिवर्तन ने जहाँ एक तरफ़ समाज और साहित्य में पुरानी रीतियों का दमन कर दिया वहीं नये विचारों के लिए मार्ग प्रशस्त कर दिया। लोगों के लिए सिवाए अपने को नये साँचे में ढालने के कोई विकल्प न बचा। जो लोग देश और समाज की पीड़ा समझते थे उनके लिए भी आगे बढ़ने का मार्ग केवल यही था कि नयी सरकार से सुलह की जाये और अंग्रेज़ी शिक्षा और विज्ञान और मशीनी प्रगति और पश्चिमी मूल्यों को अपनाते हुए अपनी हालत को सुधारने के लिए अंग्रेज़ों से सहायता प्राप्त की जाये। यह परिस्थिति उन्नीसवीं शताब्दी के अन्त तक बनी रही। देशभक्ति की भावना जो आज हमारे सामने है, यह बाद की पैदावार है। अगले अध्याय में इसका अवलोकन करते हुए 1857 के बाद की उर्दू शायरी में सामाजिक व राष्ट्रीय चेतना के विकसित होने का अध्ययन किया जायेगा।

अध्याय तीन

बाद की शायरी : हाली, शिब्ली, आज़ाद

आधुनिक उर्दू शायरी की हदबन्दी आज़ाद और हाली के कलाम से होती है। आधुनिक शायरी में आज़ाद का महत्त्व जितना ऐतिहासिक है उतना साहित्यिक नहीं। हाली नज़्म के इमाम (अगुआ) हैं। इनसे उर्दू शायरी और साहित्य में एक शान्तिपूर्ण क्रान्ति का आरम्भ हुआ। उन्होंने भाषा और बयान के नये साँचे बनाये। शायरी की सीमाओं को फैलाया। उसे एक उद्देश्य दिया और सामाजिक और राजनैतिक मूल्यों की भावना से जाग्रत किया। हाली के चिन्तन ओर चेतन द्वारा लायी गयी शान्त क्रान्ति को समझने के लिए उन्नीसवीं शताब्दी के आख़िरी कुछ वर्षों के सामाजिक और राजनैतिक आन्दोलनों पर दृष्टि डालना अनिवार्य है।

'ग़दर' के बाद भारत का सामाजिक ढाँचा जो पिछली एक शताब्दी से पतन की ओर जा रहा था, टूट गया और सामाजिक प्रणाली में बुनियादी परिवर्तन दिखाई देने लगे। अंग्रेज़ों के प्रभाव से भारत में जो नये राजनैतिक और सामाजिक समीकरण उभरकर सामने आ रहे थे इनका बोध ग़दर से पहले ही शुरू हो गया था और उस समय के बुद्धिजीवियों और बड़ों को इस बात की अनुभूति होने लगी थी कि वर्तमान सामाजिक ढाँचे में कोई क्रान्तिकारी परिवर्तन लाना आवश्यक है और व्यावहारिक मनोबल जो क्षीण हो चुका है उसे फिर से जाग्रत करना चाहिए। ब्रह्म समाज और वहाबी क्रान्ति ने अपने समय के बौद्धिक और सांस्कृतिक ढाँचे के खोखलेपन का आभास किया और नये सामाजिक और राजनैतिक हालात का साथ देने के लिए उसमें परिवर्तन लाने का प्रत्यन किया। उन्होंने रूढ़िवादी और बेजान परम्पराओं को ठुकराया और सामाजिक बराबरी, आर्थिक समानता, न्याय और कार्रवाही के लिए आवाज़ उठाई। उनका यह क़दम बड़ी हद तक प्रगति के लिए था, पर इन लोगों ने नयी राजनैतिक और सामाजिक परिस्थितियों की तरफ़ ध्यान देने के बजाय धर्म और गुज़रे कल की ओर वापस आने पर ज़ोर दिया। शाह वलीउल्लाह और उनके शिष्यों ने भविष्य के मोक्ष की राह को पुरानी मान्यताओं में दिखाया और मुशरिकाना अक़ायद (बहुदेववादी मान्यताएँ) और

अँधविश्वास को छोड़कर सीधा सादा सदाचारी जीवन व्यतीत करने का आह्वान किया। इसके साथ-साथ अंग्रेज़ी साम्राज्य का विरोध और राजनैतिक स्वतन्त्रता की इच्छा, स्वतन्त्रता का भाग बन कर पनपती रही।

अतीत की ओर लौटने, उसका गुणगान करने और पुरानी यादों में अपने दिल और दिमाग़ को सुकून देने की इस प्रथा को उस दौर के साहित्य में भी देखा जा सकता है। ग़दर के बाद ब्रिटिश साम्राज्य को हक़ीक़त मान लेने के अतिरिक्त कोई रास्ता भी नहीं बचा था। लेकिन इसके साथ ही कुछ खो देने और कुछ छिन जाने का दुख भी लोगों के दिलों में पैदा हो चुका था, जिसके कारण लोगों की दृष्टि अपने अतीत की महिमा पर पड़ने लगी थी।

हाली ने 'यादगार-ए ग़ालिब' की प्रस्तावना में और मुसद्दस में बीते हुए दौर का दुखड़ा रोया और मुसलमानों को उनके शानदार अतीत की झलक दिखलाई। 'आब-ए हयात' लिखने के पीछे मोहम्मद हुसैन आज़ाद का मक़सद यही था कि अपने पूर्वजों की पवित्र यादों को सुरक्षित कर लिया जाये। प्राचीन मूल्यों या पुराने दौर से प्रेम की भावना नज़ीर अहमद के उपन्यासों में भी मिलता है। यही वो भावना थी जिसको लेकर शिबली ने भी कई महान हस्तियों की जीवनियाँ लिखीं और मुसलमानों के शानदार अतीत के स्मृति चिह्नों को उभारा। विगत काल से प्रेम की इस भावना ने धर्म से जुड़ कर चरम पन्थ की भावना को उजागर किया। 'ग़दर' के पश्चात् आमतौर पर मुसलमान ये समझने लगे थे कि ये वस्तुवादी पतन आध्यात्मिक पतन का परिणाम है और इससे छुटकारा पाने का एक ही मार्ग है, वो है प्राचीन धार्मिक अवधारणाओं को जीवित किया जाये। इसीलिए पुरानी परम्पराओं का सहारा लेकर प्राचीन नैतिक और धार्मिक विचारों को फिर से जीवित किया जाने लगा। गुलामी की व्याख्या चूँकि धार्मिक दृष्टिकोण से की गयी थी, इसलिए आगे चलकर जब स्वतन्त्रता के लिए व्यावहारिक संग्राम हुआ तो राजनैतिक और धार्मिक मूल्यों के बीच एक विवाद पैदा हो गया। धार्मिक आन्दोलनों से एक ओर तो ब्रिटिश साम्राज्य के विरोधियों को और दूसरी ओर क्रान्तिकारियों की भावनाओं को प्रोत्साहन मिला, पर इसके विपरीत दूसरी ओर चूँकि यह आर्थिक और राजनैतिक गिरावट का विश्लेषण काल्पनिक स्तर पर करती थीं, इसी कारण बीते कल से प्रेम और धार्मिक नवीनीकरण के रुझानों ने ज़ोर पकड़ना शुरू कर दिया जिससे आगे चल कर अलगाववाद को बढ़ावा मिला।

धार्मिक प्रवृत्तियों में प्राण फूँकने के ये आन्दोलन हिन्दुओं और मुसलमानों ने 'ग़दर' के बाद बड़े ज़ोरशोर से शुरू किये। देवबन्द का मदरसा जो 1867 में स्थापित हुआ था, शाह वलीउल्लाह के आन्दोलन से परोक्ष रूप से और मौलाना मोहम्मद क़ासिम नानौतवी के प्रत्यक्ष प्रभाव से वह एक धार्मिक सुधार का

जाना-माना केन्द्र बन गया। दूसरी ओर हिन्दुओं में स्वामी रामकृष्ण परमहंस और विवेकानन्द धार्मिक चेतना और महर्षि दयानन्द धार्मिक जोश और जुनून फूँकने का कार्य कर रहे थे। इसमें कोई शक नहीं कि इन आन्दोलनों ने अपने-अपने क्षेत्रों में सामाजिक सेवाएँ भी प्रदान कीं, लेकिन बढ़ती हुई धार्मिक अनुभूति के कारण सांस्कृतिक स्तर पर इसका टकराव अपरिहार्य हो गया और उसकी सबसे पहली अभिव्यक्ति भाषा को लेकर टकराव से हुई।

धार्मिक नवीनीकरण के अन्तर्गत हिन्दुओं में संस्कृत भाषा को जीवित रखने के साथ-साथ साहित्यिक हिन्दी को राष्ट्र भाषा बनाने का विचार जाग्रत हुआ। हिन्दी के समर्थकों ने उर्दू के इस योगदान को अनदेखी कर दी जो इसे साझा भारतीय संस्कृति का प्रतिनिधित्व करने का श्रेय पिछली तीन शताब्दियों से प्राप्त था। इस बात से मुसलमानों को दुख पहुँचा जो स्वाभाविक था, क्योंकि ऐतिहासिक परिवर्तनों के कारण वो अरबी-फ़ारसी को छोड़ कर उर्दू ही को अपनी सांस्कृतिक भाषा मान चुके थे। इसका दूसरा कारण एक यह भी था कि हिन्दी को प्राथमिकता देने की बात जिस क्षेत्र से शुरू की गयी वहाँ उर्दू का वर्चस्व था। इसकी शुरुआत यूँ हुई कि साहित्यिक हिन्दी के समर्थकों और बनारस की 'नागरी प्रचारिणी सभा' की ओर से यह आन्दोलन चलाया गया कि संयुक्त प्रान्तों और बिहार में अदालतों इत्यादि में उर्दू भाषा के बजाय नागरी हिन्दी को चलाया जाये। इसके विरोध में कुछ हिन्दुओं ने भी आवाज़ उठाई पर मुसलमानों की ओर से इसका कड़ा विरोध हुआ। बाद में भी यह विवाद किसी-न-किसी रूप में हमेशा सर उठाता रहा और एक भयानक अलगाव का स्रोत बन गया।

सर सैयद जो उस समय हिन्दू मुस्लिम एकता के एक बड़े समर्थक थे और दोनों को एक चेहरे की दो आँखें कहते थे, उन पर भी इस अराजकता और अलगाव के रुझानों का गहरा असर पड़ा और उनको हिन्दू-मुस्लिम एकता से निराशा हो गयी। इससे पहले उनके सुधारवादी और रचनात्मक कार्य केवल मुसलमानों तक सीमित नहीं थे बल्कि उनका मुरादाबाद का फ़ारसी मदरसा, ग़ाज़ीपुर का अंग्रेज़ी मदरसा, और साइंटिफ़िक सोसाइटी यह सब संस्थान सामान्य भारतीयों के लिए थे। पर जब उन्होंने हिन्दुओं में अतीत के पुनरुत्थान का जोश देखा तो उन्हें विश्वास हो गया कि हिन्दू साझा संस्कृति के रास्ते पर नहीं चल रहे हैं। आर्य समाज के धार्मिक उपदेशों ने इनके विचारों को बल दिया। इसके बाद वह क़ौम (राष्ट्र) के शब्द को जिसे वो विस्तृत अर्थ में भारतीयों के लिए प्रयोग करते थे, उसे उन्होंने केवल मुसलमानों की जमाअत के लिए सीमित कर दिया और उन्होंने अपनी सुधारक और शैक्षिक गतिविधियों को केवल मुसलमानों तक सीमित कर लिया।

'ग़दर' के बाद मुसलमान किन्हीं कारणों के चलते नयी ऐतिहासिक शक्तियों का साथ नहीं दे रहे थे, इसके विपरीत हिन्दू नयी शिक्षा का स्वागत करते हुए उससे लाभान्वित हो रहे थे, और काफ़ी आगे बढ़ चुके थे। यही कारण था कि सर सैयद ने मुसलमानों की प्रगति के लिए नयी शिक्षा को अपनाने और अंग्रेज़ों से मिलकर चलने को प्राथमिकता दी, जिससे वो देश के दूसरे लोगों से मासिक, आर्थिक और भौतिक रूप से पिछड़े न रहें।

सर सैयद और आर्य समाज का आन्दोलन का आरम्भ लगभग एक ही समय में हुआ था। दोनों का उद्देश्य शैक्षिक, सामाजिक और धार्मिक जीवन में सुधार लाना था, पर दोनों की कार्यशैली सीमित और सम्प्रदायवाद का रंग लिए हुए थी। दोनों ने जीर्ण एवं संकीर्ण मान्यताओं, अँधविश्वासों और धर्म के सिक्का बन्द उसूलों की भर्त्सना की। सर सैयद ने इस्लाम की नयी व्याख्या की और इस्लामी उसूलों की महानता और महत्त्व को अक़्ल की कसौटी पर परखने की सलाह दी। आर्य सामाजियों ने पौराणिक काल की मान्यताओं और जटिल समाजिक रीति-रिवाज़ों का विरोध किया, और हिन्दू धर्म से वेदान्त की गूढ़ विचारों को ख़ारिज करके वैदिक काल के सीधी-साधी मान्यताओं और रस्मों को अपनाने पर ज़ोर दिया। आर्य समाज और सर सैयद आन्दोलन दोनों ने शिक्षा और बौद्धिक साँचों में परिवर्तन की गुहार लगाई और नये सामाजिक और राजनैतिक हालात में अपनी क़ौम के उत्थान के लिए कार्य योजना तैयार की। सामाजिक तौर पर दोनों ही आन्दोलन काफ़ी हद तक प्रगतिशील विचारधारा से प्रेरित थे। दोनों ने अपने अपने लोगों के अन्दर से पराजय, निराशावाद और हार जाने की भावना को दूर किया। दिलों में आत्मविश्वास और आत्मनिर्भरता को जाग्रत किया और आगे बढ़ने और कठिनाइयों के बावजूद उभरने की उमंग और इच्छा को अपने अन्दर पैदा करने का उपदेश दिया। पर इतना कुछ करने के बावजूद इन दोनों आन्दोलनों में मूल रूप से अन्तर्विरोध रहा। आर्य समाज नयी आर्थिक और राजनीतिक जटिलताओं को समझे बिना ही समाज को गुज़रे कल की ओर ले जाने की चेष्टा कर रहा था। ये हर प्रकार के ग़ैर-वैदिक प्रभाव का चाहे वो इस्लामी हो, पश्चिमी हो पूरी तरह से विरोधी था। इसलिए जहाँ एक तरफ़ यह लोग पश्चिम की राजनैतिक और मानसिक गुलामी से छुटकारा चाहते थे तो वहीं ये लोग मुसलमानों को विदेशी और ग़ैर-भारतीय मानते थे। आर्य समाज के इस व्यवहार ने मुसलमानों की चिन्ताओं को बढ़ाया और उनके स्वतन्त्रता आन्दोलन में भाग लेने के रास्ते में रुकावटें पैदा कीं। राष्ट्रवाद की नकारात्मक भावना को बढ़ावा देना एक ग़ैर-प्रगतिशील क़दम था इसका शिकार सर सय्यद भी थे। उन्होंने मुसलमानों को एक अलग क़ौम कहा और हिन्दू मुस्लिम अलगाव को

बढ़ाने की दिशा में अंग्रेज़ों का साथ दिया। मुसलमानों को राजनीति से अलग रहने की सलाह देकर उन्होंने स्वतन्त्रता संग्राम को नुक़सान पहुँचाया और भारत के लाखों-करोड़ों इन्सानों का ख़ून चूसने वाले फिरंगियों का सहयोग दिया। उन्हें अलग-अलग हिन्दू मुस्लिम सेनाएँ बनाने के लिए प्रेरित किया ताकि बग़ावत के समय उन्हें एक-दूसरे से लड़ाया जा सके और साथ ही भारत पर अंग्रेज़ी साम्राज्य का साया दिनों तक क़ायम रहे। इस वास्तविकता को नकारा नहीं जा सकता कि उन्होंने संयुक्त राष्ट्रीयता का ऐतिहासिक मार्ग त्याग कर मुस्लिम राष्ट्र का नज़रिया प्रस्तुत किया जिसकी तार्किक शृंखला बाद में अलगाववाद से होते हुए देश विभाजन पर आकर ख़त्म हुई।

इसमें शक नहीं कि सर सैयद की कोशिशें ईमानदारी और सच्चाई पर आधारित थीं। उनके हृदय की पीड़ा और देशभक्ति की भावना पर प्रश्नचिह्न लगाने का कोई औचित्य नहीं है। उनके मन में व्यापक और उच्च लक्ष्य थे। वो पूरब और पश्चिम का मिलाप कराना चाहते थे वो अंग्रेज़ी शिक्षा को नयी संस्कृति का आधार मानते थे लेकिन उनके उत्तराधिकारी उनकी दूरदर्शिता को चरम तक लेकर चले गये। उन सभों ने अंग्रेज़ों से मित्रता के बजाये अंग्रेज़ों की हाँ-में-हाँ मिलाना शुरू कर दिया। मुसलमानों के भौतिक और मानसिक विकास के विपरीत अंग्रेज़ हाकिमों को खुश करने और उनसे निकटता बढ़ाने को अपना अभिप्राय बना लिया। राजनीति से दूरी पर ज़ोर दिया और मुसलमानों को स्वतन्त्रता संग्राम से अलग रखा। इन रुझानों ने आगे चलकर मुसलमानों को अबुल कलाम आज़ाद के शब्दों में "देश की प्रगति के लिए रुकावट और आज़ादी की राह का एक पत्थर और सरकार के हाथ में देश की उमंगों के विनाश करने का एक पत्थर" बना दिया। यह बात एक हद तक सही है कि सर सैयद द्वारा लायी गयी क्रान्ति के प्रत्यक्ष और अप्रत्यक्ष प्रभाव से मुसलमानों के एक वर्ग ने साम्राज्यवाद के हाथों को मज़बूत किया और शिबली, सैयद सुलैमान नदवी, अब्दुस्सलाम, मौलाना मोहम्मद अली, मौलाना शौकत अली, डॉ. अंसारी, हकीम अजमल ख़ाँ और मौलाना अबुल कलाम आज़ाद की कोशिशों के बावजूद हिन्दू मुस्लिम दूरी बनी रही। इसके दूरस्थ परिणाम देखना हों तो हाली और अकबर के वास्ते से इक़बाल की शायरी को पढ़ा जाये। वैसे बाद के दिनों में इक़बाल पाकिस्तान की माँग का समर्थन नहीं कर रहे थे लेकिन तब तक अलगाव की भावना को हवा दी जा चुकी थी।

हाली सर सैयद से आयु में 21 वर्ष छोटे थे। उन्होंने जब होश सँभाला और मुसलमानों की राजनैतिक दशा के बारे में सोचना आरम्भ किया, सर सैयद उनके विचार और कार्य के लिए मार्ग प्रशस्त कर चुके थे और उन्हें वो मूलमन्त्र भी दे

चुके थे जो उन हालात में बहुत-सी कठिनाइयों से बचाता था और भौतिक प्रगति की राह बनाता था। हाली ने भी इसे माना, हाली के वैचारिक दृष्टिकोण पर सर सैयद का गहरा प्रभाव पड़ा। परन्तु इनके बारे में यह कहना कि उनसे नज़्में स्वभाव ने लिखवाईं और देशभक्ति और धार्मिक शायरी लिखने का प्रोत्साहन उन्हें सर सैयद से मिला हास्यास्पद होगा। फ़िराक़ ने ग़लत नहीं कहा कि हाली प्रेमरस में डूबी मृदुल इश्क़िया शायरी के साथ देशप्रेम और धार्मिक शायरी के गुण लेकर जन्मे थे। सर सैयद के प्रोत्साहित करने से इतना अवश्य हुआ कि हाली की शायरी में फैलाव पैदा हो गया।

हाली ने मुग़ल साम्राज्य को अपनी आँखों से उजड़ते देखा था। अंग्रेज़ी शासन को उन्होंने कड़वी वास्तविकता समझकर स्वीकार कर लिया था। उनका विचार था कि मुसलमान नैतिक, भौतिक और आध्यात्मिक रूप से पतन की कगार पर खड़े हैं। उनमें शासन करने की योग्यता समाप्त हो चुकी है और अंग्रेज़ी साम्राज्य की स्थापना इन्हीं कारणों का फल है और इससे छुटकारा प्राप्त करना पहाड़ से टकराने के समान है। इसीलिए सर सैयद की तरह हाली ने भी 'अंग्रेज़ मित्रता' को अपना लिया। अंग्रेज़ी सरकार को समर्थन दिया और उसका गुणगान किया। लेकिन जैसा कि एहतेशाम हुसैन ने लिखा है : "हाली के यहाँ पश्चिम का अनुकरण कोरी सुलह नहीं है बल्कि आगे बढ़ने का मार्ग है, हाली की राजनैतिक चेतना स्पष्ट नहीं थी। वो कभी-कभी आज़ादी का सपना देखते थे और सोचते थे कि हिन्दुस्तान के लोग अंग्रेज़ों के बताए हुए मार्ग पर चल कर शिक्षा, प्रगति और साइंसी अविष्कार को लेकर उनसे आगे निकल जायेंगे और इस तरह हिन्दुस्तान कभी-न-कभी स्वतन्त्र हो ही जायेगा।"

हाली उर्दू के पहले शायर हैं जो भारत की राजनीति से प्रेरित हुए और जिनका हृदय भारत की गुलामी पर रोया। हालाँकि अंग्रेज़ों के साथ वफ़ादारी और कांग्रेस के विरोध में सर सैयद के साथ थे पर फिर भी उनकी नज़्मों और लेखन में अंग्रेज़ दोस्ती से अधिक सामाजिक उत्थान और देशभक्ति की भावना झलकती है।

हाली की देशप्रेम चेतना पर राष्ट्र की दुर्दशा की परछाइयों की गहरी छाप है। उन्होंने देशवासियों की लापरवाही, ग़ुलामी, और उत्पीड़न का राग बड़े दुख के साथ छेड़ा और देशप्रेम की भावना को राष्ट्रीय चेतना प्रदान की। उनकी मसनवी 'हुब्बे वतन' के विषय में आले अहमद सुरूर लिखते हैंः "इसमें केवल देश के प्राकृतिक सौन्दर्य से प्रेम या उसके बीते कल से लगाव या उसके इतिहास की याद नहीं, इसमें देशप्रेम के उस विचार पर प्रकाश डाला गया है जो सेवा भावना से उपजता है।"

'मुसद्दस-ए हाली' हाली का शाहकार (अत्युत्तम कृति) है। इसे बेशक उर्दू की पहली महान नज़्म कह सकते हैं। ये केवल मुसलमानों के लिए लिखी गयी और निःसन्देह धार्मिक नज़्म है, परन्तु इसमें भारत की मिट्टी की सुगन्ध है। कहा जा सकता है कि इसमें भारत है। सरदार जाफ़री ने ग़लत नहीं कहा कि "हाली चूँकि इस्लामी सभ्यता एवं संस्कृति और सभ्य मुस्लिम परिवारों के पतन का विवरण बड़ी ही सच्चाई से कर रहे थे, मुसद्दस हिन्दुस्तान के जागीरदारी काल के पतन का बड़ा ही सजीव चित्रण करता है।" इस हिसाब से यह हमारी राष्ट्रीय शायरी में एक नींव की ईंट समान है, जिसके द्वारा हाली ने पूरे उत्साह और उमंग के साथ राष्ट्र को आन्दोलन और जाग्रण का सन्देश दिया और यही इसके महत्त्व का रहस्य है।

अंग्रेज़ी साम्राज्य ने वैसे तो लूट-खसोट, आर्थिक शोषण, बेईमानी, ख़ुदग़र्ज़ी का अत्यन्त नापसन्द रूप धारण कर रखा था, फिर भी ऐतिहासिक तौर पर वो पूँजीवाद की प्रगतिशील शक्तियों का साथ दे रहे थे। अनजाने तौर पर सही पर यही साम्राज्य भारत को इतिहास के नये साँचे में ढालने का कारण बनता नज़र आता है। निरंकुश सत्ता का अन्त हो गया। पुरानी अर्थनीतियाँ बदल गयीं। भारत एक औद्योगिक देश बनने की ओर अग्रसर हो गया और अंग्रेज़ी शासन में ही भारत में अन्ततः नयी शिक्षा, स्वतन्त्र पत्रकारिता, आने-जाने के साधन की प्रगति के साथ राजनैतिक एकता भी पैदा हो गयी। हाली ने अंग्रेज़ों के इन प्रगतिशील कार्यों को सराहा। नवीन शिक्षा नीति के प्रभाव से मध्यम वर्ग में जो स्वतन्त्र विचार पनप रहे थे हाली ने उसे सराहा और आम जीवन में आ रहे इस परिवर्तन की सराहना करते हुए आम आदमी से अपील की कि वो इसे अपनाये। यह समय की माँग थी। मुसलमान आमतौर पर ग़रीबी, पतन, निकम्मेपन और बदहाली का शिकार हो चुके थे। हाली कभी उनको अंग्रेज़ों की प्रगति का नक़्शा दिखाकर, कभी अपने पतन पर रुला कर, प्रगति का मार्ग दिखाकर एक शक्तिशाली समूदाय बनाना चाहते थे। व्यावहारिक रूप से हाली एक शान्ति प्रिय और सुलह करके आगे बढ़ने वालों में से थे। अंग्रेज़ी सरकार के साथ मिलकर उन्होंने शान्ति और स्वतन्त्रता पर ज़ोर दिया और देखा जाये तो उस दौर में ब्रिटिश सरकार द्वारा जो शान्ति और स्वतन्त्रता दी गयी वो किसी और समय में सरकार से हम हिन्दुस्तानियों को नहीं मिली थी। यहाँ स्वतन्त्रता से अभिप्राय है धार्मिक कार्य और रीति रिवाज़ों का निर्वाह। हाली एक जगह प्रजा की स्वतन्त्रा को 'हुकूमत-ए-इंग्लीशिया' द्वारा दिये गये अनमोल उपहार बताते हैं। उन्होंने महारानी विक्टोरिया की जुबली के अवसर पर जो क़सीदा कहा उसका एक मिस्रा है :

सत जुग से है ये हिन्द के हक़ में कहीं बेहतर

विक्टोरिया की मृत्यु पर उन्होंने मर्सिया भी लिखा। अंग्रेज़ी सरकार को वो हिन्दुस्तान के लिए दया और आशीर्वाद की छत्रछाया मानते थे :

क़ैसर के घराने पे रहे साया-ए यज़दाँ
और हिन्द की नस्लों पे रहे साया-ए क़ैसर

इस विचार का तार्किक परिणाम यह हुआ कि सर सैयद की तरह उन्होंने भी कांग्रेस का विरोध किया पर इसके साथ-साथ उन्होंने हिन्दू मुस्लिम एकता के मिशन को क़ायम रखा। वास्तविकता यह है कि उनके समक्ष एकता का व्यावहारिक पहलू था जिसके राजनैतिक महत्त्व पर उन्होंने ज़्यादा ध्यान नहीं दिया।

यद्यपि हाली अंग्रेज़ी सरकार के अस्तित्त्व को एक अच्छे शगुन के रूप में देखते थे और मुसलमानों से आग्रह करते थे कि वो दी जा रही सुविधाओं से लाभान्वित हों। परन्तु व्यक्तिगत रूप से अंग्रेज़ों से मिलते हुए घबराते थे। सम्भवतः यही कारण है कि उनकी नज़्मों में अंग्रेज़ों से निष्ठा के अपेक्षाकृत राष्ट्र की भौतिक और सामाजिक प्रगति ऊपर है। वो हर जगह अत्यन्त स्वाभिमान और दर्द मन्दी से क़ौम के पतन पर आँसू बहाते दिखाई देते हैं। इनके राजनैतिक और सामाजिक चेतन का ये रंग, इनके द्वारा लिखी नज़्म 'फल्सफ़ा-ए तरक़्क़ी' और 'ली है करवट एक मुद्दत से ज़माने ने बदल' में स्पष्ट रूप से झलकता है।

सर सैयद से उनके जीवन के अन्तिम कुछ वर्षों में हाली और उनके विचारों में सहमति कम नज़र आती है। इस दौर में सर सैयद अंग्रेज़ों के इशारे पर चलने लगे थे और मुसलमानों का पढ़ा-लिखा और उदारवादी तबक़ा उनका विरोध कर रहा था। जमालुद्दीन अफ़ग़ानी ने भी सर सैयद को अच्छे शब्दों में नहीं याद किया, हाली चूँकि राष्ट्र की आकाँक्षाओं और कुछ कारणों के चलते सर सैयद के हर काम को सराहते थे पर एक समय ऐसा आया जब उन्होंने हयात-ए जावेद (सर सैयद की जीवनी) लिखने का इरादा टाल दिया और साथ ही यह भी कहा कि मैं सर सैयद द्वारा किये गये कार्यों पर ख़ाक भी नहीं डाल सकता। सर सैयद के देहान्त से कुछ पहले 'पैसा' अख़बार में उनका और वक़ार-उल मुल्क और मोहसिन-उल मुल्क का सर सैयद के विरोध में एक सयुंक्त बयान जारी होने वाला था जो सर सैयद के देहान्त हो जाने के कारण रोक दिया गया। सर सैयद के देहान्त के बाद हाली के व्यवहार में स्पष्ट बदलाव देखा जा सकता है। आगे चलकर अंग्रेज़ों की नौकरी करने के बजाये व्यापार और उद्योग को बढ़ावा देने की बात उठाई। स्वदेशी क्रान्ति की सफलता का उल्लेख करते हुए एक जगह लिखते हैं :

"इस क्रान्ति का प्रभाव देश पर अवश्य पड़ेगा और धीरे-धीरे घटता-बढ़ता रहेगा। अब लोगों को उस सुरंग का रास्ता मिल गया है जहाँ से देश की सम्पत्ति को विदेशों में पहुँचाया जा रहा है, मगर इस मार्ग को बन्द करना कोई हँसी खेल नहीं है और इसमें जल्दबाज़ी करना प्रकृति से टकराव जैसा है।

एक दिन का काम कुछ रोमा की आबादी नहीं

अगर एक शताब्दी में भी भारत विदेशी उत्पाद का मुक़ाबला करने के योग्य हो जाये तो समझ लो कि इसको बहुत जल्द सफलता मिल गयी।"

पर कुल मिलाकर हाली अन्तिम समय तक उदारवादी ही रहे। उनकी राजनी. ति अपने हक़ को माँगने के लिए ख़ुशामद करने से आगे न बढ़ी और राष्ट्र की स्वतन्त्रता की व्यापक अवधारणा से ये दूर ही नज़र आये। इसके विपरीत शिबली अंग्रेज़ों के साथ किसी भी प्रकार के समझौते के लिए तैयार न थे। उनके और हाली के विचारों में वहीं अन्तर था जो 1857 और 1877 में होना चाहिए। शिबली ने जब होश सँभाला सर सैयद का दिखाया हुआ मार्ग ऐतिहासिक रूप से समाप्त हो चुका था। सर सैयद की क्रान्ति अपना कर्तव्य निर्वाह करके साम्राजी शक्तियों की सहायक बन चुकी थी। शिबली ने इसके विरोध में अपनी आवाज़ उठाई।

उन्होंने स्वदेशी क्रान्ति का सहयोग किया और मुसलमानों को इसकी वास्. तविकता समझाने का प्रयत्न किया। सर सैयद से शिबली के मतभेद महत्त्वपूर्ण न होकर बुनियादी थे। शिबली ने जिस संस्थान से शिक्षा प्राप्त की थी वहाँ की परम्पराएँ सरकार की ख़ुशामद का विरोध करती थीं। इसके विपरीत सर सैयद अंग्रेज़ी के अद्वितीय प्रशंसक और अंग्रेज़ी सरकार की कार्य प्रणाली को पसन्द करने वालों में से थे। शिबली को अंग्रेज़ों की प्रशंसा करने से चिढ़ थी। "सुबह वतन' में उन्होंने सर सैयद की प्रशंसा की, लेकिन उनकी जीवनी लिखने से इनकार कर दिया। सर सैयद के देहान्त पर भी शिबली ने उर्दू भाषा से सम्बन्धित उनके योगदान और सेवाओं की सराहना की और उससे ज़्यादा कुछ न लिखा।

शिबली का सम्बन्ध देवबन्द के विद्वानों की उस जमाअत से था जो स्वाधीनता संग्राम और राजनैतिक संघर्ष के पक्षधर थे। इसके विपरीत सर सैयद की क्रान्ति राजनैतिक हितों के अधीन थी और ग़ुलाम रहने और ग़ुलामी शिष्टाचार सिखाने का प्रचार करती थी। सर सैयद के राजनैतिक जीवन पर शिबली का यह क़त्आ बड़ा ही उपयुक्त है :

कोई पूछे तो मैं कह दूँगा हज़ारों में ये बात
रविश-ए सैयद-ए मरहूम ख़ुशामद तो न थी
हाँ मगर ये है कि तहरीक-ए सियासी के ख़िलाफ़
इनकी जो बात थी आवुर्द थी आमद तो न थी

शिबली सर सैयद से आयु में 40 वर्ष और हाली से 20 वर्ष छोटे थे और वो इस हिसाब से इन दोनों से बहुत आगे देख रहे थे। उन्होंने प्राचीन शिक्षा से भी सीखा और उसके नये स्वरूप से भी लाभान्वित हुए जो नयी राजनैतिक शक्तियों के टकराव से उत्पन्न हुई थी। 1880 में शिबली ने जब होश सँभाला तो भारत

में सामाजिक और राजनैतिक परिस्थितियाँ एक नया मोड़ ले चुकी थीं। किसानों की स्थिति रोज़-ब-रोज़ गिर रही थी, और देसी कारोबार और हस्तशिल्प, विदेशी उत्पाद के सामने टिक नहीं रहा था और बर्बाद होकर रह गया था जिसके कारण कृषि पर बोझ बढ़ने लगा और देश में अकाल की स्थिति आ गयी। 1877 में जब दिल्ली में महारानी विक्टोरिया का दरबार लगाया जा रहा था भारत एक भयानक अकाल की चपेट में था[1] और अंग्रेज़ी सरकार के 'देशवासियों के प्रति प्रेम और सही का साथ' वाले नारे की पोल खुल रही थी।

इधर नयी विचारधारा शिक्षा के ख़ज़ाने से अपने लिए नये मार्ग तलाशने में जुटी हुई थी। फ्रांस की क्रान्ति और साथ ही अमरीका का स्वतन्त्रता संग्राम और इटली और आयरलैंड के लोगों का राष्ट्रीय संघर्ष और उसके परिणामों से भारत का पढ़ा-लिखा वर्ग परिचित हो चुका था। लोग अब राजनैतिक स्वतन्त्रता और उसका महत्त्व समझने लगे थे। थामस पेन, स्पेंसर, बर्क, मिल, वाल्टेयर, मेज़ेनी और ग़ैरी बाल्डी की किताबें आमतौर पर पढ़ी जाने लगी थीं और स्वतन्त्र होने की लालसा दिलों में करवटें लेने लगी थी। एल्बर्ट बिल से सम्बन्धित घटना ने आग पर तेल का काम किया। एल्बर्ट बिल भारत के स्वतन्त्रता संग्राम के इतिहास में एक मील के पत्थर समान है। इसका इरादा भारतीयों और यूरोपियों को क़ानून की नज़र में एक करना था पर यूरोप वालों ने इसका विरोध किया और बिल पास न हो सका। इस घटना ने बेख़बर भारतीयों को चौंका दिया और उन्होंने पहली बार आम राय को लोकतान्त्रिक तरीक़े पर व्यवस्थित करके अपने अधिकारों को माँगना आरम्भ किया। ताक़त और राष्ट्रीयता की भावना के साथ निर्माण और प्रगति की उमंग पैदा हुई।[2]

---

1. इस अकाल से सम्बन्धित एक उर्दू शायर की दुख में डूबी ये पंक्तियाँ देखें :

गुलिस्तान-ए जहाँ में क्या ख़िज़ाँ ने गुल खिलाया है
कि हर बर्ग-ए शजर को ज़ाफ़रानी कर दिखाया है
किसानों की ये हालत है कि दिन भर धूप में जलना
और इस पर नहर की ख़ुश्की ने दिल उनका सुखाया है
कोई कूएँ चलाता है कोई बूका लगाता है
कि ख़ुश्की ने उन्हें पानी से पतला तर बनाया है
ख़ुदा कुछ रहम फ़रमाए तो हो इस काल से जाँ-बर
वगरना काल अब दुनिया का बेढब सर पे आया है

(सर जार्ज पेशशोर, दीवान-ए दोम, पृ. 192)

2. लाहौर के 'अख़बार-ए आम' में नीचे दी गयी नज़्म 10 मार्च, 1883 को छपी थी।

ऐ साकिनान-ए ख़ित्ता-ए हिन्दोस्ताँ बढ़ो
आगे निकल गये हैं बहुत कारवाँ बढ़ो

जो दो साल के अन्दर-अन्दर कांग्रेस के विन्यास की शक्ल में सामने आयी। कांग्रेस अपने आरम्भिक दौर में एक वाद-विवाद करने वाली सामाजिक संस्था से ज़्यादा नहीं समझी जाती थी। इसका काम था प्रशासनिक मामलों में सुधार और कौंसिलों में चुनावी प्रणाली का गठन कराना। पर ये बीसवीं शताब्दी के आरम्भ तक उच्च मध्यम स्तर की राजनैतिक सभा बन गयी और राजनैतिक अधिकारों के लिए संवैधानिक संघर्ष करने लगी। उस समय के बड़े लीडर दादा भाई नौरोज़ी, गोखले, रानाडे, बदरुद्दीन तय्यबजी, सुरेन्द्रनाथ बैनर्जी और फ़ीरोज़शाह मेहता थे।

शिबली चूँकि बौद्धिक दृष्टि से दारूल उलूम देववंद से जुड़े थे, स्वतन्त्रता संग्राम में भी वो शामिल थे और कांग्रेस के साथ थे। उस समय मुसलमान विशेषकर सर सैयद के राजनैतिक प्रभाव से दूर थे। लोगों की मानें तो 'शिक्षा की ठण्डी लाश' को सीने से लगाये हुए थे। इन परिस्थितियों में शिबली का ये कारनामा कोई साधारण नहीं था कि उन्होंने मुसलमानों को भारतीय राजनीति में हिस्सा लेने को कहा। पश्चिम की देन से लाभ उठाते हुए पश्चिमी शोषण को बेनक़ाब किया और उन्हें स्वतन्त्रता प्राप्त करने के लिए भारत के दूसरे लोगों के साथ मिलकर क़दम बढ़ाने का आह्वान किया।

शिबली के साहित्यिक योगदान में उनकी शायरी को दूसरे स्थान पर रखा जाना चाहिए। वो एक उच्च स्तर के इतिहासकार, आलोचक और सीरत (चरित्र लेखन) लेखक थे। सीरत लेखन से उनका एक उद्देश्य यह भी था कि गुज़रे कल की महान हस्तियों को आदर्श पात्रों के रूप में प्रस्तुत किया जाये और भविष्य को सँवारने में उनकी सहायता ली जाये। साहित्य के इतिहास से उन्होंने अपने लिए फ़िरदौसी को चुना और उसकी शायरी में वीरता, सत्य पुरुषत्व और विद्रोह के पहलुओं को उभार कर अतीत की किरण से वर्तमान का अंधेरा दूर करने का प्रयास किया।

हाली के यहाँ स्वतन्त्रता की जिस भावना की दबे-दबे और हल्के स्वरों में अभिव्यक्ति होती है, शिबली के यहाँ वो जज़्बा उत्साह का लावा बन कर सामने आता है। उनकी राजनैतिक विचारधारा प्रत्यक्ष रूप से सामने थी। वो जानते थे

ता नाम एशिया का जहाँ में बुलन्द हो
काँधे पे रख के क़ौम का ऊँचा निशाँ बढ़ो
बैठे हो पाँव तोड़ के क्यों कुंज-ए ग़म में तुम
देखो ज़रा नशेब-ओ फ़राज़-ए जहाँ बढ़ो
हमलोग तुम में हैं कि जरस-ए कारवाँ में हैं
चिल्ला रहा है तूती-ए हिन्दोस्ताँ बढ़ो

(नवा-ए आज़ादी के हवाले से, पृ. 135)

कि मुसलमानों का कल्याण केवल अंग्रेज़ी शिक्षा के द्वारा नहीं हो सकता। सर सैयद मुसलमानों को नयी संस्कृति से अवगत कराना चाहते थे, पर शिबली के देखते-देखते जो नयी पीढ़ी उभर कर सामने आ रही थी वो सरकारी मशीन के कलपुर्ज़ों से ज़्यादा महत्त्व नहीं रखती थी, और अंग्रेज़ी सरकार में कर्मचारियों की बढ़ौतरी करने के सिवा और कोई काम करती नहीं दिखाई पड़ती थी। शिबली एक ओर सर सैयद के आन्दोलन के पश्चिम से लगाव को पसन्द नहीं करते थे और दूसरी ओर धर्म शास्त्रियों की संकीर्ण विचारधारा को भी अच्छा नहीं समझते थे। वो मुसलमानों को पूर्णतः एक जुझारू और उदारवादी क़ौम बनाना चाहते थे, ताकि आगे चलकर वो भारत के राष्ट्रीय नेतृत्व में अपना स्थान बना सकें।

शिबली की राजनैतिक नज़्मों को पढ़ने से यह बात साफ़ हो जाती है कि वह अपने दौर के संग्रामों और हंगामों को सीमित व धार्मिक दृष्टिकोण ने नहीं बल्कि देशहित और राष्ट्रहित के नज़रिये के एक बड़े साँचे का अंश बना कर देखते थे। शिबली ने उर्दू शायरी को भारत की नयी उभरती समस्याओं के साथ जोड़ा और उन्होंने इसमें भारत के स्वतन्त्रता संग्राम की धड़कनों को समा दिया। उनकी राजनैतिक नज़्मों ने स्वयं को दबा कुचला और प्रताड़ित समझने की भावना को समाप्त करने की दिशा में प्रशंसनीय योगदान दिया। उन्होंने साम्राज्यवाद के विरुद्ध उत्साहपूर्ण नज़्में लिखीं और अंग्रेज़ों की लूट-खसोट पर चोट की। धर्म गुरुओं को राष्ट्रीय कार्यों में भाग लेने और मुसलमानों को स्वतन्त्रता की राह पर चलने का आह्वान किया।

बीसवीं शताब्दी के आरम्भ में हमारे स्वतन्त्रता संग्राम में एक नया उबाल पैदा हुआ। क़िस्सा कुछ यूँ है कि शताब्दी के आरम्भ में समस्त एशिया के लिए एक नया पैग़ाम था। तुर्की में क्रान्ति ने जन्म लिया, ईरान में हालात बदले, चीन में जागरण पैदा हुआ और जापान ने रूस को पराजित कर यूरोप के वर्चस्व को ख़त्म कर दिया। इन बदलावों से भारत में भी गहरा प्रभाव देखने में आया। यहाँ की आन्तरिक दशा दिन-प्रति-दिन बद-से-बदतर होती चली जा रही थी। आंशिक रूप से किये जा रहे सुधारों की असफलता और अंग्रेज़ों के दंडात्मक उपायों से कांग्रेस में चरमपन्थी वर्ग उभर आया था। तिलक, बिपिन चन्द्रपाल, आरोबिन्दो घोष, लाजपत राय इत्यादि संवैधानिक लड़ाई को छोड़कर व्यावहारिक रूप से संग्राम करने की दिशा में कार्य प्रणाली और माहौल बनाने में लग गये। इस दौर में भारत में फिर अकाल पड़ा और प्लेग जैसी महामारी ने लाखों जाने ले लीं। लार्ड कर्ज़न जो एक तरह के उदारवादी उत्पीड़न की सरकार बनाना चाहता था उसने अपने द्वारा की जाने वाली ग़लत कार्यवाहियों से आम आदमी को परेशान कर दिया।

कलकत्ता कॉरपोरेशन के अधिकार कम कर दिये और बंगाल प्रदेश को दो टुकड़ों में बाँट दिया। इससे चूँकि देश के राजनैतिक आन्दोलनों पर सीधा प्रभाव पड़ता था, कलकत्ता के शिक्षित बंगालियों ने जो उस समय भारत के राजनैतिक आन्दोलनों में आगे-आगे थे, बड़ी कड़ाई से इसका विरोध किया, परिणामस्वरूप पूरे देश में सामूहिक रूप से राजनैतिक जागरण की एक नयी लहर पैदा हो गयी।

अल-हिलाल, हमदर्द, हमदम, मदीना और मुस्लिम गज़ट के जारी होने का यही ज़माना था। हिन्दुस्तानियों में पैदा हो चुकी स्थिरता और गतिरोध को दूर करने की शुरुआत 'अवध पंच' ने की। 'अल-हिलाल' ने इसको नये अर्थ दिये। 'अल-हिलाल' मौलाना अबुल कलाम आज़ाद निकालते थे, वो ही इसके सम्पादक थे। आले अहमद सुरूर ने सही लिखा कि अबुल कलाम आज़ाद ने धार्मिक भावना को राजनैतिक चेतना दी और फिर उसको साहित्यिक रंग दे दिया। मौलाना मोहम्मद अली हमदर्द में गद्य के साथ-साथ कविता से भी काम लेते थे। मुस्लिम गज़ट के सम्पादक वहीदुद्दीन सलीम थे। यह समाचार-पत्र शिबली के प्रयासों से निकला था। शिबली का प्रसिद्ध लेख 'मुसलमानों की पोलीटिकल करवट' इसी समाचार-पत्र में छपा था। लेकिन उनकी नज़्में अधिकतर अल-हिलाल में छपा करती थीं। इसी समाचार-पत्र में उन्होंने मुस्लिम लीग पर कटाक्ष करना शुरू किये।

मुस्लिम लीग की स्थापना 1906 में हुई। शिबली ने अपनी दूरदर्शिता से जान लिया कि मुस्लिम लीग भारत की स्वतन्त्रता में सहायक व साथी बनने के बजाय इसके रास्ते में रुकावट खड़ी करना चाह रही है और किसी भी त्याग या बलिदान के लिए तैयार नहीं है। इसलिए उन्होंने सख़्ती के साथ लीग का विरोध किया और उसके ख़िलाफ़ कई नज़्में लिखीं, जिनमें उनके सीमित उद्देश्यों और अव्यावहारिक रवैये पर व्यंग्य किया और आपत्ति जताई। इस बात से शिबली की उदारवादिता, दूरदर्शिता और मानसिक जागरूकता का अनुमान लगाया जा सकता है। उनके दिल में अपने देश को स्वतन्त्र देखने की तड़प थी और वो किसी ऐसे समझौते के लिए तैयार नहीं थे जो हिन्दुस्तानियों की ग़ुलामी और लापरवाही को क़ायम रखने में मदद दे।

शिबली अपने जीवन के अन्तिम वर्षों में थे कि 1912 में बलक़ान युद्ध छिड़ गया। चूँकि अंग्रेज़ इसमें तुर्की को अपनी राजनैतिक बिसात का मोहरा बनाना चाहते थे, भारत के मुसलमानों में बड़ी बेचैनी फैल गयी। अंग्रेज़ों के इन षड्यन्त्रों के विरोध में भारत के लोग ज्वालामुखी पहाड़ की तरह आग उगलने लगे। जोशीले लेख लिखे जाने लगे, सभाएँ की गईं और नज़्में लिखी गयीं। शिबली ने अपनी मशहूर नज़्म 'शहर आशोब इस्लाम' इसी ज़माने में लिखी। इसमें क़ौम के राष्ट्रीय भावनाओं को जाग्रत किया है। सैयद सुलेमान नदवी ने इसके बारे

में लिखा है कि ''यह नज़्म शिबली ने लखनऊ की एक आमसभा में पढ़ी थी जो तुर्की के लिए चन्दा जमा करने के लिए की गयी थी। स्वयं भी रोये और दूसरो को भी रुलाया। ऐसा लग रहा था जैसे ये भी लखनऊ की कोई मातमी मजलिस (शोक सभा) है।'

इधर बलक़ान का युद्ध जारी था कि कानपुर की मस्जिद की दर्दनाक घटना सामने आयी। कानपुर में एक मस्जिद से लगती हुई एक सड़क निकाली गयी और मस्जिद का वुज़ूख़ाना जो सड़क के बीच में आ रहा था उसे मुसलमानों के विरोध के बावजूद तोड़ दिया गया। मुसलमानों ने गिरी हुई दीवार को दोबारा खड़ा करने का फ़ैसला किया और दीवार पर ईंटें चुनने लगे कि सरकार ने गोली चलाने का हुक्म जारी किया जिसके चलते कई मुसलमान शहीद हुए। लोगों की भावनाएँ भड़क उठीं। पूरे देश में चारों ओर बेचैनी की लहर दौड़ गयी। कहने को तो केवल यह एक मस्जिद की घटना थी, पर इसकी तह में स्वतन्त्रता और देशप्रेम की भावना काम कर रही थी। अबुल कलाम आज़ाद, सैयद सुलेमान नदवी, मोहम्मद अली और राष्ट्र की दूसरी महान हस्तियों ने अंग्रेज़ी सरकार द्वारा किये गये इस विनाश के विरोध में सख़्त क़दम उठाए और लेख लिखे। शिबली की नज़्में 'हम कुश्तगान-ए मारका-ए कानपुर हैं' 'उल्मा-ए-ज़िन्दानी', 'आप ज़ालिम नहीं ज़नहार पे हम हैं मज़लूम', 'ख़ून के चन्द क़तरे' और 'गंजहाए गिराँ माया' इसी घटना से प्रेरित होकर लिखी गयीं।

इन नज़्मों के द्वारा उन्होंने अंग्रेज़ दुश्मनी की भावना को तेज़ किया और संयुक्त राष्ट्रवाद के साथ विस्तृत देशप्रेम की चेतना के भाव को समाज के समक्ष रखा।

शिबली ने एक सच्चे हिन्दुस्तानी की तरह बोलने की स्वतन्त्रता के लिए संघर्ष किया। सैयद सुलेमान नदवी का कथन है कि ''धर्मगुरुओं में वो पहले शख़्स थे जिन्होंने राजनैतिक मुद्दों में रूचि दिखाई और कांग्रेस के सहयोग में आवाज़ उठाई।'' वह हिन्दू मुस्लिम एकता के पक्षधर थे। उन्होंने दोनों के राजनैतिक समझौतों पर लेख लिखे और साम्राजी शक्तियों की दमनकारी मानसिकता पर चोटें की और उस वैचारिक क्रान्ति की बागडोर सँभाली जो सदियों से दबे कुचले और पिछड़े भारतीयों को स्वतन्त्रता और जनतन्त्र के गन्तव्य की ओर ले जा रही थी। इन नज़्मों में पूरी तरह शायराना दर्दमन्दी से भारतीयों को उनकी ग़ुलामी, बेसुधी, बेबसी और बदहाली की याद दिलाई और स्वतन्त्रता संघर्ष से गुज़रने के लिए वातावरण तैयार किया।

शिबली प्रगतिशील विचारधारा से जुड़े लोगों के साथ थे। उनके बारे में आले अहमद सुरूर ने कहा कि नयी पीढ़ी पर उनका प्रभाव सर सैयद से अधिक हुआ। हाली ने उर्दू साहित्य की सीमाओं को विस्तृत किया। शिबली द्वारा दी गयी

सेवाओं का एक पक्ष यह भी है कि उन्होंने मुसलमानों की मानसिक प्रवृत्ति को नये आयाम और विस्तार प्रदान किये। उनका परिचय अपने देश की राजनैतिक समस्याओं से कराया और भारत से बाहर के दूसरे इस्लामी देशों के दुख-दर्द को समझने का ज्ञान दिया। आले अहमद सुरूर ने सही लिखा है कि शिबली ने मुसलमानों में अपने अधिकारों को माँगने और ख़ुशामद करने वाली राजनीति से ऊपर उठकर सोचने की बात कही। सैयद सुलेमान नदवी, अबुल कलाम आज़ाद, अब्दुस्सलाम, ज़फ़र अली ख़ाँ, मोहम्मद अली और इक़बाल पर सर सैयद से ज़्यादा शिबली का प्रभाव था। सर सैयद, हाली, अकबर और इक़बाल में से हर एक की विचारधारा अपने-अपने अ़न्तर्विरोध के साथ थी। हाली जैसे देशभक्त का देशप्रेम भी हमें थोड़ी देर तो अपने साथ रखती है पर ज़्यादा दूर नहीं ले जाती। इसके विपरीत शिबली के दिखाये हुए मार्ग का विरोध करना न उस समय सम्भव था और न आज है। यही उनकी उदारवादिता, विचारशक्ति, देशभक्ति, दूरदर्शिता और ज्ञान का सुबूत है।

शिबली ने अलीगढ़ आन्दोलन का जो विरोध किया वो नकारात्मक नहीं बल्कि सकारात्मक था। सर सैयद के उत्तराधिकारी मुसलमानों को अंग्रेज़ों से मिल कर चलने के लिए उकसाते थे। शिबली ने इसे रोका पर इसके साथ ही मुसलमानों के अतीत से भविष्य को जोड़ कर और उसकी सहायता लेकर इनके वर्तमान को सुधारने और सँवारने का प्रयत्न किया और इनकी कार्य कुशलता को उभार कर उन्हें व्यापक स्तर पर आन्दोलन का हिस्सा बनाया। इसके विपरीत अकबर इलाहाबादी का दृष्टिकोण किसी हद तक नकारात्मक था। वो न सर सैयद के साथ थे और न कांग्रेस के अनुयायी। उनकी गिनती मौलवी क़िस्म के लोगों में भी नहीं होती थी। पर सैयद एहतेशाम हुसैन की मानें तो वो उनको उदारवादी भी नहीं मानते थे।

नयी शिक्षा और पश्चिमी सभ्यता के प्रभाव का अनुभव सर सैयद आन्दोलन का प्रगतिशील पक्ष था। अकबर ने सबसे अधिक विरोध इसी का किया और उनकी रूढ़िवादी सोच का यही सबसे बड़ा सुबूत है। शिबली और सर सैयद के बीच राजनैतिक मतभेद था, पर अकबर और सर सैयद के निजी मतभेद थे। राजनैतिक समझ के हिसाब से अकबर की शायरी नकारात्मक दृष्टिकोण रखती है। इसमें कोई शक नहीं कि रशीद अहमद सिद्दीक़ी का कथन कि उन्नीसवीं शताब्दी के अन्त से बीसवीं शताब्दी के आरम्भ में जो हममें 'फ़ायदे और नुक़सान के साथ-साथ हमारी लालसा' का पूरी तरह से अकबर ने चित्रण किया। लेकिन असल चीज़ चित्रण नहीं बल्कि वो दृष्टिकोण है जिसको लेकर चित्र को उजागर किया गया। यही उनका प्रभाव था जो दूसरों पर पड़ा। इस हिसाब से अकबर

की शायरी एक ट्रेजडी है। यूँ देखा जाये तो वो पश्चिमी संस्कृति और सभ्यता के प्रभाव को अच्छी नज़र से नहीं देखते थे पर फिर भी सर सैयद की तरह अंग्रेज़ी सरकार के विरोध में आवाज़ उठाना क़ौम के लिए हानिकारक समझते थे। उनकी अफ़सरों से घनिष्ठता और राजनीति से दूरी सर सैयद से आगे निकल चुकी थी। ये सही है कि वो सरकारी कर्मचारी थे, उन्होंने ख़ुद भी एक स्थान पर अपने को सरकार में होने और गाँधी की गोपियों में सम्मिलित न हो सकने को स्वीकारा, पर यदि वो सरकार से वज़ीफा न भी लेते होते, तब भी नयी ऐतिहासिक शक्तियों की तरफ़ उनका व्यवहार और दृष्टिकोण बदलने वाला नहीं था। उन्हें बीते कल से लगाव था। हर परिवर्तन को 'भावनाओं के चश्में' से देखते थे और हर नयी चीज़ की छाया पड़ने से डरते थे। वो पुराने नैतिक मूल्यों को एक रुकावट बनाकर नयी ऐतिहासिक शक्तियों का रास्ता रोकना चाहते थे। सैयद ऐहतेशाम हुसैन के अनुसार "वर्तमान को समझने के लिए उनके पास कोई उचित ज्ञान नहीं था।" उनकी शायरी शब्दों से ख़ूब खेलती है, वो विचार और चिन्तन से जहाँ भी काम लेते हैं उनका मानसिक अन्तर्विरोध उभरकर सामने आ जाता था। एक ओर वो पश्चिमी प्रभाव का विरोध करते दिखते हैं, अंग्रेज़ी सरकार की बुराइयों का वर्णन करते हैं पर दूसरी ओर स्वतन्त्रता के संघर्ष को बेकार कहते नज़र आते हैं।

अकबर की जो मानो बैठ रहो कुछ भी हो लेकिन सब्र करो

अकबर की हास्य शायरी के आरम्भ का दौर लगभग वही था जो कांग्रेस की स्थापना का था। उस समय से लेकर प्रथम युद्ध तक उनकी आँखों ने क्या-क्या न देखा और इस दौरान राष्ट्रीय संघर्ष ने कैसे-कैसे पहाड़ न काटे, पर उन्होंने अपने देशवासियों के इन प्रयत्नों से तनिक भी प्रेरणा न ली और सदैव उन्हें हेय दृष्टि से देखते रहे। उनके इस शेर पर आलोचकों ने बहुत कम ध्यान दिया है :

हर्गिज़ न मुस्तक़िल समझ इस इंक़लाब को
रख राह-ए रास्त भौंकने दे इन कलाब को

अकबर भारत की ग़ुलामी का औचित्य नैतिक पतन में तलाश करते थे और करना भी चाहिए। लेकिन इस बात की उन्होंने उपेक्षा की कि राजनैतिक और सामूहिक स्वतन्त्रता के बिन-नैतिक और आध्यात्मिक मूल्यों को बढ़ावा देना भी सम्भव नहीं। वो हिन्दुओं और हिन्दी मुसलमानों को दो अलग क़ौमें समझते थे और धर्म और राजनीति की आपसी अलग प्रकृति को समझने से इनकार करते थे। सीमित राष्ट्रीयता की सोच को उन्होंने सर सैयद से लिया था। कह सकते हैं उन्हें सर सैयद से विरासत में मिली थी। उनका यह विचार 'गाँधी नामा' के शेरों में पूरी तरह झकलता है। चूँकि इस बात का सम्बन्ध विश्वयुद्ध के बाद के काल से है इसलिए इसका वृत्तान्त आगे होगा।

उर्दू शायरी में देशप्रेम की खुले दिल से अनुभूति दुर्गासहाय सुरूर, इक़बाल और चकबस्त के कलाम से पैदा होती है। दुर्गासहाय सुरूर को शबाब नहीं बल्कि शराब मौत की तरफ़ ले गयी और उनकी चेतना को परिपक्व होने का समय और अवसर दोनों ही न मिले। उनकी शायरी भावना प्रधान है, विचार के तत्त्व में कमी है। उसमें देश तो है पर क़ौम नहीं। क़ौमी शायरी हमें इक़बाल के यहाँ पूरी तरह से नज़र आती है। हाली धार्मिक शायर थे। चकबस्त का रंग इन तीनों से भिन्न है। उनकी शायरी सीधे राजनैतिक और राष्ट्रीय संघर्ष से प्रेरित है, पर ज़फ़र अली ख़ाँ के कलाम की तरह पूर्णतः राजनैतिक हंगामा नहीं। ये राजनैतिक-साहित्यिक भी नहीं। राजनैतिक साहित्यिक शायरी की मिसाल मोहम्मद अली जौहर के कलाम में मिलती है। चकबस्त की शायरी को साहित्यिक-राजनैतिक का नाम देना ठीक न होगा।

राजनैतिक स्तर पर दुर्गा सहाय सुरूर भी सुधारवाद के अनुयायी थे। हाली और अकबर की तरह उन्होंने भी अंग्रेज़ों की प्रशंसा की है। एडवर्ड 7 की मृत्यु पर इनका कहा हुआ नोहा (शोक कविता) उनके प्रकाशित संग्रह में शामिल किया गया है। पर उनकी राष्ट्र के लिए की गयी शायरी की शान दूसरी है। उनकी शायरी प्राचीन और नवीन की क़ैद से मुक्त है। यहाँ हमें सादगी, विचारों में भोलापन और मोहब्बत में आस्था का पुट मिलता है। राजनैतिक संघर्ष, सामयिक और अस्थायी मुद्दों पर इसका प्रत्यक्ष प्रभाव नहीं दिखता। सुरूर ने न राजनैतिक हंगामों और झगड़ों को साहित्य रंग दिया, न ही राजनैतिक मूल्यों को अपनाया। उनका देशप्रेम बेमेल, आडम्बर रहित और स्वार्थहीन था। ये सामूहिक भावनाओं की सराहना करते थे लेकिन राजनैतिक उतार-चढ़ाव से ऊपर उठकर सोचते थे। दुर्गा सहाय सुरूर के यहाँ देशप्रेम की भावना समुद्र की एक लहर के रूप में सामने आती है। कल-कल बहती, गतिशील, ध्वनि और तरंगों में मस्त होकर नृत्य करती। भावना की सच्चाई और सरलता ने इसमें मिठास और घुलावट पैदा कर दी है। उर्दू शायरी में सबसे पहले सुरूर ने देश की कल्पना माँ के रूप में की है और इसे माँ जैसे रसीले और मीठे शब्दों में याद किया। ये आज तक किसी और ने नहीं किया। ये बात उनकी नज़्मों 'हुब्बे-वतन', 'उरुस-ए हुब्बे वतन', 'फूलों का कुंज' और 'मादर-ए हिन्द' को पढ़ने से समझ में आती है।

(विस्तृत जानकारी के लिए देखें परिशिष्ट)

चकबस्त की शायरी हमारे स्वतन्त्रता संग्राम की उदारवादी और सुधारवादी पद्धति की बेहतरीन शायरी है। उर्दू शायरी को स्वतन्त्रता संग्राम के वास्तविक रूप और रंग और उसके असली स्वभाव से परिचित कराने की दिशा में शिबली के बाद चकबस्त को दूसरे स्थान पर माना जाता है। वो न ही चरमपन्थियों के

साथ थे और न ही उदारवादियों के। वो तिलक का आदर उतना ही करते थे जितना गोखले और गाँधी का। लेकिन उनके सूक्ष्मदर्शी स्वभाव ने आज़ादी के संघर्ष को लेकर भारतीय उदारवादिता, मृदुभाषी स्वभाव और संयम को समझ लिया था। उन्होंने अपनी शायरी में इन्हीं मान्यताओं को प्रस्तुत किया। उनका यह मानना कुछ ऐसा ग़लत भी नहीं था क्योंकि यही वो मार्ग है जिस पर चलकर भारत आज़ादी की मंज़िल तक पहुँचा। चकबस्त के निकट एक गुलाम राष्ट्र के लिए देशप्रेम का मूल्य सर्वोपरि है और उनकी शायरी का क़िला इसी बुनियाद पर टिका हुआ है। चकबस्त की शायरी के बड़े भाग का सम्बन्ध चूँकि प्रथम विश्वयुद्ध के समय से है इसका उल्लेख आगे आयेगा।

इक़बाल की शायरी में सर सैयद, हाली और शिबली की परम्पराओं का मिश्रण है पर इसका स्तर ऊँचा, महान, अद्वितीय और उच्चस्तरीय है। उनकी शायरी का फैलाव लगभग आधी शताब्दी में है। शायरी का आरम्भिक भाग देशप्रेम की भावना में लिप्त है जो साफ़ दिखता है।

इक़बाल की शायरी सही अर्थों में नये दौर की शायरी है। उन्होंने उर्दू शायरी को नयी अनुभूति प्रदान की। साथ ही नया अन्दाज़ नयी सोच की ऊँचाइयाँ और नया चेतन दिया। इक़बाल के नज़दीक शायरी कोई 'शीरीं दीवानगी' (मधुर दीवानापन) नहीं एक अहम सामाजिक कर्तव्य है। महान शायरी से महान सन्देश की आशा करना ग़लत है लेकिन महान शायरी मनुष्य के जीवन में महानता और गरिमा की भावना को जाग्रत करती है और उन शक्तियों से समझौता नहीं करती जो उसे अपमान और भटकाव की खाईयों में ला फेंकती हैं। इक़बाल की महानता का रहस्य यही है कि उन्होंने पूरी काव्यात्मक शैली के साथ हमें समझाया कि इन्सान की महानता इसी में है जो प्रकृति का अंश होते हुए भी उसे बदल सकने की क्षमता रखता हो।

इक़बाल की शायरी का आरम्भ देशप्रेम और साम्राज्य विरोधी भाव से हुआ था। आगे चलकर किन्हीं कारणों से उनके देशप्रेम का हिन्दुस्तानी रंग न बचा लेकिन फिर भी साम्राज्यवादी शक्तियों से उनको विरोध अन्तिम समय तक रहा जिसकी गवाही के लिए 'ज़र्ब-ए कलीम' और 'अरमुग़ान-ए हिजाज़' को प्रस्तुत किया जा सकता है।

आमतौर पर कहा जाता है कि यूरोप के सफ़र के बाद भारत के लिए इक़बाल की प्रेम भावना कुछ ठण्डी पड़ गयी थी। तराना-ए-हिन्दी की जगह तराना-ए-मिल्ली ने ले ली।

वो सामूहिक राष्ट्रीयता एवं साझा संस्कृति की विचारधारा से दूर हट गये। एक आलोचक ने तो यहाँ तक कहा कि वो अब साम्प्रदायिक और कट्टर धार्मिक

विचारक बन चुके हैं। इस तरह की आपत्तियाँ और कटाक्ष इक़बाल की शायरी को लेकर कई बार किये गये और सम्भवतः किये जाते रहेंगे। परन्तु वास्तविकता यह है कि अपने यूरोप दौरे के दौरान उनकी राष्ट्र प्रेम की विचारधारा में जो परिवर्तन पैदा हुआ वह एक चेतना के विकास के कारण हुआ। इसके बाद उनके चिन्तन की उड़ान देश और राष्ट्र तक सीमित न रही, उनके सामने अब किसी एक देश की समस्या नहीं थी बल्कि उनकी दृष्टि अब मानव ब्रह्माण्ड और संसार के मालिक ख़ुदा के परस्पर सम्बन्धों के शाश्वत प्रश्न पर केन्द्रित हो गयी थी। और इसे उन्होंने अपने अनुसार हल करने का प्रयत्न भी किया। ये अलग बात है कि इक़बाल ने जो निष्कर्ष निकाला वो भारत की आत्मा और स्वभाव के विपरीत और अलग था। बहरहाल इसमें कोई सन्देह नहीं कि वो मुस्लिम समुदाय को जाग्रत करने वाले एक महानतम संरक्षक और प्रवक्ता कहे जायेंगे।

इक़बाल की राष्ट्रीय शायरी की शृंखला हिमालय से शुरू होती है और 'बांग-ए दरा' की कई नज़्मों में निरन्तर आगे बढ़ती दिखती है। उस समय की शायरी में इक़बाल की दृष्टि भारत के कण-कण को सूरज की ऊँचाइयों पर रखती है। यहाँ के पर्वत, रेगिस्तान, नदियाँ, झरने, दृश्य सबके सब देशप्रेम की छाया में जगमगाते दिखाई देते हैं। 'तराना-ए हिन्दी' में वो हिन्दुस्तान जन्नत निशान को सारे जहाँ से अच्छा कहते हैं। और यहाँ की सभ्यता और संस्कृति और इनकी निरन्तरता और विविधता पर गर्व करते हैं। वो नानक और चिश्ती के वतन को अपना वतन बताते हैं। राम, नानक और रामतीरथ की महानता के तराने गाते हैं। इनसे अपनी आस्था व्यक्त करते हैं। हिन्दुस्तानी बच्चों का राष्ट्रीय गीत लिखते हैं। भारत की मिट्टी को अपनी आशाओं का केन्द्र बताते हैं, और राष्ट्रीय एकता पर 'नया शिवाला' जैसी अभूतपूर्व नज़्म कहते हैं। एकता के विषय पर उर्दू में आज तक जितनी नज़्मे लिखी गयी हैं, उनमें से कोई भी 'नया शिवाला' से आगे नहीं बढ़ सकी। ग़ुलामी के अन्धकार को दूर करने और साम्राज्य की बेड़ियों को तोड़ने के लिए इक़बाल ने एकता और आपसी समझौते पर ज़ोर दिया। आपस में लड़ाई झगड़े करने और अपनों से बैर रखने की कड़ी आलोचना की। उन्होंने मन्दिर-ओ मस्ज़िद की बुनियादों पर एक नया शिवाला बना कर दूरियों को मिटाने और बिछड़ों को मिलाने का सन्देश दिया, और बताया कि आपसी प्रेम, लिहाज़, भाईचारा और मैत्री के बिना प्रगति असम्भव है। भारत देश की विविधता में एकता का ये विचार और देश की मिट्टी के हर कण को देवता समझने का मत हाली, शिबली और मख़ज़न के आन्दोलन से आगे की तरफ़ देख रहा था और उर्दू शायरी में नये आयाम और विस्तार लेकर आया था। लेकिन जैसे-जैसे इक़बाल की सोच सार्वभौमिक सामंजस्य से निकट होती गयी वो इस ओर अधिक ध्यान न

दे सके। यद्यपि साम्राज्यवादी शक्तियों का हनन और भारतीयों की बेसुधी उन्हें हमेशा तड़पाती रही। 'तस्वीर-ए दर्द' में उन्होंने हिन्दुस्तान की दशा पर ख़ून के आँसू बहाये और बड़ी दर्द मन्दी से इस वास्तविकता की अभिव्यक्ति की कि जो क़ौमें लापरवाही और गुलामी के विरुद्ध संघर्ष नहीं करतीं उनका नाम-ओ निशान इस संसार से मिट जाता है। 'शुआ-ए उम्मीद' में भी यहीं भावना नज़र आती है। इसके एक-एक शेर से इक़बाल की पीड़ा की अभिव्यक्ति होती है। यहाँ वो भारत में छाये अँधियारे से दुखी हैं और सपनों की दुनिया में खोए नवयुवकों को जाग्रत करने के लिए सब कुछ कर गुज़रते हैं।

बीसवीं शताब्दी के आरम्भ में हाली, इक़बाल, सुरूर और चकबस्त के कलाम के प्रभाव से उर्दू शायरी का दिल देश और राष्ट्रीय आन्दोलनों की ताल पर ध. ड़कने लगता है। इस्माईल मेरठी, वहीदुद्दीन सलीम, शौक़ क़िदवाई, अज़मतुल्लाह ख़ाँ और बृजमोहन दत्तात्रेय कैफ़ी ने भी इसी शृंखला में कुछ अच्छी नज़्में लिखीं। देशभक्ति और मिल्ली (धार्मिक) नज़्में लिखने का श्रेय नज़ीर अहमद को भी जाता है। उन्होंने भी इस शृंखला में कई अच्छी नज़्में लिखीं, पर शायरी उनकी पहचान नहीं। वो इस मामले में बहुत जल्द सपाट हो जाते हैं और अंग्रेज़ों की प्रशंसा करने लग जाते हैं। वहीदुद्दीन का देशप्रेम से प्रेरित मुख़म्मस 'आर्यों का भारत में आगमन' उनकी राष्ट्र और देशप्रेम की भावना का पता देती है लेकिन हाली जैसी दर्दमन्दी इनमें नहीं दिखती। शौक़ क़िदवाई की राष्ट्र भावना वातावरण और प्राकृतिक दृश्यों के चित्रण से सामने आती है। अज़मतुल्लाह ख़ाँ की नज़्म 'वतन' और बृजमोहन दत्तात्रेय कैफ़ी की 'सुबह वतन' उस दौर की राष्ट्रप्रेम से प्रेरित बेहतरीन नज़्मों में गिनी जायेंगे। हाशमी फ़रीदाबादी की नज़्में 'चल बलक़ान चल', 'मातम-ए त्राबल्स', 'बस अब है आज से आग़ाज़ मेरी कारफ़रमाई' भी साम्राज्यवाद विरोधी और देशप्रेम का पहलू लिए हुए हैं। परन्तु बलक़ान युद्ध का विवरण प्रस्तुत करने में इक़बाल की नज़्म 'हुज़ूर-ए रिसालत मआब में' से आगे इसको नहीं रखा जा सकता।

बीसवीं शताब्दी के आरम्भ में उर्दू शायरी पर राष्ट्रीय और राजनैतिक आन्दोलनों का गहरा प्रभाव पड़ने लगा था और स्वतन्त्रता के संघर्ष के लिए एक मानसिकता को उभारने में उर्दू अपना पात्र भली-भाँति निभा रही थी। ग़ज़ल उस ज़माने में पूर्णतः महबूब की अदाओं का शिकार थी। हाली ने जो इसके विरोध में आवाज़ उठाई उसका प्रभाव एक लम्बे समय तक देखने को नहीं मिला और लोग अमीर और दाग़ के चटपटे शेरों से आनन्दित होते रहे। सफ़ी, साक़िब, शाद, अज़ीज़, आरज़ू और असर की पहले दौर की शायरी और जलील, नूह, साएल, रियाज़ और बेख़ुद की पूरी शायरी जीवन की कठिनाईयों, दुखों और

परेशानियों से अलग कोई सम्बन्ध रखती दिखाई नहीं देती। ये लोग मानसिक रूप से मायानगरी में रहते थे और शायरी की प्रेम और साजावट तक रखते थे। परन्तु जैसे-जैसे लोगों के जीवन में उलझनें पैदा होने लगीं और पश्चिमी शिक्षा, संस्कृति कला के माध्यम का प्रभाव लोगों के दिमाग़ पर पड़ा तो उन्होंने खुलकर सोचना आरम्भ किया। धीरे-धीरे ग़ज़ल का काल्पनिक इन्द्रजाल भी समाप्त होने लगा। अज़ीज़, सफ़ी और साक़िब ने ग़ालिब से प्रेरणा ली और शाद और असर ने मीर की ओर ध्यान दिया। लेकिन यह हाली की कोशिशों का परिणाम था कि ग़ज़ल मस्ती और विलास जैसी सामग्री से मुक्त हो गयी और इसका रूप गम्भीर, शरीफ़ और विनम्र होने लगा।

हाली ऐसे पहले शायर है जिन्होंने ग़ज़ल को सामाजिक और सामूहिक जीवन से जोड़ा और इसे समस्याओं और विचारों के व्यक्त करने का माध्यम बनाया। इनकी ग़ज़लें सामन्तवादी वातावरण, दरबार, दरबारी माहौल और व्यक्तिगत जीवन से अलग नज़र आती हैं। इनमें देश और देशवासियों का दर्द है और अपने देश में छाया उदासी का वातावरण है। हाली की इस परम्परा का प्रभाव इनसे आगे आने वाली पीढ़ियों के शायरों में इक़बाल को छोड़कर आरज़ू, सफ़ी और शाद पर हुआ। शाद की राष्ट्र की कल्पना परिस्थितियों के बहाव के साथ-साथ प्रगति की ओर यात्रा करती दिखती है। इसका आरम्भिक रंग वही है जिसका चित्रण मसनवी 'मादर-ए हिन्द' में किया गया। माँ अपने दोनों पुत्रों राम और रहीम को मिलकर रहने को कहती है, और अंग्रेज़ सौदागरों से कहती है कि वो उसके बेटों के साथ भलाई का व्यवहार रखें। लेकिन जैसे-जैसे ज़माने का रंग बदलता है शाद का चेतन भी स्पष्ट होने लगता है। आरज़ू ने देशहित के अन्तर्गत ग़ज़ल में बोलचाल की ठेठ उर्दू के शब्द जोड़कर उर्दू में कुछ नये और सुन्दर आयाम जोड़े और राष्ट्रीय गीत लिखे। सफ़ी ने भी राष्ट्र और देशप्रेम की भावना से जुड़े कुछ अच्छे शेर कहे। प्राकृतिक दृश्यों और वातावरण का चित्रण करने के लिए ग़ज़ल से ज़्यादा उन्होंने नज़्म से काम लिया।

हसरत के आने के बाद उर्दू ग़ज़ल में एक नये युग का आगमन हुआ। शायरी और साहित्य के विषय में वो जितने उदारवादी थे, राजनैतिक तौर पर उतने ही निडर, निर्भीक और चरमपन्थी थे। उनकी राजनैतिक सोच चकबस्त से भिन्न थी। हसरत विद्रोह और क्रान्ति के ध्वजवाहक थे। चकबस्त नज़्म के शायर थे, उन्होंने शायरी से स्पष्ट राष्ट्रप्रेम और राजनैतिक सेवा ली। हसरत स्वभाव से ग़ज़ल के शायर थे इसलिए उन्होंने शायरी को खुले दिल के साथ राजनीति से अलग रखा और जो कुछ कहा, ग़ज़ल के मुहावरों और सांकेतिक भाषा में कहा। अपने व्यक्तित्त्व के प्रभाव से उन्होंने ग़ज़ल को साहस भी प्रदान किया और साथ ही दिलबरी भी। उनका व्यक्तित्त्व मनमोहक और रंगारंग है।

हसरत एक स्वभाविक आशिक़ और सौन्दर्य प्रेमी थे। पाखण्ड से दूर सूफ़ी और एक निडर राजनैतिक कार्यकर्त्ता थे। वैसे देखा जाये तो ये चीज़ें आपस में मेल नहीं खातीं, लेकिन हसरत के व्यक्तित्त्व से सम्बन्धित रशीद अहमद सिद्दीक़ी का कथन कि उनका व्यक्तित्त्व 'मुरक्कब नहीं मुन्फ़रिद' (मिश्रित नहीं अपितु अद्वितीय) है। वो समझौते को नहीं मानते थे और हर कार्य को अलग दृष्टिकोण से देखना और उसका हल तलाशना उनकी कार्यशैली का हिस्सा था। अपने कवि होने को अलग रख उन्होंने स्वतन्त्रता के संघर्ष में जिस क्रान्तिकारी हौसले और हिम्मत से भाग लिया हमें अपने देश के दूसरे शायरों में ऐसी हिम्मत नज़र नहीं आती।

बीसवीं शताब्दी के आरम्भ में जब हसरत ने होश सँभाला, राजनैतिक विद्रोह की हवा चारों तरफ़ फैल चुकी थी। अंग्रेज़ी सरकार के सारे कामकाज राजनैतिक लाभों के अन्तर्गत आ चुके थे और वो भारतीयों को स्वतन्त्रता के बजाये उसकी परछाईं से सन्तुष्ट करने में लगे थे। सरकार के इस रवैये से कांग्रेस की बागडोर उदारवादियों के हाथ से निकलकर चरम पन्थियों के हाथों में आ गयी थी। उदारवादी जिनके नेता गोखले और रानाडे थे, अंग्रेज़ों द्वारा दिये जाने वाले वचनों का उल्लंघन किये जाने के बाद भी उनके जनतन्त्र प्रेम के कारण उनके साथ थे और संवैधानिक संघर्ष के द्वारा अपने अधिकारों को मनवाना चाहते थे। इसके विपरीत चरमपन्थी अंग्रेज़ों के न्याय और न्यायालय प्रेम पर विश्वास नहीं रखते थे। अंग्रेज़ों और भारतीयों में झगड़े का मूल कारण था हितों का टकराव। चरमपन्थी इसी पर ज़ोर देते थे और वो अंग्रेज़ों से किसी भी प्रकार के समझौते के लिए तैयार नहीं थे। 'स्वराज हमारा जन्मसिद्ध अधिकार है' इनका नारा था और वो इसे क्रान्ति या विद्रोह कुछ भी करके प्राप्त करना चाहते थे। चरमपन्थियों के लीडर बाल गंगाधर तिलक थे। वो कांग्रेस की उदारवादिता का विरोध करते थे। उनमें देशप्रेम की भावना, दृढ़ निश्चय और असाधारण कार्यक्षमता ने उन्हें समस्त भारत में लोकप्रिय बना दिया। हसरत का प्राकृतिक स्वभाव भी उन्हें तिलक की ओर ले गया। उनके साहसी व्यक्तित्व, उनकी क्रान्तिकारी प्रकृति, साहसी स्वभाव और संघर्ष प्रेम उन्हें किसी दूसरी तरफ़ तो ले जा भी नहीं सकता था।

तिलक से उनका प्रेम आस्था का स्थान रखता था। उन्होंने राष्ट्रीय लीडरों में से अपने लिए सही नायक को चुना था। वो भी उन्हीं की तरह पूर्ण स्वतन्त्रता को अपना उद्देश्य मानते थे। हसरत बड़े जोश, साहस और पराक्रम के साथ मुसलमानों को स्वतन्त्रता संग्राम में भाग लेने के लिए प्रेरित कर रहे थे और इसी कारण उनको त्याग और बलिदान देने के साथ-साथ कठिनाईयों का सामना करना पड़ा।

स्वतन्त्रता संग्राम की आरम्भिक उबाल अपनी पूरी अच्छाइयों और कमियों के साथ हमारी शायरी में ढल गयी। चकबस्त उदारवादी और हसरत चरमपन्थी

बनकर उभर रहे थे। हसरत के जोश पराक्रम और साहस का सबसे बड़ा सुबूत यह है कि उन्होंने ऐसे समय में यह कार्य किया जब आम आदमी स्वतन्त्रता का नाम लेने से डरता था और राजनैतिक उदारवादिता की तरफ़ लोगों का झुकाव था। पूर्ण स्वतन्त्रता पाने के लिए हसरत ने वह सब कुछ किया जो एक सच्चे देशभक्त को करना चाहिए।

1906 में देश में स्वदेशी आन्दोलन आरम्भ हुआ। उसका उद्देश्य था कि जनता में आत्मविश्वास पैदा किया जाये और विदेशी उत्पाद का बायकाट हो, और देशी शिल्पकारों और उद्योगों को फिर से जीवित करके उन्हें प्रगति और बढ़ावा दिया जाये। इस आन्दोलन से हसरत भी प्रभावित हुए और बढ़-चढ़कर इसमें हिस्सा लिया। उन्होंने बम्बई के जाने माने धनी व्यापारी सर फ़जल भाई करीम भाई से कपड़ा ख़रीदा और एक स्वदेशी स्टोर की स्थापना की। बाद में शिबली भी आगे आये और उन्होंने भी इस कार्य में हिस्सा लिया और इस स्टोर की कई शाखाएँ स्थापित की गयीं।

उस ज़माने में स्वतन्त्रता संग्राम की बढ़ती हुई भावना को देखते हुए लार्ड मिंटो ने उदारवादी मन्त्री लार्ड मारले की सहायता से यह प्रयत्न किया कि संविधान में थोड़ा बहुत फेरबदल करके कांग्रेस के एक ग्रुप को सन्तुष्ट कर दिया जाये। इसी सन्दर्भ में 1912 के एक्ट के अन्तर्गत केन्द्रीय कौंसिलों में 21 के बजाय 60 सदस्य हो गये। प्रदेशी कौंसिलों में सदस्यों की संख्या दोगुनी से अधिक कर दी गयी, लेकिन दोनों जगह बहुमत सरकारी सदस्यों का रहा। कौंसलों की स्थिति वाद-विवाद करने से कुछ ज़्यादा नहीं रही। कांग्रेसी चरमपन्थियों को इससे बड़ी निराशा हुई और उन्होंने ज़ोर शोर से इसके विरुद्ध व्यावहारिक प्रदर्शन शुरू कर दिया। उस ज़माने में बलक़ान युद्ध छिड़ा हुआ था। तुर्कों के विरुद्ध अंग्रेज़ों ने जो षड्यंत्र किये उसके कारण भारतीय मुसलमानों को पहली बार साम्राज्यवाद के अत्याचारों की अनुभूति हुई, हिन्दू जनता ने भी यह महसूस किया कि पूर्वी देशों में अंग्रेज़ों की पालिसी की सफलता भारतवर्ष की गुलामी की ज़ंजीरों को और मज़बूत कर देगी। मुसलमान तुर्की को अब तक ख़िलाफ़त का केन्द्र मानते थे। इसके विरुद्ध अंग्रेज़ों द्वारा की गयी कार्रवाई से उनकी भावनाओं को सख़्त ठेस पहुँची और उनके जोश और जुनून और दुख और क्रोध की सीमा न रही। हसरत की यह ग़ज़ल उस ज़माने की भावना का चित्रण करती है :

क़ब्ज़ा-ए यसरब का सौदा दुश्मनों के सर में है
अब तो इंसाफ़ इस सितम का दस्त-ए पैग़म्बर में है
ज़ोर-ए योरप है बिना बेदारी इस्लाम की
ख़ैर है दरअसल ये बा-आँकि शक्ल-ए शर में है
ख़ातिर-ए अफ़सुर्दा में बाक़ी है अब तक याद-ए इश्क़

गर्मी-ए आतिश हुनूज़ इस मुश्त-ए ख़ाकस्तर में है
क़िल्लत-ए अफ़वाज-ए टर्की पर न हो इटली दिलेर
एक है सौ के लिए काफ़ी जो इस लश्कर में है
अब ख़ुदा चाहे तो हसरत जल्द होता है बुलन्द
रायत-ए हुर्रियत-ओ हक़ जो कफ़-ए अनवर में है

कानपुर में मस्जिद गिराये जाने की घटना भी इसी साल हुई। शिबली, मोहम्मद अली, अबुल कलाम आज़ाद और सैयद सुलेमान नदवी के साथ हसरत ने भी अंग्रेज़ों के ज़ुल्म और अत्याचार और सख़्ती और हिंसक कार्यवाहियों के विरुद्ध ज़ोरशोर से आवाज़ उठाई। प्रथम विश्वयुद्ध तक का ज़माना हसरत की शायरी का शुरुआती दौर था। ये बात ठीक है कि उनकी इश्क़िया शायरी की शान अलग ही है पर यदि ध्यान से देखा जाये तो उनके लेखन में ताज़गी, विचारों में कोमलता, लचक और भावनाओं में रंगीनी पर उस आशावाद और ख़ुशी का गहरा प्रभाव पड़ा है जो किसी धारणा के प्रति आस्थावान होने से जाग्रत होती है। हसरत के यहाँ यह आस्था एक अनुलेख है जिसका सम्बन्ध राष्ट्रप्रेम और राजनैतिक स्वतन्त्रता से है। हसरत स्वतन्त्रता संग्राम के अन्तिम पड़ाव तक हमारे साथ रहे हैं और उनकी इस राजनैतिक आस्था की ज्वाला कभी ठण्डी नहीं पड़ी। उन्होंने अपनी शायरी को सामयिक और अस्थायी विषयों से दूर रखा, पर उनकी विश्वास की चिंगारियाँ ग़ज़ल में जगह-जगह आतिश-ए गुल (पुष्प की ज्वाला) की तरह दहकती नज़र आती हैं।

शायरी और साहित्य के संसार में कोई एक साल मुश्किल से मिलेगा जब इस मैदान में कुछ न हुआ हो, पर उर्दू के जाने माने आलोचक इस बात को मानने में एक मत हैं कि साल 1914 "एक बिसात के उलटने और दूसरी बिसात के बिछने को सही से दर्शाता है।" इस ज़माने में उर्दू शायरी एक तरफ़ दुर्गा सहाय सुरूर (मृत्यु 1911), हाली (मृत्यु 1914) और शिबली (मृत्यु 1914) की आवाज़ों से वंचित हो जाती है तो दूसरी तरफ़ इक़बाल चकबस्त और हसरत की शायरी प्रगति की नयी राहों पर आगे बढ़ने लगती है।

अध्याय चार

प्रथम विश्वयुद्ध के दौर की शायरी

1914 में प्रथम विश्वयुद्ध शुरू हुआ। इसमें तुर्की, जर्मनी के साथ था। हिन्दुस्तानी मुसलमान चूँकि तुर्की से हमदर्दी रखते थे, इसीलिए अंग्रेज़ों ने उनके कई लीडरों को नज़रबन्द कर दिया था और प्रेस एक्ट के तहत अल-हिलाल, हमदर्द जैसे समाचार-पत्रों की ज़मानतें ज़ब्त कर लीं। शिबली ने इस दौर में :

इस सादगी पे कौन ना मर जाये ये ख़ुदा
लड़ते हैं और हाथ में तलवार भी नहीं

को कविता रूप देते हुए अपनी चर्चित नज़्म 'इक जर्मनी ने मुझसे कहा अज़-रहे गुरूर' लिखी। इसमें चूँकि मित्र देशों पर व्यंग्य एवं कटाक्ष किया गया था, इसलिए सरकार ने इसे ख़तरनाक क़रार देते हुए शिबली के नाम गिरफ़्तारी का वारंट जारी किया। इससे पहले कि शिबली को अंग्रेज़ गिरफ़्तार करते उनकी मृत्यु हो गयी।

विश्वयुद्ध के दौरान अंग्रेज़ों ने हिन्दुस्तानियों के साथ बनाकर चलने की दिशा में कपास के आयात पर वसूली बढ़ा दी और भारतीयों को अधिकार दिया कि वो ख़ुदमुख़्तार (स्वेच्छाचारी) बनें, इसके चलते कांग्रेस ने अपना संघर्ष रोक दिया और युद्ध के लिए अपनी ओर से सरकार के सहायक बनने लगे। चकबस्त जैसे देशप्रेमी भी इस असवर पर अंग्रेज़ों की वाहवाही करते नज़र आये। जर्मनी के विरोध में युद्ध के मैदान में भेजे जाने वाले भारतीय युवाओं को चकबस्त ने अपनी एक नज़्म में जो सन्देश दिया उसकी तह में यही भावना है।

कांग्रेस का चरमपन्थी समूह अंग्रेज़ों के इन तथाकथित वादों से ख़ुश नहीं था। तिलक ने जो 1914 में रिहा हुए, जेल के बाहर आते ही अपनी राजनैतिक कार्यवाहियाँ फिर से आरम्भ कर दीं और होम रूल लीग की स्थापना की जो 1916 तक विधिपूर्वक एक आन्दोलन बन गयी और ऐनी बीसेंट के प्रयासों से उसने पूरे भारत में अपनी पहचान बना ली। मुसलमानों के राजनीति से जुड़े लोगों ने भी इस आन्दोलन में कांग्रेस का साथ दिया। तुर्की अंग्रेज़ों का विरोधी था इससे हिन्दुस्तानी मुसलमानों के दिलों में अंग्रेज़ों से घृणा दिन-प्रतिदिन बढ़

रही थी। इसी के चलते 1916 में कांग्रेस और मुस्लिम लीग के बीच लखनऊ में पैक्ट हुआ और दोनों पार्टियाँ राजनैतिक अधिकारों के लिए संयुक्त रूप से संघर्ष करने लगीं। 1917 में ऐनी बेसेंट जो होमरूल आन्दोलन में एक पथ-प्रदर्शक की भूमिका का निर्वाह कर रही थीं उन्हें गिरफ़्तार कर लिया गया। इस गिरफ़्तारी ने जनमानस की राजनैतिक भावनाओं को भड़का दिया और देश के कोने-कोने से होमरूल की आवाज़ें उठने लगीं। चकबस्त की मशहूर नज़्में 'आवाज़ः-ए क़ौम' और 'वतन का राग' राष्ट्रीय संघर्ष के इस जोशीले दौर की यादगार हैं।

कांग्रेस और लीग के सहमति के प्रयासों का प्रभाव यह हुआ कि 1917 में एक मन्त्री मांटेगो ने स्वयं भारत आकर लार्ड चेम्सफोर्ड वायसराय हिन्द के साथ मिलकर एक रिपोर्ट प्रकाशित किया, जिसे 1919 में अंग्रेज़ी सदन ने क़ानून का रूप दिया। यह क़ानून 1920 में भारत में लागू हुआ। इसके कारण वायसराय की के भारतीय सदस्यों की संख्या में बढ़ोतरी हुई और केन्द्रीय विधान सभा के दो सदन बना दिये। प्रादेशिक कौंसिलों में भी ग़ैर-सरकारी मेम्बरों की संख्या बढ़ाई गयी और उन्हें कुछ कार्य भी सौंपे गये लेकिन बड़े और विशेष कार्य एग्ज़िक्यूटिव के मेम्बरों के हाथ में रहे जिनकी नियुक्ति और बर्ख़ास्तगी गवर्नर की इच्छा पर निर्भर थी। केन्द्रीय के दोनों सदनों में वैसे तो ग़ैर-सरकारी मेम्बरों की संख्या ज़्यादा हो गयी थी पर इन मेम्बरों की स्थिति भी बस सलाहकारों जैसी रही। वायसराय को इनके द्वारा किये गये हर फ़ैसले को रद्द करने का अधिकार दिया।

देशभक्तों को इस क़ानून से गम्भीर हताशा हुई। डॉ. आबिद हुसैन के अनुसार 'इन पर पहली बार यह कड़वी सच्चाई स्पष्ट हुई कि "अंग्रेज़ी सरकार के वादों और उनका पालन करने के बीच का रास्ता सीधा और साफ़ नहीं बल्कि इसमें इनके अपने निजी स्वार्थ से जुड़े उलझाव थे, जो पार्टी और सरकार के उतार-चढ़ाव से भरे मार्ग से होकर जाते थे।" इसीलिए कांग्रेस और लीग दोनों ने इसका विरोध किया। पूरे देश में इस क़ानून के विरोध की प्रतिक्रिया देखने में आयी। इस प्रतिक्रिया का सजीव चित्रण करती है हसरत की यह नज़्म :

किस दर्जा फ़रेब से है मम्लू
तजवीज़ रिफॉर्म मांटेंगू
मशहूर-ए ज़माना हैं मुस्लिम
दस्तूर के हस्ब-ए ज़ैल पहलू
क़ानून पर इख़्तेयार-ए कामिल
आमाल पे ज़ोर, ज़र पे क़ाबू
इनमें से न हो जब एक की भी
गुलहा-ए रिफ़ार्म में कहीं बू

काग़ज़ के समझिए फूल इनको
जिनमें नहीं नाम को भी ख़ुशबू
मद्रास के डॉक्टर[1] का ये क़ौल
किस दर्जा है दिल पज़ीर-ओ नीको
मक़सूद है सिर्फ़ ये कि ता-जंग
हम सब रहें सर्फ़-ए ईं तगा पू
ऐ हिन्दी-ए सादा दिल ख़बरदार
हरगिज़ न चले ये तुझपे जादू
क्या पाएगा ख़ाक फिर जब इनसे
इस वक़्त भी कुछ न ले सका तू

प्रथम विश्वयुद्ध के बाद कुछ ऐसे हालात पैदा हो गये थे कि राजनीतिक संघर्ष जो अब तक शिक्षित या मध्यवर्गी लोगों तक सीमित था, उसका विस्तार होने के साथ-साथ इसमें तीव्रता भी पैदा होने लगी और सही मानों में जनक्रान्ति बनकर उभरने लगा। जर्मनी, ऑस्ट्रिया और विशेषकर रूस की क्रान्ति ने भारत के शिक्षित नागरिकों पर गहरा प्रभाव डाला। इधर युद्ध के कारण व्यापार भी प्रभावित हो रहा था। बाज़ार में गिरावट के कारण देश में मन्दी का राज था। निचले मध्यवर्गी, श्रमिकों और किसानों पर इसका प्रभाव बहुत पड़ा और इनकी आर्थिक स्थिति ने राजनैतिक बेचैनी का रूप धारण कर लिया। लगभग इसी दौर में तिलक का स्वर्गवास हो गया और राष्ट्रीय क्रान्ति की बागडोर महात्मा गाँधी के हाथ में आ गई, जिन्होंने अपनी असाधारण, आध्यात्मिक और मानसिक क्षमताओं के साथ सभी क्रान्तिकारियों को कांग्रेस में जमा किया और स्वतन्त्रता संग्राम में सभी वर्गों और भिन्न-भिन्न विचारों के लोगों को इकट्ठा किया। देश में बढ़ती हुई इस राजनैतिक जागरूकता का स्वागत अंग्रेज़ों ने रोलेट बिल द्वारा किया। इस क़ानून को लाने का उद्देश्य केवल इतना था कि स्वतन्त्रता संग्राम का गला घोंटा जाये और हिन्दुस्तानियों को गुलामी की ज़ंजीरों में और जकड़ दिया जाये। इस प्रकार की सख़्ती से भारतवासी भड़क उठे, जगह-जगह जुलूस निकाले गये, हड़तालें होने लगीं और विरोधी रैलियाँ और सभाएँ हुईं। अमृतसर की एक ऐसी ही शान्तिपूर्ण सभा में जो 12 अप्रैल, 1919 को जलियाँवाला बाग़ में हो रही थी, अंग्रेज़ों ने बड़ी ही क्रूरता से भीड़ पर गोली चला दी और जनता की भावनाओं को कुचलने के लिए आन की आन में सैंकड़ों को मशीन गनों की गोलियों से भून डाला। इस घटना में 1200 आदमी घायल और 400 से अधिक मारे गये।

---

1. डॉ. सुब्रामनि अय्यर

इस घटना ने देश भर में अंग्रेज़ों के ख़िलाफ़ ज़बरदस्त घृणा की लहर दौड़ गयी।

हर ज़ायर-ए चमन से यह कहती है ख़ाक-ए बाग़
ग़ाफ़िल न रह जहाँ में तू गरदूँ की चाल से
सींचा गया है ख़ून-ए शहीदाँ से इसका तुख़्म
तू आँसुओं को बुख़्ल न कर इस निहाल से

ज़फ़र अली ख़ाँ, अहमक़ फफूँदवी और तिलवक चन्द महरूम ने इस घटना के बारे में बड़ी प्रभावी नज़्में लिखीं। ये नज़्में अंग्रेज़ों के अत्याचार और उत्पीड़न के विरुद्ध एक दर्दनाक विरोध का स्थान रखती हैं।

जलियाँवाला बाग़ की घटना हमारे राष्ट्रीय इतिहास का एक अहम मोड़ है। इसके बाद से सरकार की राजनैतिक जवाबदेही बढ़ने लगी और इसके साथ-साथ इसी अनुपात में स्वतन्त्रता संग्राम के संघर्ष में भी तीव्रता आने लगी, मुसलमानों के अंग्रेज़ों से बेज़ार होने का एक कारण यह भी था कि युद्ध के बाद ब्रिटिश सरकार ने तुर्की सल्तनत को टुकड़े-टुकड़े कर दिया और इस्लामी देशों को अपनी राजनैतिक बिसात के मोहरों की तरह समझने और इस्तेमाल करने लगे। भारत के मुसलमान तुर्की की ख़िलाफ़त को इस्लामी दुनिया की सांस्कृतिक और राजनैतिक एकता का केन्द्र समझते थे। इसीलिए वो अंग्रेज़ों की सियासी चालों को घृणा दृष्टि से देख रहे थे। ब्रिटिश साम्राज्य के विरोध की इस भावना में हिन्दू भी मुसलमानों के साथ थे। कारण यह था कि एशिया में ब्रिटिश साम्राज्य का स्थिर रहना भारतीय आन्दोलन के पक्ष में नहीं था। इसीलिए दोनों ने मिलकर ख़िलाफ़त आन्दोलन आरम्भ किया और 1920 में कलकत्ता के स्पेशल कांग्रेस अधिवेशन में असहयोग आन्दोलन के कार्यक्रम मंज़ूर करके अंग्रेज़ों के विरुद्ध शान्तिपूर्ण विद्रोह की घोषणा कर दी। बाद में मुसलमान धर्मगुरुओं ने फ़तवा जारी करके ख़िलाफ़त प्रोग्राम का समर्थन किया। इस प्रकार अंग्रेज़ों से नफ़रत और स्वतन्त्रता की भावना देश के कोने-कोने तक पहुँच गयी। डॉ. आबिद हुसैन के अनुसार "असहयोग आन्दोलन ने हिन्दुस्तानियों के दिल से निराशाभाव और पराजय की भावना दूर करके उनके अन्दर इस आशा को पैदा किया एक निहत्ती और दबी-कुचली क़ौम भी स्वाभिमान और आत्मविश्वास के साथ ज़िन्दगी गुज़ार सकती है। और इस तरह पूरे भारत में शान्तिपूर्ण ढंग से विद्रोह करने की भावना जाग्रत हुई।"

उर्दू साहित्य पर भी इन हालात का प्रभाव पड़ा। इस दौर में सैकड़ों नज़्में कहीं गयीं। भले ही यह सब उच्च स्तर की न सही, पर इनसे इतना अवश्य हुआ कि शायरों ने आन्दोलन में भाग लिया। इन नज़्मों में अंग्रेज़ों की पूँजीवादी प्रणाली की भर्त्सना स्पष्ट मिलती है और इनमें मौजों की तरह मिलकर स्वतन्त्रता

संघर्ष को जारी रखने का आवाहन भी। हसरत मोहानी, ज़फ़र अली ख़ाँ, नियाज़ फ़तेहपुरी और सैयद हाशमी फ़रीदाबादी ने इस श्रेणी में कई जोशीली नज़्में लिखीं। ख़ुशी मोहम्मद नाज़िर, गुलाम भीक नैरंग और आग़ा हश्र जैसे लिए दिये रहने वाले शायरों ने भी राष्ट्रीय जाग्रण में भाग लिया। अल-हिलाल और हमदर्द भी असहयोग में साथ खड़े थे। मौलाना मोहम्मद अली, अबुल कलाम आज़ाद और सैयद सुलेमान नदवी ने इस ज़माने में बड़े जोशीले लेख लिखे। अली बन्धु 1921 में ख़िलाफ़त कान्फ्रेंस में क्रान्तिकारी भाषण देने के चलते दो-दो साल तक क़ैद में रहे। 'नवा-ए आज़ादी' के लेखक ने लिखा है : इधर अली बन्धु जेल गये और उधर

कह रहे हैं कराची के क़ैदी
हम तो जाते है दो-दो बरस को

का तराना देश के बूढ़ों, जवानों और बच्चों सबकी ज़बान पर था। इसी दौर में एक नज़्म 'सदा-ए ख़ातून' बहुत प्रसिद्ध हुई। इसमें मोहम्मद अली के माँ की मुख से धीरज और स्थिरता की भावना का सन्देश दिया गया। ''बोलीं अम्मा मोहम्मद अली की, जान बेटा ख़िलाफ़त पे दे दो।''

यह दौर हिन्दू मुस्लिम एकता के चरम का ज़माना था। स्वर्गीय ज़ाहिदा ख़ातून शरवानिया राष्ट्रीय एकता से प्रभावित होकर लिखती हैं :

जन्नत की दीद से है दिल शादमाँ हमारा
शुक्र-ए ख़ुदा वतन है हिन्दोस्ताँ हमारा
कहते हैं हमको हिन्दी हुब्ब-ए वतन है ईमाँ
क्या पूछते हो दीन-ओ नाम-ओ निशाँ हमारा
आलाम-ए मुस्लेमीं पर बोले तड़प के हिन्दू
''सूद-ओ ज़ियाँ है उनका सूद-ओ ज़ियाँ हमारा''
हो जाये काश साबित रूहों की कूचा-गर्दी
बन जाये काश गाँधी गर नौजवाँ हमारा
जाँ से बदन से ख़ूँ से हिन्दोस्ताँ के हैं हम
हैरत कि क्यूँ नहीं है हिन्दोस्ताँ हमारा

हसरत मोहानी की एक ग़ज़ल के ये चन्द अशआर भी इस दौर के राजनैतिक उत्साह का परिणाम हैं :

ग़ज़ब है कि पाबन्द-ए अग़यार होकर
मुसलमाँ रह जायें यूँ ख़्वार होकर
समझते हैं सब अहल-ए मग़रिब की चालें

मगर फिर भी बैठे हैं बेकार होकर
उठे हैं जफ़ा पेशगान-ए मोहज़्ज़ब
हमारे मिटाने पे तैयार होकर
कहीं सुलह-ओ नरमी से रह जाये देखो
न ये उक़दा-ए जंग दुशवार होकर

जैसा कि आख़िरी शेर से स्पष्ट है, हसरत राजनीति में उदारवादिता को नहीं मानते थे। 1921 में कांग्रेस के अहमदाबाद अधिवेशन में जिसकी अध्यक्षता हकीम अजमल ख़ाँ कर रहे थे, हसरत मोहानी ने सबजैक्ट कमेटी में यह प्रस्ताव पारित किया कि शब्द स्वराज के अर्थ अंग्रेज़ों की गुलामी और कॉमन वेल्थ से 'सम्पूर्ण स्वतन्त्रता' स्थापित किये जायें। गाँधीजी ने बाद में बड़े विनम्र भाव से हसरत को समझाया, अन्ततः यह प्रस्ताव सफल नहीं रहा।

जनवरी 1922 में अंग्रेज़ों से बातचीत होने के आसार देखकर गाँधीजी ने 'आल पार्टीज़ कॉन्फ्रेंस' बुलाई, मगर वायसराय ने इसके प्रस्तावों को रद्द कर दिया जिसके चलते फ़रवरी 1922 में महात्मा गाँधी ने बारदोली ज़िला गुजरात से दोबारा सविनय अवज्ञा आन्दोलन आरम्भ कर दिया, यह आन्दोलन सारे देश में फैल गया इधर जनता ने पुलिस की प्रताड़ना से तंग आकर हिंसा से काम लेना शुरू कर दिया। गोरखपुर में चौरी-चौरा के समीप जो घटना घटी उसके चलते गाँधीजी ने सिविल अवमानना को समाप्त कर दिया। उनके इस निर्णय से कुछ राजनैतिक लीडर ख़ुश नहीं थे और इसके चलते आपस में मतभेद बढ़ने लगे, अंग्रेज़ों ने अवसर पाकर गाँधीजी को छः साल के लिए गिरफ़्तार कर लिया इधर ख़िलाफ़त कमेटी तुर्की में ख़िलाफ़त समाप्त होने के कारण अपने आप ही ख़त्म हो गयी। और अंग्रेज़ों ने इस परिस्थिति का लाभ उठाकर अपनी पुरानी चाल 'फूट डालो और राज करो' पूरी रणनीति और चतुराई से चली। हिन्दू मुसलमानों के बीच मतभेद जो सिविल अवमानना आन्दोलन के चलते दब गये थे, इसके ख़त्म होते ही फिर सामने आने लगे देश में चारों ओर साम्प्रदायिक दंगों के शोले भड़कने लगे और स्वतन्त्रता की मंज़िल जो सामने दिखाई पड़ रही थी आँखों से ओझल हो गयी।

1928 में ब्रिटिश राजनीतिज्ञों का एक कमीशन जॉन साईमन की अध्यक्षता में भारत आया ताकि भारतीयों की राजनैतिक जागरूकता को जाँच सके और उनको राजनीति की परिभाषाओं की अगली क़िस्त दे दी जाये। इस कमीशन में चूँकि कोई भी भारतीय सदस्य नहीं था देश की सभी राजनैतिक पार्टियों ने इसका बायकाट किया था। विरोध के तौर पर पूरे देश में हड़ताल की गई, जुलूस निकाले गये और प्रदर्शन भी हुए। उर्दू समाचार-पत्रों ने भी साम्राज्य की

मन मानी कार्यवाहियों के विरोध में आवाज़ उठाई। लीडर अंग्रेज़ों की चालों की पोल खोलने लगे और शायर भी साम्राज्यवाद से घृणा की भावना को हवा देने लगे। जोश मलीहाबादी ने इस अवसर पर अपनी नज़्म 'दाम-ए फ़रेब' में कहा :

लगी है घात में मुद्दत से तेरी
फ़िरंगी की निगाह-ए जादुआना
अदू तेरी गिरफ़्तारी की ख़ातिर
मुहैया कर रहा है आब-ओ दाना
अगर जीना है आज़ादी से तुझको
सुना दुश्मन को बढ़कर यह तराना
बरू ईं दाम बर मुर्ग़-ए दिगर ना
कि अन्क़ा रा बुलन्द अस्त आशियाना

सरकार ने जनता का जोश देखकर क्रोध और रोष का बाज़ार गर्म कर दिया। पंजाब के प्रसिद्ध राजनैतिक लीडर लाजपत राय को एक प्रदर्शन के दौरान लाठी की ऐसी चोट पड़ी कि वो एक महीने के अन्दर-अन्दर इस संसार को छोड़ गये।

इसी वर्ष देश के मूल संविधान का एक ख़ाका डोमिनियन स्टेट्स के कारण नेहरू रिपोर्ट के नाम से तैयार किया गया जिसे सितम्बर 1928 में कलकत्ता कांग्रेस ने मंजूर करके घोषणा कर दी कि यदि ब्रिटिश सरकार ने एक साल के अन्दर-अन्दर भारत को डोमिनियन स्टेट्स न दिया तो यह रिपोर्ट रद्द समझी जायेगी और कांग्रेस सम्पूर्ण स्वराज्य को अपना उद्देश्य बनाएगी। ब्रिटिश सरकार से उदारवादियों ने जो आशा लगा रखी थी वो बेकार गयी और एक वर्ष बीतने पर भी कांग्रेस की माँग पूरी न हो सकी। इसीलिए 31 दिसम्बर, 1929 को कांग्रेस ने निश्चित रूप से यह फ़ैसला किया कि कांग्रेस का उद्देश्य भारत की सम्पूर्ण स्वतन्त्रता है 26 जनवरी, 1930 को पूरे देश में सभाएँ करके स्वतन्त्रता की शपथ लेगी और 'इंक़लाब ज़िन्दाबाद' के नारे देश में चारों तरफ़ गूँजने लगे। उर्दू के एक शायर ने इस ज़माने के जोश और भावना को शब्दों में पिरोकर भविष्य की कल्पना कुछ यूँ की :

शौक़ हुआ बेहिजाब
ख़त्म हुआ दौर-ए ख़्वाब
आ गया रोज़-ए हिसाब
क़ौम का चमका शबाब
ज़िन्दाबाद इंक़लाब
ज़िन्दाबाद इंक़लाब

(आनन्द नारायण मुल्ला)

अप्रैल 1930 को गाँधीजी ने सिविल अवमानना का आन्दोलन नये सिरे से

शुरू किया और इसकी शुरूआत डांडी मार्च अर्थात् नमक तोड़ने के क़ानून से हुई। इस बार सिविल अवमानना का अभियान बड़े आयोजित ढंग से किया गया। सरकार की ओर से राष्ट्र भक्तों पर बर्बर अत्याचार किये गये पर उन लोगों ने शान्ति और अहिंसा से काम लिया। फ्रंटियर के पठानों और गुजरात और दूसरे इलाक़े के किसानों ने पहली बार स्वतन्त्रता आन्दोलन में भाग लिया और ग़ज़ब त्याग और बलिदान को प्रदर्शित किया। लगभग एक साल के बाद मार्च 1931 में लार्ड इर्विन और गाँधीजी के बीच एक अस्थायी समझौता होने पर सिविल अवमानना रोक दी गयी और गाँधीजी दूसरी गोल मेज़ कॉन्फ्रेंस में भाग लेने लन्दन गये, वहाँ इस कॉन्फ्रेंस में साम्प्रदायिक चयन के कारण सहमति न हो सकी और यह कॉन्फ्रेंस भी असफल रही। इस असफलता से देशभक्तों को फिर निराशा हुई और गाँधीजी ने भारत वापस आकर फिर सिविल अवमानना आरम्भ कर दी, इस बार सरकार ने ऐसी सख़्ती और तीव्रता से काम लिया कि बारह लाख लोग जेलों में भर दिये गये। लीडरों में कोई बाहर न बचा। जब जनता को दिशा निर्देश देने वाला ही न बचा तो आन्दोलन का ज्वालामुखी स्वयं शान्त हो गया।

ब्रिटिश सरकार बंगाल पर विजयी होने के समय से भारतीयों में आपस में फूट डालकर उनके शोषण की जिस पोलिसी पर चल रही थी, उसकी माँग यही थी कि हिन्दुओं और मुसलमानों में अधिक-से-अधिक फूट डाली जाये। इसी प्रकरण में इस प्रेम और भाईचारे के ताबूत में आख़िरी कील जुलाई 1932 में 'कम्यूनल एवार्ड' देकर गाड़ी गयी जो कांग्रेस के कड़े विरोध के बावजूद 1933 में लागू हो गया। देश भक्त ग्रुपों की ओर से इसके विरोध में आवाज़ें उठीं। पंजाब के एक वर्ग ने भी इस पर कड़ी नाराज़गी जताई। इक़बाल ने जो उस समय तक संयुक्त राष्ट्रीयता को भूल चुके थे कम्यूनल एवार्ड का स्वागत किया और इसके विरोध को दीवानेपन का नाम दिया। इस पर किसी दिलजले ने कहा :

इक़बाल से ये पूछे जाकर कोई कि साहब
वो दौर हो गया क्या, वो दिन कहाँ गये अब
लिख कर 'नया शिवाला' फ़रमाया आपने जब
"शक्ति भी शान्ति भी भक्तों के गीत में है
धरती के बासियों की मुक्ति प्रीत में है"

इसमें कोई सन्देह नहीं कि कम्यूनल एवार्ड ने साम्प्रदायिकता की आग भड़काने में सहायता की। तिलोक चन्द महरूम ने इन राजनैतिक परिस्थितियों का अवलोकन अपनी एक नज़्म में कुछ यूँ किया :

भड़की है इससे फ़िरक़ापरस्ती की आग और
हर फ़िरक़ा अपनी डफ़ली पे गाता है राग और
ढीली हुई कमन्द अदावत की बाग और

फुंकारता है आज तास्सुब का नाग और
है इसके मुँह में ज़हर कम्यूनल एवार्ड का
हिन्दी हैं और क़हर कम्यूनल एवार्ड का

हिन्दू मुस्लिम विरोध की खाई को इस तरह गहरा करने के बाद ब्रिटिश हुकूमत ने अपने द्वारा मनोनीत किये हुए सदस्यों की तीसरी गोल मेज़ कॉन्फ्रेंस लन्दन में बुलाई और हिन्दोस्तानी जनता के आँसू पोंछने के लिए संवैधानिक सुधारों का एक प्रस्ताव बनाया, जिसे 1935 में क़ानूनी दर्जा मिल गया और जो 1937 में भारत में लागू कर दिया गया।

प्रथम विश्वयुद्ध से 1935 के संघीय क़ानून बनने तक हमारा स्वतन्त्रता आन्दोलन बड़े ही उलझे हुए टेढ़े-मेढ़े रास्तों से गुज़र रहा था। इस यात्रा में शायद ही कोई ऐसा मोड़ हो जहाँ उर्दू साहित्य ने इसका साथ न दिया हो। उर्दू शायरों ने भारतीय राजनीति की बढ़ती हुई जटिलताओं और रास्ते की कठिनाइयों से बहुत कुछ सीखा और अपने अनुसार देश में व्यक्तिगत और राजनैतिक स्वतन्त्रता की भावना उत्पन्न करने और राष्ट्र को जाग्रत करने की दिशा में बिगुल बजाने में कोई कसर बाक़ी न रखी। इस दौर में जिन शायरों के नाम विशेष रूप से लिए जा सकते हैं इनमें इक़बाल, चकबस्त, ज़फ़र अली ख़ाँ, हसरत और जोश मुख्य हैं।

चकबस्त के विषय में पहले कहा जा चुका है कि देश और राष्ट्र की भावना इनकी शायरी में रची बसी है, इनका यह कथन "हुब्ब-ए क़ौमी हो गया नक़्श-ए सुलेमानी मुझे" केवल शाब्दिक नहीं। इनकी शायरी फूल और बुलबुल की कहानी नहीं, अकबर और राणा प्रताप को जन्म देने वाली धरती भारत की स्वतन्त्रता संघर्ष की वीर गाथा है। पर इस वीर गाथा को पढ़ते हुए चकबस्त कहीं भी जोश में व्याकुल नहीं होते और न ही रास्ते से भटके हैं। इनकी राष्ट्रीय शायरी का गुण यह है कि इनकी भावना में संयम और ठहराव दिखता है।

उन्होंने अस्थायी और सामयिक मुद्दों पर भी लिखा, परन्तु इनकी शायरी का बड़ा हिस्सा राजनैतिक और देश की मान्यताओं को बढ़ावा देता है, देशप्रेम इनके लिए ईमान का दर्जा रखता है। हाली या इक़बाल और चकबस्त की शायरी में सबसे बड़ा अन्तर यह है कि हाली और इक़बाल के यहाँ धर्म को उच्चासीन किया गया है। दूसरी तरफ़ चकबस्त की शायरी में सबसे बड़ा फ़र्क़ यही है कि उन्होंने देशप्रेम को ऊँचा स्थान दिया है और ऐसा करने वाले वो उर्दू के पहले शायर हैं। असर लखनवी ने सही कहा हैः "हाली और इक़बाल पहले मुसलमान हैं और उसके बाद देशप्रेमी। सम्भवतः यही कारण है कि देश का अभिप्राय अधिकांश अस्पष्ट-सा छोड़ देते हैं।" इसके विपरीत चकबस्त के साथ चलते हुए ऐसा प्रतीत नहीं होता। वो हमें देश की स्पष्ट और प्रबुद्ध अवधारणा देते हैं। इसके विस्तार

और महानता से हृदय को आराम मिलता है और अन्दर-ही-अन्दर प्रेम के नये सोते फूटने लगते हैं और ऐसा प्रतीत होता है मानो सदियों की निन्द्रा से जाग कर हमने गुलामी से अपने देश को फिर से आज़ाद करा लिया। इनके यह शेर ऐसी ही भावना की व्याख्या करते नज़र आते हैं :

वतन के इश्क़ का बुत बे-नक़ाब निकला है
नये उफ़क़ पे नया आफ़ताब निकला है
निगाह-ए शौक़ को है दौर-ए नव की मुश्ताक़ी
नयी शराब नया दौर हो नया साक़ी

उर्दू की देशप्रेम की शायरी में चकबस्त की 'ख़ाक-ए हिन्द', 'हमारा वतन दिल से प्यारा वतन', और 'वतन को हम वतन हमको मुबारक' जैसी नज़्मों को सदैव उच्च स्तर पर रखा जायेगा। 'ख़ाक-ए हिन्द' में चकबस्त भारत की प्राचीन महानता का नक़्शा खींचते हुए इसकी वर्तमान की दुर्दशा और पतन पर खेद व्यक्त करते हैं, और देशप्रेम का ऐसा बिगुल बजाते हैं कि मुर्दा चेहरों पर भी मुस्कान निखर आये और देशप्रेम आँखों में प्रकाश बनकर और दिलों में तरंग होकर बस जाये, चकबस्त हमें आने वाले दौर की सुन्दरता का बखान करने वाले दिखते हैं।

चकबस्त की शायरी हमारे गुजरे कल की राष्ट्रीय अवधारणा का सुन्दर चित्रण करती है। इसमें उस काल का मानसिक विकास और राजनैतिक गतिविधियों में तीव्रता का वर्णन हमें देखने को मिलता है। एहतेशाम हुसैन ने सही लिखा है कि वो (चकबस्त) राजनीतिक विचारक की तरह कोई नयी प्रणाली नहीं खोज रहे थे बल्कि भारतीय मार्ग दर्शकों की आम भावनाओं की व्याख्या कर रहे थे। वो उन्हीं की आँख से सब कुछ देख रहे थे, केवल अपनी तीव्र भावना से इसमें भाव डालते थे। शराब वही थी जो लीडरों के प्यालों में थी वो उसमें उत्साह का विलय करके उसे और भी नशीला बना रहे थे।

प्रथम विश्वयुद्ध के बाद जब स्वराज आन्दोलन की शुरुआत हुई और इंक़लाब की आवाज़ चकबस्त के कानों में गूँजने लगी तो इनसे रहा न गया। 'आवाज़ा-ए क़ौम' में वो गहरी सहानुभूति से अपने देशवासियों को पुकारते हुए कहते हैं :

ये ख़ाक-ए हिन्द से पैदा हैं जोश के आसार
हिमालय से उठे जैसे अब्र-ए दरिया बार
लहू रगों में दिखाता है बर्क़ की रफ़्तार
हुई हैं ख़ाक के पर्दे में हड्डियाँ बेदार
ज़मीं से अर्श तलक शोर होमरूल का है
शबाब क़ौम का है ज़ोर होमरूल का है

ये जोश-ए पाक ज़माना दबा नहीं सकता
रगों में ख़ूँ की हरारत मिटा नहीं सकता
ये आग वो है जो पानी बुझा नहीं सकता
दिलों में आके ये अरमान जा नहीं सकता
तलब फ़ुज़ूल है काँटे की फूल के बदले
न लें बहिश्त भी हम होमरूल के बदले

इस नज़्म के एक-एक शब्द में उमंगों, इच्छाओं और अरमानों के तूफ़ान सिमटे हुए हैं। ऐसा प्रतीत होता है कि मानो आँखों के सामने हिमालय उभरता चला जा रहा है, या गंगा से कोई झरना गिर रहा है। इस नज़्म की तह में कुछ कर दिखाने की भावना और उत्साह का जो रूप है इसके सामने लोहे की ज़ंजीरें भी पिघलती दिखाई पड़ती हैं।

चकबस्त को इस बात का आभास था कि 'हमारे गुंचे भी चाहें तो हँस नहीं सकते' पर इसके बावजूद भी वो 'बर्तानिया का साया सर पर क़ुबूल होगा' कहने को विवश हुए। इनकी सबसे बड़ी तमन्ना ये थी कि अपने बाग़ में व्यवस्था अपनी रहे और फूल चुनने वाले फूलों को बर्बाद करना छोड़ दें। आज ये बात अनोखी मालूम होती है कि चकबस्त अपने गहरे देशप्रेम के बावजूद भी होमरूल से सन्तुष्ट होते दिखाई पड़ते हैं। पर यदि उस दौर के हिसाब से देखें तो वास्तविकता यही थी। हर समय की अपनी-अपनी कठिनाइयाँ और विवशताएँ होती हैं। चकबस्त के काल में भारत में राजनैतिक और वैचारिक जागरूता का आरम्भ तो हो चुका था पर यह जागरूकता इतनी परिपूर्ण और सर्वव्यापी नहीं थी कि भारत एकदम आज़ादी की बागडोर अपने हाथ में ले सकता। चकबस्त व्यावहारिक रूप से उदारवादी थे, वो अपने समय से आगे नहीं देखते थे, बल्कि अपने समय की राजनैतिक गतिविधियों की सही राह पहचानते थे और अपने देशवासियों को समयानुसार उसी पर चलने का आग्रह करते थे।

चकबस्त के देशप्रेम की एक विशेषता यह भी है कि वो देश की प्राकृतिक सुन्दरता को वर्णन तक सीमित नहीं रखते थे अपितु अपनी संस्कृति और समाज का प्रतिनिधित्व भी करते थे, जो हिन्दुओं और मुसलमानों के तालमेल और भा. ईचारे से अस्तित्त्व में आयी थी। चकबस्त का देशप्रेम, गठबन्धन, सहिष्णुता और साझा राष्ट्रवाद का आह्वान करता है, यही कारण है कि उन्हें हिन्दू मुसलमानों के बीच वैमनस्य से बहुत तकलीफ़ होती है :

क़ौम की शीराज़ा-बन्दी का गिला बेकार है
तर्ज़-ए हिन्दू देख कर तर्ज़-ए मुसलमाँ देखकर

नये झगड़े निराली काविशें ईजाद करते हैं
वतन की आबरू अहल-ए वतन बरबाद करते हैं

वो तस्बीह और जनेऊ के फन्दे में नहीं पड़ते थे, क्योंकि इसके द्वारा पैदा की दूरियाँ स्वतन्त्रता संग्राम के आन्दोलन की राह में क़दम-क़दम पर रुकावटें पैदा करती थीं। और अंग्रेज़ों के हाथ में भारत को गुलाम बनाये रखने का यह एक हथियार बन चुकी थीं, चकबस्त दोनों धर्मों के प्रत्यक्ष मतभेद और सांस्कृ. तिक रंगा-रंगी को समझते थे, और मानते भी थे, पर उन्होंने हमेशा इन रंगों में अलौकिक प्रकाश को तलाश करने का सन्देश दिया और ऐसा केवल किसी संयुक्त राजनीतिक अवधारणा के उद्देश्य को अपनाने से ही हो सकता था। चकबस्त के निकट यह संयुक्त होमरूल की अवधारणा थी। इसीलिए इसे सामान्य जन तक पहुँचाने के लिए उन्होंने अपने हृदय का सारा मर्म और दुख बाँट दिया।

चकबस्त के देशप्रेम की एकता भावना के पक्ष पर बात करते हुए असर लखनवी ने लिखा है 'केवल चकबस्त ही वो राष्ट्र प्रेमी शायर है जिसने पूरे हिन्दोस्तान की भावना और आवश्यकताओं के बिना किसी भेदभाव और धार्मिक अलगाव से हट कर बात की। वो हिन्दू है और उसको गर्व है कि वो हिन्दू है, पर वो मुसलमान को भी आदर की दृष्टि से देखता है। आप एक भी ऐसी नज़्म प्रस्तुत नहीं कर सकते जिससे ज़ाहिर हो कि वो हिन्दुओं या हिन्दू धर्म को मुसलमानों या इस्लाम से बेहतर समझते हों। अधिकतर नज़्में ऐसी हैं जिनमें देश पर मर मिटने वाले हिन्दुओं के साथ इनके साथी मुसलमानों का उल्लेख भी आपको अवश्य मिलेगा। उनके निकट ये दोनों देश की आँखों के तारे हैं और अपनी-अपनी आस्था में ज़ितने मज़बूत हैं उतने ही अधिक प्रशंसा के पात्र। पर शर्त केवल इतनी कि सच्चे देशभक्त हों। समय तात्पर्य यह भी नहीं कि देश के लिए अपने धर्म को भेंट पर चढ़ा दें चकबस्त धर्म को लेकर वैमनस्य और संकीर्णता से कोसों दूर थे दक्षिण अफ़्रीका के हिन्दुस्तानियों को सम्बोधित करके चकबस्त ने जो नज़्म लिखी थी इसमें हिन्दुओं और मुसलमानों को साथ-साथ सम्बोधित किया है। चकबस्त के मत की गहराई का सुबूत इससे बढ़ कर क्या होगा कि गोखले के स्वर्गवासी होने पर उनका नोहा (शोक सन्देश) कहते हुए वो शंख के साथ अज़ान और शिवालय के साथ मस्जिद को नहीं भूले :

वतन की ख़ाक तेरी बारगाह-ए आला है
हमें यही नयी मस्जिद नया शिवाला है

इस नज़्म का एक और शेर है :

जनाज़ा हिन्द का दर से तेरे निकलता है
सुहाग क़ौम का तेरी चिता में जलता है

तिलक का शोक करते हुए कहते हैं :

शोर-ए मातम न हो झंकार हो ज़ंजीरों की
चाहिए क़ौम के भीष्म को चिता तीरों की

सहनशीलता और सद्भाव की यह भावना हमें बहुत कम शायरों के यहाँ दिखाई देती है। चकबस्त का 1926 में स्वर्गवास हुआ लेकिन इनके कलाम का संग्रह यदि देखें तो उसमें 1921 से बाद की नज़्मों की संख्या लगभग न होने के बराबर है वरना उनकी कल्पना की उड़ान का उनके अन्तिम वर्षों का अवलोकन भी हो सकता था। सही अर्थों में यदि देखा जाये तो उन्होंने बीस वर्ष शायरी की और उनकी अधिकतर नज़्में मुसद्दस के रूप में लिखीं गयीं। मुसद्दस को अनीस बहुत लोकप्रिय बना चुके थे।

पर चकबस्त ने इसे देश और राष्ट्र की शायरी को समर्पित करके पन्द्रह बीस वर्ष के छोटे-से समयान्तराल में ऐसा रंग पैदा किया जो उन्हीं की पहचान है। इनकी विशेषता यह है कि उन्होंने बड़ी रसीली और उमंग भरी लय में देश का राग अलापा और देश की प्रतिमा का अनावरण करते हुए इससे प्रेम की ऐसी व्याख्या प्रस्तुत की कि उसके सामने स्वर्ग का रंग भी फीका नज़र आता है।

अकबर इलाहाबादी भारतीय स्वतन्त्रता आन्दोलन के समर्थक नहीं थे पर विश्वयुद्ध के पश्चात जब अंग्रेज़ों ने भारत की बनी निष्ठा के बदले में उन्हें रोलेट एक्ट के रूप में पुरस्कार दिया और जलियाँवाला बाग़ की घटना के बाद जब हिन्दू मुसलमान अपने भेदभाव भूल गये और देश का चप्पा-चप्पा आज़ादी के नारों से गूँजने लगा तब अकबर इलाहाबादी भी दिल के हाथों विवश होकर कह बैठे :

निगरानी-ए मराहिल कभी ऐसी तो न थी
तुंद मौज-ए लबे साहिल कभी ऐसी तो न थी
बदगुमानी तेरी क़ातिल कभी ऐसी तो न थी
बात करनी मुझे मुश्किल कभी ऐसी तो न थी
जैसी अब है तेरी महफ़िल कभी ऐसी तो न थी

करती है खल्क़ को लैला-ए लिबर्टी मफ़तूँ
हिन्द के दिल को लुभा लेता है मिल का ये फुसूँ
लाजपत भी हुए शायद कि असीर-वो मख़ज़ूँ
पाए कूबाँ कूए ज़िन्दाँ में नया है मजनूँ
आती आवाज़-ए सलासिल कभी ऐसी तो न थी

पेशतर इससे तबाए के न थे ये पहलू
कहीं अशनान की थी लहर कहीं मौज-ए वुज़ू
ऐ मिस सीम तन-ओ माहजबीं-ओ गुल रू
तेरी आँखों ने ख़ुदा जाने किया क्या जादू

कि तबीयत मेरी माइल कभी ऐसी तो थी

इस ज़माने में अकबर ने मदन मोहन मालवीय के आग्रह पर ये क़तअ कहा जो उस दौर की शान्ति और सामंजस्य की यादगार है :

मुहर्रम और दसहरा साथ होगा
निबाह इसका हमारे हाथ होगा
ख़ुदा ही की तरफ़ से है ये संजोग
तो क्यूँ रखें न बाहम सुलह हम लोग

देहली में 1911 में जार्ज पंचम के राज्य अभिषेक के अवसर पर जो दरबार हुआ था और जिसमें स्वयं जार्ज और उनकी रानी भी सम्मिलित हुए थे इसके बारे में अकबर कहते हैं :

हंगामा-ए महशर का तो मक़सूद है मालूम
देहली में ये दरबार है मालूम नहीं क्यों
अफ़लास में मस्ती तो मुझे खुश नहीं आती
साक़ी को ये इसरार है मालूम नहीं क्यों

लेकिन इस शृंखला में इनकी रचना 'जलवा-ए दरबार-ए देहली' अपना एक महत्त्वपूर्ण स्थान रखती है। अकबर विदेशी शासन के विरुद्ध थे। उन्हें अपने लोगों की बेसुधी और गुलामी का दुख था। वो अंग्रेज़ों की रणनीति और शक्ति के दुरुपयोग से भली-भाँति परिचित थे। 'जलवा-ए दरबार-ए देहली' इस शृंखला की एक अनोखी और विचित्र नज़्म है, जिसमें बातों-बातों में बहुत कुछ कह दिया है। ऐसा प्रतीत होता है कि शायर यूँ ही कल्पना की उड़ान से काम ले रहा है लेकिन वास्तविकता यह है कि हल्की-फुल्की पंक्तियों में व्यंग्य के पर्दे के पीछे गहरा दर्द छिपा है। आरम्भिक भाग का यह दृश्य देखें :

सर में शौक़ का सौदा देखा
देहली को हमने भी जा देखा
जो कुछ देखा अच्छा देखा
क्या बतलाएँ क्या-क्या देखा
जमना जी के पाट को देखा
अच्छे सुथरे घाट को देखा
सबसे ऊँचे लाट को देखा
हज़रत ड्यूक कनाट को देखा
पलटन और रिसाले देखे
गोरे देखे काले देखे
संगीनें और भाले देखे

बैंड बजाने वाले देखे
खेमों का इक जंगल देखा
इस जंगल में मंगल देखा
सड़कें थीं हर कम्प से जारी
पानी था हर पम्प से जारी
नूर की मौजें लम्प से जारी
तेज़ी थी हर जम्प से जारी
हाथी देखे भारी भरकम
इनका चलना कम-कम थम-थम
ज़रीं झूलें नूर का आलम
मीलों तक वो चम चम चम चम
पुर था पहलू-ए मस्जिद जामे
रोशनियाँ थीं हर सू लामे
कोई नहीं था किसी का सामे
सबके सब थे दीद के तामे
सुर्ख़ी सड़क पर कुटती देखी
साँस भी भीड़ में घुटती देखी
आतिशबाज़ी छुटती देखी
लुत्फ़ की दौलत लुटती देखी
चौकी इक चौलक्खी देखी
ख़ूब ही चक्खी पक्खी देखी
हर सू नेमत रखी देखी
शहद और दूध की मक्खी देखी
एक का हिस्सा मन-ओ सल्वा
एक का हिस्सा थोड़ा हलवा
एक का हिस्सा भीड़ और बलवा
मेरा हिस्सा दूर का जलवा

इसी तरह मज़े-मज़े से बातें करते हुए वो व्यंग्य का ख़ंजर खोलते हैं और इशारों-इशारों में वार करते हैं। वो लोग जो कभी महलों के मालिक थे, आज उनको दरबान बनना पड़ रहा है और उनके हिस्से में सिवाए दूर से ताकने के कुछ भी नहीं। सभाएँ भी उनकी है साक़ी भी उनके, मेरे पास केवल मेरी आँखें है बाक़ी सब कुछ उनका है। अब ज़रा यह शेर देखें जिनमें अकबर की कला

ऊँचाइयाँ छू रही हैं :

ओज ब्रीटिश राज का देखा
परतो तख़्त-ओ ताज का देखा
रंग ज़माना आज का देखा
रुख़ कर्ज़न महराज का देखा
पहुँचे फाँद के सात समन्दर
तहत में इनके बीसों बन्दर
हिकमत-ओ दानिश उनके अन्दर
अपनी जगह हर एक सिकन्दर
ओज-ए बख़्त-ए मुलाक़ी उनका
चर्ख़-ए हफ़्त-ए तबाक़ी उनका
महफ़िल उनकी साक़ी उनका
आँखें मेरी बाक़ी उनका
हम तो उनके ख़ैर तलब हैं
हम क्या ऐसे ही सबके सब हैं
इनके राज के उम्दा ढब हैं
सब सामान-ए ऐश-ओ तरब हैं
जश्न-ए अज़ीम इस साल हुआ है
शाही फ़ोर्ट में बाल हुआ है
रोशन हर इक हाल हुआ है
क़िस्सा-ए माज़ी हाल हुआ है
है मशहूर-ए कूचा-ओ बर्ज़न
बाल में नाचें लेडी कर्ज़न
ताएर होश थे सबके परज़न
रश्क से देख रही थी हर ज़न
हाल में चमकीं आ के यकायक
जर्री थीं पोशाक झकाझक
महव था इनका ओज समा तक
चर्ख़ पे ज़ेहरा इनकी थी गाहक
गो रक़्क़ासा, ओज-ए फ़लक थी
इसमें कहाँ ये नोक पलक थी
अन्दर की महफ़िल की झलक थी

बज़्म-ए इशरत सुबह तलक थी
की है ये बन्दिश ज़ेहन रिसा ने
कोई माने ख़्वाह न माने
सुनते हैं हम तो ये अफ़साने
जिसने देखा हो वो जाने

अकबर ने अधिकतर ढके छिपे अन्दाज़ में सांकेतिक रूप से प्रतीकवाद की आड़ में अपनी बातें रखीं, परन्तु इसमें कोई सन्देह नहीं कि उन्होंने कहीं-कहीं हिन्दुस्तानियों की दरिद्रता और पतन और अंग्रेज़ों की चतुराई से भरी चालों पर गहरा व्यंग्य किया है। उदाहरण के तौर पर ये शेर देखें :

उम्र ज़िन्दाँ में कटी शौक़-ए रिहाई रुख़सत
हो गया उन्स मेरे पाँव को ज़ंजीर के साथ

———

मस हवा-ए बाग़ का है अब परों को नागवार
इतपा ख़ूगर हो गया हूँ पंजा-ए सय्याद से

———

अपनी मिन्क़ारो से पंजा कस रहे हैं जाल का
तायरों पर सहर है सय्याद के इक़बाल का

———

ये तर्ज़ एहसान करने का तुम्हीं को ज़ेब देता है
मर्ज़ में मुब्तला करके मरीज़ों को दवा देना

———

मछली ने ढील पायी है लुक़्मा पे शाद है
सय्याद मुत्मइन है कि काँटा निगल गयी

———

गोलियों के ज़ोर से करते हैं वह दुनिया को हज़्म
इससे बेहतर इस ग़िज़ा के वास्ते चूरन नहीं

———

दस्त-ए गुलचीं फिर रहा है शाख़-ए गुल पर बे-दरेग़
कौन सुनता है चमन में अंदलीब-ए ज़ार को

———

अफ़सोस तो है इस क़ुव्वत पर
इस ख़्वाहिश पर इस हालत पर

यारों को लड़ाया जिसने बहम
हर सुलह को जंग अनजाम किया

लेकिन इन शेरों से ये अनुमान लगाना कि अकबर स्वतन्त्रता आन्दोलन के विषय में सकारात्मक राय रखते थे ठीक न होगा। अकबर की शायरी आलोचकों को प्रायः धोखा देती है। इसे अच्छा समझिए या बुरा इसकी एक विशेषता यह भी है कि इसमें किसी विषय के समर्थन और खण्डन दोनों में शेर मिल जायेंगे। इन शेरों के एक पक्ष पर दृष्टि डालकर ही सम्भव है कि अकबर को प्रगतिशील या अपरिवर्तनकारी कहा जाये। पर वास्तविकता यह है कि इनकी आधारभूत प्रवृत्ति एक अलग ही भाव रखती है। वह न अंग्रेज़ के साथ थे और न स्वतन्त्रता संग्राम के। वह इन सारे 'झमेलों' से अलग-अलग रहे और इनसे अपना कोई ताल्लुक न रखा। इनकी आयु का बड़ा हिस्सा अंग्रेज़ों की नौकरी में गुज़रा था और सरकार की भलाई इनके व्यवहार में रच बस गयी थी। उम्र के आख़िरी पड़ाव पर सरकार से वफ़ादारी उन्हें एक तरफ़ और देशप्रेम उन्हें दूसरी तरफ़ खींचता था। इस खींचतान में वह निर्णय नहीं कर पाते थे कि इन दोनों में से किसका साथ दें। इसीलिए वह दोनों से मुँह मोड़कर 'तवक्कुल ब-ख़ुदा' (भगवान भरोसे) रहने में ही शान्ति देखते है। इस रहस्य को समझने के लिए ज़रा इधर इन शेरों को देखें :

साहब से रुके तो राहतों से तरसे
शौकत से अगर फिरे तो लानत बरसे
बेहतर है कि पड़ रहो तवक्कुल ब-ख़ुदा
बाहर रखो क़दम न अपने घर से

——

हम हैं माज़ूर घर ही में है धरे
आफ़ियत में ख़लल पड़ा तो मरे

——

जिसका हो ज़ोर ख़ानाजंगी का
वह करे सामना फ़िरंगी का

——

भगवान का करम हो सौदेशी के बैल पर
लीडर की खींच खाँच है गाँधी की हाँक है
अकबर पे बार है ये तमाशा-ए दिल-शिकन
इसकी तो आख़िरत की तरफ़ ताक झाँक है

——

हुक्काम हैं ख़ज़ाना-ए तोप-ओ रफ़ल के साथ
खुद्दाम है शगूफ़ा तर्क-ए अमल के साथ
बाजू में याँ न ज़ोर गले में न शौक़-ए शोर
हम तो मुशायरे में हैं अपनी ग़ज़ल के साथ

अकबर ने ठीक लिखा है 'बाजू में याँ न ज़ोर गले में न शौक़-ए शोर'। क़मरुद्दीन अहमद बदायूनी ने बज़्म-ए अकबर में इस बात को माना कि अकबर उम्र के आख़िरी पड़ाव पर सरकारी नौकर तो नहीं थे पर वो अपने बुढ़ापे में अपने लिए अंग्रेज़ों की तरफ़ से सहायता के इच्छुक थे। और वो इस बात को मानते थे कि सरकार के विरोध में आवाज़ उठाकर अपनी साख ख़राब नहीं करना चाहते। राजनीति से दूरी और ईमान और धर्मनिष्ठा दोनों में से किसी एक से भी उन्हें कोई कठिनाई नहीं थी। पर जब अकबर ने धर्म की दीवार खड़ी करके समय की पुकार सुनने से इनकार कर दिया और दूसरों को भी ऐसा करने को कहा तो इनकी शायरी अपना कर्तव्य निभाती नहीं दिखती। वो नये राजनैतिक हालात और नयी शक्तियों को अनदेखा करते हुए खुले आम कहते हैं मियाँ किस झगड़े में पड़े हो यह सब झूठी बातें हैं।

अंग्रेज़ी साम्राज्य को वो अजेय मानते थे और यह बात आरम्भ से ही उनके दिल पर लिखी थी और यह अपनी जगह अटल थी। उनके विचार में अंग्रेज़ भारत पर अपनी पकड़ इतनी बनाये हुए है और वो इस तरह छाये हुए हैं कि इनसे छुटकारा पाना असम्भव है। धरती, आकाश, हवा, पानी हर जगह हर चीज़ पर उनका राज है। यहाँ तक कि ज्ञान इनके, भाषा इनकी और शब्दकोश इनके। अकबर का उसूल था कि इन परिस्थितियों में संघर्ष करना अंग्रेज़ों के ख़िलाफ़ खड़ा होना 'केवल हठ' है। इनके इस प्रकार के विचार इनकी पुस्तक 'गाँधीनामा' में स्पष्ट रूप से सामने आते हैं। इसे नबीरा-ए अकबर मोहम्मद मुस्लिम रिज़्वी ने 1948 में किताबिस्तान इलाहाबाद से प्रकाशित किया है। इसमें अकबर ने 'गाँधीयत' और उसकी पैदा की हुई समस्याओं पर अपने विचार और शक समक्ष रखे हैं। अकबर का स्वर्गवास 9 सितम्बर, 1921 में हुआ। ऐसा माना जा सकता है कि उन्होंने गाँधीनामा अपने जीवन के अन्तिम दो-तीन वर्षों में लिखा हो। इसमें गाँधीजी के असहयोग आन्दोलन पर अनगिनत व्यंग्य और आपत्तियाँ की हैं। और साथ ही बताया है कि स्वतन्त्रता संग्राम सिवाय 'धन गरज' के कुछ भी नहीं। अकबर का कहना था कि अंग्रेज़ों की प्रजा होकर उन से बैर पालना उचित नहीं था। ये बहुत बड़ी ग़लती थी, गाँधी जी ने असहयोग आन्दोलन चलाकर बेकार अंग्रेज़ों से बैर मोल ले लिया और इस तरह गृह युद्ध की कगार पर देश को ला खड़ा किया। अंग्रेज़ों की महिमा चरम पर है ऐसे में जुलूस निकालना,

नारे लगाना, रेज़ोलूशन पास करना या चर्ख़ा कातने से कुछ प्राप्त नहीं होने वाला नहीं। राष्ट्रीय संघर्ष बिल्कुल बेकार है :

पॉलीटिकी झगड़े छोड़ो
इन बातों से अब मुँह मोड़ो
कैसे डायर कैसे हंटर
लाओ साग़र लाओ कंटर

ये दाल लब-ए गंग कभी गल नहीं सकती
कल्लू के पटाख़े से बला टल नहीं सकती

महात्मा जी से मिलकर देखो
तरीक़ क्या है सुझाव क्या है
पड़ी है चक्कर में अक़्ल सबकी
बिगाड़ तो है बनाओ क्या है

भाई गाँधी की रविश में बहुत उम्मीद नहीं
है वो दिलचस्प मगर वुस्अत-ए तक़लीद नहीं

हमारे मुल्क में सरसब्ज़ इक़बाल-ए फ़िरंगी है
कि नन-कोऑपरेशन में भी शाख़-ए ख़ाना जंगी है

वो भागे हज़रत-ए गाँधी से कह के
मगर से बैर क्यों दरिया में रह के

उछलने कूदने का शौक़ था परवाने के सर में
किया तर्क-ए तआवुन रोशनी की ही नहीं घर में

असर दौर-ए फ़लक का पड़ रहा है जो ज़माने पर
तुम्हारे ये रज़ोल्यूशन इसे कम कर नहीं सकते

फ़क़त ज़िन्द है जो कहती है कि "जब अपनी ज़बाँ खोलो
हमारे पेशवा-ए मुल्क गाँधी जी की जय बोलो"

जय की भी सदा उठेगी चर्ख़े भी चलेंगे
लेकिन ये समझ लीजिए साहेब न टलेंगे

———

साइंस की तरक़्क़ी तो फ़ैज़-ए इरतेक़ा है
लेकिन ज़हूर-ए गाँधी फ़रमाइए ये क्या है

———

करेंगे न हम हुक्म-ए लीडर पे साद
कि क़ुरआँ में है ला युहिब्बु अल-फ़साद[1]

ये आपत्तियाँ स्वयं की पसन्द या नापसन्द की सीमा में रहतीं तो ठीक था पर अकबर जहाँ आगे बढ़कर दूसरों को स्वतन्त्रता संग्राम से अलग रहकर पाँव तोड़ कर बैठने की बात कहते हैं, वहाँ वो ऐसा रवैय्या अपनाते हैं जो अंग्रेज़ों के हाथ मज़बूत करता है। कांग्रेस के विषय में उनकी आपत्ति यही थी कि वो मुसलमान को मुसलमान न रहने देगी। अकबर धर्म के आधार पर हिन्दू और मुसलमान दोनों को अलग-अलग क़ौम मानते थे और ज़मज़म और गंगा की मिलावट को स्वभाव की निर्बलता की संज्ञा देते थे। अकबर मुसलमानों के उस वर्ग को जो गाँधीजी के साथ असहयोग आन्दोलन में भाग ले रहा था अच्छी नज़र से नहीं देखते थे। एक जगह उन्होंने असहयोग आन्दोलन के उसूल को इस्लामी तक़वे के विरुद्ध बताया। उनके निकट मुसलमानों द्वारा पक्षपात न करने से 'गायों' का महत्त्व बढ़ने की सम्भावना है। इसलिए उन्होंने मुसलमानों को सन्देश देते थे कि वो राष्ट्रीय और राजनैतिक सम्बन्धी 'अपवित्र झगड़ों' में अपना योगदान न दें :

हज़रत-ए बरहम[2] *ने फ़रमाया पसन्द इस राय को*
ऊँट को ज़ेबा मतानत और कलीलें गाय को

———

उनको बढ़ना चाहिए और हमको बचना चाहिए
होम रूल उनको मुबारक हमको तक़वा चाहिए

———

दैर में हँसते हैं अब काबे में बरसों रो लिए
शेख़ जी करते ही क्या बापू के पीछे हो लिए

———

अब शैख़ जी मुक़ीम बरहमन के पास हैं
गायें उछल रही हैं क़साई उदास हैं

———

1. अल्लाह फ़साद को पसन्द नहीं करता, अल-बक़र : 205
2. एडिटर अख़बार-ए मशरिक़, गोरखपुर।

आब-ए ज़मज़म से कहा मैंने "मिला गंगा से क्यूँ
क्यूँ तेरी तीनत में ऐसी नातवानी आ गयी"

गाँधी के साथियों में जो हैं वो नेक ही हैं
महराज और मुहाजिर के हर्फ़ एक ही हैं

इसी मेल का आजकल है ज़हूर
खुदा जाने ज़ुलमत है इसमें कि नूर

ख़ुदा ख़ुदा करो ख़ामोशी-ओ अदब के साथ
फ़ुज़ूल जस्त मुनासिब नहीं है सब के साथ

तुम रहो लिल्लाह इन नापाक झगड़ों से अलग
तुमको क्या मतलब है इनसे लहम-ए ख़र, दनदान-ए सग

आकसन[1] भाई ने क़ुर्बानी तआस्सुब की जो की
जान बिल[2] चुप हो गये गायों की वुक़अत बढ़ गयी

अकबर के इस शेर में आकसन भाई से तात्पर्य है मुसलमानों के प्रसिद्ध मार्गदर्शक मौलाना मोहम्मद अली। बीसवीं शताब्दी के आरम्भ में मुसलमानों में धार्मिक जागरूकता पैदा करने और उन्हें भारत की राजनीति में एक प्रभावी शक्ति बनाने में मौलाना मोहम्मद अली का बड़ा योगदान है। डॉ. आबिद हुसैन का कथन है कि सर सैयद असंगत परिस्थितियों के चलते जो स्वाभिमान, आत्मविश्वास और कर्मयोगी बनने की क्षमता को उजागर न कर सके वो इक़बाल की शायरी और मोहम्मद अली के मुजाहिदाना (धर्मयोद्धा) व्यक्तित्त्व ने मुसलमानों में पैदा कर दी। उन्हीं के प्रभाव से अलीगढ़ में तुर्कों की इस्लामी एकता की क्रान्ति ने जन्म लिया जिसने आगे चलकर रुकावटों और बन्दिशों के बावजूद ब्रिटिश सरकार के विरोध के रंग में अपने को रंग लिया। मोहम्मद अली वास्तविक अर्थों में एक शेर दिल मार्गदर्शक थे। उन्होंने इस्लामी एकता को क़ायम रखने और अंग्रेज़ों की क्रूरता और बर्बरता से टक्कर लेने के लिए शिक्षित वर्ग के प्रगतिशील और धार्मिक वर्ग के क्रान्ति प्रिय तत्त्वों को एकजुट करके एक ओर ख़िलाफ़त की

---

1. मौलाना मोहम्मद अली।
2. अंग्रेज़ क़ौम।

राजनैतिक क्रान्ति आरम्भ की, तो दूसरी ओर जामिया मिल्लिया इस्लामिया के शैक्षिक और सांस्कृतिक आन्दोलन की नींव डाली। इसका परिणाम यह हुआ कि मुसलमानों में धर्म का वैभव दिखाई पड़ने लगा, और वो भारत की राजनीति में एक प्रभावशाली शक्ति बन कर उभरे। 1920 से 1922 के स्वतन्त्रता संग्राम का ज़ोर शोर बड़ी हद तक मौलाना मोहम्मद अली के दम से था, पर दुख की बात यह कि यह एकता और मित्रता का वातावरण आगे तक स्थिर न रहा। कुछ वर्षों के बाद जब तुर्की की ख़िलाफ़त ख़त्म हो जाने से भारत की ख़िलाफ़त की क्रान्ति भी समाप्त हो गयी तो वो सम्बन्ध जो मुसलमानों के धार्मिक वर्ग को अंग्रेज़ी शिक्षित वर्ग और इन दोनों को हिन्दुओं से मिलाये हुए थे वो कमज़ोर पड़ने लगे। इसके पश्चात मुसलमानों की एक बड़ी संख्या मुस्लिम लीग में जा मिली और जो बचे खुचे संयुक्त राष्ट्रीयता पर विश्वास रखने वाले थे उनका मार्गदर्शन आगे चलकर मौलाना अबुल कलाम आज़ाद ने किया।

मोहम्मद अली और अबुल कलाम आज़ाद एक ही आकाश के सूर्य और चन्द्रमा हैं। लेकिन मोहम्मद अली के यहाँ शिक्षा की वो भावना नहीं जो अबुल कलाम आज़ाद के हिस्से में आयी है। अबुल कलाम की आवाज़ 'दिमाग़ की आवाज़' है। आले अहमद सुरूर ने सही लिखा है कि 'अबुल कलाम ने दिमाग़ को स्वतन्त्र किया, मोहम्मद अली ने दिलों को', मोहम्मद अली की आवाज़ 'दिल की आवाज़' थी, पर उनका दिल मुजाहिद (धर्मयोद्धा) का और आँख शायर की थी। उन्होंने हिन्दुस्तानियों में सामान्य जागरूकता और जोश उत्पन्न करने की दिशा में अपने लेखों से बड़ा काम लिया परन्तु इनके व्यक्तित्त्व में छिपी हुई भावना और प्रेम को देखना है तो इनकी शायरी पढ़ना होगा। वह सामान्यतः ग़ज़ल कहते थे। इनका मदिरा पात्र भले ही पुराना हो पर मदिरा नयी है। ग़ज़ल में उन्होंने गुल-ओ-बुलबुल और प्रेमी और साक़ी को अलग रखकर क्लासिकी लेखों में राजनैतिक मूल्यों को समेटकर ग़ज़ल को एक नयी दिशा प्रदान की। इनकी ग़ज़लें जियालों के जोश से ओतप्रोत और उसकी आशाओं और आरज़ुओं का वर्णन है। अपने गद्य लेखों में उन्होंने बड़े साहस और खुलेपन से अपनी बात रखी और यही रूप ग़ज़ल में भी मिलता है पर थोड़ा मधुर और विनम्र होकर। वो भारत के किसानों, काश्तकारों को अपनी बेबसी और पीड़ा का अहसास दिलाकर उन्हें जाग्रत करते हैं और चेतावनी देते हैं कुछ इस तरह :

वाए नादानी कि तू मोहताज़-ए साक़ी हो गया
मय भी तू मीना भी तू साक़ी भी तू महफ़िल भी तू

मौलाना मोहम्मद अली ने अपने प्रसिद्ध लेख 'क़ुफ़्ले बे-कलीद' में जो विधि निर्माण समिति के सदन के उद्घाटन समारोह के अवसर पर लिखा गया था,

इसमें ग़ालिब की ज़मीन में अपने विचारों को कुछ यूँ व्यक्त किया :

बज़्म-ए सुलतानी हुई आरास्ता
काबा-ए अम्न-ओ अमाँ का दर खुला
कुंज में बैठा रहूँ यूँ पर खुला
काश कि होता क़फ़स का दर खुला
हम पुकारें और खुले यूँ कौन जाये
यार का दरवाज़ा पायें गर खुला
लाख उक़्दे दिल में थे लेकिन हर एक
मेरी हद्दे वुसआ से बाहर खुला
था दर-ए वाबस्ता क़ुफ़्ल-ए बे-कलीद
किसने खोला कब खुला क्यों कर खुला

मौलाना मोहम्मद अली एक प्रतिज्ञाबद्ध मार्गदर्शक थे, पर अपनी शेर शायरी और साहित्य प्रेम को उद्देश्य के आगे तुच्छ समझने का विरोध करते थे। यह वास्तविकता है कि इनका कलाम सौन्दर्य, शक्ति, आनन्द और भाव का अभूतपूर्व मिश्रण है। इसमें प्रेमी के दिल की धड़कनें और स्वतन्त्रता संग्राम के सिपाही की उमंगें कुछ इस प्रकार से आपस में मिल-जुल गयी हैं कि इसका दूसरा उदाहरण उस दौर में नहीं मिलता। ज़रा ये शेर देखें :

दौर-ए हयात आयेगा क़ातिल क़ज़ा के बाद
है इब्तिदा हमारी तेरी इन्तिहा के बाद
जीना वो क्या कि दिल में न हो तेरी आरज़ू
बाक़ी है मौत ही दिल-ए बे-मुद्दआ के बाद
तुझसे मुक़ाबला की किसे ताब है वले
मेरा लहू भी ख़ूब है तेरी हिना के बाद
क़त्ल-ए हुसैन असल में मर्ग-ए यज़ीद है
इस्लाम ज़िन्दा होता है हर करबला के बाद
मुम्किन है नाला जब्र से रुक भी सके मगर
हम पर तो है वफ़ा का तक़ाज़ा जफ़ा के बाद
है किसके बल पे हज़रत-ए जौहर ये रूकशी
ढूँढे हैं आप किसका सहारा ख़ुदा के बाद

याद-ए वतन न आये हमें क्यूँ वतन से दूर
जाती नहीं है बूए-चमन क्या चमन से दूर
गर बूए-गुल नहीं न सही यादे गुल तो है

सय्याद लाख रक्खे क़फ़स को चमन से दूर
हम तक जो दौर-ए जाम फिर आये तो क्या अजब
ये भी नहीं है गर्दिश-ए चर्ख़-ए कुहन से दूर
शायद कि आज हसरत-ए जौहर निकल गयी
इक लाश थी पड़ी हुई गोर-ओ कफ़न से दूर

कह दो रिज़वाँ से नहीं साया-ए तूबा दरकार
अपनी जन्नत है यहीं छाँव में तलवारों की
जब नहीं वादे को ईफ़ा से ज़रा भी सरोकार
फिर कमी क्या है तुम्हारे लिए इक़रारों की

ये भी क्या पैरवी-ए हक़ है कि ख़ामोश हैं सब
हाँ अनल-हक़ भी हो मंसूर भी हो दार भी हो

जिसकी क़फ़स में आँख खुली हो मेरी तरह
उसके लिए चमन की ख़िज़ाँ क्या बहार क्या

मौलाना मोहम्मद अली का स्वतन्त्रता सन्देश प्रगति भौतिकवाद और आध्या. त्मिक है जिसमें सर ऊँचा रखकर चलने की बात कही है। पर इन बातों का महत्त्व केवल उनकी शायरी के कारण नहीं बल्कि उनके जोशीले व्यक्तित्त्व से सम्बन्धित है जिसमें उनका आचरण भी शामिल है। वो न सिर्फ़ अच्छी शायरी करते हैं अपितु उनके शेर बहुतों से अच्छे हैं। लेकिन उनका मैदान शायरी नहीं बल्कि राजनीति था।[1]

इसके विपरीत इक़बाल पहले और आख़िरी शायर थे। यद्यपि उनकी शायरी भी उनके स्वतन्त्रता संघर्ष के साथ चलती है और उसे बल प्रदान करती है, पर यह राजनैतिक कार्यों या मूल्यों तक सीमित नहीं है। इनकी दृष्टि महान और उच्चतर मानवीय मूल्यों पर टिकी हुई है और सामूहिक और व्यक्तिगत स्वतन्त्रता इनमें से एक है। इक़बाल भारत की स्वतन्त्रता के सच्चे चाहने वालों में थे और साम्राज्यवाद से नफ़रत की गहरी भावना रखते थे। बीसवीं शताब्दी के पहले दशक में जब देश में स्वदेशी आन्दोलन आरम्भ हुआ था, इक़बाल ने भी कुछ लेख लिखे जिनमें उन्होंने बताया कि भारत की गुलामी और निर्धनता का असली कारण है इसका व्यवसायिक ढाँचा, जो गिरावट का शिकार है। जब तक भारत

1. जानने के लिए देखें परिशिष्ट

में औद्योगिक विकास नहीं होगा, विदेशी प्रभुत्व से छुटकारा पाना असम्भव है। लगभग उसी काल में इक़बाल ने अपनी दूरदर्शिता से भाँप लिया था कि पश्चिमी संस्कृति और जीवन-शैली की बुनियादें खोखली हो चुकी हैं। इसलिए वो साम्रा. ज्यवाद और पूँजीवादी प्रणाली की मौत की घोषणा करते हुए कहते हैं :

दयार-ए मग़रिब में रहने वालों ख़ुदा की बस्ती दुकाँ नहीं है
खरा जिसे तुम समझ रहे हो वो अब ज़र-ए कम अय्यार होगा
तुम्हारी तहज़ीब अपने ख़ंजर से आप ही ख़ुदकुशी करेगी
जो शाख़-ए नाज़ुक पे आशियाना बनेगा नापायदार होगा

यूरोप की यात्रा के बाद इक़बाल की शायरी में राष्ट्रीय दृष्टिकोण से एक स्पष्ट मोड़ पैदा हुआ। पर ये वास्तविकता किसी हालत में भी भुलाई नहीं जा सकती कि इक़बाल की शायरी में साम्राज्यवाद और पूँजीवाद के विरुद्ध नफ़रत की भावना अन्त तक बाक़ी रही। सरदार जाफ़री ने सही लिखा है कि ''बीसवीं शताब्दी के आरम्भ में भारत में जो राष्ट्रीय स्वतन्त्रता की लहर ऊँची उठ रही थी और पूँजीपति वर्ग में जो आत्मज्ञान और स्वार्थ उत्पन्न हो रहा था (इक़बाल की शायरी में) वो 'फ़लसफ़ा-ए ख़ुदी' (इक़बाल की शायरी का मूल मन्त्र) में ढलने लगी। ये अत्यन्त जानलेवा हथियारों से लैस साम्राज्यवाद के विरोध में पराधीन क़ौम की उभरती हुई स्वतन्त्रता संग्राम की आन्तरिक और भावनात्मक तौर पर अपने को सुदृढ़ बनाने की कोशिश थी। ये ख़ुदी कोई साधारण चीज़ नहीं, ये ब्रह्माण्ड की आत्मा और हृदय है। सारा संसार इसका है। इक़बाल इसके सामने ख़ुदा को भी नहीं गिनता।

'यज़्दाँ ब कमन्द आवर ऐ हिम्मत-ए मर्दाना'। इक़बाल ने इस ख़ुदी की ''मर्द-ए क़लन्दर'' और ''शाहीन'' (बाज़ चिड़ियाँ) की काया कहा है और उभरते हुए स्वतन्त्रता संग्राम की सारी विशेषताएँ इसमें भर दी हैं।''

इक़बाल भारत को पूरी तरह जाग्रत करने और इसकी राजनैतिक स्वतन्त्रता के समर्थक थे और रहे। वो अपनी नज़्म 'आज़ाद और महकूम' में गुलामी की ज़िन्दगी के हर पल को आकस्मिक मृत्यु और गुलामी में मृत्यु से भी गिरा हुआ आँकते हैं। 'आज़ादी और इल्हाम', 'बेदारी अय्याम', 'मक्र-ओ फ़न-ए ख़्वाजगी' इत्यादि नज़्मों में इस बात पर ज़ोर देते हैं कि गुलामी मनुष्य की आत्मा को शिथिल कर देती है। और जीवन में प्राप्त होने वाले ख़ज़ानों के ताले की कुंजी स्वतन्त्रता है जिसके बिना यह खुल नहीं सकता। इक़बाल विदेशी ताक़तों से किसी भी क़ीमत पर समझौता करने के पक्ष में नहीं थे। अंग्रेज़ राजनैतिक सुधारों द्वारा स्वतन्त्रता की छोटी-सी झलक दिखाकर भारतीयों को शान्त करना चाहते थे। इक़बाल इसके प्रबल विरोधी थे। चैम्सफ़ोर्ड सुधारों के अवसर पर उन्होंने स्पष्ट

शब्दों में यह घोषणा की कि ये 'स्वतन्त्रता की नीलम परी' नहीं अपितु पूँजीपतियों की 'जंग-ए ज़रगरी' है और अंग्रेज़ों की धूर्ततापूर्ण चालों की पोल खोलते हुए कहा था :

आ बताऊँ तुझको रम्ज़-ए आया-ए इन-अल मलूक
सल्तनत अक़वाम-ए ग़ालिब की है इक जादूगरी
ख़्वाब से बेदार होता है ज़रा महकूम अगर
फिर सुला देती है इसको हुक्मराँ की साहिरी
देव इस्तेबदाद जम्हूरी क़बा में पाये कोब
तू समझता है ये आज़ादी की है नीलम परी
मजलिस-ए आईन-ओ इस्लाह-ओ रिआयात-ओ हुक़ूक़
तिब्ब-ए मग़रिब में मज़े मीठे असर ख़्वाब आवरी
गर्मी-ए गुफ़्तार आज़ा-ए मजालिस अल-अमाँ
ये भी इक सरमायादारों की है जंग-ए ज़रगरी
इस सराब-ए रंग-ओ बू को गुलिस्ताँ समझा है तू
आह ऐ नादाँ क़फ़स को आशियाँ समझा है तू

अल्लामा इक़बाल (1877-1938) ने देशभक्ति की कविताएँ अपने आरम्भिक काल से ही लिखना शुरू कर दी थीं। लन्दन में रहते हुए ही उन्होंने मुस्लिम लीग को अपना लिया था, पर उनको मुस्लिम राजनेताओं का पृथकतावादी रवैया शुरू से ही खटकता था और इस विचारधारा पर वो 1920 के दशक तक डटे रहे। यह समय काफ़ी उतार चढ़ाव-उथल-पुथल का दौर था। बड़ी-बड़ी आशाओं और निराशाओं के साथ लोग जी रहे थे। पहले कांग्रेस और मुस्लिम लीग का एक साथ आना और फिर अलग होना इसका मुख्य कारण था। अल्लामा इक़बाल को 1930 में मुस्लिम लीग का अध्यक्ष चुना गया और 29 दिसम्बर 1930 में इलाहाबाद सत्र के अपने अध्यक्षीय अभिभाषण में उन्होंने कहा कि हमें पंजाब, उत्तर-पश्चिम सीमान्त राज्य, सिन्ध और ब्लूचिस्तान को एक राज्य के रूप में देखना चाहिए, जो कि ब्रिटिश राज्य में या उससे अलग एक स्वशासित राज्य होगा। उन्होंने कहा कि उत्तर-पश्चिम मुस्लिम राज्य की स्थापना होना कम-से-कम उस क्षेत्र के मुसलमानों के लिए ज़रूरी है। हमें अल्लामा के इस कथन से उनकी देशभक्ति की उस भावना को अलग रख कर नहीं देखना होगा जहाँ वो कहते हैं :

मैं अस्ल का ख़ास सोमनाती
आबा मेरे लाती-ओ मनाती
है फ़लसफ़ा मेरे आब-ओ गिल में
पोशीदा है रीशा हाय दिल में

इसी भाव को उन्होंने अपने एक फ़ारसी के शेर में भी व्यक्त किया है :

मरा बीनी के दर-हिन्दोस्तान दीगर नमी बीनी
ब्रहमन ज़ादा-ओ रम्ज़ आशना-ए रूम-ओ तबरेज़ अस्त

अपने द्वारा सुझाये चार मुस्लिम बाहुल्य राज्यों (उपरोक्त) के विषय में इक़बाल ने साफ़ कर दिया था कि डॉ. एडवर्ड थॉमसन द्वारा लिखित एक पत्र के कारण यह ग़लतफ़हमी हुई। मार्च 1934 में इक़बाल ने कलकत्ता के राग़िब हुसैन को एक पत्र में लिखा कि "ध्यान दें कि एडवर्ड थॉमसन ने मेरी स्कीम को पाकिस्तान के प्रस्ताव से जोड़ दिया। मैंने तो मुस्लिम राज्य का प्रस्ताव भारतीय गणराज्य के अन्तर्गत रखा था। पाकिस्तान की बात वैसे इंग्लैंड के साथ स्वतन्त्र रूप से अलग बात थी। यह बात के.के. अज़ीज़ द्वारा लिखित है।" हमें याद याद रखना चाहिए कि इक़बाल ने किसी स्वतन्त्र मुस्लिम राज्य की बात नहीं की थी, न ही उन्होंने बंगाल के भविष्य को लेकर कुछ कहा था (जो बाद में बांग्लादेश बना)। इन सब बातों को ध्यान में रखकर हम कह सकते हैं कि ये कहना ग़लत है कि पाकिस्तान बनने या देश के विभाजन के पीछे इक़बाल थे, ये भ्रमित करने जैसा है।

अल्लामा इक़बाल की शायरी बहुआयामी है इसमें हमें ग़ालिब का भावार्थ मिलता है। हाली और शिबली की सामाजिक चेतना, इस्लाम के पुनरुत्थान का सपना, और देश के प्रति अथाह प्रेम, फिर भी इसके बावजूद उनके अन्दर पनप रहे अलगाव को हम भूल नहीं सकते जिसका उत्थान उनके अन्तिम काल में हमें नज़र आता है। धरती से उनका लगाव सच्चा था। वो सियालकोट में जन्मे थे। उनके वंशज कश्मीरी सप्रू ब्राह्मण थे। जिन्होंने इस्लाम को अपना लिया था। अपने इंग्लैंड के दौर से पहले लिखी शायरी में राष्ट्रीयता का प्रचार करते वो साफ़ नज़र आते हैं। हालाँकि वो अपनी प्रसिद्धि के शिखर पर एक ऐसे शायर के रूप में जाने जाते थे जो अपने को विश्व स्तर पर एक इस्लामिक विचारधारा का व्यक्ति स्थापित कर रहा था। उनके लेख भी इसी विचारधारा से प्रेरित थे और जो एक मुस्लिम बाहुल्य राज्य का सपना देखते थे। फिर भी हम कह सकते हैं कि उन्होंने अपने अन्दर के देशभक्त और राष्ट्रवादी को जीवित रखा। इसका सबसे बड़ा उदाहरण है उनका संग्रह 'बाँग-ए दरा' जो 1924 में प्रकाशित हुआ जिसके पहले पृष्ठ पर ही संस्कृत के दार्शनिक भर्तृहरि द्वारा लिखित दोहे का अनुवाद है :

फूल की पत्ती से कट सकता है हीरे का जिगर
मर्द-ए नादाँ पर कलाम-ए नर्म-ओ नाज़ुक बेअसर

'बांग-ए दरा' में सम्मिलित कई कविताएँ हैं जहाँ हमें भारत देश की सभ्यता, संस्कृति और प्राकृतिक सौन्दर्य का उल्लेख मिलता है। इस संग्रह में एकत्रित

की गयी अनगिनत कविताओं में एक कविता है 'हिमालय'। इन्हीं कविताओं में ऋषियों-मुनियों, भगवान श्रीराम, गुरु नानक, स्वामी रामतीर्थ और कई जगह पर भगवान बुद्ध के विचारों का समन्वय है। इसी में एक लघु कविता है जिसे वैदिक श्लोक गायत्री मन्त्र को आधार बनाकर लिखा है। इक़बाल ने इसका शीर्षक 'आफ़ताब' रखा है। इक़बाल वैचारिक रूप से साम्राज्यवाद के ख़िलाफ़ थे। उन्होंने पश्चिमी सभ्यता का भी बहिष्कार किया। उन्होंने काफ़ी कुछ प्रेरणादायक इस्लामिक शायरी फ़ारसी में की ताकि उसको विश्व स्तर पर समझा जा सके। और ग़ालिब की तरह उन्होंने भी फ़ारसी में लिखने के बाद भी उर्दू भाषा को नहीं छोड़ा। उनकी कुछ ऐसी कविताएँ जो राष्ट्रप्रेम और देशभक्ति की भावना से प्रेरित हैं उनमें 'तराना-ए हिन्दी', 'नया शिवाला' और हिन्दुस्तानी बच्चों का क़ौमी गीत, अपना एक विशेष स्थान रखते हैं जो आज भी अद्वितीय है। उनकी विचारधारा में आने वाले बदलाव के बावजूद इक़बाल की कलाकृतियाँ अजर और अमर हैं। प्रस्तुत हैं कुछ अद्वितीय न मूने :

तराना-ए-हिन्दी

सारे जहाँ से अच्छा हिन्दोस्ताँ हमारा
हम बुलबुलें हैं इसकी ये गुलसिताँ हमारा
पर्बत वो सबसे ऊँचा हमसाया आसमाँ का
वो संतरी हमारा वो पासबाँ हमारा
गुरबत में हों अगर हम रहता है दिल वतन में
समझो हमें वहीं भी दिल हो जहाँ हमारा
गोदी में खेलती हैं जिसकी हज़ारों नदियाँ
गुलशन है जिनके दम से रश्क-ए जिनाँ हमारा
ऐ आब-ए रुद-ए गंगा वो दिन हैं याद तुझको
उतरा तेरे किनारे जब कारवाँ हमारा
मज़हब नहीं सिखाता आपस में बैर रखना
हिन्दी हैं हम वतन है हिन्दोस्ताँ हमारा
यूनान-ओ मिस्र-ओ रोमा सब मिट गये जहाँ से
अब तक मगर है बाक़ी नाम-ओ निशाँ हमारा
कुछ बात है कि हस्ती मिटती नहीं हमारी
सदियों रहा है दुश्मन दौर-ए ज़माना हमारा
इक़बाल कोई मरहम अपना नहीं जहाँ में
मालूम क्या किसी को दर्द-ए निहाँ हमारा

नया शिवाला

सच कह दूँ ऐ ब्रहमन गर तू बुरा न माने
तेरे सनम-कदों के बुत हो गये पुराने
अपनों से बैर रखना तू ने बुतों से सीखा
जंग-ओ जदल सिखाया वाईज़ को भी ख़ुदा ने
तंग आके मैंने आख़िर दैर-ओ हरम को छोड़ा
वाइज़ का वाज़ छोड़ा छोड़े तेरे फ़साने
पत्थर की मूरतों में समझा है तू ख़ुदा है
ख़ाक-ए वतन का मुझको हर ज़र्रा देवता है
आ ग़ैरियत के पर्दे इक बार फिर उठा दें
बिछड़ों को फिर मिला दें नक़्श-ए दुई मिटा दें
सूनी पड़ी हुई है मुद्दत से दिल की बस्ती
आ इक नया शिवाला इस देश में बना दें
दुनिया के तीरथों से ऊँचा हो अपना तीरथ
दामान-ए आसमाँ से इसका कलस मिला दें
हर सुबह उठ के गाये मंतर वो मीठे-मीठे
सारे पुजारियों को मय प्रीत की पिला दें
शक्ति भी शान्ति भी भक्तों के गीत में है
धरती के वासियों की मुक्ति प्रीत में है

हिन्दुस्तानी बच्चों का क़ौमी गीत

चिश्ती ने जिस ज़मीं में पैग़ाम-ए हक़ सुनाया
नानक ने जिस चमन में वहदत का गीत गाया
तातारियों ने जिसको अपना वतन बनाया
जिसने हिजाज़ियों से दश्त-ए अरब छुड़ाया
मेरा वतन वही है मेरा वतन वही है
यूनानियों को जिसने हैरान कर दिया था
सारे जहाँ को जिसने इल्म-ओ हुनर दिया था
मिट्टी को जिसकी हक़ ने ज़र का असर दिया था
तुर्कों का जिसने दामन हीरों से भर दिया था
मेरा वतन वही है मेरा वतन वही है

टूटे थे जो सितारे फ़ारस के आसमाँ से
फिर ताब दे के जिसने चमकाये कहकशाँ से
वहदत की लय सुनी थी दुनिया ने जिस मकाँ से
मीर-ए अरब को आयी ठण्डी हवा जहाँ से
मेरा वतन वही है मेरा वतन वही है
बन्दे कलीम जिसके पर्वत जहाँ के सीना
नौह-ए नबी का आकर ठहरा जहाँ सफ़ीना
रिफ़अत है जिस ज़मीं की बाम-ए फ़लक का जीना
जन्नत की ज़िन्दगी है जिसकी फ़ज़ा में जीना
मेरा वतन वही है मेरा वतन वही है

इस काल में और भी बहुत से शायर थे जिनके विषय में ऊपर बात हो चुकी है जिनमें अकबर इलाहाबादी, हसरत मोहानी, मोहम्मद अली जौहर, बृज नारायण चकबस्त, ज़फ़र अली ख़ाँ के नाम उल्लेखनीय हैं। पर इस काल को अल्लामा इक़बाल का युग ही कहा जायेगा जिन्होंने अपना सर्वस्व न्योछावर कर दिया। अपनी सारी क्षमता और ज्ञान को एक दार्शनिक कवि के रूप में प्रस्तुत किया। वो एक उल्लेखनीय इस्लामी चिन्तक थे न कि एक राजनीतिक कार्यकर्ता। यद्यपि उनकी शायरी राजनयिक कार्यविधियों के समान्तर रही पर उन्होंने सियासत से अपने को दूर रखा। विशेषकर नेता के रूप में एक कवि के रूप में उन्होंने केवल उन्हीं विषयों को छुआ जिनका सीधा सम्बन्ध सामाजिक मुद्दों से था। वो एक स्वतन्त्रता प्रेमी व्यक्तित्त्व के मालिक थे। वो एक धर्मनिरपेक्ष देशभक्त थे। उन्होंने कई ऐसे लेख भी लिखे जिनमें उन्होंने बताया कि किस प्रकार ब्रिटिश साम्राज्य ने भारत की अर्थव्यवस्था को क्षति पहुँचायी, किस प्रकार हमारे देश को औद्योगिक रूप से पिछड़ा बनाया और किस प्रकार भारत में ग़रीबी ने अपना डेरा जमाया। इक़बाल ने अपनी शायरी में ब्रिटिश साम्राज्य के विरोध में अपनी भावनाओं को बहने से नहीं रोका जिसका उदाहरण ये निम्न पंक्तियाँ हैं :

दयार-ए मग़रिब में रहने वालों ख़ुदा की बस्ती दुकाँ नहीं है
खरा जिसे तुम समझ रहे हो वो अब ज़र कम अय्यार होगा
तुम्हारी तहज़ीब अपने ख़ंजर से आप ही ख़ुदकुशी करेगी
जो शाख़-ए नाज़ुक पे आशियाँ बनेगा ना-पायेदार होगा

अल्लामा इक़बाल ने इस्लामिक धर्मशास्त्र और दर्शन को अपनी शायरी का एक बड़ा हिस्सा बनाया। एक और बात जो सम्भवतः कम लोग जानते हैं कि उन्होंने बारह हज़ार शेरों में से 7000 फ़ारसी में लिखे है। उनकी फ़ारसी

शायरी का उल्लेख हम कर ही चुके हैं। अगर बात उनके संग्रहों की की जाये तो 'बांग-ए दरा' तो सर्वोपरि है, इसके अतिरिक्त 'असरार-ए ख़ुदी' और 'जावेद नामा' फ़ारसी में लिखे हैं। इक़बाल ने देश में पनप रहे हारे हुओं की भावना पर अपनी एक नज़्म में शोक जताया। प्रस्तुत है उनके उर्दू संग्रह 'ज़र्ब-ए कलीम' से ली गयी वही नज़्म :

तस्वीर-ए-दर्द

नहीं मिन्नत-कश-ए ताब-ए शुनीदन दास्ताँ मेरी
ख़मोशी गुफ़्तगू है बेज़बानी है ज़बाँ मेरी
ये दस्तूर-ए ज़बाँ-बन्दी है कैसा तेरी मेहफ़िल में
यहाँ तो बात करने को तरसती है ज़बाँ मेरी
रूलाता है तेरा नज़्ज़ारा ऐ हिन्दोस्ताँ मुझको
कि इबरत-ख़ेज़ है तेरा फ़साना सब फ़सानों में
दिया रोना मुझे ऐसा कि सब कुछ दे दिया गोया
लिखा किल्क-ए अज़ल ने मुझ को तेरे नौहा ख़्वानों में

वतन की फ़िक्र कर नादाँ मुसीबत आने वाली है
तेरी बरबादियों के मशवरे हैं आसमानों में
ज़रा देख उसको जो कुछ हो रहा है होने वाला है
धरा क्या है भला अहद-ए कुहन की दास्तानों में

ये ख़ामोशी कहाँ तक लज़्ज़त-ए फ़रियाद पैदा कर
ज़मीं पर तू हो और तेरी सदा हो आसमानों में
न समझोगे तो मिट जाओगे ऐ हिन्दोस्ता वालो
तुम्हारी दास्ताँ तक भी न होगी दास्तानों में

जलाना है मुझे हर शमअ-ए दिल को सोज़-ए पिन्हाँ से
तेरी तारीक रातों में चराग़ाँ करके छोड़ूँगा
पिरोना एक ही तस्बीह में इन बिखरे दानों को
जो मुश्किल है तो इस मुश्किल को आसाँ करके छोड़ूँगा

शुआ-ए-उम्मीद

सूरज ने दिया अपनी शुआओं को ये पैग़ाम
दुनिया है अजब चीज़ कभी सुबह कभी शाम

इक़ शोख़ किरन शोख़ मिसाल-ए निगह-ए हूर
आराम में फ़ारिग़ सिफ़त-ए जौहर-ए सीमाब
बोली कि मुझे रुख़्सत-ए तनवीर अता हो
जब तक न हो मशरिक़ का हर इक़ ज़र्रा जहाँताब
छोड़ूँगी न मैं हिन्द की तारीक फ़िज़ाँ को
जब तक न उठें ख़्वाब से मर्दान-ए गिराँ ख़्वाब
ख़ावर की उम्मीदों का यहीं ख़ाक है मर्कज़
इक़बाल के अश्कों से यही ख़ाक है सैराब
इस ख़ाक से उठे है वो ग़व्वास-ए मआनी
जिनके लिए हर बहर-ए पुर-आशोब है पायाब
बुतख़ाने के दरवाज़े पे सोता है ब्रहमन
तक़दीर को रोता है मुसलमाँ तह-ए मेहराब
फ़ितरत का तक़ाज़ा है कि हर शब को सहर कर

(अली जव्वाद ज़ैदी; नग्मा-ए-आज़ादी, पृ. 24)

ये सभी नज़्में मर्मस्पर्शी होने के साथ-साथ शायर की देशभक्ति की भावना को भी उजागर करती हैं। इक़बाल का दिमाग़ अपने अन्दर एक अजब-सी जादुई शक्ति रखता था जो सदैव ध्यानमग्न रहता था। अपने यूरोप की यात्राओं में उन्होंने वहाँ पनप रहे फ़ासीवाद को क़रीब से देखा। सम्भवतः यही कारण रहा हो जिससे प्रेरित होकर उन्होंने अपने अन्दर पनपने वाले इस्लामिक चिन्तन को उचित ठहराया। इक़बाल जो एक समय कहते हैं :

पत्थर की मूरतों में समझा है तू ख़ुदा है
ख़ाक-ए वतन का मुझको हर ज़र्रा देवता है

वही इक़बाल बाद में 'बाँग-ए दरा' की एक नज़्म वत्नियत में कहते हैं :

इन ताज़ा ख़ुदाओं में बड़ा सबसे वतन है
जो पैराहन है इसका वो मज़हब का क़फ़न है

यह एक दृष्टिकोण है जो राष्ट्र और धर्म को अलग करता है। इक़बाल इस विचार के विरुद्ध थे वो राष्ट्र और धर्म को एक साथ देखते थे क्योंकि यही इस्लाम कहता है। अंग्रेज़ों के दौर में भी काफ़ी उतार-चढ़ाव इसी कारण से देखने में आये जहाँ फ़िरंगियों ने एक धर्म को दूसरे से लड़वाया। लन्दन की गोल मेज़ कांफ्रेस के विफ़ल होने का यही बड़ा कारण था। अंग्रेज़ी सरकार ने एकमत होकर 1923 में धार्मिक पुरस्कार घोषित किया। कांग्रेस ने इसकी भर्त्सना की, मुस्लिम लीग ने सराहा। पर यह अवार्ड एक क़ानून के रूप में घोषित कर दिया गया। ऐसा माना जाता है कि इक़बाल ने इसका स्वागत किया। और इसी एवार्ड ने देश के

विभाजन की नींव रखी। ये वो समय था जब इक़बाल मोहम्मद अली जिन्ना के सम्पर्क में थे जहाँ वो अपनी मुस्लिम बाहुल्य राज्य की बात कर रहे थे जिसकी रूपरेखा उन्होंने अपने इलाहाबाद के अभिभाषण में रखी थी।

इससे पहले कि हम आगे बढ़ें, आईए एक नज़र डालते हैं इक़बाल की शायरी के उस आयाम पर जहाँ श्रीराम, गुरु नानक इत्यादि का वो गुणगान कर रहे हैं। ये उनका स्वामी रामतीर्थ को समर्पण है जो 1904 में उनके घनिष्ठ मित्र भी थे।

है राम के वुजूद पर हिन्दोस्ताँ को नाज़
अहले-नज़र समझते हैं इसको इमाम-ए हिन्द

इक़बाल की शायरी की महानता इसमें भी है कि गुरु नानक पर लिखी एक नज़्म में वो उनको गौतम बुद्ध के समकक्ष मानते हैं। नानक के मानवतावाद से वो काफ़ी प्रेरित हैं। वो भगवान बुद्ध की वाणी और उनके विचारों का आदर करते हुए कहते हैं कि भगवान बुद्ध के विचारों का भारतीयों ने आदर नहीं किया जितना कि विदेशों में उनकी सराहना हुई। और उसी पैग़ाम को शताब्दियों के बाद सन्त गुरु नानक ने मानवता को परोसा। ज़रा इक़बाल के इन शब्दों को देखें कि वो किस प्रकार हमारी अन्तरात्मा को जाग्रत करते हैं, किस प्रकार हमारे अपने अस्तित्त्व और मानवता की बात को इक़बाल इन शब्दों में उठाते हैं :

क़ौम ने पैग़ाम-ए गौतम की ज़रा परवाह न की
क़द्र पहचानी न अपने गौहर-ए यकदाना की
बरहमन सरशार है अब तक मय-ए पिंदार में
शमा-ए गौतम जल रही है महफ़िल-ए अग़यार में
बुतकदा फिर बाद मुद्दत के मगर रौशन हुआ
नूर-ए इब्राहीम से आज़र का घर रौशन हुआ
फिर उठी आख़िर सदा तौहीद की पंजाब से
हिन्द को इक़ मर्द-ए कामिल ने जगाया ख़्वाब से

इक़बाल की शायरी में एक बात बड़ी है वो है उनकी दूरदर्शिता। यद्यपि हसरत मोहानी को उर्दू शायरी का पहला कम्यूनिस्ट शायर (प्रगतिशील) मानते हैं, पर यदि हम देखें तो हमें इक़बाल के यहाँ प्रगतिशील विचारधारा से पहले ही इस विचार पर लेख मिलता है। 1921 में उनके द्वारा लिखे इस शेर को देखें :

आशना अपनी हक़ीक़त से हो दहकाँ ज़रा
दाना तू खेती भी तू बाराँ भी तू हासिल भी तू

अपनी नज़्म सरमाया-ओ मेहनत में इक़बाल एक मज़दूर से कहते हैं :

उठ के बज़्म-ए जहाँ का और ही अन्दाज़ है
मशरिक़-ओ मग़रिब में तेरे दौर का आगाज़ है

(अब्दुल रज़्ज़ाक़ क़ुरैशी, नवा-ए-आज़ादी, पृ. 249)

अल्लामा इक़बाल के अन्तिम संग्रह 'अरमुग़ान-ए हिजाज़' (1938) में एक नज़्म है इब्लीस की मजलिस-ए शूरा जो कि एक लम्बी नज़्म है। इसमें अल्लामा ने मार्क्स को नीस्त पैग़म्बर वलेकिन बग़ल दारद किताब कहा है जिसका अर्थ है कि वो पैग़म्बर तो नहीं है पर उनकी बग़ल में किताब है। इस सन्दर्भ में कहा जा सकता है कि ये मार्क्स के प्रति उनकी श्रद्धांजलि है।

आम तौर पर कहा जाता है कि ज़फ़र अली ख़ाँ अगर शायरी को राजनीति पर न्योछावर न करते तो दूसरे जोश होते। यह बात किसी हद तक उचित भी है। ज़फ़र अली ख़ाँ शेर कहने के गुण रखते थे और समय-समय पर मौक़ा देखकर कह डालते थे। उन्होंने राजनैतिक और संघर्ष से जुड़े मुद्दों पर कह कर उनको ऊँचाइयाँ प्रदान कीं। पर ऐसा करके अपनी शायरी का स्तर गिरा दिया। चूँकि समाचार लेखन इनका दैनिक कार्य था, राजनीति के हित और मजबूरियों के चलते बहुत अधिक लिखना पड़ा जिसके कारण इनकी गुणवत्ता विशेषकर शायरी पर प्रभाव पड़ा और इनके कलाम में साहित्यिक रंग का अभाव रहा।

ज़फ़र अली ख़ाँ पंजाब के रहने वाले थे और अलीगढ़ से शिक्षा प्राप्त की थी। वह अपनी शायरी में उस्ताद दाग़ से सलाह लेते थे लेकिन उनको आस्था शिब्ली के प्रति थी। शिब्ली की सत्यवादिता से वो प्रभावित थे। उन्हें उनका साहस, संघर्ष प्रेम और राष्ट्रप्रेम बहुत अच्छा लगता था। उन्होंने शिब्ली से काफ़ी कुछ सीखा। अपने देश भारत से जो प्रेम उनको था इस बात को इन शेरों की सहायता से भली-भाँति समझा जा सकता है :

नाक़ूस से ग़रज़ है न मतलब अज़ाँ से है
मुझको अगर है इश्क़ तो हिन्दोस्ताँ से है
तहज़ीब-ए हिन्द का नहीं चश्मा अगर अज़ल
ये मौज-ए रंग-रंग फिर आयी कहाँ से है
ज़र्रे में गर तड़प है तो इस ख़ाक़-ए पाक से
सूरज में रोशनी है तो इस आसमाँ से है

इनका राजनैतिक पन्थ वही था जो शिब्ली या मोहम्मद अली का था। वो मुसलमानों में व्यक्तिगत और सामूहिक भावना को जागरण स्वतन्त्रता के प्रति करने के इच्छुक थे और चाहते थे कि मुसलमान आगे बढ़ें और राजनीति में अपना महत्त्वपूर्ण स्थान बनाये। अंग्रेज़ी शासन के वो कट्टर विरोधी थे और भारत को एक स्वतन्त्र और आत्मनिर्भर देश के रूप में देखने की तमन्ना रखते थे। इसी भावना को उन्होंने अपनी अनगिनत नज़्मों में पिरोया। इनमें से अधिकतर संघर्ष से प्रेरित हैं पर 'शोला फ़ानूस-ए हिन्द', 'इंक़लाब-ए हिन्द', 'क़ानून-ए वक़्त', और 'दावत-ए अमल' आज भी पढ़ने लायक़ हैं। इनका व्यक्तित्त्व बड़ा

रंगा रंग था। आल-ए अहमद सुरूर इनके बारे में लिखते हैं "वो भाषण देते हैं तो ऐसा प्रतीत होता है कि कोई मानो क्रान्तिकारी नारा लगा रहा है जो दिल में घुसता जा रहा है। लिखते हैं तो लगता है कि हिमालय से झरने उबल पड़े हों।" ज़फ़र अली ख़ाँ गाँधी जी के विश्वास पात्र थे। इसकी अभिव्यक्ति भी कई जगह हुई है। उदाहरण के तौर पर इनकी ये नज़्म 'एलान-ए जंग' से कुछ शेर देखें :

गाँधी जी ने आज जंग का एलान कर दिया
बातिल से हक़ को दस्त-ओ गिरेबान कर दिया
सर रख दिया रज़ा-ए ख़ुदा की हरीम पर
ख़ंजर को फिर हवाला-ए शैतान कर दिया
हिन्दोस्ताँ में एक नयी रूह फूँक कर
आज़ादी-ए हयात का सामान कर दिया
दुश्मन में और दोस्त में होने लगी तमीज़
कितना बड़ा ये मुल्क पे एहसान कर दिया
देकर वतन को तर्क-ए मवालात का सबक़
मिल्लत की मुश्किलात को आसान कर दिया
शेख़ और बरहमन में बढ़ाया वो इत्तेहाद
गोया उन्हें दो क़ालिब व यक जान कर दिया
औराक़-ए जब्र-ओ ज़ोर-ओ जफ़ा को बिखेर कर
शीराज़ा सल्तनत का परेशान कर दिया
परवरदिगार ने कि वो है आदमी शिनास
गाँधी को भी ये मर्तबा पहचान कर दिया

और इन शेरों में गाँधीजी के सिद्धान्तों की प्रतिध्वनि सुनाई देगी :

सब्र वाले छा रहे हैं जब्र की अक़लीम पर
हो गया फ़रसूदा शमशीर-ओ सनाँ का इंक़लाब

वो मुश्किलें जिन्हें हल जब्र कर नहीं सकता
ब-ज़ोर सब्र उन्हें आसाँ बना के छोड़ूँगा

हिन्दू और मुसलमानों की परस्पर एकता को लेकर सन्देश देते हैं :

हिन्दू जो शीर हों तो मुसलमान हों शकर
दोनों में इत्तेफ़ाक़ का रिश्ता बढ़ाये जा

परन्तु वो ज़्यादा देर तक एकता के इस पौधे को सींच न सके। 1931 में कराची सेशन के पश्चात् वह कांग्रेस से अलग हो गये। इसके बाद उन्होंने नीली पोश क्रान्ति आरम्भ की और मजलिस-ए एहरार को सहयोग दिया। पर कुछ समय

पश्चात् इसे भी छोड़ दिया और मुस्लिम लीग से जुड़ गये। वो अति संवेदनशील और भावनात्मक स्वभाव के कारण राजनीति की तरह शायरी और साहित्य के संसार में भी कोई विशेष स्थान प्राप्त कर नहीं सके। पर इस बात को भी नकारा नहीं जा सकता कि उन्होंने अपनी नज़्म और लेखों द्वारा राष्ट्रीय संघर्ष में बड़ा योगदान दिया और ऐसा करके देश और राष्ट्र की सेवा की।

ज़फ़र अली ख़ाँ अपनी शायरी को राजनीति से जितना निकट ले आये, हसरत ने उसे राजनीति से उतना ही दूर रखा। हसरत मोहानी स्वतन्त्रता संग्राम के इतिहास में अपने प्रेमभाव, साहस, जोश और हौसले के कारण सदैव याद रखे जायेंगे। इनका स्थान उस समय की महत्त्वपूर्ण और दिग्गज राजनैतिक हस्तियों में माना जाता था। पर अपने जोश और भावना और बेजिगरी के कारण प्रायः वो जल्दबाज़ी और अतिवाद का शिकार हो जाते थे। इनमें सबसे बड़ी कमी यही थी कि वो अपनी बिजली की सी तेज़ी के कारण लोगों को अपने साथ लेकर चल नहीं पाते थे।

हसरत का यह क़तअ उस ज़माने की याद दिलाता है जब प्रथम विश्वयुद्ध के दौरान मुसलमानों के अधिकतर बड़े लीडरों को तुर्की से हमदर्दी रखने के कारण गिरफ़्तार कर लिया गया था :

एहरार वतन परस्त ओ हक़ कोश
था जिनसे दयार-ए सिद्क़ आबाद
सब हो गये बन्द एक हसरत
बाक़ी है अबुल कलाम आज़ाद

कुछ समय बाद अबुल कलाम आज़ाद भी गिरफ़्तार हुए और हसरत भी क़ैद कर लिए गये। कहते हैं :

कुछ मेरे दिल ही से मख़सूस नहीं लज़्ज़त-ए ग़म
ख़ुश इसी हाल में जौहर भी है आज़ाद भी है

हसरत ने पहले ललितपुर में फिर मेरठ में क़ैद की कठिनाइयों को झेला। उसी ज़माने में मुसलमान लीडरों के एक शिष्टमण्डल ने वायसराय से भेंट की। इस मण्डल में अली बंधु, हकीम अजमल ख़ाँ और डॉ. अंसारी के अतिरिक्त हसरत भी थे। उन्होंने बड़ी गर्मजोशी से बातचीत में भाग लिया। जब विदा होने लगे तो वायसराय से हाथ भी न मिलाया और बाहर निकल आये।

ख़िलाफ़त संघर्ष के समय हिन्दू और मुसलमानों के बीच एकता से राष्ट्रीय संघर्ष में गहराई और तेज़ी आ गयी थी। हसरत इस ज़माने में सद्भाव एकता और बन्धुत्व पर ज़ोर देते हुए कहते हैं :

क़ौमों की तरक़्क़ी के हैं कुछ और ही असबाब
जो डाक पे मौक़ूफ़ हैं न तार पे मौक़ूफ़
क़ुव्वत की जो पूछो तो यह होती है हमेशा
अक़वाम में अफ़राद के ईसार पे मौक़ूफ़
कुछ शक नहीं इसमें कि वतन की है तरक़्क़ी
हम-रिश्तगी सब्हा-ओ ज़िन्नार पे मौक़ूफ़

असहयोग के आन्दोलन में हसरत ने बढ़ चढ़ कर भाग लिया। 1921 में कांग्रेस के अहमदाबाद अधिवेशन में हसरत ने कांग्रेस का उद्देश्य 'मुकम्मल आज़ादी' (सम्पूर्ण स्वतन्त्रता) घोषित करना चाहा। गाँधीजी ने उन्हें इसकी अनुमति नहीं दी और यह प्रस्ताव सफल न हो सका। हसरत इसके पश्चात् कांग्रेस से अलग हो गये, इनके ये शेर 1921 से दो या तीन साल पूर्व के हैं, लेकिन उनके संकल्प ने इनकी भावनाओं में जो तीव्रता डाल दी थी इसकी पूरी तरह अभिव्यक्ति करते हैं :

अपना सा ज़ौक़ औरों में लाएँ कहाँ से हम
घबरा गये हैं बेदिली-ए हम-रहाँ से हम
कुछ ऐसी दूर भी तो नहीं मंज़िल-ए मुराद
लेकिन ये जब कि छूट चलें कारवाँ से हम

बाद में हसरत साझा रूल को मानने लगे और इस्लामी समाजवाद को मान लिया। प्रथम 'ऑल इंडिया कम्यूनिस्ट कांग्रेस' 1926 कानपुर में आयोजित हुई, इसका स्वागत भाषण हसरत ही ने पढ़ा था।

उर्दू नज़्म में राजनीतिक विषय जोड़ने की पहल का श्रेय शिब्ली को दिया जाता है। अकबर, इक़बाल, चकबस्त और ज़फ़र अली ख़ाँ ने इस परम्परा को आगे बढ़ाया। पर यदि देखें तो ग़ज़ल में राजनीति के लेख या छाप हमको हसरत के यहाँ पहली बार दिखती है। सियासी ग़ज़लें मोहम्मद अली जौहर ने भी कहीं, पर जो चीज़ दूसरों के यहाँ खाने में नमक के समान हैं हसरत के यहाँ वही चर्चा का विषय है। हसरत के इसी अन्दाज़ के कलाम के श्रेष्ठ उदाहरण ये दो ग़ज़लें हैं :

रस्म-ए ज़फ़ा कामियाब देखिए कब तक रहे
हुब्ब-ए वतन मस्त-ए ख़्वाब देखिए कब तक रहे

ऐ कि निजात-ए हिन्द की दिल से है तुझको आरज़ू
हिम्मत-ए सरबुलन्द से यास का इंसदाद कर

देखा जाये तो हसरत के यहाँ इस तरह की ग़ज़लों की संख्या अधिक नहीं है। इसी कारण कुछ आलोचकों का कहना है कि ग़ज़ल में हसरत का व्यक्तित्त्व उभर कर नहीं आता। वास्तविकता यह है कि हसरत के यहाँ आशिक़ी और उसके

हावभाव पर इनका राष्ट्रवादी रूप भारी पड़ता दिखाई देता है। वैसे यह प्रभाव सीधे नहीं है। मजनूँ गोरखपुरी ने लिखा है। "हसरत का व्यक्तित्त्व सर्वव्यापी था। वो शायर के अतिरिक्त बहुत कुछ थे। और जो कुछ वो जीवन की दूसरी दिशाओं में थे उससे उनकी शायरी पर भी प्रभाव पड़ा। इनकी शायरी ने 'चक्की की मशक़्क़त' को इनके लिए ईश्वर की पूँजी और 'चक्की की मशक़्क़त' ने इनकी शायरी के भाव और स्वरूप को भी तय किया। अंग्रेज़ों की क़ैद में हसरत ने पीठ पर जो कोड़े खाये वो इनकी ग़ज़ल कहने के प्रशिक्षण और संस्कृति में संरचनात्मक तत्त्व की तरह आकर बस गये। हसरत की ग़ज़ल में दुख और पीड़ा का जो भाव है वो इस ख़तरनाक उच्च सद्भाव के साथ प्रदर्शन कर रहा है।(1)

उस समय के प्रसिद्ध शायरों में जोश मलीहाबादी भी काफ़ी लोकप्रिय हैं। जोश नज़्म कहने वाले समकालीन कवियों में अपना एक अलग स्थान रखते हैं। इनकी शायरी अपनी कुछ कमियों के होते हुए भी अपना एक अलग स्थान रखती है। उर्दू शायरी को राजनीतिक क्रान्ति की अवधारणा इक़बाल ने दी थी पर इसे क्रान्तिकारी सामंजस्य जोश ने प्रदान किया। जोश से पूर्व उर्दू शायरी में देशप्रेम पर धर्म की छाप थी। जोश ने इसे व्यापक राष्ट्रीय भावना प्रदान की और इंक़लाबी सामंजस्य से इसका परिचय कराया। आले अहमद सुरूर का कहना है "जोश में विचार की गहराई कम है पर सम्बोधन का दमख़म अधिक है। लेकिन इस वास्तविकता को भी नकारा नहीं जा सकता कि इनके द्वारा लिखी गयीं क्रान्तिकारी नज़्मों की घन गरज और ज़ोरशोर राष्ट्रीय संघर्ष से जूझ रहे समय की उपयुक्त व्याख्या करता है।" इनके क्रान्तिकारी स्वभाव का पहला और सर्वश्रेष्ठ उदाहरण है इनकी नज़्म 'शिकस्त-ए ज़िन्दा का ख़्वाब' जो 1921 में लिखी गयी। अपनी राष्ट्रीय भावना, तीव्र भावुकता, जोश-ओ जुनून, वैभवशाली रूपकों और तूफ़ानी उपमाओं के सहारे यह नज़्म कविता के कठोर से कठोर चयन में अपना स्थान बना सकती है। इनकी बहुचर्चित दीर्घ नज़्म 'ज़वाल-ए जहाँबानी' भी उसी काल में लिखी गयी। यूँ देखा जाये तो इनकी शायरी की शुरुआत प्रथम विश्वयुद्ध के बाद हुई, पर इसका वास्तविक रंग सिविल अवज्ञा (1929) और प्रगतिशील आन्दोलन के दौर में निखर कर सामने आया। हम इस पर आगे बात करेंगे।

इन शायरों के अतिरिक्त जिनका ज़िक्र ऊपर किया गया, अनेक दूसरे शायरों ने भी राष्ट्रीय और राजनैतिक आन्दोलनों से प्रेरित होकर नज़्में लिखीं और क़ौम को सजग रहने का सन्देश दिया। ऐसे शायरों में महत्त्वपूर्ण ये हैं :

1. हसरत मोहानी की राजनीतिक कविता की अधिक जानकारी के लिए देखें भाग चार।

सैयद सुलेमान नदवी, तिलोक चन्द मेहरूम, अफ़सर मेरठी, अहमक़ फफूँदवी, जिगर मुरादाबादी, हफ़ीज़ जालंधरी, आनन्द नारायण मुल्ला और रविश सिद्दीक़ी। सैयद सुलेमान नदवी ने 1991 में पत्रिका 'सुबह-ए उम्मीद' में जिसके चकबस्त सम्पादक थे, एक नज़्म 'क़दीम और जदीद तर्ज़-ए हुकूमत' के शीर्षक के अन्तर्गत लिखी थी। इसमें अंग्रेज़ों की पूँजीवादी व्यवस्था की तुलना शहंशाही से की और ऐसा करते हुए कहा कि हालाँकि इन्सानों के राज्य में न्याय के सिद्धान्त और शिष्टाचार तय नहीं होते और राजा अपनी इच्छानुसार मौज मस्ती में जो चाहे कर गुज़रते थे, पर अंग्रेज़ों की सरकार इससे भी गयी गुज़री है। क्योंकि पहले सख़्ती और अत्याचार का केन्द्र केवल राजा का व्यक्तित्त्व होता था पर यहाँ तो सारे का सारा शासक वर्ग क्रूर और क़ातिल बना हुआ है। वहीदुद्दीन सलीम ने अपनी नज़्म 'वतन से ख़िताब' में भारत की औद्योगिक दुर्दशा का विलाप किया है और अपने देशवासियों के दिलों में औद्योगिक प्रगति की भावना को जाग्रत करने का प्रयास किया है। 'हिन्दोस्तान की सरगुज़िश्त पहाड़ों की ज़ुबान से' में उन्होंने देश को एकजुट होने और मिलजुल कर चलने का सन्देश दिया। नियाज़ फ़तेहपुरी की नज़्में 'दावत-ए दर्द', 'ख़ुद फ़रामोश' और 'दर्स-ए फ़ना' ख़िलाफ़त आन्दोलन के उत्साही युग का स्मरण कराती हैं। इक़बाल सुहेल ने अपनी नज़्म 'बन जाये नशेमन तो कोई आग लगा दे' में क़ौम को आन्दोलन और कार्रवाही की प्रेरणा दी, और खुले शब्दों में कहा कि यद्यपि हमारा युद्ध अत्याचारियों से है पर 'जाँबाज़-ए वतन डरते हैं कब अहल-ए जफ़ा से'। अख़्तर शीरानी ने इस विषय में साफ़ तौर पर तो कुछ नहीं कहा पर उन्होंने अपने एक गीत 'लोरी' में एक बच्चे के भविष्य में स्वतन्त्रता के स्वप्न की व्याख्या का प्रत्यत्न किया। तिलोक चन्द मेहरूम राष्ट्र और देश के प्रति अपने हृदय में काफ़ी सहानुभूति और पीड़ा समाए थे। स्वदेशी आन्दोलन, जलियाँवाला बाग़, असहयोग आन्दोलन इत्यादि से सम्बन्धित उनकी नज़्में साम्राज्यवाद से नफ़रत के विष में डूबी हुई हैं।

हिन्दुओं और मुसलमानों में भाईचारे और एकता बढ़ाने के लिए भी मेहरूम ने कई नज़्में लिखीं। इनमें अंग्रेज़ों की राजनीतिक चालों पर तीव्र प्रहार किया। पाखण्ड की बुराइयों और एकता की अच्छाइयों को बताया और एक होकर स्वतन्त्रता संग्राम में विजयी होने का सुख सन्देश दिया। 'हिन्दू मुस्लिम' मेहरूम की एक दीर्घ कविता है। इसमें बताया है कि अगर हम असावधान, अनजान और बेशर्म हैं तो हमें हिन्दुस्तानी कहलाने का कोई अधिकार नहीं। हिन्दू या मुसलमान वही है जिसका आचरण सदाचारी है और जिसके हृदय में धर्म से प्रेम

के साथ-साथ देशप्रेम की भावना भी कूट-कूटकर भरी है।[1]

अफ़सर मेरठी की नज़्में 'वतन का राग', 'भारत प्यारा भारत प्यारा', 'हमारा वतन' और 'जैसा मेरा देश है अफ़सर ऐसा कोई देश नहीं' देशप्रेम की भावना में लिप्त हैं। यह नज़्में अपनी सादगी और सरलता, सच्चाई और मृदुलता और आत्मीयता के मिश्रण के चलते सदैव याद रखी जायेंगी। मोहम्मद मुस्तफ़ा ख़ाँ मद्दाह (अहमक़ फफूँदवी) एक सक्रिय राजनीतिक कार्यकर्ता थे। राष्ट्रीय संघर्ष में उन्होंने शायरी से एक हथियार का काम लिया। स्वभाव से यद्यपि एक हास्य प्रेमी थे, ग़ज़ल में भी अंग्रेज़ी शासन पर व्यंग्य और आपत्ति करने से नहीं चूकते थे। इनकी देशप्रेम सम्बन्धित नज़्मों में से 'हमारा देश' और 'कड़े मरहले' सदैव जीवित रहने वाले कार्य हैं। जिगर मुरादाबादी ने अपने देशप्रेम की भावना को अपनी फ़ारसी नज़्म 'चश्म कुशादह जानिब-ए रज़्म गह-ए वतन निगर' में व्यक्त किया है। और फ़िरंगी उत्पीड़न के शाप से पर्दा उठाया है।

हफ़ीज़ जालन्धरी भी देश के तराने अलापने में इस दौर के किसी शायर से पीछे नहीं हैं। इनकी नज़्मों और गीतों में देशप्रेम की सच्ची पीड़ा मिलती है। हफ़ीज़ में रचे हुए संगीत प्रेम ने इनकी देशभक्ति को रचनाओं में भी कोमल मृदुल मदहोशी का मनमोहक भाव भर दिया है। आनन्द नारायण मुल्ला और रविश सिद्दीक़ी ने भी स्वतन्त्रता संग्राम से प्रेरणा ली। मुल्ला की नज़्में 'ज़मीन-ए वतन' और 'इंक़लाब' इनके देश-प्रेम का उदाहरण हैं। रविश भारत की स्वतन्त्रता के साथ-साथ पूरे एशिया के जाग्रत होने की आशा करते थे। इनकी नज़्म 'बेदारी-ए मशरिक़' और 'अर्ज़-ए एशिया' में यह भावना पूरी तरह सामने आती है। इनके विचारों पर गाँधी जी का प्रभाव था। गाँधी जी से इनकी आशा मरते दम तक रही। इसकी पहली बार अभिव्यक्ति इनकी नज़्म 'बारदोली' में हमें मिलती है जिसमें उन्होंने जियालों की बसाई इस बस्ती को श्रद्धासुमन अर्पित करते हुए गाँधी जी की आत्मशक्ति और उत्साह के तराने भी गाये। इस नज़्म का ये शेर एक ठण्डे ज्वालामुखी समान है :

नातवाँ क़ुव्वत-ए अग़यार से टकराते हैं
तेरे बच्चे रसन-ओ दार से टकराते हैं

रविश की नज़्में 'पैमान' और 'सुल्तान शहीद' भी स्वतन्त्रता के दीपक के पतंगों के लिए कोड़े पड़ने जैसा है। साग़र निज़ामी की इस दौर की नज़्मों में से 'क़ौमी गीत', 'पैग़ाम-ए अमल' और 'ताज का पैग़ाम' देशभक्ति की भावना से

1. मेहरूम के विषय में और देखिए, भाग 4, विशेष लेख।

भरी हुई हैं। गुलाम भीक नैरंग, अब्दुल मजीद सालिक और लाल चन्द फ़लक ने भी राष्ट्रीय और देश भक्ति की भावना में खोकर कुछ अच्छी नज़्में लिखीं। नैरंग ने 'दावत-ए अमल' में क़ौम को इसकी दुर्दशा का चित्र दिखाकर उसे उभारने के लिए बड़ी हृदयस्त शैली अपनायी। निहाल स्योहारवी की नज़्म 'वतन' हिन्दुस्तान पर कही गयी उर्दू की सर्वश्रेष्ठ नज़्मों में से एक है। 24 मार्च 1931 को कानपुर में जो हिन्दू मुस्लिम फ़साद हुआ था इक़बाल वर्मा सेहर हतगामी और मुनव्वर लखनवी ने इससे प्रभावित होकर साम्प्रदायिकता के विरोध में शोक में डूबी नज़्में लिखीं। इक़बाल वर्मा सेहर ने लाजपत राय का नोहा (शोक में लिखे पद्य) भी कहा। जगत मोहन लाल रवाँ की नज़्म 'हिन्दोस्तान' और जिगर बरेलवी की नज़्म 'भारत' बड़े दुख और प्रेम से लिखी गयी हैं और देशभक्ति को ताज़ा करती हैं। हश्र काशमीरी अपनी नज़्म 'शुक्रिया योरप' में व्यंग्य करते हुए अंग्रेज़ों को धन्यवाद कहते हैं क्योंकि इन्हीं की सख़्तियों और अत्याचारों ने भारतवासियों को सपनों की दुनिया से जगा कर खड़ा कर दिया। क़ौम में भाईचारे की आत्मा जागी और 'पत्तियाँ गुल बन गईं गुल मिल के गुलदस्ता हुए'। महमूद इसराईली 'नाला-ए अंदलीब' में साम्राज्यवाद की मौत की घोषणा करते हुए हिन्दुस्तान को स्वतन्त्रता का सन्देश देते हैं। नैय्यर काकोरवी और शफ़ीक़ जौनपुरी ने भी भारत से सम्बन्धित जो नज़्में लिखी हैं उनकी बुनियाद राजनीतिक कल्पना पर है। शफ़ीक़ ने अपनी नज़्म 'मेरा देश' में भारत के प्राकृतिक दृश्यों की तरोताज़गी और प्रफुल्लता का बड़ा मनमोहक चित्रण किया है।

प्रथम विश्वयुद्ध के बाद हमारे राष्ट्रीय आन्दोलन में उत्साह पैदा हुआ। इसका प्रभाव उर्दू ग़ज़ल पर भी हुआ। ये चकबस्त और हसरत के यहाँ विशेषकर स्पष्ट है। इन दोनों की शायरी का वर्णन पहले हो चुका है। शाद अज़ीमाबादी, सफ़ी और सीमाब ने भी ग़ज़ल में प्रत्यक्ष या अप्रत्यक्ष रूप से राष्ट्रप्रेम की भावना की अभिव्यक्ति की। शाद की नज़्में 'तराना-ए इत्तेहाद' और 'ख़्वाब-ए वतन' स्वतन्त्रता आन्दोलन से गहरा सम्बन्ध रखती हैं। वह सर सैयद के सुधारवाद के आन्दोलन के समर्थक थे और अंग्रेज़ों द्वारा सम्मानित, पर भारतीय राजनीति की तीव्र गति के साथ-साथ इनका चेतना में मौन परिवर्तन आया और वो राष्ट्रीय संघर्ष के व्यावहारिक पहलू पर ज़ोर देते नज़र आने लगे।

ये बज़्म-ए मय है याँ कोताह-दस्ती में है महरूमी
जो बढ़कर ख़ुद उठा ले हाथ में मीना उसी का है

———

ऐवज़ तदबीर-ए ग़म के जान खोना हमको आता है

अलग बैठे हुए गोशे में रोना हमको आता है
निकाले बहर-ए ग़म से डूबतों को ये कहाँ हिम्मत
खुद अपने हाथ से अपना डुबोना हमको आता है

सफ़ी लखनऊ स्कूल के पहले शायर हैं जिन्होंने स्वतन्त्रता संग्राम का स्वागत किया और इसे समझने का प्रयत्न किया। उन्होंने ग़ज़ल में स्पष्ट रूप से उन मूल्यों की व्याख्या की जिनसे राष्ट्र निर्माण में सहायता मिलती है। वह क्रान्ति की कल्पना प्रेमी बनकर करते थे जिसमें सोच के रंग की जगह भावना का रंग उभर कर आता है। ग़ज़ल की भाषा में राष्ट्रीय विचारों की अभिव्यक्ति करने का सफ़ी का अपना एक अलग ढंग है। सफ़ी आपसी एकता को पसन्द करते थे और अपने शेरों में हिन्दू और मुसलमानों को एक-दूसरे से निकट लाने का प्रयत्न करते थे। उदाहरण देखेंः

ऐसी घड़ी में दोस्तो रखना-गरी है खुदकुशी
हम भी इस जहाज़ में तुम भी इस जहाज़ में

सीमाब की शायरी ने इस ज़माने में बड़ी प्रसिद्धि प्राप्त कर ली थी। इनकी शायरी का स्तर क्या था उसके भले ही दो विचार हों पर इनका देशप्रेम अटल है। वो पूरब की महानता के प्रशंसक थे और देशप्रेम और मानवता को एक-दूसरे में पिरो कर देखते थे। यही कारण है कि इनके यहाँ देशप्रेम की भावना मानवता प्रेम के भाव में डूब कर उजागर होती है।

अन्याय होगा यदि इस काल की शायरी का उल्लेख करते हुए काकोरी काण्ड के अशफ़ाक़ुल्लाह ख़ाँ, राम प्रसाद बिस्मिल और उस ग़ज़ल की बात न की जाये जो बच्चे-बच्चे की ज़ुबान पर थी और जो आज हमारे सामूहिक संस्मरण का भाग बन चुकी है :

सरफ़रोशी की तमन्ना अब हमारे दिल में है
देखना है ज़ोर कितना बाज़ू-ए क़ातिल में है
वक़्त आने दे बता देंगे तुझे ऐ आसमाँ
हम अभी से क्यूँ बतायें क्या हमारे दिल में है
रहे-रवे-राह-ए मोहब्बत रह न जाना राह में
लज़्ज़त-ए सेहरा नवर्दी दूरी-ए मंज़िल में है
ऐ शहीद-ए मुल्क-ओ मिल्लत तेरे जज़्बों पे निसार
तेरी क़ुर्बानी का चर्चा ग़ैर की महफ़िल में है
अब न अगले वलवले हैं और न अरमानों की भीड़
एक मिट जाने की हसरत अब दिल-ए बिस्मिल में है

कहा जाता है कि राम प्रसाद बिस्मिल प्रायः इस ग़ज़ल को पढ़ा करते थे। इस ग़ज़ल के शेर कलकत्ता के कांग्रेस अधिवेशन में भी पढ़े गये। और चूँकि यह उस ज़माने की क्रान्तिकारी भावना का सजीव चित्रण करते थे इसलिए यह ग़ज़ल काफ़ी पसन्द की गयी। कहा जाता है कि काकोरी केस में जब राम प्रसाद बिस्मिल और उनके साथियों को मृत्यु दंड दिया गया तो मतला (ग़ज़ल का पहला शेर) 'सरफ़रोशी की तमन्ना अब हमारे दिल में है' उनकी ज़ुबान पर था। (राम प्रसाद बिस्मिल 1897 में शाहजहाँपुर में जन्मे। मिशन हाईस्कूल में शिक्षा प्राप्त की जो क्रान्तिकारी युवाओं का केन्द्र था। यहीं इनकी मित्रता अशफ़ाक़ुल्लाह ख़ाँ से हुई जो फाँसी पर चढ़ने तक बनी रही। दोनों को 1927 में फाँसी पर लटका दिया गया था।) 'उर्दू की ज़ब्तशुदां नज़्में' के सम्पादकों ने इस ग़ज़ल को समाचार-पत्र वंदे मातरम 1929 के हवाले से राम प्रसाद बिस्मिल के नाम से जोड़ा है और आमतौर पर ऐसे ही यह प्रसिद्ध है।[1] आरिफ़ रिज़वी ने 'दिलचस्प अदबी हक़ायक़' के नाम से कई किस्तों में लिखा। इनका विचार भी यही है कि ये ग़ज़ल राम प्रसाद की है और वो बिस्मिल तख़ल्लुस (शायर का उपनाम स्वयं रखा हुआ) करते थे।[2] परन्तु अता काकवी और कुछ दूसरे लोगों का मानना है कि ये ग़ज़ल बिस्मिल अज़ीमाबादी ने लिखी है जो कि शाद अज़ीमाबादी के शिष्य थे।[3] पर वास्तविकता का एक पक्ष यह भी है कि उस ज़माने में जब यह ग़ज़ल राम प्रसाद बिस्मिल के नाम से प्रसिद्ध हो गयी और स्वतन्त्रता के संघर्ष के समय गायी जाती थी और बार-बार राम प्रसाद बिस्मिल के नाम से प्रकाशित हुई तो किसी ने किसी प्रकार की कोई आपत्ति नहीं की। बिस्मिल अज़ीमाबादी ने भी नहीं। आपत्ति 1927 में ही की जाना चाहिए थी जबकि सारे विरोध और आपत्तियाँ हाल के दिनों की बात है। तो कहा जा सकता है कि ये After thoughts (उत्तर चिन्तन) हैं। कुछ भी कहा जाये एक बात तो साफ़ है कि इसको प्रसिद्धि और क्रान्तिकारी अर्थ सही कहें तो काकोरी केस के स्वतन्त्रता सेनानियों विशेषकर बिस्मिल ने प्रदान किये।

यह प्रथम विश्वयुद्ध से 1935 तक की उर्दू शायरी का अवलोकन था। अब हम प्रगतिशील आन्दोलन और इसके प्रभाव से पैदा होने वाली नयी शायरी और उसके राष्ट्रीय पहलू पर चर्चा करेंगे।

---

1. उर्दू की ज़ब्तशुदा नज़्में, सम्पादक ख़लीक़ अंजुम व मुज्तबा हुसैन, दिल्ली 1975
2. किताबनुमा, फ़रवरी 2001
3. हवाला, किताबनुमा, मार्च 2001

अध्याय पाँच

प्रगतिशील और राष्ट्रवादी शायर

1936 से देश की स्वतन्त्रता तक का ज़माना उर्दू में प्रगतिशील आन्दोलन के उत्थान का दौर है। इन वर्षों में प्रगतिशील आन्दोलन ने उर्दू साहित्य की सीमाओं को विस्तृत किया और उसे अपने हंगामों से काफ़ी ऊपर नीचे भी किया।

प्रगतिशील आन्दोलन का मूल सिद्धान्त साम्यवाद के उसूलों पर केन्द्रित है। रूस की क्रान्ति के पश्चात् साम्यवाद के सिद्धान्तों का प्रभाव भारत में भी नज़र आया। बीसवीं शताब्दी के तीसरे दशक में भारत के श्रमिकों और किसानों में जागरूकता के लक्षण उत्पन्न हुए और इनका संगठन दिन प्रतिदिन मज़बूत होने लगा। इक़बाल उर्दू के पहले शायर हैं जिन्होंने किसानों और श्रमिकों की पीड़ा को महसूस किया और इनमें जोश और उमंग पैदा करने का प्रयत्न किया। इक़बाल ने ही सबसे पहले मज़दूरों को सम्बोधित करते हुए कहा :

उठ कि अब बज़्म-ए जहाँ का और ही अन्दाज़ है
मशरिक़-ओ मग़रिब में तेरे दौर का आग़ाज़ है

इक़बाल की नज़्म 'ख़िज़्र-ए राह' जिसे आल अहमद सुरूर के अनुसार New Testament की श्रेणी में रखा जायेगा, मुस्लिम दृष्टिकोण से लिखी गयी है परन्तु इसमें भारत के श्रमिकों की पीड़ा साफ़ झलकती है। ये उर्दू की पहली नज़्म है जिसमें श्रमिकों के महत्त्व को ध्यान में रखकर उन्हें जागने और कुछ कर दिखाने का सन्देश दिया गया है। 'फ़रिश्तों का गीत' में वह साफ़-साफ़ कहते हैं :

उठो मेरी दुनिया के ग़रीबों को जगा दो
काख़-ए उमरा के दर-ओ दीवार हिला दो
जिस खेत से दहक़ाँ को मयस्सर न हो रोटी
उस खेत के हर ख़ोशा-ए गंदुम को जला दो

हसरत ने भी प्रगतिशील आन्दोलन से पहले सामूहिक सिद्धान्त को मान लिया था। 1926 में पहली कम्यूनिस्ट कांफ्रेंस कानपुर में हुई। हसरत इसके स्वागत कमेटी के अध्यक्ष थे। उन्होंने अपने भाषण में कम्यूनिज़्म के सिद्धान्तों

और उसके अभिप्राय और उद्देश्यों पर खुल के बहस किया। कुछ जगह पर शेर की आड़ लेकर उन्होंने श्रमिक वर्ग से सहानुभूति भी दिखाई और उन्हें भविष्य की असीमित सम्भावनाओं का शुभ सन्देश दिया।

न सरमायादारों की नख़वत रहेगी
न हुक्काम का ज़ोर-ए बेजा रहेगा,
ज़माना वो जल्द आने वाला है जिसमें
किसी का न मेहनत पे दावा रहेगा

भारत में प्रगतिशील लेखक संघ की स्थापना विश्वव्यापी क्रान्तियों से प्रभावित होकर 1936 में हुई। इसके पहले घोषणा-पत्र पर मुंशी प्रेमचन्द, मौलवी अब्दुल हक़, डॉ. आबिद हुसैन और मौलाना नियाज़ फ़तेहपुरी जैसे चोटी के लेखकों ने हस्ताक्षर किये। हसरत मोहानी, जोश मलीहाबादी, फ़िराक़ गोरखपुरी, अली अब्बास हुसैनी, क़ाज़ी अब्दुल ग़फ़्फ़ार और मजनूँ गोरखपुरी इत्यादि ने भी प्रोत्साहन दिया। देखते ही देखते इस आन्दोलन ने भारत में अपना क्षेत्र इतना विस्तृत कर लिया कि नये लिखने वालों में से अधिकतर इसमें आकर मिल गये और कुछ कमियों के बावजूद भी बहुत जल्द यह आन्दोलन और इसके प्रभाव की सीमाएँ अपने संघ से भी आगे निकल गये।

उर्दू साहित्य में मानवता प्रेम, देशभक्ति, साम्राज्यवाद से घृणा और स्वतन्त्रता की भावना पहले भी थी, पर 1935-1936 में जब दुनिया दूसरे विश्वयुद्ध का भयानक सपना देख रही थी और फ़ासीवाद का ख़तरा दिन प्रतिदिन बढ़ रहा था, आवश्यकता थी कि लोकतान्त्रिक प्रवृत्तियों, मान्यताओं और सोचने के तरीक़े को प्रबलता दी जाये और भारत के स्वतन्त्रता संग्राम का साथ पूरे उत्साह और जोश के साथ दिया जाये। प्रगतिशील लेखकों के आन्दोलन ने यह आवश्यकता बड़े अच्छे तरीक़े से पूरी की और लेखकों को एक स्पष्ट और संगठित उद्देश्य से जुड़ने को कहा। संघ ने अपने प्रथम घोषणा-पत्र में इस बात पर विशेष बल दिया कि भारतीय लेखक भारतीय जीवन में हो रहे परिवर्तन का खुल कर उल्लेख करें। उन्होंने भरोसा दिलाया कि "हम अपने आपको भारतीय संस्कृति की बेहतरीन परम्पराओं का उत्तराधिकारी समझते हैं और इन परम्पराओं को अपनाते हुए हम हर ऐसी भावना की व्याख्या करेंगे जो हमारे देश को एक नया और बेहतर जीवन प्रदान करें। इस कार्य में हम अपनी और विदेश की सभ्यता और संस्कृति से लाभान्वित होंगे। हम चाहते हैं कि भारत का नया साहित्य हमारे जीवन की मूलभूत समस्याओं को अपना विषय बनाये। ये भूख, ग़रीबी, सामाजिक पतन और गुलामी की समस्याएँ हैं।"

प्रगतिशील आन्दोलन की स्थापना करने वाले लेखक ध्यान और दृष्टि के आधुनिकतम रूझानों से अवगत थे। उन्हें इस बात का अहसास था कि अब धनवान और निर्धन का विभाजन सदैव रहने वाला नहीं है। यदि स्वतन्त्रता प्राप्त हो जाये तो विज्ञान, व्यवसाय और परिवहन की नयी शक्तियों की सहायता से इतना धन पैदा किया जा सकता है कि अमीरी और ग़रीबी की असमानता को समाप्त या कम किया जाये और एक ऐसे संसार का सपना देखा जाये जहाँ हर इन्सान को प्रगति करने का समान अवसर प्राप्त हो। इसी सोच के साथ एक नये संसार की संरचना के लिए माहौल बनाने को साहित्य का उद्देश्य बनाया गया। लेखक को एक रचनाकार की दृष्टि से देखते हुए मुंशी प्रेमचन्द ने पहली कांफ्रेंस के अध्यक्षीय भाषण में कहा :

> "हमारी दृष्टि सत्यनिष्ठ एवं विश्वस्तरीय हो जायेगी, तब हम इस समाज को सहन न कर सकेंगे जहाँ हज़ारों लोग एक अत्याचारी की गुलामी करें तब हमारा स्वाभिमान मानवता के इस पूँजीवाद और सैन्यवाद और स्वामित्व के विरुद्ध विद्रोह की आवाज़ उठाएँगे। तब हम केवल काग़ज़ पर लिखने भर से सन्तुष्ट न होंगे, बल्कि उस प्रणाली को जन्म देंगे जो सत्यनिष्ठ और स्वाभिमान और मानवता के विपरीत न हो। लेखक का मिशन केवल हर्षोल्लास और सभाएँ गठित करना और मनोरंजन नहीं है। इसका स्तर इतना न गिराइए। वह देशप्रेम और राजनीति के पीछे चलने वाली वास्तविकता नहीं बल्कि इनके लिए मशाल दिखाती हुई आगे चलने वाली वास्तविकता है।"

प्रेमचन्द का उसी वर्ष स्वर्गवास हो गया। जोश और फ़िराक़ के देखते-देखते नये लेखकों का एक बड़ा ग्रुप प्रगतिशील आन्दोलन में आ मिला। शायरों में मजाज़, जज़्बी, मख़दूम, सरदार जाफ़री, जाँनिसार अख़्तर, अली जव्वाद ज़ैदी, मसूद अख़्तर जमाल, अख़्तर अंसारी, मजरूह, सलाम मछलीशहरी इत्यादि उल्लेखनीय हैं। इनमें अधिकतर युवा थे और जवानी के चलते प्रेमभाव में खोये थे। पर सरदार जाफ़री के शब्दों में "ये सब गम्भीर प्रवृत्ति के नवयुवक थे जो अपने सामाजिक उत्तरदायित्व को भली-भाँति समझते थे और ये जागरूक भी थे। इनमें कोई गाँधीवादी और अहिंसा का पुजारी था, कोई नेहरू को अपना आदर्श मानता था, कोई कम्यूनिस्ट था और कुछ ऐसे भी नौजवान थे जिनका सम्बन्ध किसी से नहीं था। पर इन सब में एक चीज़ सामान्य थी, सबके सब अपने देश की गुलामी से दुखी थे और किसी ख़ूबसूरत मंज़िल तक पहुँचने के लिए किसी सुन्दर से मार्ग की तलाश में थे।" (तरक़्क़ीपसन्द अदब, पृ. 182)

यह वो ज़माना था जब भारत का कण-कण व्याकुलता का चित्रण कर रहा था। 1936 के पश्चात राजनीतिक स्वतन्त्रता के अर्थ बदलकर आर्थिक स्वतन्त्रता

हो गये थे। सोशलिस्ट पार्टी, किसान सभाएँ और ट्रेड यूनियनें अस्तित्त्व में आने लगी थीं, और राष्ट्रीय संघर्ष में भाग लेने लगी थीं।

भारत अन्ततः एकजुट होकर साम्राज्यवाद से टक्कर लेने को तैयार हो रहा था पर ब्रिटिश सरकार भारतवासियों के जोश को ठण्डा रखने के लिए उन्हें स्व. तन्त्रता का झूठा सपना दिखा कर बहला रही थी। 1937 में भारत में संघीय-ढाँचे को स्थापित किया गया। ज़फ़र अली ख़ाँ के शब्दों में 'काग़ज़ी घोड़े' से अधिक वो कुछ न था।

काग़ज़ी घोड़ा दिया हमको सवारी के लिए
इक खिलौना भेजकर बच्चों का दिल बहला दिया

इस एक्ट से भारत की किसी पार्टी की आशाएँ पूरी न हो सकीं। अहमक़ फफूँदवी पश्चिमी कलाकारों द्वारा काग़ज़ को काटकर रंगीन फूल बनाने की इस कला को इस प्रकार सराहते हैं :

है हुकूमत की ये फ़य्याज़ी बहुत ही शानदार
इस रिआया परवरी पर दंग है अक़्ल-ए मग़ूल
ख़ैरमक़दम है कहीं इसका सियह पर्चम के साथ
है कहीं हड़ताल की सूरत में इज़हार-ए उदूल
है कहीं जलसों में पास इसके लिए लानत का वोट
है जुलूसों में किसी जा इसके सर पर ख़ाक धूल
कोई देता है इसे तशबीह ख़ारस्तान से
कोई कहता है इसे बाग़-ए सियासत का बबूल
मुल्क वालों से हुकूमत की है ये इक दिल्लगी
आज इसको हक़ भी है इसका कि है अप्रैल फ़ूल

नयी सन्धि पहली अप्रैल 1937 को लागू हुई थी। जोश इसकी वास्तविकता इन शब्दों में बयान करते हैं :

इस नोहा-ए ख़िज़ाँ को समझना नवेद-ए गुल
इक बेपनाह चूक है इक सख़्त भूल है
ये बोस्ताँ ये अहल-ए सियासत के शाख़-ए गुल
शैताँ के पास बाग़ की सूखी बबूल है
नादाँ अकड़ रहे हैं कि हासिल हुआ वफ़ाक़
दाना समझ रहे हैं कि अप्रैल फ़ूल है

नयी सन्धि से अंग्रेज़ों का मतलब यह था कि ब्रिटिश प्रदेशों और भारत के राज्यों को मिलाकर केन्द्र में एक मिलीजुली सरकार बनायी जाये। इस बात का देश में हर तरफ़ से घोर विरोध हुआ और एक्ट का यह हिस्सा लागू नहीं

हो सका। दूसरा भाग राज्यों को स्वायत्तता दे रहा था। यद्यपि गवर्नर को दख़ल देने के असीमित विकल्प यहाँ भी प्राप्त थे, पर सरकार के सभी विभाग जनतन्त्र द्वारा चुने हुए प्रतिनिधियों के हवाले किये जाने थे। कांग्रेस ने शुरू में एक्ट के इस भाग का भी विरोध किया पर बाद में समझौता हो गया और कांग्रेस ने चुनाव में भाग लिया। यहाँ इसे आशा से परे सफलता प्राप्त हुई। पाँच राज्यों में कांग्रेस को पूर्ण बहुमत से सफलता प्राप्त हुई और दो प्रान्तों में इसकी स्थिति ऊपर थी। कार्यभार सँभालने से पूर्व कांग्रेस ने वायसराय से यह बात स्पष्ट कर ली कि गवर्नर रोज़ के सामान्य कामों ने दख़ल नहीं देंगे।

कांग्रेस की राज्यों में बड़ी सफलता और लोकप्रियता को देखते हुए ऐसे लोगों का एक बड़ा समूह इसमें सम्मिलित हो गया जिनको न तो राष्ट्र से प्रेम था न वे एकता के अनुयायी थे बल्कि वे सत्ता चाहते थे। इससे कांग्रेस का स्वरूप बदल गया और इस पर नीति को लेकर वाद-विवाद होने लगा। परिणामस्वरूप मुस्लिम लीग को अपनी ताक़त बढ़ाने का अवसर हाथ आ गया और वो हिन्दुस्तान में मुसलमानों की एक अलग रियासत माँगने लगे।

1939 में द्वितीय विश्वयुद्ध छिड़ गयी। वायसराय ने विधि निर्माण परिषद से सलाह लिए बिना यह घोषणा कर दी कि भारत भी युद्ध में मित्र राष्ट्रों का साथ देगा। यह बात संविधान विरोधी थी इसलिए कांग्रेसी मन्त्रालयों ने विरोध के चलते पद से इस्तीफ़ा दे दिया। कांग्रेस के बड़े लीडर जनतन्त्र का सहयोग और फ़ासीवाद का विरोध कर रहे थे। पर देशवासियों के एकमत होने की बात करें तो इनमें से अधिकतर युद्ध को अपने लिए ठीक समझ रहे थे कि स्वतन्त्रता की माँग को पूरे ज़ोर शोर से प्रस्तुत किया जाये। इस ज़माने की एक नज़्म का ये भाग ज़रा देखें :

उड़ रहा है ज़ुल्म-ओ इस्तेब्दाद के चेहरे से रंग
छुट रहा है वक़्त की तलवार के माथे से ज़ंग
मौत हँसकर देखती है आईना तलवार में
ज़र-परस्ती का सफ़ीना आ गया मंझधार में
ये है वो ज़ंजीर ख़ुद हाथों से ढाला था जिसे
ये है वो बिजली कि ख़ुद ख़िरमन ने पाला था जिसे

(सरदार ज़ाफरी)

इसलिए कांग्रेस कार्यकारिणी समिति ने ब्रिटिश सरकार को ये प्रस्ताव दिया कि भारत को युद्ध के बाद स्वतन्त्र करने का वादा किया जाये तो कांग्रेस युद्ध से सम्बन्धित प्रयत्नों में पूरी तरह सहयोग करेगी। सरकार ने इस बात पर कोई ध्यान नहीं दिया। दूसरी तरफ़ नाज़ी युद्ध में हर मोर्चे पर सफ़ल हो रहे थे और मित्र राष्ट्रों को धूल चटा रहे थे। सरदार जाफ़री के अनुसार :

हिल चुका है तख़्त-ए शाही गिर चुका है सर से ताज
हर क़दम पर डगमगाया जा रहा है सामराज

जापान पूर्वी मोर्चे पर मलाया और बर्मा को रौंदता हुआ भारत के दरवाज़े तक आ पहुँचा था। इस संवेदनशील अवसर पर भारतवासियों में अपने देश की सुरक्षा का जोश पैदा करने के लिए ब्रिटेन के युद्ध सम्बन्धी कैबिनेट ने क्रिप्स के नेतृत्व में एक शिष्टमण्डल भारत भेजा। इसने ये प्रस्ताव रखा कि "युद्ध के पश्चात भारत को ब्रिटिश साम्राज्य के एक स्वतन्त्र सदस्य की मान्यता दी जायेगी और हर प्रान्त (प्रदेश) और रियासत को छूट होगी कि वो भारत के साथ सन्धि कर ले या सीधे ब्रिटिश साम्राज्य से सम्बन्ध रखे।" इस प्रस्ताव से कोई भी राजनीतिक दल अपनी पूरी सहमति देने से बचा और क्रिप्स मिशन को असफल वापस लौटना पड़ा। जोश मलीहाबादी के ये शेर भारत की आम राय का सही चित्रण करते हैं :

खिलाड़ी अब के लाये हैं नये मोहरे नये पासे
कि ता इस बार खेलें हिन्द वालों की रग-ए जाँ से
बड़ी कारीगरी के साथ शातिर ने तराशे हैं
नये धोके नये हीले नये चकमे नये झाँसे

क्रिप्स मिशन की असफलता से भारत की जनता में निराशा की एक लहर दौड़ गयी। शरारती तत्त्व को हंगामा फ़साद फैलाने का अवसर प्राप्त हो गया। कैफ़ी आज़मी ने अपनी मसनवी 'ख़ाना जंगी' में उन्हीं परिस्थितियों पर खेद जताया।

अंग्रेज़ों की संवेदनहीनता देखते हुए अगस्त 1942 में 'हिन्दोस्तान छोड़ो' आन्दोलन शुरू हुआ। इस दौर में सुभाष चन्द्र बोस लापता होकर किसी तरह जापान पहुँच चुके थे। इनके ऐसा करने से अंग्रेज़ों को सन्देह हुआ कि पूरी कांग्रेस जापान से कुछ सम्बन्ध स्थापित किये हुए है और उसकी सहायता प्राप्त करके ब्रिटिश साम्राज्य का तख़्ता उलट देना चाहती है। इसलिए बिना किसी वार्ता के एकदम गाँधीजी और वर्किंग कमेटी के सभी सदस्यों को गिरफ़्तार कर लिया गया। अंग्रेज़ों के ऐसा करने से देश में एक सिरे से दूसरे सिरे तक लोगों का आक्रोश भड़क उठा और चारों ओर फ़साद की आग फैल गयी। सारा देश अब जाग चुका था। स्वतन्त्रता की तमन्ना अब हर दिल में बस चुकी थी। शमीम करहानी के शब्दों में :

था जबानों पर ये नारा "आशियाँ को छोड़ दो"
"छोड़ दो ऐ ग़ासिबो! हिन्दोस्ताँ को छोड़ दो"

उर्दू साहित्य ने भी उस दौर में भावना की इस ज्वाला को तेज़ करने में समय का साथ दिया। आज़ादी के गीत गाये और राह की कठिनाइयों को झेलने

के लिए सुब्ह आज़ादी का सन्देश दिया। जोश मलीहाबादी ने "ईस्ट इंडिया के फ़रज़ंदों के नाम" समय का सन्देश सुनाया। साम्राज्यवाद के पिछले अत्याचारों पर से पर्दा उठाते हुए इसकी मौत की घोषणा की।

इक कहानी वक़्त लिखेगा नये मज़मून की
जिसकी सुर्ख़ी को ज़रूरत है तुम्हारे ख़ून की

फ़िराक़ गोरखपुरी ने 'आज़ादी' और 'ज़माने का चैलेंज' जैसी नज़्में लिखीं और आने वाले ऐतिहासिक परिवर्तन के विषय में अपने विचार रखे :

आलम-ए नज़अ है आईन-ए शहंशाही का
चारागर अब तेरी बेकार मसीहाई है

रविश सिद्दीक़ी, आनन्द नारायण मुल्ला, मख़दूम और मजाज़ ने भी इस श्रेणी में बड़ी उत्साहवर्द्धक नज़्में कहीं। मुल्ला ने जनता को "आसार-ए वक़्त" का पता दिया। मजाज़ ने दौर-ए नव का शुभ समाचार सुनाया और "विदेशी मेहमान" को सम्बोधित करके कहा :

मुनासिब है कि अपना रास्ता ले
वो किश्ती देख साहिल से लगी है
बगूले उठ रहे हैं बढ़ रहे हैं
फ़िज़ा-ए दहर में हलचल मची है
यहाँ हर शाख़ शमशीर-ए बरहना
गुलों से ख़ून की बू आ रही है
मुरत्तब इक नया दस्तूर होगा
बिना इक दौर-ए नव की पड़ रही है
यहाँ के आसमान-ए आतशीं पर
बग़ावत की घटा मण्डला रही है
यहाँ से एक तूफ़ाँ चल रहा है
यहाँ से एक आँधी उठ रही है

रविश सिद्दीक़ी ने भी आज़ादी की भावना को ज़ोरदार अन्दाज़ से यूँ रखा :

जगा दो रूह-ए आदम को जगा देने का वक़्त आया
किया सदियों ज़मीं ने रक़्स सय्यारों के अफ़सूँ पर
बहुत झुकते रहे अहल-ए ज़मीं दहलीज़-ए गरदूँ पर
ग़ुरूर-ए आसमाँ का सर झुका देने का वक़्त आया
रुख़-ए क़ुदरत रहा ज़ेर-ए नक़ाब-ए ख़ैर-ओ शर बरसों
रहा रूपोश हुस्न-ए शाहिद-ए फ़िक्र-ओ नज़र बरसों
उठो इन बेहिजाबों को उठा देने का दिन आया

मख़दूम मुहीउद्दीन ने 'ज़ुल्फ़-ए चलीपा' की नाराज़गी का चित्रण किया और पूँजीवाद के लिए जाम-ए अजल (मृत्यु की मदिरा का प्याला) माँगा :

आफ़रीं है तुझ पे सरमायादारी के निज़ाम
अपने हाथों अपनी बरबादी का इतना एहतेमाम
कितनी माओं की सुहानी गोदियाँ वीराँ हैं आज
फ़र्क़-ए गीती पर नज़र आता है फिर काँटों का ताज
जिस ज़मीं से इरतेक़ा के अम्बिया पैदा हुए
जिस ज़मीं से इल्म-ओ हिकमत के ख़ुदा पैदा हुए
राम-ओ लक्शमन की ज़मीं वो कृश्न-ओ गौतम की ज़मीं
वो मोहम्मद की ज़मीं वो इब्न-ए मरियम की ज़मीं
इस ज़मीं के हर नशीले बाम-ओ दर में मौत है
इसके दिल में मौत है इसकी नज़र में मौत है
बरहमी ज़ुल्फ़-ए चलीपा में कभी देखी न थी
बरहमी देखी थी ऐसी बरहमी देखी न थी

सिकन्दर अली वज्द ने 'नये इरादों' के रहस्य को आम किया। धन दौलत पर जान देने वालों को देश पर मर मिटने को कहा और जनता को 'सुब्ह-ए नव' के आसार का समाचार सुनाया :

बज़्म-ए तारीक-ए वतन को रोशनी दरकार है
शमा के मानिन्द जलने का ज़माना आ गया
हो गया है आग तप-तप कर ग़रीबों का लहू
अब सलासिल के पिघलने का ज़माना आ गया
अहल-ए ज़िन्दाँ को मुबारक हो फ़रोग़-ए सुबह नव
क़ैद-ए ज़िल्लत से निकलने का ज़माना आ गया

शमीम करहानी ने सन् 42 के तूफ़ानी दिनों में कही गयी नज़्मों को 'रोशन अंधेरा' नाम से एक अलग छोटी-सी पुस्तक के रूप में प्रकाशित किया। ''जागा हिन्दुस्तान रे साथी जागा हिन्दुस्तान'', ''फ़ौजी लारी'', ''हल्की सी किरन'' और ''कल न रहेगा'' नज़्मों में लावे की सी तेज़ी, जोश, उल्लास और भावुकता है। अब चूँकि यह राष्ट्र के लिए जोश, उल्लास और देश की व्याकुलता का उल्लेख है इसलिए अन्दाज़ कहीं-कहीं सम्बोधन जैसा हो गया है। शमीम का कमाल यह है कि उन्होंने अपनी नज़्मों में स्वतन्त्रता संग्राम की तड़पती आत्मा का पूरा चित्रण सफलता के साथ प्रस्तुत किया है :

ये रात ये बन ये सन्नाटा ये देश के अन्धे परवाने
ईंटों पे कुदालें बजती हैं पुल तोड़ रहे हैं दीवाने

तंग आके गुलामी से इंसाँ ज़िन्दा ही को ढ़ाने वाला है
दीवार से तूफ़ाँ टकरा कर इक राह बनाने वाला है

'क़स्र-ए ज़रनिगार' शमीम करहानी की बेहतरीन नज़्म है। शैली में सत्यता और दर्दमन्दी है। पूरी नज़्म भावना में डूबी हुई है। एक बन्द देखें :

हयात को शरार पर तपा रही है ज़िन्दगी
हरी-भरी जवानियाँ जला रही है ज़िन्दगी
सितारे तोड़-तोड़ कर लुटा रही है ज़िन्दगी
बने हुए हैं जश्न-ए क़त्लगाह की बहार हम
बना रहे हैं ज़िन्दगी का क़स्र-ए ज़रनिगार हम

अमन लखनवी ने सन् 42 की क्रान्ति से प्रेरित होकर अपनी नज़्म 'कारवान-ओ मंज़िल' लिखी। कैफ़ी आज़मी ने 'आख़िरी मरहला' में राष्ट्रीय संघर्ष के इस मोड़ की बड़ी भावुक चित्रण किया और देश के सामन्तों को पाखण्ड के ख़तरों से बचते हुए उन्हें आख़िरी मोर्चे को जीतने का बुलावा दिया :

हिसार बाँधे हुए त्योरियाँ चढ़ाये हुए
खड़े हैं हिन्द के सरदार सर उठाये हुए
शुजा-ए हैदर-ओ टीपू की गोद के पाले
दिलेर नानक-ओ रंजीत के सिखाए हुए
जबीं पे धान के खेतों की नर्म हरियाली
नज़र में क़हत की पछाईयाँ छुपाये हुए
अभी खुलेंगे न पर्चम अभी पड़ेगा न रन
के मुशतईल है मगर मुत्तहिद नहीं है वतन
पुकारता है उफ़ुक़ से लहू शहीदों का
कि एक हाथ में खुलती नहीं गले की रसन
निकल के सफ़ से खड़े हो गये हैं कुछ सावन्त
बढ़ा के हाथ मोहब्बत से थाम लो दामन
मिटा दो मिल के मिटा दो निशाँ गुलामी का
ज़मीन छोड़ चुका कारवाँ गुलामी का

सन् 42 के आन्दोलन का जवाब अंग्रेज़ी सरकार ने बड़ी बेरहमी और क्रूरता से दिया। केन्द्रीय और प्रादेशिक सरकारों का प्रबन्धन का गिरता हुआ स्तर और स्थानीय अधिकारियों की बेईमानी के कारण भारत में सूखा और संक्रामक बीमारियाँ फैलने लगीं। बंगाल में इसका प्रभाव सबसे अधिक था जहाँ लाखों लोग मरने लगे और देश का यह भाग नरक बन चुका था। उर्दू में इस घटना के विषय में 'अन्न दाता' जैसे अफ़साने लिखे गये। वहीं 'क़हत बंगाल' (जिगर मुरादाबादी),

'ताज़ियाना' (रविश सिद्दीक़ी), 'भूखा बंगाल' (वामिक़ जौनपुरी) और 'क्यों गंगा के धारे' (शमीम करहानी) जैसी नज़्में लिखी गयीं। इन नज़्मों की शैली, इनकी पीड़ा और प्रभाव और सामूहिक उत्साह अनन्त देशप्रेम का वाहक है।

इस दौर में दुनिया का एक बड़ा भाग युद्ध की चपेट में आ चुका था और इसके काले बादल भारत की ओर बड़ी तेज़ी से अग्रसर थे। इधर पूरे देश में अकाल, भूख और महामारी ने अपना असर दिखाना आरम्भ कर दिया था और पूरा देश राजनीतिक और आर्थिक रूप से अजीब पीड़ा और बेचैनी का शिकार बन रहा था। ये बेचैनी और पीड़ा उर्दू शायरी में भी देखी जा सकती है। इस हतोत्साहित कर देने वाले वातावरण ने अंग्रेज़ों की दी हुई "काग़ज़ी फूलों से सुसज्जित सारी सुविधाएँ नोच फेंकीं और उनको बेरंग सिद्ध कर दिया।" वास्तविकता एक क्रूर देवी के रूप में सामने खड़ी दिख रही थी। प्रगतिशील आन्दोलन ने वर्गों में विभाजित कर उनकी दुविधा स्पष्ट कर दी थी। शायर की दृष्टि जीवन की मूलभूत समस्याओं का नये सिरे से निरीक्षण कर रही थी और इन समस्याओं में सर्वोपरि थी साम्राज्यवाद से अन्तिम युद्ध। फलस्वरूप स्वतन्त्रता पाने की उमंग कई गुना बढ़ गई, देशप्रेम और साम्राज्यवाद के प्रति घृणा की यह परम्परा उर्दू के लिए नयी नहीं थी। हाली, इक़बाल, सुरूर, चक़बस्त, हसरत और ज़फ़र अली ख़ाँ इसमें रूह फूँक चुके थे। प्रगतिशील शायरी ने इसे नया भाव और नयी अनुभूति प्रदान की और समाज प्रेम की व्यापक बुनियादों पर इसका निर्माण किया। राष्ट्रीय संघर्ष में साथ देने की भावना आम आदमी में कई गुना बढ़ गयी और स्वयं की और राष्ट्र की स्वतन्त्रता की चाह तेज़ी से बढ़ने लगी। इस दौर के शायर स्वतन्त्रता और गुलामी, न्याय और अत्याचार, आराम और भूख के बीच किसी भी प्रकार के समझौते के लिए तैयार नहीं थे। वो सकारात्मक भाव से युद्ध पर शान्ति को प्राथमिकता दे रहे थे और यही आवाज़ उठा रहे थे। इस ज़माने की शायरी में एक शेर भी ऐसा नहीं मिलता जिसमें विदेशी साम्राज्यवाद की प्रशंसा की गयी हो। युद्ध की विनाशकारिता से उर्दू शायरों ने फासीवादिता की बुराइयों को समझा और जनतन्त्र के मूल्यों को पहचाना। इस दौर में जनतन्त्र की ओर रुझान तीव्र और स्पष्ट हो गया।

इसी दौर में जब देश एक ओर स्वतन्त्रता की मंज़िल की ओर अग्रसर था, सांस्कृतिक मुद्दों पर परस्पर विरोध उभर कर सामने आने लगे और इसके चलते देशप्रेम, स्वतन्त्रता और साहित्य के मूल्यों में उलझाव-सा उत्पन्न होने लगा। एहतेशाम हुसैन ने ठीक लिखा है "लेखकों का एक बड़ा वर्ग जीवन के इन मूल्यों को जनतान्त्रिक और मानवतावादी दृष्टिकोण से देखता था परन्तु किसी-न-किसी कोने से विष की वो धारा भी फूट निकलती थी जो स्वतन्त्रता और जनतन्त्र के

बहते हुए समुद्र में एक रेखा बनकर आ बैठी थी... ठीक उसी समय भारतीय मुसलमानों के एक बड़े वर्ग ने धार्मिक आधार पर भारत के विभाजन की एकजुट होकर सर्वसम्मति से माँग कर डाली। ये नहीं भूलना चाहिए कि भारत की राजनीति में ये बहुत ही संवेदनशील अवसर था, पर हाँ उर्दू के किसी बड़े लेखक या शायर ने इस माँग को स्वीकृति नहीं दी। उर्दू लेखकों के लिए यह बात गर्व की है कि वो सम्प्रदायवाद की इस बाढ़ में नहीं बहे। अगर किसी ने इस विभाजन की माँग को उचित भी समझा तो उसका राजनीतिक स्वभाव एकदम अलग था जिसका साम्प्रदायिक विभाजन से कोई सम्बन्ध नहीं था।''

प्रगतिशील शायरी का एक कारनामा यह है कि इसने हमारे देशप्रेम के धारों को व्यापक आधार पर स्थापित किया। इसे धर्म से हट कर बुनियादें दीं और धर्म और आस्था की रुकावटों और सामाजिक ऊँच-नीच के प्रतिबन्धों से पूर्ण स्वतन्त्रता प्रदान की। इसने अपना सम्बन्ध श्रमबद्ध जनता और पिछड़े दबे-कुचले वर्ग से जोड़ा। इसी के प्रयत्नों से उर्दू शायरी की बिसात दूर तक फैली और देशप्रेम और माहौल की कठिनाइयों के विरुद्ध घृणा की भावना घर-घर पहुँची। प्रगतिशील शायरी ने सौन्दर्य और प्रेम की पारम्परिक परिभाषा को बदल कर नये जीवन की वास्तविकताओं को नक़ाब रहित करने का मार्ग प्रशस्त कर दिया। अब शायरी एक पल की ख़ुशी की स्मृति न रही अपितु एक दर्द भरे दिल की गुहार बन चुकी थी। स्वतन्त्रता एवं जनतन्त्र की पुकार तीव्र होने लगी और कला में प्रयोग किये जाने लगे। ऐसा करने से जहाँ एक ओर दुराचार फैला तो कुछ सकारात्मक प्राप्ति भी हुईं। ज़ुल्फ़ों की घटा, सुराहीदार गर्दन और आँखों के पैमाने, जीवन की पीड़ा कष्ट और उसके सपनों, विचारों और उसकी जय और पराजय का साथ न दे सके और नये शायरों ने नये प्रकार को प्रतीकात्मकता को बढ़ावा दिया। ये प्रतीकात्मकता क्लासिकी से हटकर थी। इसके प्रभाव से भाषा और अभिव्यक्ति में अनियमितताएँ भी देखने में आईं। परन्तु कुल मिलाकर उस दौर की नज़्म भाषा की सहूलत और सरलता के हिसाब से महत्त्वपूर्ण है। ये उलझे हुए लक्षणों और युक्तियों से बोझल नहीं है और अपने समय की विभिन्न समस्याओं और कठिनाइयों का साथ देने का प्रयत्न करती है, और अपने पाठकों से जुड़ी हुई है।

प्रगतिशील आन्दोलन के आरम्भिक पाँच-सात वर्षों में उर्दू शायरी ने बहुत सोच-विचार किया, बहुत कुछ बिगाड़ा और बहुत कुछ सँवारा। प्रगतिशील शायरी वास्तविक चित्रण के पड़ाव तक पहुँचने के लिए रोमांस के कई बाग़ों और काँटों भरी झाड़ियों से गुज़री। हालाँकि इसमें परिस्थितियों की कठिनाइयाँ और देशप्रेम की भावना की अनुभूति आरम्भ से थी लेकिन अभिव्यक्ति का अन्दाज़, निश्छलता की गहराई और चेतना के स्तर के अनुसार यह भावना हर शायर के यहाँ भिन्न रूपों में थी। सरदार जाफ़री ने इसे स्वस्थ और अस्वस्थ रूमानियत का नाम दिया।

उन्होंने 'आकांक्षी रूमानियत' और क्रान्तिकारी रूमानियत का विवाद भी उठाया। वास्तविकता यह है कि व्यापक रुझान क्रान्तिकारी रूमानियत का था जिसकी तीव्र भावनाएँ एक विशेष प्रकार की घोषणा और विज्ञापन का शिकार हो गये जिस पर साहित्यिक दृष्टिकोण से आपत्ति भी हुई।

क्रान्ति का यह रंग दूसरे विश्वयुद्ध के ज़माने तक उर्दू शायरी की द्वितीय प्रकृति बन गया। इसकी शुरुआत जोश की शायरी से होती है। वैसे तो इक़बाल, चकबस्त और ज़फ़र अली ख़ाँ की शायरी में भी क्रान्तिकारी रंग पाया जाता है पर इसके बाद में जो अर्थ निकाले जाते हैं इसकी परम्परा जोश ही से आरम्भ होती है। सरदार जाफ़री के कथनानुसार "जोश ने प्रत्यक्ष रूप से सीधी सादी ऐजीटेशनल नज़्में कहीं। ये नज़्में कितनी स्तरीय और भावनात्मक क्यों न समझी जाये लेकिन इस वास्तविकता से इनकार नहीं किया जा सकता कि इनका उत्साह और उबाल भारत के राजनीतिक जीवन की विषमताओं के काल की व्याख्या करता है।"

जोश की एक प्रसिद्ध नज़्म 'शिकस्त-ए ज़िन्दा का ख़्वाब' है जो उन्होंने सम्भवतः सन् 23-24 में कही थी। इस जेल का फाटक लोहे का और इसकी दीवारें ईंट और पत्थर की नहीं हैं। इस ज़िन्दा (जेल) का नाम भारत है। शायर-ए इंक़लाब ने इस नज़्म में भारत के स्वतन्त्रता संग्राम के सार्वजनिक पहलू, ब्रिटिश सरकार की ज़बरदस्ती और अत्याचार और उससे पैदा होने वाली खलबली और उबाल का चित्रण किया है।

इस तरह की नज़्मों ने उर्दू में एक नये प्रकार की गतिशील, उत्तेजनापूर्ण और मुजाहिदाना शायरी की नींव डाली जिसका प्रभाव प्रगतिशील शायरों की पूरी नस्ल पर पड़ा है।[(1)]

फ़ैज़ की सोच और कथन अपनी एक अलग ही शान रखती है। इनकी शायरी का ख़मीर 'सूरत-ए जानाँ' और 'शोरिश-ए दौराँ' के मिलन से बनता है। शुरुआत में इनके यहाँ स्वतन्त्रता की इच्छा अपेक्षाकृत कमज़ोर थी, पर जैसे-जैसे स्वतन्त्रता संग्राम ज़ोर पकड़ने लगा, इनके यहाँ भावना और चिन्तन और वास्तविक प्रेम का विशिष्ट संगम स्पष्ट होने लगा। उन्होंने स्वयं भी 'दिल बफ़रोख़्तम जान ख़रीदम' कहकर उसको सीमाबद्ध कर दिया। इनकी दर्दमन्दी और देशप्रेम की चाह का श्रेष्ठ उदाहरण है इनकी नज़्में 'मुझसे पहली सी मोहब्बत मेरे महबूब न माँग', 'रक़ीब से', 'बोल', 'मेरे हमदम मेरे दोस्त' और क़ता 'मताअ-ए लौह-ओ क़लम' हैं। वो भारत के युवाओं की निराशा और मजबूरियों का सच्चा व्याख्यान करते हैं। और एक नयी पद्धति द्वारा इनको आशा और कर्मभावना का सन्देश

1. चौथा भाग विशेष अध्ययन (जोश की शायरी पर अधिक जानने के लिए देखें)।

देते हैं जिसके द्वारा देश और स्वतन्त्रता की कल्पना एक सुन्दर प्रेमी बन कर हृदय और मस्तिष्क पर छा जाये।

मजाज़ ने अपनी अलबेली आवाज़ से देशप्रेम को एक नया रूप दिया। इनकी क्रान्तिकारी शायरी में आज़ादी की भावना मचल कर सामने आती है। उन्होंने जो कुछ भी कहा एक विजेता के अन्दाज़ में कहा जहाँ उनकी प्रकृति में ग़ज़ब की मस्ती और मदहोशी है। उन्हें क्रान्ति का गायक कहा गया। वो कठिनाइयों की आँखों में आँखें डालकर गीत गाते उसका भय छीन लेने का साहस रखते थे। 'इंक़लाब', 'मतरब से' 'मज़दूर', 'नौजवान से' और 'हमारा झंडा' में यही वीर गाथा हमें मिलती है। इनके बारे में एहतेशाम हुसैन का कहना है ''मजाज़ क्रान्ति का रंगीन सुर हैं पर इनकी शायरी रंगीनी में शोले की सुर्ख़ी है। इसलिए वो एक ही समय में जाम और तलवार सबके प्रशंसक हैं।''

जज़्बी भारत की आत्मा में बसी हुई निराशावादी फ़िज़ा के प्रवक्ता है। इनके यहाँ बाहर से दिखाई पड़ने वाली साम्राज्यवाद का अन्याय हृदय की पीड़ा में डूबी हुई पुकार बनकर सामने आता है। सरदार जाफ़री ने क्रान्तिकारी शायरी को एक नयी शक्ति प्रदान की और इसे एक नयी दिशा से परिचित कराया। वो हमारी ख़ून में डूबी हुई इच्छाओं और आशाओं के शायर हैं जो सदियों की गुलामी के विरोध में दिलों में पैदा हुए। 'नयी दुनिया को सलाम', अख़्तर शीरानी की 'सलमा' और मजाज़ की 'नूरा' से अलग है। ये उर्दू शायरी की रूमानियत को एक नये युग का पता देती है। सरदार जाफ़री हमारे उन शायरों में हैं जो शिक्षा और विश्वास की दौलत से मालामाल हैं। उन्होंने स्वतन्त्रता संग्राम के उत्थान के ज़माने में बड़ी दिलेरी और साहस से उर्दू शायरी को इंक़लाबी रचनाएँ दीं और उन्हें सम्मान और सत्यनिष्ठा देने का प्रयत्न किया। परन्तु इनके यहाँ भी जोश की तरह कोमल शायराना भाव के साथ दर्द की कमी और सम्बोधन की भरमार है, जो खटकती है, यही कारण है कि इनका क्रान्ति का नारा झूमता गाता कम है और हंगामा और उबाल बन कर शायरी का जादू नहीं जगाता।

साग़र निज़ामी ने देशभक्ति के तराने दिल की लहक के साथ गाये। हिन्दी शब्दों की खनक को लेकर उन्होंने अपनी शायरी में रस पैदा किया। एहतेशाम हुसैन के अनुसार ''साग़र निज़मी ने देशभक्ति और राष्ट्र प्रेम की भावना को आस्था से जोड़ा। समय की बढ़ती हुई गति के साथ-साथ इनकी इस भावना पर निखार आता गया और साथ ही गहराई भी पैदा होने लगी।''

एहसान दानिश ने शायरी श्रमिकों की बेबसी और कठिनाइयों पर केन्द्रित रखी। वो बाग़ी नहीं थे, यह बग़ावत की ज्वाला को भड़काने वाले कारणों की बड़े ही प्रभावशाली ढंग से व्याख्या करते थे। वो क्रान्ति, और मज़दूर वर्ग की प्रगति चाहते थे पर आन्तरिक पीड़ा भावना की इनके यहाँ कमी मिलती है।

मख़दूम की शायरी भी फ़ैज़ की सौन्दर्यबोध जैसी भावना में रची बसी है। उन्होंने भी क्रान्ति की कल्पना एक हसीन प्रेमी के रूप में प्रस्तुत की जिसकी इन्तज़ार की तड़प बड़े दुख और पीड़ा से गुनगुनाती है। वो निर्माण से पहले तबाह करने की बात करते हैं। इनकी शोक और मस्ती में जो हल्की सी आँच से गर्मी पैदा होती है इससे इनकी शायरी में दुगना असर पैदा होता है। 'मशरिक़', 'इंक़लाब', 'कहो हिन्दोस्तान की जय', 'मुस्तक़बिल' और 'ज़हान-ए नव' सुन्दर और भावपूर्ण नज़्में हैं।

सलाम मछलीशहरी ने भी देश और स्वतन्त्रता के गीत प्यार और दर्द के साथ गाये हैं। इनके हावभाव का निर्मल सामंजस्य इनके विचार और सन्देश लोगों के दिलों तक पहुँचा है। सामाजिक कड़वाहटों ने जाँ निसार अख़्तार को भी रोमानी कवच से बाहर निकलने पर विवश किया। इनकी आवाज़ में सरलता और मधुरता है। कोई दूसरी परत नहीं है देशप्रेम की भावना इनकी शायरी में कुछ नर्म और गर्म होकर सामने आती है जिससे इसमें निखार तो आ जाता है पर पीड़ा और प्रभाव का अभाव हो जाता है।

साहिर लुधियानवी की क्रान्तिकारी शायरी की विशिष्टता यह है कि इसमें प्रवाह और सुरीलापन है। इनके यहाँ घन गरज बिल्कुल नहीं। एक अलबेलापन और मदहोशी और मस्ती है। वो हंगामों पर लिखते हुए भी शालीनता और धैर्य को हाथ से नहीं जाने देते। 'मेरे गीत', 'आवाज़-ए आदम', 'कुछ बातें', और 'कल और आज' इनकी बेहतरीन नज़्में हैं। 'आहंग' के बाद 'तल्ख़ियाँ' उस दौर की महशूर किताबों में गिनी जाती हैं।

कैफ़ी आज़मी के बात करने का अन्दाज़ इनका अपना है और सजीव है। इनका देशप्रेम सच्चाई पर टिका है जिसमें गर्मी और विश्वास का नूर है। उन्होंने प्रायः सामयिक विषयों पर नज़्में कही हैं और चित्त की पीड़ा में तपा कर उन्हें पानी दिया है। 'फ़ैसला', 'तलाश', 'आख़िरी मरहला', 'नयी जन्नत', 'हम', 'आज़ादी' और 'मुज़दा' में देशभक्ति का भाव निखर कर सामने आता है।

सिकन्दर अली वज्द भी दिल पर देश के अपमान का दाग़ लिए हुए हैं। इनकी शायरी स्वतन्त्रता की भावना और राष्ट्र के दर्द का प्रतिनिधित्व करती है पर वो न कहीं गरजते और न कहीं पीड़ा और क्रोध से बेक़ाबू होते हैं। वो पूँजीवाद और विदेशी शासन की बेड़ियों को पिघलते देखना चाहते हैं, इनके सुलझे हुए व्यवहार में ऐसा संयम है कि रुका हुआ तूफ़ान प्रतीत होता है।

देशप्रेम की परम्परा को निखारने में वामिक़ जौनपुरी ने भी भाग लिया। इनका जोश, इनका साहस, जवान और स्वतन्त्रता की भावना निर्भय है। सामाजिक यथार्थ की कड़वाहटों ने इनकी शायरी में भी दबी हुई चिंगारियाँ भर दी हैं जिनकी आँच 'बोल रे साथी बोल', 'भूखा बंगाल' और 'जनता की लड़ाई' में हमें मिलती है।

नुशूर वाहिदी, शोरिश काश्मीरी, अल्ताफ़ मशहदी, नख़शब जारचवी और मतलबी फ़रीदाबादी ने भी इस दौर में देशप्रेम की परम्परा को नया जीवन देने में भाग लिया। शोरिश जनतन्त्र की ताक़त के समर्थक हैं। 'नये दौर का फ़रमान' और 'ज़रा सब्र' में इनकी संवेदना तीव्रता से अपना रूप दिखाती है। मतलबी जनता के हाव-भाव को लेकर इंक़लाब का तराना सुनाते हैं। इनकी नज़्म 'जद्दोजेहद-ए आज़ादी के तीन दौर' विशेष प्रभाव डालती है। नुशूर वाहिदी की नज़्म 'ख़ून में पानी', नख़शब की 'इत्तेहाद-ए बाहमी' और अल्ताफ़ मशहदी की 'वतन आज़ाद करने के लिए' हमारी राष्ट्रीय शायरी का हिस्सा हैं।

प्रगतिशील शायरों में कुछ के यहाँ सम्बोधन और अटलपन भी था जिसने साहित्य को प्रचार-प्रसार के स्तर तक नीचे गिरा दिया। इनमें से अधिकतर उद्देश्य के जोश में क्रान्ति, किसान और मज़दूर का नाम लेकर भावुक होकर सीना पीटते और नारे लगाते थे। प्रगतिशील शायरी का बड़ा भाग सामयिक और हंगामों में ही लिप्त हो गया। इसमें उबाल और गर्मी तो है पर गहराई और रोशनी नहीं। इसका प्रभाव वक़्ती है। वो समय ही ऐसा था जब संघर्ष और आर्थिक तंगी ने समझबूझ को इस तरह जकड़ रखा था कि कुछ समय के लिए शायरी और साहित्य के सौन्दर्य भाव को भी एक तरफ़ कर दिया गया। ग़ालिब का शेर है :

फ़रियाद की कोई लय नहीं है
नाला पाबन्द-ए नय नहीं है

इस दौर में भारतवासियों के दुखों और पीड़ाओं का चित्रण और स्वतन्त्रता की भावना की व्याख्या करना केवल प्रगतिशील शायरों तक नहीं था। उर्दू के कुछ दूसरे शायर भी जो प्रगतिशील आन्दोलन को नहीं मानते थे। वो भी देशप्रेम की ज्योति जलाकर समय की माँग का साथ दे रहे थे। इनमें से विशेषकर ये है : आज़ाद अंसारी, जगत मोहनलाल रवाँ, बर्क़ देहलवी, इक़बाल सुहैल, निहाल स्योहारवी, अहमक़ फफूँदवी, असर लखनवी, तिलोक चन्द महरूम, अफ़सर मेरठी और हफ़ीज़ जालन्धरी। बाद के शायरों में अख़्तर शीरानी, जमील मज़हरी, आनन्द नारायण मुल्ला, अर्श मलसियानी, आले अहमद सुरूर, रविश सिद्दीक़ी, जगन्नाथ आज़ाद और शमीम करहानी। ये अलग बात है कि इनमें से प्रायः प्रगतिशील मेम्बरों में भी मिल जाते थे जो उस समय एक आम सी बात थी।

आज़ाद अंसारी ने अपनी नज़्म 'पैग़ाम-ए-वतन' में हाकिमों के वर्ग को खरी खोटी सुनाई और उनके सरकार के आगे नतमस्तक होने पर व्यंग्य किया और पूछा :

लब पे आह-ए सर्द भी है या नहीं
दिल में क़ौमी दर्द भी है या नहीं

'दर्स-ए आज़ादी' में उन्होंने धार्मिक और देश के प्रति स्वाभिमान पैदा करने की प्रेरणा देते हुए कहा :

जिन्स-ए आज़ादी बिला क़ीमत न माँग
जिन्स-ए आज़ादी की क़ीमत पेश कर

बर्क़ देहेलवी ने 'तबाही-ए हिन्द' में और रवाँ ने 'हिन्द मज़लूम' में भारत वासियों के सोये हुए गौरव को जाग्रत किया। रवाँ का ये शेर प्रेम की पीड़ा की व्याख्या कर रहा है :

चन्द मज़लूम ज़न-ओ मर्द कुछ उजड़े हुए घर
सुर्ख़ियाँ हैं ये मेरी क़ौम के अफ़सानों की

इक़बाल सुहैल एक स्पष्टवादी और निडर शायर थे जो अपने राष्ट्रप्रेम के लिए जाने जाते हैं। इनके यहाँ देशप्रेम कोई सामयिक भावना नहीं बल्कि सदैव रहने वाली और बहने वाली चीज़ है जिससे इनकी सोच और भावना दोनों प्यास बुझाते हैं। इनकी इस दौर की नज़्मों में से 'ये दोस्ती का तिलस्म टूटे' और 'मंज़र-ए रुख़सत' प्रसिद्ध हैं।

निहाल स्योहारवी की राष्ट्र भावना की झलकियाँ इनके संग्रह 'शबाब और इंक़लाब' में देखी जा सकती हैं। 'वतन', 'हिमालय' और 'हिन्दुस्तान' देशभक्ति की भावना से ओत-प्रोत हैं।

अहमक़ फफूँदवी का कलाम इस ज़माने की हास्य शायरी में विशेष स्थान रखता है। इनका हास्य सस्ता या निम्न स्तरीय नहीं। इनके यहाँ अर्थवत्ता है। उन्होंने प्रायः अपनी ग़ज़लों और नज़्मों में देश की राजनीति की रफ़्तार का विश्लेषण किया है। उसकी अच्छाइयों को उभारा है और कमियों पर खुला नहीं, अपितु सहानुभूति लिए व्यंग्य किया है। राजनीति की बात करें तो वो कांग्रेसी थे और कठिन से कठिन परिस्थितियों में भी साम्प्रदायिक मानसिकता का शिकार नहीं हुए। भारत के स्वतन्त्रता संग्राम में उन्होंने व्यावहारिक रूप से हिस्सा लिया। साम्राज्यवाद से घृणा उनकी प्रवृत्ति नहीं अपितु आस्था थी। इसके चलते उन्हें काफ़ी हानि भी हुई और कड़ी कठिनाइयों का सामना करना पड़ा पर इनकी आस्था में कोई कमी या अन्तर न आया। अहमक़ की शायरी हास्य के पर्दे की आड़ में हमारे स्वाभिमान को जाग्रत करती है। इनके यहाँ गुलामी की जो अनुभूति है और आज़ादी की जो उमंग मिलती है उर्दू की हास्य शायरी में वो नयी चीज़ थी। इनके हृदय में देश और राष्ट्र के लिए असीमित पीड़ा है। ये पीड़ा हमें अकबर के यहाँ भी मिलती है पर उन्हें भविष्य से अधिक बीते समय का दुख था। अहमक़ की दृष्टि मान्चेस्टर के कारख़ानों और लन्दन की कौंसिलों तक पहुँचती है जिनके आर्थिक और राजनीतिक उत्पीड़न ने भारत को भूखा और कंगाल बना दिया था।

अहमक़ की शायरी का स्रोत भावना की अभिव्यक्ति है कि सदियों की गुलामी ने भारतवासियों के दिल वीरान कर दिये हैं और राष्ट्र के जीवन के सोते बन्द हो चुके हैं। इन के शेर पढ़कर जो प्रभाव पड़ता है उसे 'सोने की चिड़ियाँ' मिट्टी का डला बना गयी जैसा प्रभाव पड़ता है। भारत की पूँजी एवं वैभव हाकिमों के पास चले गये 'दस्तकार बेकार है, खलिहान सूने और धरती बाँझ पड़ी है।

मरते हैं हर साल फ़ाक़े से करोड़ों आदमी
हिन्द पर ब्रिटिश के एहसानात तो देखो ज़रा
तू अपनी भूख का शाकी फ़ुज़ूल है ऐ हिन्द
मरीज़ को यूँ ही फ़ाक़े कराये जाते हैं
हमारी बेहिसी ने गोर में पहुँचा दिया आख़िर
कफ़न भी अब तो हमको मान्चस्टर मिल से मिलता है
अहेल-ए यूरोप ने किया है वो तमाशा जो कभी
आपके बाप से भी हज़रत-ए शैताँ न हुआ
दौर दौरा है चमन में ज़ुल्म का बेदाद का
ख़ूब उल्लू बोलता है इन दिनों सय्याद का

अहमक़ ने अपने देशवासियों को बार-बार इस बात को समझाया कि मंज़िल तक पहुँचने के लिए आवश्यक है कि हम सब एकजुट होकर बढ़ें और अपने आपसी द्वेष भूल जायें :

बाहमी नाचाक़ियो का हाल ये है मुल्क में
फिर जो आज़ादी की ख़्वाहिश है तो किस बुनियाद पर

स्वतन्त्रता की चाह अहमक़ की शायरी का प्रेरक है। इनका कोई भी संग्रह उठाकर कहीं से भी खोलिए, ये भावना किसी-न-किसी रूप में अपना प्रभाव डालती दिखेगी। अहमक़ का कलाम उन लोगों के विरोध में एक ठहाका है जो शायरी के सामाजिक और राष्ट्रीय स्थान की चीज़ नहीं मानते। वैचारिक तौर पर इनका विरोध हो सकता है पर इसके विरुद्ध जाना सम्भव नहीं पर इनकी भावना की सत्यता और इरादे के महत्व को मानना ही पड़ता है।

तिरलोक चन्द महरूम का देशप्रेम द्वितीय विश्य युद्ध के बाद और भी निखर गया। ये साहस का मनोभाव और इच्छाशक्ति के एतबार से प्रशंसनीय है। महरूम की राजनीतिक शायरी से सम्बन्धित विशेष बात यह है कि स्वतन्त्रता संग्राम के निराशा भरे पलों में भी यह आशा का हाथ नहीं छोड़ती। इन चन्द वर्षों में देश ऐसी-ऐसी परिस्थितियों से गुज़रा कि बड़ों-बड़ों का साहस समाप्ति की कगार पर पहुँच गया, पर महरूम के यहाँ कहीं निराशा या हतोत्साहित होने जैसी भावना दिखाई नहीं देती। जगह-जगह उन्होंने आशा ज्योति को प्रज्वलित रखा और

स्वतन्त्रता की तस्वीर को आगे रखकर आने वाले अच्छे दौर की ख़ुशख़बरी दी। उदाहरण के तौर पर 'शुआए उम्मीद' के ये शेर देखिए :

जलवा-ए सुबह यक़ीनी है शब-ए तार के बाद
दौर-ए इक़बाल है हर क़ौम को अदबार के बाद
छोड़ मत दामन-ए उम्मीद मसाएब में कि है
दस्त-ए गुलचीं में गुल-ए तर ख़लिश-ए ख़ार के बाद
जेहद-ए हस्ती से न घबरा कि नुमायाँ होगा
दौरा-ए अम्न-ओ अमाँ गर्मी-ए पैकार के बाद

स्वतन्त्रता की विशेषता और उसकी विभूति की अनुभूति कराने और इसकी अच्छाइयाँ उजागर करने की श्रेणी में महरूम ने जो नज़्में कही है, इनमें मसनवी 'तस्वीर-ए गुलामी' अपना एक विशेष स्थान रखती है। साठ-सत्तर शेरो की इस मसनवी में महरूम ने गुलामी के तत्त्वज्ञान को सरल और मनोरंजक अन्दाज़ में प्रस्तुत किया। अन्त में बताया गुलाम राष्ट्र के जीवन में एक समय ऐसा भी आता है जब कोई जियाला अपने व्यवहार और आत्मविश्वास से मृत राष्ट्र में फिर से जान फूँक देता है। मसनवी के आरम्भ में गुलामी की निन्दा करते हुए इसके शाप पर प्रकाश डालते हुए स्वतन्त्रता रूपी उपहार का वर्णन किया।

अफ़सर मेरठी और असर लखनवी ने भी इस समय काल के राष्ट्रीय आन्दोलनों को सहानुभूति की दृष्टि से देखा। अफ़सर ने पूँजीवाद की बुराइयों को आम लोगों तक पहुँचाया। असर लखनवी की शायरी में भी देशप्रेम की भावना हमें मिलती है। इनकी ऐसी नज़्मों में से 'वादा-ए हुब्ब-ए वतन' अच्छी नज़्म है।

हफ़ीज़ जालन्धरी अपने देशवासियों को जाग्रत कर रचनात्मक और प्रगति का सन्देश देते हैं, आज़ादी के गीत गाते हैं, पूँजीवाद का विरोध करते हैं परन्तु इनका दृष्टिकोण नैतिक अधिक है और राजनैतिक कम। वो राष्ट्रीय संघर्ष के विरोध में नहीं हैं पर इनकी आवाज़ विश्वास की सीमा तक नहीं है। हफ़ीज़ सुरीली रूमानी नज़्मों के शायर हैं इनकी देशप्रेम और सामाजिक नज़्मों में से 'फ़रेब-ए आज़ादी' को हम बेहतरीन कह सकते हैं।

अख़्तर शीरानी पूर्ण रूप से एक रूमानी शायर थे। इनकी शायरी ने राजनी. तिक और सामाजिक कड़वाहट का कोई असर नहीं लिया। पर जहाँ स्वतन्त्रता की बात आ गयी वहाँ इस शायर ने अपनी सबसे क़ीमती दौलत इश्क़ को भी सूली पर चढ़ा दिया। वहाँ ये 'असीर-ए ज़ुल्फ़' (गेसुओं का प्रेमी), 'गुलाम-ए आज़ादी' (स्वतन्त्रता का दास) बनकर हमारे समक्ष होता है।

आनन्द नारायन मुल्ला के मानवता प्रेम की एक माँग ये भी है कि उसका देश साम्राज्यवाद के शिकंजे से आज़ाद हो और प्रसन्नता के साथ समृद्धि की राह

पर आगे बढ़े। 'आसार-ए वक़्त' में वो अंग्रेज़ी सरकार की मौत घोषित करते हुए देशवासियों को आने वाले परिवर्तन से अवगत कराते हैं।

अर्श मलसियानी की नज़्म 'बढ़े चलो' राष्ट्रीय संघर्ष के बढ़ते हुए जोश की ओर संकेत देती नज़र आती है। आले अहमद सुरूर अपनी नज़्म 'जंग-ए अज़ीम का एक तास्सुर' में देशवासियों को आज़ादी की सुबह का सन्देश यूँ देते हैं :

इसी उम्मीद पे बैठा हूँ सर-ए राहगुज़र
हिज्र की रात हुई है तो सेहर भी होगी

रविश के यहाँ देशभक्ति की भावना एक अलबेली आनबान के साथ सामने आती है। वो भारत को एशिया का हृदय समझते हैं इसीलिए एशिया की जाग. रूकता के तराने गाते हैं। उनकी आशाओं और चाहतों का केन्द्र भारत ही रहता है। वो पूर्व के जागरण के संरक्षक हैं और अपना मार्ग अच्छे से पहचानते हैं। 1927 के पश्चात हमारे स्वतन्त्रता संग्राम के हर मोड़ की झलक इनकी शायरी के आइने में हम देख सकते हैं। इनकी नज़्में 'नवेद-ए फ़र्दा', 'जमाल-ए आज़ादी' और 'मनशूर-ए आज़ादी' हमारी बेहतरीन राजनीतिक नज़्मों में स्थान पाने के लायक़ हैं। इनमें सच्चाई की चमक, निश्छलता की धीमी आँच और चेतना का तेज़ है। रविश की देशभक्ति की शायरी नारों और जोश से बच कर चलती है। वो अपनी आवाज़ को ऊँचा उठा कर अपना आदर नहीं खोती। इसका दर्द, आत्मविश्वास और शिष्टाचार इसकी अपनी विशिष्टता है।

जमील मज़हरी की नज़्में 'ए मर्द-ए जवाँ चल', 'मज़दूर की बांसुरी' और 'मौसम के इशारे' देश से इनकी गहरी मोहब्बत दर्शाते हैं। इनके यहाँ मज़दूर और किसान का उल्लेख तो मिलेगा पर इनकी शायरी मज़दूर का गीत या 'तीशा का रिज्ज़' नहीं। विश्वव्यापी प्रेम संयम और आत्म-संयम इसका ज़ेवर है।

शमीम करहानी राजनीतिक मान्यता के हिसाब से राष्ट्र प्रेम और कांग्रेस के साथी थे। सन् 42 के आन्दोलन के विषय में उन्होंने बड़ी उत्साहवर्द्धक और जोशीली नज़्में कहीं। वो एक ऐसे रंगीन और आकर्षक संसार की कल्पना करते थे जिसकी बुनियाद न्याय पर रखी हो और जहाँ असमानताएँ न हों। अन्तर्आत्मा की भावना और सच्चाई की गहराई ने इनके शेरों को स्वर प्रदान किये और उन्हें गीतशील बनाया।

इन शायरों के अतिरिक्त सय्यदा अख़्तर, आमना बिरजिस, उरुज़ ज़ैदी, अदा जाफ़री बदायूनी और ज़ामिन किन्तौरी ने भी अपने कलाम में भारत से अपने प्रेम का सबूत पेश किया।

हाली और इक़बाल ने उर्दू शायरी की दिशा ग़ज़ल से नज़्म की तरफ़ मोड़ दी। प्रगतिशील आन्दोलन के दौर में इस परम्परा को बढ़ावा मिला, परन्तु ग़ज़ल

भी इस दौरान पनपती रही। प्रगतिशील सोच ने नज़्म को अधिक प्रभावित किया ग़ज़ल को कम। पर फिर भी इस दौर की ग़ज़ल में कुछ परिवर्तन हुए पर ये परिवर्तन प्रगतिशील प्रभाव से नहीं बल्कि स्वतन्त्रता संग्राम और राष्ट्रीय प्रवृत्ति के कारण हो रहा था।

वास्तविकता यह है कि ग़ज़ल को भी इस दौर में नये सामाजिक परिवर्तनों और राष्ट्रीय संघर्ष के साथ-साथ नये हालात और माँगों की 'गुलशन-ओ गुलख़न' से निकलकर जाना पड़ रहा था। जिसके प्रभाव से इसमें सामाजिक संवेदना और स्वतन्त्रता की भावना का पैदा होना अनिवार्य था। इस दौर के विशेष ग़ज़ल कहने वाले शायरों में जिगर मुरादाबादी, फ़िराक़ गोरखपुरी, फ़ैज़ अहमद फ़ैज़, मुईन अहसन जज़्बी और मजरूह सुलतानपुरी के नाम लिए जा सकते हैं।

जिगर की शायरी पर संगीत का रंग चढ़ा था जो जिगर की विशेषता थी। उन्होंने अपने सुरूर में डूबे व्यक्तित्त्व और जादुई बाँकपन से उस दुख में डूबे हुए माहौल में ग़ज़ल को नयी गर्मी दी। इनकी ग़ज़ल समय से अलग थी। रशीद अहमद सिद्दीक़ी के अनुसार "आस-पास के हालात और माहौल में देखा जाये तो इस दौर के ग़ज़ल लिखने वाले सभी शायरों से जिगर अलग हैं। जिगर अपने आस-पास होने वाली घटना का सीधा असर लेते हैं और जिगर में ये बात आज से नहीं मुद्दतों से है। उन्होंने हर बड़ी घटना का चित्रण और व्याख्या अपनी शायरी में किसी-न-किसी रूप में प्रायः की है। कुछ दिनों से इनके कलाम में इस भाव की यह लहर और उभर आयी है। ग़ज़ल में ये चीज़ें शुरू तो हसरत से हुईं पर हसरत के यहाँ इनको हम एक समाचार के रूप में पाते हैं और जिगर के यहाँ इस ख़बर का रूप नज़र का रूप बन जाता है। देश के जाग्रत होने के साथ-साथ सरकार की सख़्तियों की अनुभूति ऐसे शेरों में कभी न ख़त्म होने वाली मदहोशी के रूप में सामने आती है।

यह लाला-ओ गुल ये सहेन-ओ रविश होने दो जो वीराँ होते हैं
तख़रीब-ए जुनूँ के पर्दे में तामीर गुलिस्ताँ होते हैं
बेदार अज़ाएम होते हैं इसरार नुमायाँ होते हैं
वो जितने सितम फ़रमाते हैं सब इश्क़ पे ऐहसाँ होते हैं
ये ख़ून है जो मज़लूमों का ज़ाए तो न जायेगा लेकिन
कितने वो मुबारक क़तरे हैं जो सर्फ़-ए बहाराँ होते हैं
आसूदा-ए साहिल तो हैं मगर शायद ये तुझे मालूम नहीं
साहिल से भी मौजें उठती हैं ख़ामोश भी तूफ़ाँ होते हैं
जो हक़ की ख़ातिर जीते हैं मरने से कहीं डरते हैं जिगर
जब वक़्त-ए शहादत आता है दिल सीनों में रक़्साँ होते हैं

फ़िराक़ प्रगतिशील आन्दोलन के आरम्भिक ध्वजवाहक में से हैं। परन्तु अपने आन्तरिक प्रेमभाव के फ़लसफ़े के कारण ज़्यादा समय इसका साथ न दे सके बल्कि अलग दिशाओं में बढ़ गये। इनके निकट लक्ष्य शायरी के लिए होते हैं शायरी लक्ष्य के लिए नहीं। इनकी गिनती नये दौर के अलग छवि के प्रसिद्ध ग़ज़ल कहने वाले शायर की है। उन्होंने अवधी और खड़ी बोली के मेल से अपनी शैली में विचित्रता और नयापन पैदा किया है जिससे ग़ज़ल में मिठास और उसका प्रभाव कई गुना बढ़ गया है। मूलतः वो अपनी महबूबा के शरीर और सुन्दरता और इश्क़ की मनोवैज्ञानिक बारीकियों के शायर हैं। वो महान आर्यन संस्कृति की सराहना का प्रयत्न करते हैं परन्तु सामाजिक संघर्ष और देश की लापरवाही और गुलामी से भी वो अनिभिज्ञ नहीं हैं। कुल मिलाकर वो जीवन को प्रकाशमय देखना चाहते हैं और अपने इस सपने को सच करने के लिए वातावरण तैयार करने की इच्छा को उजागर करते हैं। उन्होंने राजनीति या सामयिक विषयों पर कुछ कम कहा है, पर साम्राज्यवाद और पूँजीवाद से उन्हें घृणा इनके शेरों में शान्त पीड़ा की तरह निवास कर रही है। वो स्वतन्त्रता चाहते हैं पर इनकी स्वतन्त्रता की भावना एकदम नहीं निकली, बल्कि एक रोशन सितारे की तरह अपने स्थान पर अटल है और ये सितारा कम-कम चमकता रहता है। फ़िराक़ ने देशप्रेम की भावना के अन्तर्गत 'आज़ादी' और 'ज़माने का चैलेंज' जैसी नज़्में भी लिखीं और उनमें ग़ज़ल की सुन्दरता को भी बनाये रखा।

फ़ैज़ और जज़्बी का उल्लेख पहले किया जा चुका है। मजरूह ने सामाजिक संघर्ष, क्रान्ति और राष्ट्र व देशप्रेम जैसे विषयों को शायराना और कलात्मकता से ग़ज़ल में डाला। इनका प्रेम फूल की डाली भी है और तलवार भी है। अपने चिन्तन में बड़े बाँकपन से सभा को संग्राम से जोड़ देते हैं। मजरूह की इश्क़ की कल्पना के पीछे गहरा सामाजिक चेतन छिपा है। उन्होंने इश्क़ की पीड़ा को देशप्रेम की पीड़ा से जोड़ दिया और ऐसा करते हुए भी ग़ज़ल के मूड से छेड़छाड़ नहीं की। ग़ज़ल के प्रेमभाव की माँग को पूरा करना हर एक के बस की बात नहीं। इसके लिए दर्द, शायराना भाव और कला से सच्चा प्रेम शर्त है। वरना देखा जाये तो प्रायः राष्ट्रीय और सामाजिक विषयों का उल्लेख करते हुए ग़ज़ल कहने वाले शायर प्रचार-प्रसार के स्तर पर इस बुरी तरह से उतर आते हैं कि फिर ना शायर की शक़्ल याद रहती है और न ग़ज़ल।

ऊपर जिस दौर की शायरी का अवलोकन प्रस्तुत किया गया, राष्ट्रीय आन्दोलन उस समय अपने चरम पर था। भारत का स्वतन्त्रता संग्राम उस मोड़ पर आ चुका था जहाँ इतिहास करवट बदलता है। विदेशी साम्राज्य की बुनियादें हिल उठी थीं और स्वतन्त्रता की भावना हर दिल में बेचैन थी। हमारे शायरों में भी कई

क्रान्ति की रफ़्तार के साथ थे। उन्हें राष्ट्रों की प्रगति और पतन का हाल मालूम था। वो इतिहास की नयी दिशाओं पर नज़रें जमाए हुए थे। इनमें से कई भारत के स्वतन्त्रता संग्राम में व्यावहारिक रूप से जुड़े थे और कुछ जनता को जीत की ख़ुशख़बरी सुना रहे थे। ये सब अपने स्वयं की व्यक्तिगत समस्याओं-पीड़ाओं और दुखों को भूल कर अपने अस्तित्त्व की ज्वाला से गुलामी का क़िला फूँकने और नया मकान बनाने का प्रयत्न कर रहे थे। इनमें से कुछ तो ऐसे हैं जो पीड़ा और क्रोध में आपे से बाहर हो जाते हैं। कुछ तेज़ हैं तो कोई विनम्र पर इसमें कोई सन्देह नहीं कि उन्होंने स्वतन्त्रता की कल्पना को स्पष्ट और जानदार बनाया और इस दौलत और उसकी वृद्धि की दुआएँ माँगीं। कठिनाइयों का सामना किया। सरकार के गुणगान करने वालों पर चोटें की और सरकार के अत्याचारों का डट कर मुक़ाबला किया। इनके पैर अडिग रहे और यह सब मतवाले स्वतन्त्रता की अपनी आस्था पर चट्टान की तरह अडिग रहे।

दूसरे विश्वयुद्ध की समाप्ति तक भारत की स्वतन्त्रता संग्राम अपने अन्तिम काल में प्रवेश कर चुका था। जन मानस की बढ़ती हुई बेचैनी क्रिप्स मिशन की विफलता, युद्ध की आपत्तियाँ, अन्तर्राष्ट्रीय स्थितियाँ और आज़ाद हिन्द फ़ौज का कोलाहल भारत को बड़ी तीव्र गति से उस ओर ले जा रहा था जिसे जोश ने यूँ कहा :

लैला-ए आब-ओ रंग का डेरा क़रीब है
तारे लरज़ रहे हैं सवेरा क़रीब है

इस ज़माने में नेताजी सुभाष चन्द्र बोस की आज़ाद हिन्द फ़ौज अंग्रेज़ों को प्रायः परेशान किया करती थी। इधर भारत की जनता सेना की कारवाइयों में गहरी रुचि ले रही थी और सुभाष चन्द्र बोस इन सबके चहेते नेता थे। हमारे शायरों ने भी इस ज़माने में सुभाष चन्द्र बोस पर कई नज़्में लिखीं। इनमें से जगन्नाथ आज़ाद की नज़्म 'सुभाष चन्द्र बोस' (बहादुर शाह ज़फ़र के मज़ार पर) विशेष है। इसमें भारतीय जन मानस की क्रान्तिकारी भावना को बड़ी सुन्दर और प्रभावी शैली में व्यक्त किया गया है।

हमारा प्रसिद्ध राष्ट्रीय नारा 'जयहिन्द' इसी दौर में प्रसिद्ध होना शुरू हुआ था। तिलोक चन्द महरूम अपनी नज़्म 'सेहर-ए नव' में इस दौर का चित्रण करते हुए कहते हैं :

जय हिन्द के नारों से फ़िज़ा गूँज रही है
जय हिन्द की आलम में सदा गूँज रही है
ये वलवला ये जोश ये तूफ़ान मुबारक
हर आन मुबारक!

1945 में द्वितीय विश्य युद्ध ख़त्म हो गया। भारत की राजनीति की गुत्थी सुलझाने के लिए 'कैबिनेट मिशन' भेजा गया परन्तु उसका प्रस्ताव किसी भी राजनीतिक दल को सन्तुष्ट न कर सका और उसे असफल लौटना पड़ा। जोश ने इस 'तस्लीसी फ़रेब' से पर्दा उठाते हुए कहा :

छुरी दबाये हुए हैं बग़ल में अहले-मिशन
शफ़ीक़ बन के मगर मुस्कुराये जाते हैं
पड़ी हुई है जहाँ ख़ार-ओ ख़स पे चादर-ए गुल
वो सब्ज़ बाग़ हमें फिर दिखाये जाते हैं

अहमद नदीम क़ासमी ने 'समन्दर पार के फ़रिश्ता हाए रहमत' को समय का चैलेंज सुनाते हुए ख़बरदार किया :

मोअर्रिख़ों से कहो ख़ून में डुबोएँ क़लम
बदल चुका है इरादे में इज़्तराब अपना
खिज़ाँ रहे कि बहार आये हरचे बादाबाद
अब इक ज़क़ंद का है मुन्तज़िर शबाब अपना

ब्रिटेन में लेबर सरकार के शासन में आते ही आशा जाग उठी। लेबर पार्टी भारत की स्वतन्त्रता देने के पक्ष में थी, पर स्वयं भारत में सांस्कृतिक समस्या जिसे अब तक कांग्रेस अनदेखा कर रही थी एक भयानक अलगाववादी शक्ति बन चुकी थी। मुस्लिम लीग इसकी आड़ में मुसलमानों को कांग्रेस से अलग करने में सफल हो चुकी थी और विभाजन की माँग दिन-प्रतिदिन तीव्र हो रही थी। उस समय भारत के वायसराय लार्ड माउंटबेटेन थे। इनके निरीक्षण में कांग्रेस और लीग में बहुत दिनों तक समझौते की बात होती रही। अन्त में यही तय पाया कि भारत का विभाजन किया जाये। ब्रिटिश संसद ने यह निर्णय मान लिया और 15 अगस्त, 1947 को उपमहाद्वीप विभाजित हो गया और दो देश भारत और पाकिस्तान अस्तित्त्व में आये।

स्वतन्त्रता मिलने से पहले के आठ-दस महीनें में उर्दू साहित्य जो चित्र प्रस्तुत करता है इसका निरीक्षण करते हुए एहतेशाम हुसैन लिखते हैं : "इस ज़माने में उर्दू लेखकों के दिलों में तीन इच्छाओं की झलक साफ़ देखी जा सकती है। भारत का शरीर घायल न किया जाये। साम्प्रदायिकता अंग्रेज़ी राजनीति की नाजाएज़ संतान है। इसका गला घोंट दिया जाये और अगर भारत को विभाजित होना ही है तो महात्मा गाँधी के शब्दों में इस प्रकार हो कि जैसे भाई-भाई अपनी जायदाद बाँटते हैं अर्थात् ये विभाजन अंग्रेज़ों के हाथों से न हो बल्कि आपस के समझौते का परिणाम हो।"

इसी राजनीतिक संकट में जो भारत के दिल और दिमाग़ पर छाया हुआ था। लेखकों का इस तरह सोचना प्रशंसनीय था। अफ़सानों, ड्रामों और नाविलों

में तो नहीं पर शेर-ओ शायरी के मैदान में ऐसे कई स्थान मिलेंगे जहाँ शायर ने राष्ट्रीय मार्गदर्शकों को रोका है, यही नहीं बल्कि अपने लीडरों के ग़लत कार्यों की आलोचना भी की है। विभिन्न विचार और पद्धति के राजनीतिक स्कूलों से सम्बन्ध रखने के बावजूद देश की राजनीतिक और आर्थिक स्वतन्त्रता की इच्छा में जोश, मजाज़, मख़दूम, जाँनिसार अख़्तर, फ़ैज़ अहमद फ़ैज़, सरदार जाफ़री, कैफ़ी आज़मी, शमीम करहानी, आनन्द नारायन मुल्ला इत्यादि एक ही सुर वाले रहे।

बहरहाल अंग्रेज़ भारत छोड़ तो गया पर :

लाले को दबाया सुंबुल से क़ुमरी को लड़ाया बुलबुल से
जाता तो है सय्याद मगर गुलशन को लुटा कर जाता है

(इक़बाल सुहैल)

आज़ादी की देवी प्रकट तो हुई पर ख़ून में डूबी हुई। ज़मीन से आसमान तक साम्प्रदायिक विष घुल गया। पक्षपात और संकीर्णता की आग इतनी भड़क चुकी थी कि सदियों की सांस्कृतिक धरोहर इसमें राख हो चुकी थी। हिन्दू मुसलमान एक-दूसरे के ख़ून के प्यासे हो गये और दरिन्दगी और निष्ठुरता और बर्बरता की निर्दयी शक्तियाँ आपे से बाहर हो गयीं। भारत की प्रगति और स्वाभिमान का सपना देखने वालों को इन सब बातों से पीड़ा हो रही थी। इस समय देश में जो बुझी-बुझी सी दर्द की लहर माहौल में थी, फ़ैज़ की नज़्म 'सुब्ह-ए आज़ादी' की पंक्तियों में सदैव के लिए मूरत बन गयी और हम इसी के साथ इस कथा को यहीं समाप्त करते हैं:

ये दाग़ दाग़ उजाला ये शब गज़ीदा सहर
वो इन्तज़ार था जिसका ये वो सहर तो नहीं
फ़लक के दश्त में तारों की आख़िरी मंज़िल
कहीं तो होगा शबे सिस्त मौज का साहिल
कहीं तो जाके रुकेगा सफ़ीना-ए ग़मे दिल

जिगर की आग नज़र की उमंग दिल की जलन
किसी पे चारा-ए हिजराँ का कुछ असर ही नहीं
कहाँ से आयी निगार-ए सबा किधर को गयी
अभी चराग़-ए सरे राह को कुछ ख़बर ही नहीं
अभी गिरानी-ए शब में कमी नहीं आयी
निजात दीदा-ओ दिल की घड़ी नहीं आयी
चले चलो कि वह मंज़िल अभी नहीं आयी

पीड़ा के टीस से भरी हुई चाह जितनी उस समय उचित थी उतनी ही आज भी है।

भाग दो

विशेष अध्ययन

अध्याय एक

ग़ालिब की देशभक्ति की भावना और सन् सत्तावन की घटनाएँ

मिर्ज़ा ग़ालिब सन् सत्तावन के हंगामें में आरम्भ से अन्त के देहली में रहे। इस दौर के हालात 11 मई, 1857[(1)] से 21 जुलाई, 1858[(2)] तक उन्होंने अपनी फ़ारसी किताब 'दस्तंबू' में लिखे हैं। हंगामे के दिनों में ग़ालिब पर जो गुज़री इसका उल्लेख दस्तंबू के अतिरिक्त इनके पत्रों में भी मिलता है जो अपेक्षाकृत स्वतन्त्र होकर और खुलकर लिखे गये हैं। ग़ालिब का देशप्रेम या अंग्रेज़ों के लिए इनकी भावना को समझने के लिए केवल दस्तंबू के विवरण देखना भर पर्याप्त नहीं अपितु ग़ालिब का व्यक्तित्त्व, इनका व्यवहार और इनसे जुड़ी घटनाओं और तथ्यों को जानना भी ज़रूरी है। इसके अतिरिक्त वो पत्र इस विषय पर विशेष हैं जो उन्होंने अपने निकटतम दोस्तों को लिखे हैं और जहाँ इनके दिल का पैमाना अनायास छलक गया है।

मिर्ज़ा ग़ालिब सन् सत्तावन के हंगामे के दौरान सपरिवार अपने घर में रहे।[(3)] एक पत्र में लिखते हैं: "मैं अपनी बीवी बच्चे सहित हर समय इस शहर में ख़ून के सागर में तैरने वाला बन चुका हूँ। दरवाज़े से बाहर क़दम नहीं रखा, न पकड़ा गया, न निकाला गया, न क़ैद हुआ, न मारा गया।"[(4)] पर देहली पर अंग्रेज़ों का दोबारा वर्चस्व हो जाने के बाद ग़ालिब पर एक के बाद एक मुसीबतों के पहाड़ टूटे। उस समय वह मुहल्ला बल्लीमारान में हकीम मोहम्मद हसन ख़ाँ के मकान में रहते थे। शहर पर क़ब्ज़े के बाद पानी आना भी बन्द हो गया और उन्हें दो दिन बिना रोटी पानी के गुज़ारा करना पड़े।[(5)] तीसरे दिन हकीम महमूद ख़ाँ के पारिवारिक मकानों की सुरक्षा के लिए महाराजा पटियाला के भेजे हुए सिपाही आ पहुँचे। इसी कारण मिर्ज़ा का घर लूट से बच गया[(6)] लेकिन जो क़ीमती सामान और आभूषण इनकी बेगम ने सुरक्षा की दृष्टि से काले मियाँ साहेब के तलगृह में रखवा दिये थे उन्हें फ़ौज ने लूट लिया।[(7)] कुछ गोरे ग़ालिब के घर में भी आ घुसे और उन्हें बन्दी बनाकर कर्नल बर्न[(8)] के समक्ष प्रस्तुत किया जो पास के

हाजी क़ुतबुद्दीन सौदागर के घर में रह रहे थे। पूछताछ हुई,[9] जीवन कुछ बचा था इसलिए मिर्ज़ा बच गया।[10]

इधर 30 सितम्बर के आस-पास कुछ फ़ौजी इनके भाई मिर्ज़ा यूसुफ़ के घर में घुस गये और सब कुछ ले गये।[11] ये तीस साल की आयु से दीवाने थे।[12] 19 अक्टूबर को मिर्ज़ा यूसुफ़ का बूढ़ा दरबान समाचार लाया कि मिर्ज़ा यूसुफ़ पाँच दिन तक लगातार बुख़ार के बाद रात को मर गये।[13] उस समय न कफ़न का कपड़ा मिल सकता था न ही स्नान कराने वाले मिल सकते थे और न क़ब्र खोदने वाला। ग़ालिब के पड़ोसियों ने इन पर दया करते हुए पटियाला के सिपाहियों में से एक को साथ ले जाकर मिर्ज़ा यूसुफ़ का कफ़न दफ़न किया।[14] मिर्ज़ा ने अपने एक ख़त में इनके देहान्त और इनकी बीवी बच्चों की दुर्दशा का विवरण कुछ यूँ बयन किया है :

> ''मेरा सगा एक भाई दीवाना मर गया, इसकी बेटी, इसके चार बच्चे, इसकी माँ अर्थात् मेरी भावज जयपुर में पड़े हुए हैं। इस तीन बरस में एक रुपया उनको नहीं भेजा, भतीजी क्या कहती होगी कि मेरा भी कोई चचा है। यहाँ बेवसों और रईसों की बीवियाँ और औलाद भीख़ माँगते फिरें और मैं देखूँ, बस मुसीबत सहन करने की शक्ति लाने को जिगर चाहिए।''

(यूसुफ़ मिर्ज़ा के नाम, उर्दू-ए मुअल्ला, पृ. 255)

लड़ाई के दौरान ग़ालिब के मित्रों, क़रीबियों और शिष्यों में से कई क़त्ल कर दिये गये, कुछ अंग्रेज़ों का शिकार हुए और कुछ दिल्ली छोड़ कर निकल गये।

मौलवी फ़ज़ले हक़ ख़ैराबादी को काले पानी की सजा हुई, शेफ़्ता को काल कोठरी में सात साल क़ैद रहने की सजा सुनाई गयी। सदरुद्दीन आज़ुर्दा की नौकरी समाप्त और जायदाद ज़ब्त कर ली गयी। नवाब ज़ियाउद्दीन और नवाब अमीनुद्दीन देहली पर अंग्रेज़ों के वर्चस्व के बाद लोहारो जाने के लिए निकल पड़े। अभी महरौली तक पहुँचे ही थे कि लुटेरों ने लूट लिया। दूसरी तरफ़ दिल्ली में इनके घर को गिरा दिया गया जिसमें इनका पुस्तकालय जिसकी क़ीमत 20 हज़ार थी लुट गया। (उर्दू-ए मुअल्ला, पृ. 151, 153, 193 और 243) मिर्ज़ा का फ़ारसी और उर्दू कलाम इनके यहाँ जमा था वो भी नष्ट हो गया। मुज़फ़्फ़रुद्दीन हैदर ख़ाँ और ज़ुल्फ़िक़ारुद्दीन हैदर ख़ाँ (हुसैन मिर्ज़ा) पर इससे भी बढ़ कर गुज़री। केवल इतना ही नहीं कि इनके घरों पर झाड़ू फिर गयी बल्कि पर्दों और झरोखों में ऐसी आग लगी कि पूरा घर जल गया। यूसुफ़ मिर्ज़ा को ख़त लिखते हुए इन मुसीबतों का उल्लेख कुछ इस तरह किया :

> ''मेरी स्थिति केवल मेरे ख़ुदा और ख़ुदावंद के अतिरिक्त कोई नहीं जानता। आदमी ज़्यादा दुख पड़ने पर पागल हो जाता हैं, अक़्ल जाती

रहती है। अगर इन दुखों की भीड़ में मेरी सोचने की शक्ति क्षीण हो चुकी हो तो इसमें कौन-सी अचम्भे की बात है बल्कि इसको न मानना ग़ज़ब है। पूछो कि दुख क्या है, मरने का दुख, बिछड़ने का दुख, इज़्ज़त का दुख, मौत के ग़म में क़िले को छोड़कर शहर में रहने वालों को गिनता हूँ, मुज़फ़्फ़रुद्दौला मीर नासिरुद्दीन, मिर्ज़ा आशूर बेग मेरा भाँजा, इसका बेटा अहमद मिर्ज़ा उन्नीस वर्ष का बच्चा, मुस्तफ़ा ख़ाँ, इब्ने अज़मुद्दौला, इसके दो बेटे इर्तेज़ा ख़ाँ और मुर्तज़ा ख़ाँ, क़ाज़ी फ़ैज़ुल्लाह, क्या मैं इनको अपने आज़ीज़ों के बराबर नहीं जानता था। ऐ लो भूल गया। हकीम रज़ीउद्दीन ख़ाँ, मीर अहमद हुसैन मयकश, अल्लाह-अल्लाह! इन लोगों को कहाँ से लाऊँ।''[15] (उर्दू-ए मुअल्ला, पृ. 255)

एक और ख़त में लिखते हैं :

''ये कोई न समझे कि मैं अपनी बेचैनी और बर्बादी के दुख में मरता हूँ, अंग्रेज़ की क़ौम में से जो इन बदचलन कालों के हाथों मारे गये इसमें से कोई मुझसे आशा रखता था और कोई मेरा दोस्त और कोई मेरा यार और कोई मेरा शिष्य। भारत के लोगों में कुछ प्रिय, कुछ दोस्त, कुछ शिष्य, कुछ प्रेमिका, सो वो सबके सब ख़ाक में मिल गये। एक प्यारे का दुख क्या कम होता है जो इतने अपनों का मातमी हो उसका जीवन दुश्वार क्यों न हो। हाय! इतने यार मरे कि जो अब मैं मरूँगा तो मेरा कोई रोने वाला भी ना होगा।''(तुफ़्ता के नाम, उर्दू-ए मुअल्ला, पृष्ठ 91)[16]

दसतंबू में ग़ालिब लिखते हैं :

दरीं मातमे आवर जावर... अगर जुज़ गरस्तन ब नगरस्तन सरी दाश्ता बाशद, रौज़न-ए दीदा ब-ख़ाक अंबाशता बाद। जुज़ रोज़-ए सियाह हेच नीस्त कि गोयम, दीदा आन ओ दीदा बरश दीद अज़ीं पिंदार, रोज़-ए सियाह खुद चीज़े अस्त कि दर तारीकी-ए आन हेच नतवाँ दीद... अज़ीं दर्द हाए दार-ओ मगज़ीं, व ज़ख़्म हाए मरहम पज़ीर, आँ मी बायदम अन्देशीद, कि मन मुर्दा अम।[17]

2

व्यक्तिगत सदमों और कुछ दूसरे कारणों से ग़ालिब 'ग़दर' को अच्छे शब्दों में याद नहीं करते थे। दसतंबू में ग़ालिब ने ग़दर की जी भर के बुराई की है। उन्होंने ग़दर की तारीख़ 'रस्तख़ेज़ बेजा' से निकाली थी।[18] दसतंबू में उन्होंने अंग्रेज़ों के विरुद्ध लड़ने वाले अपने देशवासियों को 'नमक हराम', 'ख़बीस व आवारा', 'बन्दा हाए बे-खुदावंद', 'सियाह बातिन', 'बेरहम क़ातिल', 'गुमराह बाग़ी', 'सियहकार रहज़न' और 'सियाह रू जंगजू' जैसी उपाधियों से याद किया है।[19] मेरठ की फ़ौज का उल्लेख करते हुए लिखा है :

"बख़्त बरगश्ता-ओ सरगशता चन्द अज़ सिपाहे कीना ख़्वाहे मीरत (मेरठ) ब शहर दर आमदंद, हमा बी आज़रम व शोरअंगेज़ व बखुदावंद कशी तिश्ना खून-ए अंग्रेज़..."[20]

एक और जगह लिखा है :

"दिल्ली कि ख़ून बाद... व दस्ती कि बरीज़ाद..."[21]

ये केवल तस्वीर का एक पहलू है। केवल इतना ही नहीं कि ग़ालिब ने दसतंबू में ग़दर का विरोध और क्रान्तिकारियों की जी भर कर बुराई की है बल्कि इससे हट कर अंग्रेज़ों की गुणगान का भी कोई अवसर उन्होंने हाथ से जाने नहीं दिया। ग़ालिब ने उन्हें 'हाकिमान-ए आदिल', 'अख़्तर ताबिन्दा', 'शेरदिल फातेहीन', 'पैकर-ए इल्म-ओ हिकमत' और 'खुश अखलाक़-ओ नेक नाम हाकिम' कह कर याद किया।[22] इसी श्रेणी में दसतंबू के ये लेख देखें :

"हिन्दयाँ दामन-ए दादगराँ अज़ दस्त दादंद व दर शिकंजा-ए दाम-ए हमदमी दराँ उफ़्तादंद।"[23]

"दाद आनस्त कि आरामश जुज़ दर आईन-ए अंग्रेज़ अज़ आइन-ए हाए दिगर चश्म दाश्तन कोरी अस्त।"[24]

"हर कि गर्दन अज़ फ़रमांद हान पेचद, सरिश दर ख़ोर-ए कफ़श अस्त. .. जहानियाँ रा सज़्द कि बाखुदावंदान-ए बख़्त-ए खुदादाद, ब खुशनूदी सर फ़रोद आरंद व बुर्दन-ए फ़रमान-ए जहाँदारान रा पज़ीर फ़िल्न-ए फ़रमान-ए जहान आफ़रीन अंगारंद।"[25]

ग़दर के बाद देहली के जो हालात थे, जिस तरह जगह-जगह फाँसियाँ लगी हुई थीं और जिस तरह देहली के रहने वालों के क़त्ल और ख़ून का बाज़ार गर्म था,[26] ऐसे हालात में ग़ालिब से बग़ावत की आशा रखना या अंग्रेज़ों के विरुद्ध कुछ कहने की बात सोची भी नहीं जा सकती थी लेकिन जिस प्रकार से ग़ालिब ने अंग्रेज़ों की बढ़-चढ़ कर प्रशंसा और गुणगान किये हैं वो भी चौंका देते है। ऐसी क्या बात थी कि ग़ालिब इस हद तक प्रशंसा करने पर विवश हुए? इस प्रश्न के उत्तर के लिए निम्नलिखित का ज्ञान होना आवश्यक है।

1855 में ग़ालिब ने रानी विक्टोरिया की प्रशंसा में एक फ़ारसी क़सीदा लिख कर लॉर्ड केनिंग के द्वारा विदेश भिजवाया था। इसके साथ एक निवेदन की थी कि रोम और ईरान के राजा शायरों पर बड़ी दया करते हैं, और अगर ब्रिटेन की रानी मुझे उपाधि, ख़िलअत (विशेष वस्त्र) और पेंशन भेंट करें तो उनका बड़ा आभार होगा। ग़ालिब को जनवरी 1857 में लन्दन से जवाब मिला कि उनकी प्रार्थना पर छानबीन के बाद हुक्म जारी होगा।[27] इस उत्तर को पाकर मिर्ज़ा 'क्वीन पोएट' होने का सपना देख रहे थे कि तीन महीने के बाद ग़दर हो गया।

ग़दर के दिनों में एक जासूस गौरीशंकर ने अंग्रेज़ों को ख़ुफ़िया सूचना दी कि 18 जुलाई 1857 को जब बहादुरशाह ने दरबार किया तो मिर्ज़ा ग़ालिब ने सिक्का कह कर गुज़राना।[28] इसलिए शान्ति बहाल होने के पश्चात जब ग़ालिब ने पेंशन और दरबार बहाल किये जाने के लिए बात की तो उन्हें साफ़-साफ़ कहा गया कि ग़दर के दिनों में क्रान्तिकारियों से वो हमदर्दी रखते थे[29] और इसी कारण उनकी पेंशन और दरबार की बात नहीं मानी गयी। अब्दुल ग़फ़ूर सुरूर को लिखते है :

> "सिक्का का वार तो मुझ पर ऐसा चला जैसे कोई छुरी या कोई गोली,
> किसको कहूँ, किस को गवाह लाऊँ।"[30]

इस दोष में जो सिक्का ग़ालिब से जोड़ा जा रहा थाः

बज़र ज़द सिक्का-ए किशवर सतानी
सिराजुद्दीं बहादुर शाह सानी

इस विषय में ग़ालिब का विचार था कि यह ज़ौक़ ने 1827 में बहादुरशाह के राज सिंहासन पर बैठने के अवसर पर कहकर प्रस्तुत किया था।[31] इसलिए ग़ालिब मित्रों से 1837 के समाचार-पत्र और विशेषकर 'देहली उर्दू अख़बार' माँगते थे।[32] यह समाचार-पत्र मोहम्मद हुसैन आज़ाद के पिता मोलवी मोहम्मद बाक़र का था, जिनके ज़ौक़ से घनिष्ट सम्बन्ध थे और ज़ौक़ के कहे हुए सिक्के का इस अख़बार में मिलना पक्की बात थी। यूसुफ़ मिर्ज़ा को एक ख़त में लिखते है :

"वह दिल्ली उर्दू अख़बार का पर्चा अगर मिल जाये तो बहुत लाभ होगा वरना फिर कोई बात नहीं। हाकिम सदर ऐसी बातों पर ध्यान नहीं देंगे। मैंने सिक्का कहा ही नहीं, अगर कहा तो अपनी जान और इज़्ज़त बचाने को कहा। ये पाप नहीं और है भी तो क्या ऐसा बड़ा तो नहीं कि महारानी साहिबा की प्रशंसा भी इसको मिटा न सके। सुब्हान अल्लाह! गोला बारूद बनाना और तोपें लगानी, और बंकर और मैगज़ीन का लूटना माफ़ हो जाता है और शायर बेचारा दो पंक्तियाँ लिख दे तो माफ़ न हो।"[33]

यहाँ असल बयान केवल इतना नहीं कि "मैंने सिक्का कहा नहीं" जैसा कि मालिक राम का विचार है[34] अपितु इसका दूसरा भाग "और अगर कहा तो अपनी जान और इज़्ज़त बचाने को कहा" यह इतना ही महत्त्वपूर्ण है जितना कि पहला भाग। और इसके बाद के सभी वाक्य भी कुछ ऐसी ही भावना रखते हैं जिनकी अनदेखी नहीं की जा सकती। इन वाक्यों से ग़ालिब के दिल का चोर नज़र आता है। इस बात को पक्के विश्वास से कहा जा सकता है कि ग़ालिब ने सिक्का कहा था और उसे बादशाह बहादुरशाह ज़फ़र की सेवा में प्रस्तुत भी किया था। संयोग की बात यह है ग़ालिब पर शोधकर्ताओं ने खोज निकाला है

कि उस सिक्का शेर का पता भी चल गया है और ये ग़ालिब ही ने लिखा था। इस सिक्के की बात अंग्रेज़ों के एक और जासूस जीवन लाल ने अपनी दिनचर्या में की है। इस लेख का अनुवाद मेटकाफ़ ने किया था और ख़्वाजा हसन निज़ामी ने इसके साथ एक और दिनचर्या डायरी का लेख अंग्रेज़ी से उर्दू में अनुवाद करके 'ग़दर की सुबह शाम' के नाम से प्रकाशित किया था। जीवन लाल ने 19 मई के दरबार का उल्लेख करते हुए जहाँ दूसरे कई शायरों के सिक्के लिखे हैं, वहाँ ग़ालिब का सिक्का दर्ज करते हुए इनका पूरा नाम लिखने के बजाये केवल 'मिर्ज़ा नौशा' लिखा। मेटकाफ़ सम्भवतः इस नाम से परिचित नहीं था इसलिए अंग्रेज़ी अनुवाद से यह नाम हटा दिया गया। ख़्वाजा हसन निज़ामी ने चूँकि यह अनुवाद अंग्रेज़ी से किया था इसीलिए इनके यहाँ से भी यह नाम ग़ायब हो गया। डॉ. ख़्वाजा अहमद फ़ारूक़ी ने जीवन लाल की कलम से लिखी दिनचर्या लन्दन में तलाश की। इसमें मिर्ज़ा नौशा यानी ग़ालिब से सम्बन्धित यूँ दर्ज है :

बर ज़रे आफ़ताब-ओ नुक़रा-ए माह
सिक्का ज़द दर जहाँ बहादुरशाह

हालाँकि गौरीशंकर ने ग़ालिब से जो सिक्का जोड़ा था (बज़र ज़द सिक्का-ए किशवर सतानी, सिराजुद्दीन बहादुर शाह शानी)[35] वो ग़ालिब का नहीं था। मालिक राम ने सादिक़-उल अख़बार के हवाले से पूरह तरह यह सिद्ध कर दिया है कि वह सिक्का हाफ़िज़ गुलाम रसूल वीराँ शिष्य ज़ौक़ का था और इनके नाम से सादिक़-उल अख़बार के 6 जुलाई 1857 के संस्करण में प्रकाशित हुआ था। और यह अख़बार राष्ट्रीय अभिलेखागार नयी दिल्ली में सुरक्षित है।[36]

बेशक ग़ालिब से जिस सिक्के को जोड़ने का प्रयत्न किया जा रहा था वो ग़ालिब का नहीं था, पर ग़ालिब इस आरोप से छुटकारा न पा सके। क़िले की तनख़्वाह तो गयी ही थी, पेंशन और दरबार के मामले में भी उन्हें हानि सहनी पड़ी। 'क्वीन पोएट' बनने का सपना भी अधूरा रहा। इस दौर में ग़ालिब की आर्थिक स्थिति बहुत ख़राब हो गयी थी। 'दसतंबू' में इसका उल्लेख करते हुए उन्होंने लिखा है :

> "देरीं पेन्सन-ए सरकार-ए अंग्रेज़ी रा सर रिश्ता-ए बाज़याफ़्त गुम अस्त, बफ़रोख़्तन गुस्तरदनी व पोशीदनीं जान ओ तन हमीं परवरम, गोई दीगराँ नान मीख़ूरंद व मन जामा हमी ख़ोरम, तरसम कि चूँ पोशीदनी हमा खुर्दा बाशम, दर बरहनगी अज़ गरसंगी मुर्दा बाशम।"[37]

इस समय ग़ालिब की सबसे बड़ी आवश्यकता पेंशन जारी कराना थी और यह तभी सम्भव था जब वो अंग्रेज़ों के प्रति अपनी निष्ठा व्यक्त करते। इसके लिए देहली जीतने की शुभकामना उन्होंने मलिका विक्टोरिया को दी और उनकी

सेवा में एक फ़ारसी क़सीदा भेंट किया जिसमें अंग्रेज़ों को भारत विजय की शुभकामनाएँ दीं। ग़ालिब ने इसे बड़े हाकिमों तक भिजवा दिया। इस पर उत्तर मिला कि चीफ़ कमिश्नर के द्वारा भिजवाया। ग़ालिब ने ऐसा किया। इस पर जवाब मिला, जिस पत्र में बधाई के अतिरिक्त कुछ है ही नहीं उसे भेजने का कोई औचित्य नहीं।(38) यह उत्तर बड़ा ही दिल तोड़ने वाला था। इन हालात में जो काम क़सीदो (प्रशंसाओं) से न हो सका ग़ालिब ने उसे 'दसतंबू' से लेना चाहा। हरगोपाल तफ़्ता जिनकी देखरेख में 'दसतंबू' छप रही थी, ग़ालिब एक ख़त में लिखते हैं :

> "इस लेख (दसतंबू) को जब देखोगे तब जानोगे... एक जिल्द (कॉपी) नवाब गवर्नर जनरल बहादुर की सेवा में भेजूँगा और एक इनके द्व ारा महारानी इंग्लैंड को नज़र (भेंट) करूँगा। अब समझ लो कि लेखन शैली क्या होगी।"(39)

इस वक्तव्य से साफ़ हो जाता है कि 'दसतंबू' का प्रकाशन किन्हीं कारणों से जुड़ा हुआ था। दिल्ली पर क्रान्तिकारियों का कब्ज़ा कुछ दिन ऊपर चार महीने रहा। ग़ालिब ने इस बात का उल्लेख केवल पाँच-छः पन्नों में किया है। अधिकतर शोधकर्ता इस बात पर सहमत हैं कि मिर्ज़ा ने इन दिनों की घटनाएँ आरम्भ में विवरण के साथ लिखे होंगे लेकिन दिल्ली की जीत के बाद इनको प्रकाशित करना उचित न समझा हो। अगर बात साफ़-साफ़ कही जाये तो 'दसतंबू' अंग्रेज़ साहेब लोगों की सेवा में प्रस्तुत करने के लिए छपवाई गयी थी जिसका कारण ग़ालिब के शब्दों में यह था : "माँगने वाला विदेशी विभाग को याद ही करता है और सरकार से वाहवाही चाहता है।"(40)

'दसतंबू' में ग़ालिब ने महारानी विक्टोरिया वाला फ़ारसी क़सीदा (शुमार याफ़्त, रोज़गार याफ़्त) भी सम्मिलित कर दिया और अन्त में अपनी इच्छा को साफ़ शब्दों में यूँ ज़ाहिर किया :

> "काश दरबारे-आँ ख़्वाहिशहाए सेह-गाना हमाना मेहरख़्वान, व सरापाय, व माहाना, चुनाँकि हम दरीं निगारिश अज़ आन गुज़ारिश-ए आगही दादह अम व ईनक चश्म-ए निगराँ बदाँ दोख़्ता व दिल-ए पुर-उम्मीद बदाँ नेहादा अम..."(41)

दसतंबू में ग़ालिब ने बहादुरशाह ज़फ़र का जिनसे वो वज़ीफ़ा पाते थे और उस्ताद भी थे, सिरे से नाम ही नहीं लिया। राजकुमारों का उल्लेख मिलता है पर यूँही सरसरी तौर पर।(42) और तो और फ़ज़ल-ए हक़ ख़ैराबादी और सदरुद्दीन आज़ुर्दा का भी (जिन्होंने 'अंग्रेज़ों' के विरोध में जिहाद के फ़तवे पर हस्ताक्षर किये थे और जिसके चलते फ़ज़ल-ए हक़ ख़ैराबादी को काला पानी और सदरुद्दीन आज़ुर्दा की नौकरी समाप्त करके उनकी जायदाद ज़ब्त कर ली गयी थी) जो दोनों

ग़ालिब के गहरे दोस्त थे, ग़ालिब ने उनका उल्लेख भी नहीं किया। और अगर किया तो केवल हकीम अहसनुल्लाह ख़ाँ[43] का जो अंग्रेज़ों से मिले हुए थे और जिनका नाम ग़द्दारों की सूची में सबसे ऊपर था।

दस्तंबू का ये पहलू भी मज़ेदार है कि ग़ालिब ने ग़दर की सारी ज़िम्मेदारी 'नमक हराम' सिपाहियों और 'ख़बीस-ओ आवारा' फ़ौजियों पर डाली है, हालाँकि वो अच्छी तरह से जानते थे कि भारतीयों ने अपनी बरबाद होती हुई सल्तनत को बचाने के लिए सर धड़ की बाज़ी लगा दी थी। ग़ालिब ने देहली के आसपास के सात हाकिमों और लखनऊ, बरेली, मुरादाबाद, ग्वालियर और फ़र्रुख़ाबाद के मुजाहिदों (लड़ाकों) का विवरण विस्तार के साथ किया[44] पर ग़दर की ज़िम्मेदारी वो हाकिमों या ऊँचे परिवार के लोगों पर डालने के लिए कदापि तैयार नहीं थे। सम्भवतः कारण यह था कि स्वयं उनका भी सम्बन्ध उच्च वर्ग से था।

3

इस लेख में अब हम इस प्रश्न को उठाएँगे कि 'ग़दर' के बारे में ग़ालिब का व्यवहार कैसा था? क्या वास्तव में वह अंग्रेज़ों के शासन को भारत के लिए उपहार समझते थे, और जिस तरह इनके देशवासियों ने देश और राष्ट्र की स्वतन्त्रता के लिए सर-धड़ की बाज़ी लगा दी थी, क्या वास्तव में ग़ालिब इसे सही दृष्टि से नहीं देखते थे, और इनसे उन्हें किसी प्रकार की कोई सहानुभूति नहीं थी।

इस प्रश्न पर विचार करते हुए हमें ग़ालिब के चरित्र को भी ध्यान में रखना होगा। ग़ालिब एक मुग़ल थे जो मोहम्मद इकराम के अनुसार "हालात पक्ष में होने पर गिरोह का मुखिया बन जाता है पर बलिदान देने से कतराता है।"[45] ग़ालिब के स्वभाव का पूरा झुकाव चिन्तन मात्र नहीं था वह यथार्थ पर भी विश्वास करते थे। यह बात इनके पूर्वजों से, वातावरण से, जीवन से जुड़ी घटनाओं और उर्दू और फ़ारसी कलाम को समक्ष रखने से भली-भाँति स्पष्ट हो जाती है। मिर्ज़ा तुर्क वंश से थे और इनकी रंगों में वहीं रक्त प्रवाह कर रहा था जो मुग़ल राजाओं की रगों में था, इसीलिए वह वैभव सम्पन्नता व गौरव, आनबान की इच्छा इनकी घुट्टी में थी। यह एक अलग बात है कि ये सब चीज़ें इनको मिल न सकीं पर फिर भी जहाँ तक बन पड़ा उन्होंने अपनी ओर से निभाने का प्रयत्न किया। वह शुरू से ही मर्यादा एवं गौरव को मानते थे। इसके लिए उन्होंने यात्राएँ भी कीं, दुख भी सहे और मुक़दमे भी लड़े। इनमें सहनशीलता अधिक थी और इच्छानुसार इनमें मदिरापान की इच्छा जीवन भर रही। यदि उनकी ही बात करें तो वो 'शहद की मक्खी' बनने का विरोध करते थे और 'मिस्री की मक्खी' बनने का उपदेश देते थे।[46]

भले ही ग़ालिब की दृष्टि अंग्रेज़ों के ज्ञान व संविधान और बड़प्पन और सूझबूझ पर थी, पर वो इसके साथ अपनी नज़र भविष्य पर भी रखते थे। मिर्ज़ा की पेंशन ब्रिटिश सरकार की देन थी। बहादुरशाह ज़फ़र और क़िले की सभाओं को वो बुझता हुआ दिया कहते थे।[(47)] इससे उन्हें कोई गहरा लगाव नहीं था। इसके विपरीत कई अंग्रेज़ अधिकारियों से उनके अच्छे सम्बन्ध रहे जिनमें स्टर्लिंग, मेजर जान कोब, सर जान मैक्लियोड, मेटकाफ़, और टॉमस के नाम उल्लेखनीय हैं, मिर्ज़ा केवल इनकी नहीं बल्कि ब्रिटिश संविधान को भी मुग़लिया प्रणाली से ऊपर रखते थे। इसलिए जब सर सैयद ने 'आइन-ए अकबरी' में सुधार करके मिर्ज़ा के विचार चाहे तो उन्होंने जो मसनवी लिखी उसमें प्रशंसा के बजाये आपत्ति का पहलू प्रत्यक्ष था। इसलिए सर सैयद ने इसे किताब के साथ प्रकाशित नहीं किया। यहाँ तक कि ग़दर से दो वर्ष पूर्व जब फ़ैसला हुआ कि बहादुरशाह ज़फ़र के बाद साम्राज्य समाप्त कर दिया जायेगा तो ग़ालिब ने भी अपने भविष्य के लिए अंग्रेज़ों से अच्छे सम्बन्ध बनाने की प्रक्रिया शुरू कर दी। महारानी विक्टोरिया को सेवा में लार्ड कैनिंग द्वारा भेजा गया फ़ारसी क़सीदा इसी ओर संकेत देता है।

ग़दर से पूर्व अंग्रेज़ों की लुटेरों जैसी प्रवृत्ति और कार्यवाहियों के विरोध में देश में घृणा और बेचैनी की जो लहर ऊँची उठ रही थी, ऐसा नहीं था कि ग़ालिब इससे अनजान थे। इस श्रेणी में ग़ालिब के उन पत्रों का उल्लेख आवश्यक है जो उन्होंने रामपुर के नवाब यूसुफ़ अली ख़ाँ को लिखे थे और बाद में ग़ालिब के कहने पर फाड़ दिये गये। ग़ालिब के लेखों में 15 फ़रवरी, 1857 का पत्र मौजूद है पर इसके पश्चात ग़ालिब ने जो पत्र नवाब रामपुर को 8 मार्च, 1857 को लिखा था, इस विषय में पत्रों के संकलनकर्त्ता का कहना था : ''इसमें केवल लिफ़ाफ़ा मिला और उसके पीछे लिखा थाः 'व अर्ज़ी हस्ब-उल हुक्म चाक नमूदा शुद'।[(48)] अर्शी साहेब ने आगे लिखा : 'मिर्ज़ा साहेब ने पहली अप्रैल 1857 को एक अर्ज़ी भेजी थी,... उसका भी केवल लिफ़ाफ़ा मिला और उसकी पुश्त पर लिखा था ''अर्ज़ी अज़ दस्ते मुबारक चाक शुदा...।''[(49)] ग़ालिब द्वारा लिखे पत्रों के सन्दर्भ में अर्शी साहेब ने नवाब रामपुर का 23 मार्च, 1857 का वह पत्र भी लिया है जिसमें उन्होंने ग़ालिब को विश्वास दिलाया था कि इनके लिखे अनुसार इनका पत्र फाड़ दिया गया। ''सहीफ़ा-ए मसररत आगीं... मशअर रसीद रक़ीमतुलविदाद व ईंकि सहाइफ़े शराइफ़े इबारते उर्दू बादे मुलाहिज़ा चाक शुदा बाशंद... वसूले निशात शमूल गरदीदा... मुशफ़िक़ा हस्ब-उल अरक़ाम सामी सहीफ़ा-ए मौसूफ़ा बाद इस्तेफ़ाज़ा मज़मूनिश चाक नमूदा शुद व आइंदा हम दरबार हमचू मकातीब तामीले ईमाई सामी मलहूज़ ख़्वाहद मांद।''[(50)]

स्पष्ट है कि ये ख़त-ओ किताबत गुप्त रखी गयी थी और ऐसे सभी पत्र ग़ालिब के कहे अनुसार फाड़ दिये गये होंगे। ग़ालिब के इस निर्देश के पीछे क्या कारण था? अर्शी साहब का विचार है "इस निर्देश का कारण इसके अतिरिक्त कुछ न होगा कि इन पत्रों के विषयों का सम्बन्ध कहीं-न-कहीं राजनीति से प्रेरित है।"[51]

मौलाना अबुल कलाम आज़ाद ने ग़ुलाम रसूल मेहर की किताब पर नोट लिखते हुए इन पत्रों के बारे में लिखा है कि देहली के ग़दर से दो महीने पूर्व राजनीतिक बग़ावत और सेना के आन्दोलन के चर्चे आरम्भ हो गये थे और "आश्चर्य नहीं कि मिर्ज़ा ग़ालिब ने इन विषयों पर लिखा हो, इसीलिए सावधानी को ध्यान में रखकर इन पत्रों को फाड़ देने को कहा हो।"[52]

अभी रामपुर से यह पत्राचार हो ही रहा था कि ग़दर की आग भड़क उठी। ग़ालिब ने स्थिति को भाँपते हुए हंगामें के बीच क़िले वालों से परस्तर बनाये रखी। इनका यह कथन कि ग़दर के दिनों में उन्होंने आवागमन बन्द कर रखा था और दरवाज़े से बाहर क़दम नहीं रखा,[53] सही नहीं। जासूस जीवन लाल ने अपनी दिनचर्या में 13 जुलाई के दरबार का विवरण देते हुए स्पष्ट रूप से लिखा है कि मिर्ज़ा नौशा और मुकर्रम अली ख़ाँ ने आगरे में अंग्रेज़ों पर विजय प्राप्त करने की ख़ुशी में क़सीदे पढ़-पढ़कर सुनाये। आगरा के समाचार-पत्र आलमताब की कॉपी भी जमानत के रूप में मौजूद है कि 'ग़दर' के काल में क़िले में ग़ालिब क़सीदे पढ़ते रहे। पर जो सिक्का ग़ालिब से जोड़ा जा रहा है वो इनका नहीं था, लेकिन कम-से-कम जासूस जीवन लाल की गवाही मौजूद है कि ग़ालिब ने सिक्का कहा था, और वो दरबार आते जाते रहे थे।[54] ग़दर से पूर्व ग़ालिब का अंग्रेज़ों का पक्षधर रहना, ग़दर के समय क़िले वालों से बना कर चलना और दिल्ली पर विजय प्राप्त करने के पश्चात विजयी अंग्रेज़ों का साथ देना एक और केवल एक बात स्पष्ट और सिद्ध करता है, वह यह कि ग़ालिब समय की धारा को देख कर चलने वाले इन्सान थे और बदली हुई परिस्थितियों की दिशा देखकर अपने भले के लिए क़दम उठाते थे। साथ ही यह तथ्य भी हमें नहीं भूलना चाहिए कि ग़दर से कुछ महीने पूर्व ग़ालिब रामपुर रियासत से जुड़ गये थे, जो कि ग़दर में क्रान्तिकारियों के विरुद्ध अंग्रेज़ों की सहायता कर रहे थे। कहा जा सकता है कि ग़ालिब को लगातार यह ख़तरा लगा हुआ था कि यदि इनके विरुद्ध थोड़ा-सा भी भ्रम हो गया तो रामपुर से सम्बन्ध समाप्त होने से इनके कई काम बन्द हो जायेंगे। इसीलिए ग़दर के पश्चात रामपुर से पत्राचार में ग़ालिब ने सर्वाधिक ज़ोर इसी बात पर दिया कि ग़दर में वो घर के एक कोने में पड़े रहे और अंग्रेज़ों का भला दिल-ओ जान से चाहते हैं।[55] यहाँ तक कि ग़दर के समय अपने निजी

कारणों से जो रास्ता चुन रखा था इसकी व्याख्या उन्होंने 14 जनवरी, 1858 को नवाब रामपुर के नाम लिखे एक पत्र में स्पष्ट रूप से की :

"दरीं हंगाम (ग़दर) ख़ुद रा बकिनार कशीदम व बदीं अंदेशा कि मबादा, अगर यक क़लम तरके आमेज़िश कुनम, ख़ाना-ए मन ताराज रवद व जान दर मोरिज़े तलफ़ उफ़तद, बबातिन बेगाना व ज़ाहिर आशना माँदम।"(56)

ग़ालिब ने ग़दर को बुरे शब्दों में इसीलिए याद किया है कि दूसरी कठिनाइयों के अतिरिक्त इसके कारण इनके भविष्य का नक़्शा बिगड़ गया। लेकिन इसका अर्थ यह नहीं कि अपने देशवासियों का या भारत का दर्द इनके दिल में नहीं था। 'दसतंबू' में एक जगह अपनी अद्वितीय लेखन शैली में लिखते हैं :

> "दिल अस्त संग-ओ आहन नीस्त चरा न सोज़द, चश्म अस्त रख़्ना-ओ रोज़न नीस्त चूँ नगरीद। आरी हम बदाग़े मर्गे फ़रमानद हाँ बायद सोख़्त, व हम बर वीरानिये हिन्दुस्तान बायद गरीस्त।"(57)

परन्तु ग़दर और अंग्रेज़ों के उत्पीड़न से सम्बन्धित इनके वास्तविक व्यवहार का अवलोकन दस्तंबू से नहीं बल्कि इनके द्वारा लिखें पत्रों की सहायता से करना चाहिए जो गोपनीयता से मित्रों को लिखे गये। इन में किसी मस्लेहत का दबाव नहीं होता और दिल की बात जगह-जगह पर निकल कर सामने आ जाती है।

ग़दर से कुछ महीने पूर्व अवध के विषय में एक मित्र को लिखते हुए कहते हैं : "आप ध्यान दें, हम और आप किस ज़माने में पैदा हुए?... रियासत अवध की तबाही में यहाँ के लिए कोई अजनबी तो हूँ नहीं, मुझको और भी दुखी कर दिया, बल्कि मैं कहता हूँ बहुत बड़े अन्यायी होंगे वो देशवासी जिनको दुख न हुआ होगा।"(58)

जब ग़ालिब को मालूम हुआ कि महाराणा अलवर को पूरे अधिकार के साथ बहाल किया जा रहा है तो ग़ालिब जो सख़्ती करने पर विश्वास रखते थे, एक पत्र व्यंग्य रूप में लिखते हैं :

> "सारे आलम का एक सा आलम है। सुनते हैं कि नवम्बर में महाराजा को अधिकार मिलेगा मगर वह अधिकार ऐसा होगा जैसा ईश्वर ने मानव को दिया है। सब कुछ अपने अधीन रखा, आदमी को बदनाम किया है।"(59)

ग़दर के पश्चात अंग्रेज़ों ने भारत के लोगों पर जो ज़ुल्म ढाए थे, ग़ालिब को उनका एहसास था। अपने देशवासियों की दुर्दशा और शहर की वीरानी की जो व्याख्या ग़ालिब के यहाँ मिलती है वो बड़ा ही दुखदायी है। यह बात भी अपनी जगह ठीक है कि दूसरे शायरों की तरह उन्होंने दिल्ली के अन्य शाइरों की तरह शहर आशोब या लम्बी नज़्म नहीं कही, लेकिन उनके पत्रों में देहली और देहली निवासियों की तबाही और बरबादी की जो महत्त्वपूर्ण विवरण मिलती है, ग़दर

का कोई भी इतिहासकार उसकी अनदेखी नहीं कर सकता। देहली पर अंग्रेज़ों के क़ब्ज़े के बाद किसकी हिम्मत थी कि अंग्रेज़ों के विरोध में एक शब्द भी कह सके, फिर भी ग़ालिब के पत्रों में अंग्रेज़ों के आतंक और सख़्तियों के विरोध में बड़े सार्थक और व्यंगात्मक शब्द मिलते हैं। हालाँकि यह सब कुछ उन्होंने बहुत डर-डर कर लिखा था[60] फिर भी इन पत्रों में बहुत कुछ कह दिया है।

> "यहाँ का हाल सुन लिया करते हो। अगर जीते रहे और मिलना नसीब हुआ तो कहा जायेगा, वरना बात सिर्फ़ इतनी कि क़िस्सा ख़त्म हुआ, लिखते हुए डरता हूँ।"[61]

26 दिसम्बर, 1857 के एक पत्र में हकीम गुलाम नजफ़ ख़ाँ को लिखते हैं :

> "इंसाफ़ करो, लिखूँ तो क्या लिखूँ, क्या कुछ लिख सकता हूँ या लिखने के क़ाबिल है? बस इतना ही है कि अब तक तुम हम जीते हैं, ज़्यादा इससे न तुम लिखोगे, न मैं लिखूँगा।"[62]

मीर मेहदी मजरूह को लिखते हैं :

> "अगर ज़िन्दगी है और फिर मिल बैठेंगे तो कहानी कही जायेगी।"[63]

9 जनवरी, 1858 में हकीम गुलाम नजफ़ ख़ाँ को फिर लिखते हैं :

> "जो दम है ग़नीमत है, इस समय तक परिवार और बच्चों समेत जीता हूँ, बाद घड़ी भर के क्या हो, कुछ मालूम नहीं, क़लम हाथ में लिए पर जी बहुत कुछ लिखने को चाहता है मगर कुछ लिख नहीं सकता। अगर मिल बैठना क़िस्मत में है तो कहलेंगे वरना इन्ना लिल्लाहि व इन्ना इलैहि राजेऊन।"[64] (मौत का समाचार सुन कर पढ़ा जाता है)

एक और पत्र में लिखा :

> "मैं जिस शहर में हूँ इसका नाम भी दिल्ली और मोहल्ले का नाम बल्लीमारान का मोहल्ला है, लेकिन एक दोस्त उस जनम के दोस्तों में से नहीं पाया जाता। मुबालग़ा (झूट) न जानना अमीर ग़रीब सब निकल गये। जो रह गये थे वो निकाले गये... घर के घर बेचिराग़ पड़े हैं।"[65]

एक पत्र में इन कठिनाइयों को, जो ग़दर में देहली वालों पर बीतीं, एक-एक करके गिनाया है। एक वाक्य अंग्रेज़ों द्वारा किये जा रहे अत्याचारों के बारे में भी है पर देखिए कि कितनी तीव्रता और स्पष्ट शब्दों में वास्तविकता को दर्शाता है:

> "पाँच लशकर का हमला पे दर पे (लगातार) शहर पर हुआ। पहला बाग़ियों का लशकर उसमें अहले शहर (शहर के निवासी) का ऐतबार लुटा, दूसरा लशकर ख़ाकियों का, इस में जानो माल व नामूस (मर्यादा) व मकान-ओ मकीन (रहने वाले) ओ आसमान ओ-ज़मीन व आसार-ए हस्ती सरासर लुट गये...।"[66]

देहली जीतने के बाद सरकार के हुक्म से जो घर ढाये गये इनसे सम्बन्धित मीर मेहदी मजरूह को लिखते हैं :

"मस्जिद-ए जामा से राजघाट दरवाज़ा तक बिला मुबालग़ा (बिना किसी शक) एक सेहरा लक़ ओ दक़ (रेगिस्तान का खुला मैदान) है। ईंटों के ढेर जो पड़े हैं वो अगर उठ जायें तो हू (सन्नाटा) का मकान हो जाये।"

"क़िस्सा मुख़्तसर (सारांश में) शहर सेहरा हो गया और अब जो कुएँ जाते रहे और पानी गौहर-ए नायाब (दुलर्भ रत्न) हो गया तो सेहरा सेहरा-ए कर्बला हो जायेगा। अल्लाह अल्लाह दिल्ली वाले अब तक यहाँ की ज़बान को अच्छा कहते हैं। वाह रे हुस्न-ए ऐतक़ाद (सत्यनिष्ठ विश्वास), बन्दा-ए ख़ुदा, उर्दू बाज़ार न रहा, उर्दू कहाँ, दिल्ली कहाँ? वल्लाह अब शहर नहीं, कैम्प है, छावनी है। न क़िला न शहर न बाज़ार न नहर।[67]

एक और पत्र में लिखा है :

"भाई क्या पूछते हो, क्या लिखूँ। दिल्ली की हस्ती मुन्हसर कई हंगामों पर है। क़िला, चाँदनी चौक, हर रोज़ मजमा जामा मस्जिद का, हर हफ़्ते सैर जमना के पुल की, हर साल मेला फूल वालों का, ये पाँचों बातें अब नहीं, फिर कहो दिल्ली कहाँ... हाँ कोई शहर क़लम रव-ए हिन्द में इस नाम का था।"[68]

अलाउद्दीन अहमद ख़ाँ को लिखते हैं :

"ऐ मेरी जान यह वो दिल्ली नहीं जिसमें तुम पैदा हुए हो, वो दिल्ली नहीं है,... जिसमें तुम शाबान बेग की हवेली में मुझसे पढ़ने आते थे। वो दिल्ली नहीं है, जिसमें सात बरस की उम्र से आता जाता हूँ... एक कैंप है... माज़ूल (अपदस्थ) बादशाह के ज़कूर (आदमी) जो बक़ि-यतुस्सैफ़ हैं वो पाँच-पाँच रुपया महीना पाते हैं, अनास (औरतें) में से जो पीर ज़न (बूढ़ी) हैं वो कुटनियाँ और जवानें कस्बियाँ (रंडियाँ)।"[69]

पुरानी संस्कृति के मिटने और एक सल्तनत के समाप्त हो जाने का प्रभाव ग़ालिब के दिल पर गहरा था। तुफ़्ता की 'सुंबुलिस्तान' अच्छी नहीं छपी थी। इसे देखते ही एकदम कह उठे :

"इस कॉपी की मिसाल जब तुम पर खुलती कि तुम यहाँ होते और बेगमात-ए क़िला को फिरते चलते देखते, सूरत माह (चाँद) दो हफ़्ता की सी और कपड़े मैले, पाऐंचे लेर लेर, जूती टूटी।"[70]

मौलवी अज़ीज़ुद्दीन ख़ाँ से एक ख़त में दिल्ली के उजड़ने की दास्तान यूँ बयान की है :

"साहेब, दिल्ली को वैसा ही आबाद जानते हो जैसा आगे थी। क़ासिम जान की गली... बे-चिराग़ है, हाँ आबाद है तो यह हैं कि ग़ुलाम हुसैन ख़ाँ की हवेली अस्पताल है और ज़ियाउद्दीन ख़ाँ के कमरे में डॉक्टर साहेब रहते हैं और काले साहेब के मकानों में एक और साहब-ए आलीशान-ए इंग्लिस्तान तशरीफ़ रखते हैं... लाल कुएँ के मोहल्ले में ख़ाक उड़ती है। आदमी का नाम नहीं।"[71]

अब्दुल ग़फ़ूर सुरूर को लिखते हैं :

> ''बड़े-बड़े नामी, ख़ास बाज़ार और उर्दू बाज़ार और ख़ानम का बाज़ार कि हर एक बजाये ख़ुद एक क़स्बा था, अब पता भी नहीं कि कहाँ थे। साहब-ए अमकना (रहने वाले) और दुकानें नहीं बता सकते कि हमारा मकान कहाँ और दुकान कहाँ थी। बरसात भर मेंह नहीं बरसा। अब तीशा (कुदाल) और कलंद (फावड़ा) की तुग़यानी (ज़ोर) से मकानात गिर गये। ग़ल्ला गिराँ (महँगा) है, मौत अरज़ाँ (सस्ती) है, मेवे के मोल अनाज बिकता है।''[(72)]

अंग्रेज़ों ने कुछ अमीरों की हवेलियों का विनाश कर दिया था। ग़ालिब ने इसे एक जगह ''शह ज़ोर और पील तन बन्दर की ज़्यादती'' (पहलवान/शक्तिशाली और हाथी जैसे शरीर वाला बन्दर) से तुलना की है। लिखते हैं :

> ''वाह रे बन्दर! यह ज़्यादती और शहर के अन्दर।''[(73)]

यहाँ अंग्रेज़ों को बन्दर कहना व्यंग्य से ख़ाली नहीं!

ये सही है कि ग़ालिब के यहाँ देशभक्ति की वो सोच नहीं है जो बाद में राजनीतिक और ऐतिहासिक परिस्थितियों के चलते और नयी शिक्षा के प्रभाव से उन्नीसवीं शताब्दी के अन्त में पैदा हुई। हाँ अगर अपनी सभ्यता एवं संस्कृति से प्रेम करना, अपने देशवासियों से हमदर्दी रखना और इनके दुख को अपना दुख समझना देशप्रेम है तो कहा जा सकता है ग़ालिब भी इस देशप्रेम की भावना से ख़ाली न थे। इनके पत्रों से इनके दिल के कोने में जो रहस्य छिपे थे वो खुल गये हैं। इनमें एक यह भी है कि दिल्ली और दिल्ली वालों की बरबादी का उन्हें गहरा दुख था। ग़दर के बाद मुसलमानों पर जितनी सख़्तियाँ की गयीं इसका उनको बहुत दुख पहुँचा और ऐसी शिकायतों से इनके पत्र भर हुए हैं।[(74)] जनवरी 1858 में दिल्ली में हिन्दुओं के आबाद होने का ऐलान हो गया था पर मुसलमानों को एक समय सीमा तक शहर में न रहने का आदेश दिया गया था। बाद में हुक्म हुआ कि जो मुसलमान शहर के हाकिम की आज्ञा से पहले जुर्माना अदा करें और टिकट लें वो शहर में प्रवेश कर सकता है। देखिए अंग्रेज़ों की इस चाल पर ग़ालिब ने कैसा व्यंग्य किया है :

> ''जो मुसलमान शहर में अक़ामत (रहना) चाहे, ब-क़द्रे मक़दूर (अपनी हैसियत के मुताबिक़) नज़राना दे। इसका अन्दाज़ा क़रार देना हाकिम की राय पर है। रुपया दे और टिकट ले। घर बर्बाद हो जाए, आप शहर में आबाद हो जाएँ।''[(75)]

ग़दर के बाद मुसलमानों पर कठिनाइयों और विपत्तियों के जो पहाड़ टूटे थे, ग़ालिब ने वह सब कुछ अपनी आँखों से देखा था इसलिए उस क़तऐ में जो उन्होंने दिल्ली की तबाही से प्रभावित होकर नवाब अलाउद्दीन अलाई को एक पत्र में लिखा था, मुसलमानों की विवशता का विशेषतौर पर उल्लेख किया है :

बस के फ़ुअआल-ए मायुरीद है आज
हर सिलहशवर इंगलिस्ताँ का
घर से बाज़ार में निकलते हुए
ज़हरा होता है आब इंसाँ का
चौक जिसको कहें वो मक़तल है
घर बना है नमूना ज़िन्दा का
शहर देहली का ज़र्रा-ज़र्रा ख़ाक
तिश्ना-ख़ूँ है हर मुसलमाँ का
कोई वाँ से न आ सके याँ तक
आदमी वाँ न जा सके याँ का
मैंने माना कि मिल गये फिर क्या?
वही रोना तन-ओ दिल-ओ जाँ का
गाह जल कर किया किये शिकवा
सोज़िश-ए दागहाए पिनहाँ का
गाह रो कर कहा किये बाहम
माजरा दीदा हाये गिरयाँ का
इस तरह के विसाल से यारब
क्या मिटे दिल से दाग़ हिजराँ का[76]

कह सकते हैं कि ग़दर से सम्बन्धित ग़ालिब की असली राय जानना है तो 'दस्तंबू' से नहीं बल्कि उनके द्वारा लिखे हुए पत्रों को पढ़ना चाहिए। दस्तंबू को अधिक-से-अधिक ग़ालिब द्वारा जतन करके तैयार की हुई 'अपील' या गुहार कह सकते हैं। लेकिन अफ़सोस है कि जिस उद्देश्य को लेकर इस अपील को तैयार किया गया, वह इससे पूरा न हुआ, यानि पेंशन तो नवाब रामपुर के प्रत्यनों से मई 1860 में आरम्भ हो गयी[77] और दरबार का आदर 1863 में बहाल हो गया लेकिन 'क्वीन पोएट' बनने का ग़ालिब का पूरा न हो सका। यह ग़ालिब की व्यक्तिगत और स्वयं की आवश्यकताएँ थीं जिनके चलते वो अंग्रेज़ों की ख़ुशामद करने के लिए विवश थे, और अंग्रेज़ों के प्रभुत्व से शिक्षा और नीति की जो नयी किरणें फूट रही थीं, ग़ालिब उनका स्वागत करते थे क्योंकि इन प्रगतियों की तुलना में उन्हें मुग़ल प्रणाली जीर्ण प्रतीत होने लगी थी और वह उनके सामने धीरे-धीरे समाप्त भी हो रही थी। लेकिन इसके साथ-साथ देश और राष्ट्र की बरबादी और अपनी सल्तनत और राष्ट्र के जाते रहने से इनका दिल कुढ़ता भी था। और अपने देशवासियों की तबाही विशेषकर शहर देहली की वीरानी और बरबादी पर उन्होंने अपने पत्रों में ख़ून के आँसू भी बहाये हैं।

अंग्रेज़ों की प्रशंसा करने और देश और राष्ट्र की तबाही पर दुखी होने की इन दोनों अवस्थाओं में भले ही परस्पर विरोध है। ग़ालिब के यहाँ यह विरोधाभास निरन्तर एक रचनात्मक खींचतान में ढलता रहा है। वह चूँकि यथार्थप्रिय व्यक्ति थे, उनकी यथार्थप्रेम उन्हें मजबूर करती थी कि जहाँ वह अंग्रेज़ों को नयी प्रगति का पर्याय समझ कर स्वीकार करें वहाँ अपने देशवासियों की तबाही और बर्बादी का मातम भी करें, यानि उन्होंने अपने काल के इन दोनों तथ्यों में किसी एक से भी नज़र नहीं चुराई अपितु दोनों को उनकी पूरी ऐतिहासिक और सांस्कृतिक खींचतान के साथ स्वीकारा और बरता। इनकी यह रचनात्मक दुविधा पानी के नीचे बहती हुई धारा की तरह उनकी शायरी में प्रवाहित है :

ईमाँ मुझे रोके है जो खींचे है मुझे कुफ़्र
काबा मिरे पीछे है कलीसा मिरे आगे

सन्दर्भ

1. दस्तंबू, पृ. 9
2. दस्तंबू, पृ. 76
3. दस्तंबू, पृ. 11, 66, 27, 34
4. अब्दुल ग़फ़ूर सुरूर के नाम, उर्दू-ए मुअल्ला, पृ. 104
5. दस्तंबू, पृ. 32
6. दस्तंबू, पृ. 33
7. दस्तंबू, पृ. 73, 74
8. कर्नल बर्न का पूरा नाम Henry Pelham Burn था। यह उस समय देहली का मिलिट्री गनर्वर था।
9. दस्तंबू, पृ. 45
10. इस घटना की विस्तृत विवरण स्वयं मिर्ज़ा ग़ालिब ने अपनी गद्य एवं पद्य के उस संग्रह में लिखी हैं जो उन्होंने सर जॉन मैक्लियोड के लिए चयन करके सम्पादित किया था। इनका कथन है कि जब गोरे उन्हें अपने साथ ले चले, तो रास्ते में एक सार्जेंट भी आ मिला। इसने मिर्ज़ा की अनोखी वेशभूषा देख के कहा, ''वेल तुम मुसलमान।'' मिर्ज़ा ने कहा : ''आधा मुसलमान।'' सार्जेंट ने कहा ''वेल आधा मुसलमान क्या?'' ग़ालिब ने जवाब दिया ''शराब पीता हूँ, (सूअर) नहीं खाता।''
    इसके बाद जब उन्हें कर्नल बर्न के पास ले जाया गया तो उन्होंने कर्नल को महारानी के साथ होने वाले अपने पत्राचार दिखाये और अपनी वफ़ादारी को जताया। कर्नल ने पूछा ''तुम दिल्ली की लड़ाई के समय पहाड़ी पर क्यूँ नहीं आये जहाँ फ़िरंगी फ़ौजें और उनके मित्र एकत्रित हो रहे थे।'' मिर्ज़ा ने उत्तर दिया ''तिलंगे दरवाज़े से बाहर आदमी को निकलने नहीं देते थे, मैं कैसे आता? अगर कुछ धोखा देकर या बात बनाकर निकल भी आता तो जब पावटी के समीप पहुँचता तो पहरा देने वाला गोरा मुझे गोली मार देता। ये भी माना कि तिलंगे बाहर जाने देते, गोरे गोली न मारते, मेरी सूरत देखिए और मेरा हाल मालूम कीजिए। बूढ़ा हूँ, पैरों से अपाहिज और कानों से बहरा, न लड़ाई

के लायक़, न परामर्श के, हाँ दुआ करता हूँ, सो यहाँ भी दुआ करता रहा।'' (इंशा-ए ग़ालिब हस्तलिखित, पृ. 25, 26)

कर्नल बर्न ये सुनकर हँसे और मिर्ज़ा को घर जाने की आज्ञा दे दी।

हाली ने भी यह वाक़िया इस प्रकार लिखा है (यादगार-ए ग़ालिब, पृ. 36) लेकिन नवाब गुलाम हुसैन का विचार इसके अलग है। इससे यह ज्ञात होता है कि मिर्ज़ा किसी मित्र की सिफ़ारिश पर रिहा हुए। नवाब गुलाम हुसैन, आरिफ़ के पिता और मिर्ज़ा के साढ़ू थे। ग़दर के समय उन्होंने फ़ारसी में जो दिनचर्या लिखी, उसे ख़्वाजा हसन निज़ामी ने 'ग़दर का नतीजा' के नाम से उर्दू में अनुवाद करके प्रकाशित किया था। इसमें ग़ालिब के गिरफ़्तार होने का विवरण कुछ यूँ मिलता है :

''ग़ालिब उर्फ़ मिर्ज़ा नौशा के घर में कुछ गोरे घुस कर उनको गिरफ़्तार करके ले गये और कर्नल बर्न के सामने पेश किया। मिर्ज़ा साहब के जीवन के कुछ दिन बचे थे। उनके एक मित्र संयोग से वहाँ बैठे हुए थे। उन्होंने उनकी सिफ़ारिश करके रिहाई दिलवाई।'' (नुसरत नामा-ए गवर्नमेंट, पृ. 65)

11. दस्तंबू, पृ. 48, 49
12. दस्तंबू, पृ. 51
13. उर्दवी, पृ. 151, 153, 193, 243
14. दस्तंबू पृ. 54
15. यूसुफ़ मिर्ज़ा के नाम, उर्दवी, पृ. 255
16. हरगोपाल तुफ़्ता के नाम, उर्दवी, पृ. 91
17. दस्तंबू, पृ. 46
18. दस्तंबू, पृ. 9
19. दस्तंबू, पृ. 13, 27, 14, 12, 30, 15, 58
20. दस्तंबू, पृ. 9
21. दस्तंबू, पृ. 45
22. दस्तंबू, पृ. 66, 58, 27, 11
23. दस्तंबू, पृ. 6
24. दस्तंबू, पृ. 6
25. दस्तंबू, पृ. 63
26. ''एक आम धारणा के अनुसार देहली में 27,000 लोगों को गोली मार दी गयी अथवा फाँसी पर चढ़ाया गया।'' डॉ. मोहम्मद अशरफ़, सन्दर्भ 4
27. ज़िक्र-ए ग़ालिब, पृ. 92
28. ज़िक्र-ए ग़ालिब, पृ. 80
29. उर्दवी, पृ. 211
30. उर्दवी, पृ. 102
31. ज़िक्र-ए ग़ालिब, पृ. 81
32. उर्दवी, पृ. 99, ऊद-ए हिन्दी, पृ. 19
33. उर्दवी, पृ. 249
34. ''ग़ालिब से सम्बन्धित दूसरा सिक्का'', फ़साना-ए ग़ालिब अज़ मालिक राम, में सम्मिलित, पृ. 631-931

35. ''ग़ालिब का सिक्का-ए शेर'' रिसाला मआरुफ़, भाग 82, अंक 5, नवम्बर 1958, पृ. 388-394 (ख़्वाजा अहमद फ़ारूक़ी)
36. ''ग़ालिब पर सिक्का का इल्ज़ाम और इसकी हक़ीक़त'', रिसाला मआरिफ़, भाग 83, अंक 2, फ़रवरी 1959, पृ. 141-150 (मालिक राम)
37. दस्तंबू, पृ. 74
38. दस्तंबू, पृ. 62
39. उर्दवी, पृ. 41
40. मुंशी गुलाम ग़ौस बेख़ब्र के नाम, ऊद-ए हिन्दी, पृ. 114
41. दस्तंबू, पृ. 76
42. दस्तंबू, पृ. 55
43. दस्तंबू, पृ. 21
44. दस्तंबू, पृ. 53, 24, 58, 23, 65, 66, 67, 22
45. आसार-ए ग़ालिब, पृ. 377
46. खुतूत-ए ग़ालिब, भाग 1, पृ. 274
47. ''क़िले में तैमूर वंश के शहज़ादे एकत्रित होकर ग़ज़ल सभा आयोजित कर लेते हैं... यह भाईचारा अब कुछ ही दिन का है, इसको निरन्तरता अब कहाँ? क्या मालूम है, अभी न हो, अब के हो तो आगे न हो।'' क़ाज़ी अब्दुल जमील जुनून के नाम, ऊद-ए हिन्दी, पृ. 154
48. मकातीब-ए ग़ालिब (मतन), पृ. 6
49. वही
50. मकातीब-ए ग़ालिब (हाशिए), पृ. 121
51. मकातीब-ए ग़ालिब (प्रस्तावना), पृ. 80
(विस्कान्सिन विश्वविद्यालय, संयुक्त राष्ट्र अमेरिका में जहाँ इस लेख के कुछ भाग लिखे गये, मकातीब-ए ग़ालिब उपलब्ध नहीं थी। मेरे कहने पर इसके हवाले डॉ. मुख़्तारुद्दीन अहमद आरज़ू साहब ने अलीगढ़ से लिख भेजे, जिसके लिए उनका आभार व्यक्त किया जाता है।)
52. ग़ालिब और अबुल कलाम, पृ. 154-155
53. खुतूत-ए ग़ालिब, भाग 2, पृ. 199, दस्तंबू, पृ. 46
54. मुआरिफ़, भाग 82, अंक 5, पृ. 388-394
55. मकातीब-ए ग़ालिब (प्रस्तावना) पृ. 1, (मतन) पृ. 8
56 वही।
57. दस्तंबू, पृ. 14
58. गुलाब हुसैन क़द्र बिलग्रामी के नाम, उर्दवी, पृ. 403
59. ऊद-ए हिन्दी, पृ. 93
60. ''घटनाओं को विस्तार से लिखते डरता हूँ, क़िले के नौकरों पर सख़्ती है और उनसे पूछताछ होती है।'' तुफ़्ता के नाम, उर्दवी, पृ. 58
61. शहाबुद्दीन के नाम, उर्दवी, पृ. 217
62. खुतूत-ए ग़ालिब, भाग 2, पृ. 67
63. खुतूत-ए ग़ालिब, भाग 1, पृ. 296
64. खुतूत-ए ग़ालिब, भाग 2, पृ. 68

65. उर्दवी, पृ. 58
66. अनवर-उद् दौला सादुद्दीन शफ़क़ के नाम, उर्दवी, पृ. 226, ऊद-ए हिन्दी, पृ. 52
67. उर्दवी, पृ. 137, ऊद-ए हिन्दी, पृ. 82
68. मजरूह के नाम, उर्दवी, पृ. 136
69. उर्दवी, पृ. 318
70. उर्दवी, पृ. 51
71. उर्दवी, पृ. 161, ऊद-ए हिन्दी, पृ. 160
72. उर्दवी, पृ. 103, ऊद-ए हिन्दी, पृ. 27
73. उर्दवी, पृ. 228
74. उर्दवी, पृ. 58, 61, 136, 144, दस्तंबू, पृ. 56, 60
75. मजरूह के नाम, उर्दवी, पृ. 145
76. उर्दवी, पृ. 303
77. ज़िक्र-ए ग़ालिब, पृ. 85

सूत्र

1. उर्दू-ए मुअल्ला, लाहौर, 1922
2. ऊद-ए हिन्दी, लाहौर, 1922
3. मकातीब-ए ग़ालिब, सम्पादन : इम्तियाज़ अली अर्शी, रामपुर, छठा संस्करण, 1949
4. ख़ुतूत-ए ग़ालिब, भाग 1 व 2, सम्पादन : गुलाम रसूल मेहर, लाहौर, 1949
5. दस्तंबू, आगरा, 1858
6. इंशा-ए ग़ालिब (हस्तलिखित), चित्र स्वामित्व मालिक राम
7. यादगार-ए ग़ालिब, हाली, लाहौर 1919
8. ज़िक्र-ए ग़ालिब, मालिक राम, देहली 1950
9. आसार-ए ग़ालिब, मोहम्मद इकराम, लखनऊ, 1950
10. ग़ालिब, गुलाम रसूल मेहर, लाहौर, 1936
11. ग़दर का नतीजा (नुसरत नामा-ए गवर्नमेंट) अनुः ख़्वाजा हसन निज़ामी, देहली, 1930
12. ''ग़ालिब पर सिक्का-ए शेर'', डॉ. ख़्वाजा अहमद फ़ारूक़ी, रिसाला मआरिफ़, नवम्बर 1958, पृ. 388-394
13. ''ग़ालिब पर सिक्का का इल्ज़ाम और इसकी हक़ीक़त'', मालिक राम; रिसाला मआरिफ़, फ़रवरी 1959, पृ. 141-150
14. ''ग़ालिब और ग़दर 1857'', डॉ. मोहम्मद अशरफ़, सम्मिलित Rebellion 1857, सम्पादक पी.सी. जोशी, देहली, 1957, पृ. 245-256
15. ग़ालिब और अबुल क़लाम, अतीक़ सिद्दीक़ी, देहली, 1969
16. ''ग़ालिब से मंसूब दूसरा सिक्का'' सम्मिलित फ़साना-ए ग़ालिब, मालिक राम, देहली 1977

अध्याय दो

दुर्गा सहाय सुरूर और देशभक्ति की दुल्हन

दुर्गा सहाय सुरूर जहानाबादी उर्दू कविता के सर्वप्रथम कवियों में से एक थे, उन्होंने कम उमरी में ही इस संसार से विदा ली और भरी जवानी में ही इस दुनिया को छोड़ गये पर अपने पीछे शायरी का जो सरमाया उन्होंने यादगार के रूप में छोड़ा उसके प्रभाव, सुरूर व मस्ती से हमारे हृदय सदैव भाव विभोर रहेंगे। आज़ाद और हाली ने जिस शायरी की नींव डाली थी सुरूर और उनके समकालीन शायरों ने इस पर एक भव्य महल खड़ा कर दिया। सुरूर की शायरी का विषय अपने समकालीन शायरों जैसा होते हुए भी अलग-सा है। उदाहरण के लिए 'सरज़मीन-ए वतन, ख़ाक-ए वतन, बच्चा और हिलाल, 'फ़िज़ा-ए बर्शगाल', एक हसीना और जुगनू, 'बेसबाती-ए दुनिया' इत्यादि ऐसे विषय हैं जिन पर कई शायरों ने लिखा था और लिख रहे थे परन्तु गंगा-जमना, 'प्रयाग का संगम', 'नूरजहाँ', 'पद्मिनी', 'शेवन-ए उरूस', 'उम्मीद-ए तिफ़ली', 'हसरत-ए शबाब', 'बीर बहोटी, 'लाला-ए सेहरा', 'फ़रियाद-ए आदम', 'मातम-ए आरज़ू', 'गुल-ए फ़िरदौस', 'लक्ष्मी जी', 'सती', 'सीता जी की गिरया व ज़ारी', 'दमन और हंस', एवं 'फूलों का कुंज' इत्यादि जैसे विषय एक अलग रचनात्मक शैली का पता देते हैं। इसके अतिरिक्त सुरूर की शैली इसलिए भी अलग है क्योंकि उन्होंने जो कुछ कहा पूरी भावना में डूब कर और दिल की दुनिया में खो कर कहा।

सुरूर को अपनी छोटी-सी ज़िन्दगी में अनेकों कठिनाइयों और दुखों का सामना करना पड़ा। अपनी पत्नी जिनसे उनको अथाह प्रेम था वो उन्हें छब्बीस वर्ष की आयु में ही छोड़ गयीं। पत्नी की मृत्यु के बाद न ही उन्होंने दूसरा विवाह किया और न ही कहीं सम्बन्ध रखे। इनके यहाँ भावना की संवेदनशीलता और उसके प्रभाव की असाधारण तीव्रता मिलती है वो यूँ ही नहीं, ऐसा प्रतीत होता है कि इनका हृदय रक्तरंजित आशाओं का घर बनकर रह गया था और इसका प्रभाव उनकी रचनाओं में साफ़ झलकता है। और इसी व्यक्तिगत निराशा और असन्तोष ने इनकी भावना में तीव्रता पैदा कर दी थी। सुरूर जिस चीज़ पर भी

नज़र डालते थे वो उन्हें दुल्हन की तरह सुन्दर दिखाई देती थी। यौवन में मदमस्त और प्रेम में डूबी इनकी पूरी शायरी पर इस भाव की छटा साफ़ दिखाई देती है। भले ही बात देश की माटी की हो, देश की महानता का गुणगान हो या देश के प्राकृतिक सौन्दर्य का वर्णन हो, सुरूर की कल्पना की उड़ान इन सबको एक सुन्दरी के रूप में ही निहारती थी, और इनकी रचनाओं की मस्ती और रंगीनी इनकी इसी कल्पना की उड़ान से निकलकर सामने आते दिखती थी। विषय चाहे कुछ भी हो और विचार जो भी हों, सुरूर हर वस्तु को सौन्दर्य की कसौटी पर रखकर उसे सुन्दरता में ढाल कर उसकी काया को निखारने में अपना कोई जवाब नहीं रखते थे। उदाहरण के लिए उनकी रचनाओं से लिए कुछ टुकड़े इस प्रकार हैं :

नसीम-ए सहर

घूँघट उलट-उलट के रुख़-ए नाज़नीं से तू
करती है छेड़ सिलसिला-ए अंबरीं से तू
होने को हमकिनार गुल-ओ यासमीं से तू
चलती है बस के इत्र में ख़ुल्द-ए बरीं से तू
यूँ धीमी-धीमी आती है तारों की छाँव में
मेंहदी लगा के जैसे चले कोई पाँव में

———

ऊरूस-ए बर्शगाल

तू कहाँ है आह ऐ नाज़ूरा-ए नाज़ आफ़रीं
अब वो शोख़ी है न वो नक़्श-ओ निगार-ए दिलनशीं
ऊदी-ऊदी अब घटाओं का वो आँचल है कहाँ
हल्की-फुल्की अब कहाँ है वो नक़ाब-ए शबनमीं
अब कहाँ आँखों में डोरे वो शफ़क़ के सुर्ख़-सुर्ख़
अब वो मस्ताना निगाहें हैं न चश्म-ए सुर्मगीं
हल्की-हल्की आह वह सावन की झाड़ियाँ अब कहाँ
उभरे सीने पर पसीने के वह छींटे अब नहीं
वह सुनहरी अब कहाँ बिजली की छागल पाँव में
अब कहाँ है घुँघरुओं की वो सदा-ए दिल-नशीं
अब कहाँ कोयल के नग़्मों की सुरीली तान वो
हाय वह दिलकश तराने हैं कहाँ ऐ नाज़नीं

———

कोयल

मीठे नग़्में गाने वाली ओ चमन की नाज़नीं
है तर-ओ ताज़ा हमेशा तेरा कुंज-ए दिलनशीं
और मुसफ़्फ़ा है फ़िज़ा-ए आसमाँ तेरे लिए
है शफ़क़ जाम-ए शराब-ए अरग़वाँ तेरे लिए
मुझको क़स्साम-ए अज़ल देता अगर दो बाल-ओ पर
उड़ के होता मैं भी तेरे साथ सरगर्म-ए सफ़र
बन के हम दोनों रफ़ीक़-ए मौसम-ए जोश-ए बहार
करते खुश-खुश हर बरस गुलगुश्त-ए दश्त-ओ कोहसार

बीर बहोटी

हुस्न में तेरे है ऐ नाज़ूरा-ए नाज़ आफ़रीं
फ़ंदक़ पाये हसीनाँ की अदा-ए दिलनशीं
जलवा-ए रुख़ से तेरे गुलगूँ है दामान-ए ज़मीं
बज़्म-ए सहरा में है तू जाम-ए शराब-ए आतशीं
बादा-ए गुलगूँ तेरे छोटे-से पैमाने में है
आलम-ए नैरंग-ए अफ़सूँ तेरे मयख़ाने में है

मार-ए यासमीं

ये क़यामत की शिकन और ये बला के पेच-ओ ख़म
आह किस काफ़िर अदा की तू है ज़ुल्फ़-ए अंबरीं
शब को बांबी से दुल्हन बनकर निकलता यूँ है तू
बाल खोले घर से निकले जैसे कोई महजबीं
फन उठा कर हाए वो मस्ती से लहराना तेरा
जैसे हो जोबन की मतवाली कोई नाज़-ए आफ़रीं

शरद

क्या सुहाना है तेरा आह कँवल सा चेहरा
कास के फूल, उरूसी का हैं तेरी सेहरा
मस्त हंसों के गले से जो निकलती है सदा
तेरी पाज़ेब की इनकार है दिलकश गोया
तू दुल्हन बन के नयी फ़स्ल ख़रीफ़ आई है
लाख माशूक़ों से बढ़ कर तेरी रानाई है

नदियों में है अजब शान परीज़ादों की
चाल मस्ताना है इनमें सितम ईजादों की
आसमाँ दोश पे डाले है शफ़क़ का आँचल
हों शगुफ़्ता किसी तालाब में जिस तरह कँवल

बसन्त

फिर बसन्त आया है माशूक़ परी-रू बन कर
गुलरुख़ों की निगाह-ए नाज़ का जादू बन कर
शाम इस रुत की है या साया-ए गेसू-ए दराज़
दिलफ़रेबी का है एक-एक अदा में अन्दाज़
जलवा-ए सुबह है या शाहिद-ए राना कोई
महव-ए गुलगुश्त है या दिलबर-ए ज़ेबा कोई
फ़रहत अफ़ज़ा है अजब चाँद की किरनों की बहार
नशा-ए हुस्न में हर माह लक़ा है सरशार
सारियाँ रंग में डूबी हुई यकसर सबकी
चोटियाँ फूलों के हारों से मुअत्तर सबकी
ख़ुशनुमा साअद-ए सीमीं में तलाई कंगन
गोरी-गोरी वो जबीं और वो कुन्दन सा बदन
गर्मी-ए हुस्न से क़तरे वो पसीने के अयाँ
और वो बिगड़े हुए सिन्दूर के चेहरों पे निशाँ
मुश्क-ओ संदल से मुअत्तर तन-ए ज़ेबा सारा
ग़ैरत-ए शाख़-ए गुल-ए तर क़द-ए ज़ेबा तेरा

उम्मीद और तिफ़्ली

रात को लोरियाँ सुनाती थी
दिन को झूला मुझे झुलाती थी
वो गले से मुझे लगा लेना
नीची नज़रों से दिल लुभा लेना
कभी चाहत जता के करना प्यार
कभी कहना मैं तेरे रुख़ पे निसार
तूने क्यूँ मेरा साथ छोड़ दिया
हाथ में ले के हाथ छोड़ दिया

इन शेरों में सुन्दरियों के शरीर और सौन्दर्य का वर्णन जिस प्रकार मिलता है और सुन्दरता से जिस प्रकार सम्बोधन है उसे किसी व्याख्या की ज़रूरत नहीं है। इस बिन्दू की सत्यता सुरूर के देशप्रेम भाव से भी स्थापित की जा सकती है जो उनकी शायरी का एक स्तम्भ है।

सुरूर ने देश पर सीधी जो नज़्में लिखीं हैं इनमें 'उरूस-ए हुब्बे वतन', 'चशमा-ए वतन', 'फूलों का कुंज', 'सरज़मीन-ए वतन', 'ख़ाक-ए वतन', 'मादर-ए हिन्द', और याद-ए वतन, विशेषरूप से उल्लेखनीय हैं। आधुनिक युग की शायरी से पहले देशभक्ति की भावना स्थानीय और व्यक्तिगत थी। आज़ाद और हाली की प्रगतिशील शायरी के आन्दोलन के बाद देशभक्ति पर नज़्में आमतौर पर लिखीं जाने लगीं और हिन्दुस्तान के शायरों ने इस विषय पर लिखना भी आरम्भ कर दिया था। पर सुरूर का कारनामा यह है कि उन्होंने देश की कल्पना माँ और देवी के रूप में की। भारत में इस अवधारणा का स्रोत आर्यों से भी पहले हमें मिलता है जब उत्तर भारत में द्रविड़ संस्कृति प्रचलित थी और शक्ति की उपासना की जाती थी। आर्यों की संस्कृति भी क्योंकि खेतीबाड़ी से प्रेरित थी जहाँ थोड़े से प्रयत्न से जीवनयापन की सुविधाएँ धरती से मिल जाती थीं, यही कारण था कि पृथ्वी को माता का रूप दिया गया, हिन्दुस्तानी स्वभाव में प्रकृति को रौंदने के बजाये उससे मिल कर चलने का जो भाव हमें मिलता है इसका कारण यहीं है कि उन्होंने धरती को माँ समान माना। सुरूर उर्दू के पहले शायर हैं जिनके यहाँ देश का तात्पर्य यहाँ की सदियों पुरानी परम्परा से प्रेरित है, इनकी नज़्म 'मादर-ए हिन्द' का ये बन्द देखिए। ये देवी (शक्ति) की कल्पना से आरम्भ होता है और तत्पश्चात वो देश को लक्ष्मी और सरस्वती कहकर याद करते हैं। दूसरे शेर में शब्द शिवाला का सम्बन्ध फिर शिव से है जो शक्ति है। तीसरे शेर में दुर्गा का वर्णन है जो शक्ति अर्थात् देवी का दूसरा नाम है। लक्ष्मी और सरस्वती दोनों आर्यायी देवियाँ हैं और इनका रंग गोरा है। दुर्गा का सम्बन्ध वस्तुतः द्राविड़ियन जाति से है और इसका रंग काला है।

ये बन्द 'साँवली सूरत' की काल्पनिक काया पर समाप्त हुआ है। नज़्म को सम्बोधन शैली में लिखा गया है :

तेरा देवस्थान देवी दिल के काशाने में है
तेरी तस्वीर-ए मुक़द्दस हर सनमख़ाने में है
लक्ष्मी तू है, ज़माने में उजाला है तेरा
हर कँवल का फूल पानी में शिवाला है तेरा
सरस्वती का रूप है, दुर्गा का है अवतार तू

नत्क़-ओ दानिश की है देवी, मादर-ए ग़मख़्वार तू
उफ़ ये सुन्दर छब तेरी, ये सानोली सूरत तेरी
दिल के मन्दिर की है ज़ीनत मोहनी मूरत तेरी

सुरूर का कमाल यह है कि वह माँ देवी के भाव का विस्तार करते हैं और इस पवित्र कल्पना में प्रेम भाव की पूरी शान पैदा कर देते हैं :

ये तबस्सुम हाए शीरीं, ये अदा-ए जाँ नवाज़
आह ये शफ़क़त भरी तेरी सदाए जाँ नवाज़
आसमाँ के नूर की है जल्वा गाह-ए नाज़ तू
खुल्द की है पाक देवी मादर-ए दमसाज़ तू

स्त्री के सौन्दर्य के अनेक रूप हैं। प्राचीन आर्यन सभ्यता ने औरत के सभी रूपों अर्थात् स्त्री, पुत्री, बहन, माँ, प्रेमिका इत्यादि पर दृष्टि डाली है और उसका आदर किया है और उसे पवित्र माना है। आज हमें फ़िराक़ गोरखपुरी के यहाँ नारी के रूप की कल्पना पूर्णरूप से दिखाई देती है। फ़िराक़ ने इस कल्पना को अपनाने की कोशिश की है जबकि दूसरी ओर सुरूर की शायरी में देश ने एक शरीर का रूप ले लिया है। इनकी नज़्म 'उरूस-ए हुब्ब-ए वतन' के इन शेरों को देखिए। इनमें हमें एक मदमस्त यौवन से परिपूर्ण सुन्दरी के साथ मिलन की रात मनाने, इसको गले लगाने और उसके बालों से खेलने की मचलती कामनाएँ नज़र आती हैं। नज़्म का प्रस्तुतीकरण सम्बोधन का है जो सुरूर को सबसे ज़्यादा पसन्द था।

आ ऐ निगार तुझको गले से लगाऊँ मैं
आ मुझसे हमकिनार हो ऐ शोख़-ए खुशगुलू
वो दिन खुदा करे कि मनाऊँ शब-ए विसाल
गर्दन हो तेरी और मेरा दस्त-ए आरज़ू
ज़ानू हो तेरा और सर-ए शोरीदा हो मिरा
मेरा मशाम-ए जाँ हो तिरी जुल्फ़-ए मुशकबू
तेरी शराब-ए इश्क़ का आँखों में हो सुरूर
ख़िलवत में हो न ज़िक्र-ए मय व शीशा-ओ सूबू
लिपटूँ मैं बेखुदी में जो तुझ से शब-ए विसाल
बाँहें तेरे गले में हों लब पर ये गुफ़्तगू

एक और नज़्म 'सरज़मीन-ए वतन' शुरू ही इस तरह होती है :

आह ओ इफ़्फ़त की देवी! ओ वतन की सरज़मीं
आसमाँ की ओ परी! फ़िरदौस की ओ हूर-ए ईं

बाद के कुछ शेर देखें :

तेरी शाख़ों का लचकना आह वो मस्ताना दार
झूमती हो नश्शे में जैसे कोई नाज़ आफरीं
प्यारी-प्यारी आह कोयल की सुरीली वो सदा
जैसे गाये ज़ेहरा विश कोई लब-ए जू भैरवीं
आस्माँ के मुँह पे आँचल बदलियों का ख़ुशनुमा
हल्की-हल्की बादले की वो नक़ाब-ए रेशमीं
वो तबस्सुम बर्क़ का और काली-काली वह घटा
लैला विश इक़ नाज़नीं इक लाबत-ए ख़ंदा जबीं
वो किसी की कमसिनी की नन्ही कलियों में अदा
भीनी-भीनी इनमें निकहत, शाहिद-ए पर्दा नशीं
तुझमें रानाई थी क्या-क्या ओ वतन की सरज़मीं
शान-ए महबूबी थी क्या-क्या ओ वतन की सरज़मीं!

इन पंक्तियों में शरीर का सौन्दर्य भाव बराबर ताक झाँक करता दिखाई देता है। नाज़ आफ़रीं, ज़ेहरा विश, भैरवीं, बदलियों का आँचल, बादल की रेशमी नक़ाब, तबस्सुम, नन्ही कलियों की अदाएँ, लैला विश नाजनीं, लाबत-ए ख़ंदा जबीं, शाहिद-ए पर्दा नशीं इत्यादि जैसे सांकेतिक शब्द और उपमाएँ केवल एक ओर इशारा करते हैं अर्थात् वो अस्तित्त्व जिसको प्रकृति ने श्रेष्ठ कृति के रूप में बनाया हो। 'ख़ाक-ए वतन' के इन शेरों से भी हमें सुरूर के व्यक्तित्त्व में बसी सोच साफ़ दिखाई देती है :

आह ऐ ख़ाक-ए वतन ऐ सुरमा-ए नूर-ए नज़र
आह ऐ सरमाया-ए आसाइश-ए जान-ओ जिगर
तेरे दामन में शगुफ़्ता थे कभी क़ुदरत के फूल
गूँध रहे थे तेरी चोटी में कभी वहदत के फूल
जलवा-ए नूर-ए अज़ल की आह तू तनवीर थी
खुल्द की देवी थी तू इफ़्फ़त की तू तस्वीर थी
बज़्म-ए क़ुदरत में न थी जब जाँनवाज़ी की अदा
हुस्न में तेरे थी शान-ए बेनियाज़ी की अदा

सुरूर ने गंगा और जमुना पर भी नज़्में लिखी हैं और प्राचीन भारतीय सभ्यता के अनुसार इनको सुन्दरियों के रूप में प्रस्तुत किया है। जमुना को उन्होंने 'बृज की पाक दामन' और 'मुक़द्दस नाज़नीं' जैसे नामों से पुकारा है। भारतीय पौराणिक कथाओं में प्रेम की जो परम्पराएँ रही हैं उन्हें सुरूर ने अपने सौन्दर्य बोध के ताने-बाने में भली-भाँति पिरोया है :

आह! ओ रंगीं अदा! ओ दिल्ली वाली नाज़नीं
ओ दो-आलम के हसीनों से निराली नाज़नीं

धीमी-धीमी वो तेरी रफ़्तार बल खाई हुई
वो नज़र झेंपी हुई चितवन वो शरमाई हुई
वो हसीनों से निराली तेरी अलबेली रविश
दिल पे जादू करने वाली तेरी अलबेली रविश
ब्रज की ओ पाकदामन ओ मुक़द्दस नाज़नीं
नक़्श है दिल पर तेरे इक-इक अदा-ए दिलनशीं
कौन ये पर्दानशीं है तेरे दामन में निहाँ
किसका चेहरा है नक़ाब-ए ज़ुल्फ़-ए पुर-फ़न में निहाँ
तेरी मौजों में है यह किसकी सदा-ए दिल फ़रेब
गा रही है कौन ये ग़ारत गर-ए सब्र-ओ शकेब
ख़ाना-ए दिल में है तेरे कौन महव-ए रक़्स-ए नाज़
आ रही है किसकी छागल की सदा-ए जाँ नवाज़
वो समन अंदाम है ये शाहिद-ए पर्दानशीं
जिसके फूलों में है अब तक बूए-फ़िरदौस-ए बरीं

नज़्म ''गंगा जी'' के इन शेरों को भी देखिए :

ओ पाक नाज़नीं ओ फूलों के गहने वाली
सर सब्ज़ वादियों के दामन में बहने वाली
ओ नाज़आफ़रीं ओ सिद्क़-ओ सफ़ा की देवी
ओ इफ़्फ़त-ए मुजस्सम, परबत की रहने वाली
हुस्न-ए ग़यूर तेरा है बेनियाज़ हस्ती
तू बहर-ए मारफ़त है ओ पाक बाज़ हस्ती

इसी प्रकार सुरूर ने लक्ष्मी जी और सीता जी पर भी नज़्में लिखी हैं। दो नज़्में पद्मिनी पर भी लिखी हैं। एक में दमयन्ती का विवरण है। ये सभी विषय सुरूर की सांकेतिक और उपमा से परिपूर्ण शैली और कल्पना की उड़ान से मेल खाते थे और उन्होंने इसे ख़ूब निभाया। सुरूर को अपने देश भारत के कण-कण से, इसके सौन्दर्य से, स्थलों से, वातावरण से विशेष प्रेम था। पर इनके और इनके बाद के उर्दू शायरों के देशप्रेम में यही अन्तर है कि सुरूर की शायरी अपने रंग-रूप में समकालीन मुद्दों से प्रेरित नहीं होती। कह सकते हैं कि इसका रूप राजनीतिक न होकर सुन्दरता से प्रेरित होता है। इस तरह देखा जाये तो यह प्रशंसनीय है कि उन्होंने देश को एक माँ के रूप में, देवी के रूप में और प्रेमिका के रूप में चाहा। इनकी शायरी नारी के जिस रूप से आकर्षित होती है वो सिकुड़ा हुआ, बिठुरा हुआ या सीमाओं में बंधा जकड़ा नहीं और न ही वो रीति-रिवाज़ों के बन्धन में बन्दी बना अधूरा-सा है। प्राचीन आर्याओं की तरह

सुरूर का नारी के शरीर और सौन्दर्य के प्रति भाव पूर्ण है। इसमें वो रंग और अलौकिक प्रकाश है जो पूरे जीवन पर अपनी छाप छोड़ता है। सुरूर आर्य समाजी थे या नहीं लेकिन मूर्ति पूजन इनके अस्तित्त्व में था। इनका सौन्दर्य भाव इनकी इसी कल्पना को दर्शाता है। इनके व्यवहार में जो भोलापन, सादगी और निहारने का जो भाव था इसका भी यही कारण था कि इनकी वैचारिक शक्ति प्रकृति हो या देश हर चीज़ को सौन्दर्य में डूबे हुए अस्तित्त्व के रूप में देखती और दिखाती है। इनकी शायरी में तीन चौथाई शताब्दी के बाद भी यदि आकर्षण है तो इसके पीछे इनका वो सौन्दर्यभाव था जो देशप्रेम की पैदावार है।

अध्याय तीन

मोहम्मद अली जौहर की शायरी और देशभक्ति की भावना

मौलाना मोहम्मद अली जौहर एक शेर दिल लीडर थे। इनकी महानता हिमालय पर्वत के समकक्ष थी। इनकी भावना, इनका जोश अपने अन्दर ज्वालामुखी के लावे की गर्मी रखता था। वो अपने स्वभाव और वार्ता दोनों के धनी थे। बीसवीं शताब्दी के आरम्भ में ही उन्होंने देखते ही देखते अपने कथन और सशक्त लेखन के बल पर एक तीव्र क्रान्ति की ज्वाला को कुछ इस तरह भड़का दिया था जिसमें स्वाभिमान और आत्मविश्वास की लहर दौड़ चुकी थी। राष्ट्रीय स्तर पर नेता और भी थे जिनमें कुछ मौलाना से आगे और इनसे बड़े थे। पर मौलाना के व्यक्तित्त्व में छिपे क्रान्तिकारी का जोश ऐसा था जिसने कुछ ही समय में ऐसा बिगुल बजाया और फ़िरंगियों की ताक़त से ऐसी टक्कर ली कि देखने वाले दंग रह गये। मुसलमानों में जागरण पैदा करके उन्हें हिन्दुस्तान की राजनीति में एक प्रभावशाली शक्ति बना कर सामने लाने में मौलाना मोहम्मद अली जौहर का अपना अलग रोल था।

मौलाना मोहम्मद अली जौहर की शिक्षा भारत में भी हुई और विदेश में भी। पर मानसिक रूप से वो शिबली के गिरोह से सम्बन्ध रखते थे। शायरी में उन्होंने भले ही दाग़ देहलवी को अपना गुरु माना हो पर बौद्धिक स्तर पर वो शिबली से अधिक प्रभावित थे। ये निकटता केवल स्वतन्त्रता संग्राम के कारण नहीं थी बल्कि सौन्दर्यबोध और शायरी के कारण भी थी। शायरी में उन्होंने शिबली के अन्दाज़ में ही लिखा, जहाँ दर्द भी था, ग़ज़ल का भाव, और रंगीनी भी थी। यद्यपि जौहर स्वतन्त्रता संग्राम के एक सिपाही थे और उनका व्यक्तित्त्व, कार्यशैली और उसका राजनीतिक पक्ष इनकी शायरी से कहीं ज़्यादा खुल कर सामने आता है, पर स्वभाव रचनात्मक था जिसका प्रभाव अलग ही झलकता था।

क्रान्तिकारी विचार इन पर आकर ख़त्म थे। यही इनकी सबसे बड़ी शक्ति और सम्भवतः यही कमज़ोरी भी थी। वो पूर्ण स्वतन्त्रता के विचार से तनिक भी

इधर से उधर नहीं हटते थे। इनकी आत्मा क्रान्तिकारी की थी पर दिल शायर का था। मौलाना की शायरी की बात करते हुए शिबली की याद तो ताज़ा हो ही जाती है, साथ ही हसरत मोहानी की छाया भी उभरने लगती है जो मौलाना के साथियों में थे। ग़ज़ल में राष्ट्रीय और राजनीतिक भाव जताने की गुंजाइश तो आरम्भ से ही थी पर जिस प्रकार मोहम्मद अली जौहर और हसरत मोहानी ने पुरानी बोतल में नयी शराब भरी, इससे एक नये प्रकार का आयाम सामने आया और ग़ज़ल में एक नया पहलू जुड़ गया। हसरत बीसवीं शताब्दी के ग़ज़ल के एक बड़े शायर हैं। इनकी ग़ज़ल के कई स्तर हैं, जबकि मोहम्मद अली जौहर के यहाँ पूरी ग़ज़ल एक ही भावना में डूबी हुई है।

जौहर का कारनामा यही है कि इनकी ग़ज़लों में आशिक़ी व स्वतन्त्रता दोनों मिलकर एक हो गये। इनका भाव इतना कोमल, इतना मृदुल और विकसित है कि कहीं-कहीं इनकी शायरी को हम एक परम्परागत आशिक़ी के रंग में रचा हुआ सा समझने लगते हैं पर ऐसा है नहीं, आशिक़ाना धुन के पर्दे में देशभक्ति की धुन है जो साथ-साथ चलती है। पर इस भाव को समझने के लिए ज़रूरी है कि हम उन्हें ध्यान से पढ़ें। सम्भवतः यही कारण है कि उर्दू की राष्ट्रीय शायरी में मोहम्मद अली जौहर की ग़ज़ल का इतना उल्लेख नहीं मिलता जितना इसे मिलना चाहिए। मौलाना ग़ज़ल के भरम को क़ायम रखना चाहते थे। इनके शेरों में निम्न स्तर की व्याख्या की सिरे से कोई गुंजाइश ही नहीं थी। और यदि ऐसा होता तो जितने बड़े वो नेता थे उस हिसाब से उन्होंने राष्ट्रीय और राजनीति से प्रेरित इतनी रचनाएँ लिखी होतीं जिनकी संख्या अधिक होती। पर इनकी रचनाओं को देख कर आश्चर्य होता है कि उन्होंने नज़्म तो कही ही नहीं। दो-चार नज़्में जो इनके संग्रह में मिलती हैं सम्भवतः किसी के कहने पर लिखी होंगी, जिनकी गिनती न के बराबर है। इसका एक कारण यह भी हो सकता है कि दाग़ को अपना गुरु बनाने के कारण उन्होंने ग़ज़ल से ही शायरी आरम्भ की थी और दूसरी बात ये कि मौलाना का रचनात्मक स्वभाव ग़ज़ल से प्रेरित था। उन्होंने अपनी गिरफ़्तारी के दिनों में या उसके पश्चात् जब-जब शायरी की तो अपने ग़ज़ल के स्वभाव को रोका नहीं। उन्होंने अपने राष्ट्रीय और धार्मिक विचारों के भावों को, ग़ज़ल के रूप में ही प्रस्तुत किया और उसे Hightened Emotion अर्थात् भावों और भावनाओं की इस तीव्रता के साथ प्रस्तुत किया जिसका उदाहरण हमें कहीं और नहीं मिलता।

मोहम्मद अली जौहर की शायरी में प्रभाव प्रेम भाव के द्वारा ही उत्पन्न हुआ दिखता है। ये प्रेम देशभक्ति का है, इस्लाम का और देश के स्वतन्त्र होने का है और इस भाव को कोई शर्त मंज़ूर नहीं है। यूँ तो इसमें ज़ुल्फ़ों की भी बातें

है, मस्ती भी है, आवारगी भी है। न सिर्फ़ इसमें प्रवाह है, भाव और भावना है बल्कि इन ग़ज़लों को समझने के लिए इनके माहौल को ध्यान में रखना अति आवश्यक है। ये राष्ट्रीय आशिक़ाना भाव इतना आम है कि मोहम्मद अली जौहर की ग़ज़लों को कहीं से भी देखिए इनमें राष्ट्र और देशप्रेम अलग ही दिखाई देगा :

ये नज़रबन्दी तो निकली रद्द-ए सहर
दीदा-हाए होश अब जाकर खुले
अब कहीं टूटा है बातिल का फ़रेब
हक़ के उक़दे अब कहीं हम पर खुले
फ़ैज़ से तेरे ही ऐ क़ैद-ए फ़िरंग
बाल-ओ पर निकले क़फ़स के दर खुले

———

क़ैद और क़ैद भी तनहाई की
शर्म रह जाये शक़ेबाई की
क़ैस को नाक़ा-ए लैला न मिला
गो बहुत बादिया पैमाई की
हम ने हर ज़र्रे को मोहमल पाया
है ये क़िस्मत तेरे सहराई की

———

याद-ए वतन न आये हमें क्यूँ वतन से दूर
जाती नहीं है बूए चमन क्या चमन से दूर
मस्त मय अलस्त कहाँ और हवस कहाँ
तर्ज़-ए वफ़ा-ए ग़ैर है अपने चलन से दूर
गर बूए गुल नहीं न सही याद-ए गुल तो है
सय्याद लाख रखे क़फ़स को चमन से दूर

———

आई हो न ज़िंदा में ख़बर मौसम-ए गुल की
सुनना तो ज़रा शोर-ए अनादिल तो नहीं ये
मजनूँ है तो क्या इश्क़ का एहसास भी खोया
जिसमें तेरी लैला हो वो महमिल तो नहीं ये

———

न उड़ जायें कहीं क़ैदी क़फ़स के
ज़रा पर बाँधना सय्याद कस के

———

इन शेरों में यद्यपि देशप्रेम के दर्द को उपमा के रूप में क़ैस-ओ नाक़ा-ए लैला, महमिल-ओ सहरा और बूए गुल व सय्याद-ओ क़फ़स कह कर बताया गया हो पर फिर भी कहीं-कहीं नज़रबन्दी, क़ैद-ए फ़िरंग और वतन-ओ चमन के संकेत साफ़ नज़र आते हैं। फिर भी मोहम्मद अली जौहर आमतौर पर खुले इशारों में बात नहीं करते। इनका अपना आम अन्दाज़ इनकी देशभक्ति की भावना से इतना जुड़ा हुआ है कि इसे आशिक़ाना भाव से अलग करके देखना असम्भव है :

सीना हमारा फ़िगार देखिए कब तक रहे
चश्म ये ख़ूनाबा बार देखिए कब तक रहे
हमने ये माना कि यास-ए क़फ़्र से कमतर नहीं
फिर भी तेरा इन्तेज़ार देखिए कब तक रहे
यूँ तो है हर सू अयाँ आमद-ए फ़स्ल-ए ख़िज़ाँ
जोर-ओ जफ़ा की बहार देखिए कब तक रहे

इस ग़ज़ल से हसरत मोहानी की मशहूर ग़ज़ल की याद ताज़ा हो जाती है :

रस्म-ए जफ़ा क़ामयाब देखिए कब तक रहे
हुब्ब-ए वतन मस्त-ए ख़्वाब देखिए कब तक रहे

इन शेरों में एक क्रान्तिकारी के दिल की तड़प, उमंग और जोश देखा जा सकता है। मौलाना ने ऐसी ग़ज़लें अधिकतर फ़िरंगियों की क़ैद में रहकर कहीं। ज़रा देखें इन शेरों में जहाँ एक ओर प्रेम भाव की आँच है वहीं दूसरी ओर बेड़ियों की गूँज भी सुनाई देती है :

यक़ीनन फ़स्ल-ए गुल में फिर निकल भागा है ज़िन्दाँ से
वही शोर-ए सलासिल है, वही दीवाना आता है

आख़िर को ले के अर्श से फ़तेह-ओ ज़फ़र गयी
मज़लूम की दुआ भी कभी बे-असर गयी
अपनी ही उम्र ने न वफ़ा की वह क्या करें
हम हो चुके तो इनको हमारी ख़बर गयी
कहने न पाये वस्ल की शब मुद्दआ-ए दिल
इक दास्तान-ए ग़म थी वही ता सहर गयी

याँ तो है नाम इश्क़ का लेना
अपने पीछे बला लगा लेना
शर्त-ए तहरीर पहले सुन ले, फिर
ख़ामे को हाथ में दिला लेना

नामा-ए शौक़ इनको शौक़ से लिख
ग़ैर को भी मगर दिखा लेना
एक ही जाम और सरमस्ती
साक़िया, देख मय चला लेना

मौलाना का इश्क़ एक सच्चे प्रेमी का था। इसमें एक ज्वाला थी जिसने इनके पूरे अस्तित्त्व को पिघला कर रख दिया था। इनके इश्क़ में दीवानगी का रंग है जिसमें एक जुनूनी भाव है। स्वतन्त्रता की राह में वो हर चीज़ की बाज़ी लगाने को तैयार थे। देश और राष्ट्र के लिए प्राण न्योछावर करना इनकी प्रबल इच्छा थी, और इसी इच्छा के कारण इनकी रचनाओं में एक अनोखी मदहोशी, मस्ती पैदा हो गयी थी। यह भावना उस समय तक पैदा नहीं होती जब तक इश्क़ पूरे अस्तित्त्व को अपनी लपेट में न ले ले और जीवन के उद्देश्य में पूर्णतः समायोजन पैदा न हो जाये। मौलाना के शेरों से ऐसा जान पड़ता है कि सम्भवतः उन्हें विश्वास था कि इस राह में जान तो जानी है, और यही प्रेम की कसौटी है। इनके शेरों में शहादत, क़त्ल और क़त्ल से सम्बन्धित कथन विशेष स्थान रखते हैं। ज़रा इन शेरों में देखिए कि जान न्योछावर करने की भावना किन-किन रूपों में सामने आती है :

कर गयी ज़िन्दा-ओ जावेद हमें
तेग़-ए क़ातिल ने मसीहाई की
अक़्ल को हम ने किया नज़्र-ए जुनूँ
उम्र भर में यही दानाई की

दे नक़द-ए जाँ तो बादा-ए क़ौसर अभी मिले
साक़ी को क्या पड़ी है कि ये मय उधार दे
रहरू था राह-ए इश्क़ का मंज़िल को पा लिया
अब और क्या निशाँ मेरी लौह-ए मज़ार दे
है इश्क़ एक ख़ल्क़ को जौहर की मौत पर
ये उसकी देन है जिसे परवरदिग़ार दे

सितम से कुछ न हुआ अब खुला सितमगर पर
अभी कुछ और भी बाक़ी है क़त्ल-ए आम के बाद
तुम्हीं करो सर-ए तसलीम पहले ख़म पये क़त्ल
कि सर झुकाते हैं सब मुक़तदी इमाम के बाद

जिंस-ए गिराँ तो थी नहीं कोई मगर ये जाँ
लाये हैं हम भी रौनक़-ए बाज़ार देख कर
हम ख़ासगाँ अहल-ए नज़र और ये क़त्ल-ए आम
ज़ोर-ओ सितम भी कर तो सितमगार देख कर

हो कुछ भी मगर शोर-ए सलासिल तो नहीं ये
जौहर का तड़पना दम-ए बिस्मिल तो नहीं ये
है बात तो जब नज़अ में तमकीं रहे क़ायम
मक़तल है दिला, रक़्स की महफ़िल तो नहीं ये

कुछ भी वहाँ न ख़ंजर-ए क़ातिल का बस चला
रूह-ए शहीद रहती है नाश-ओ क़फ़न से दूर
शायद कि आज हसरत-ए जौहर निकल गयी
एक लाश थी पड़ी हुई गोर-ओ कफ़न से दूर

नहीं पाला पड़ा क़ातिल तुझे हम सख़्त जानों से
ज़रा हम भी तो देखें तेरी जल्लादी कहाँ तक है

गोया है लाश भी तो तुम्हारे शहीद की
पैहम सदा बुलन्द है हल मन मज़ीद की

साक़िया, देख तिशना काम न जायें
ज़िबह से पहले कुछ पिला लेना

इन शेरों में क़त्ल, क़त्ल-ए आम, क़ातिल, तेग़-ए क़ातिल, ख़ंजर-ए क़ातिल, मक़तल, जुनूँ, नज़्र-ए-जुनूँ, मौत, नक़्द जाँ का लुटाना, ज़िबह करना, बिस्मिल, शहीद, नाश, मज़ार, लौह-ए मज़ार, ग़ोर-ओ कफ़न इत्यादि क्लासिकल ग़ज़ल में प्रयोग होने वाले शब्दों के साथ है और इनमें कोई नयी बात नहीं है, परन्तु भावना की जिस लहर में बह कर ध्यानपूर्वक जिस प्रकार मौलाना जौहर ने इनका प्रयोग किया है और यदि इनकी गिनती की जाये और देखा जाये कि कितने कम अन्तराल से इन्हें सजाया गया इससे हमें मौलाना की ग़ज़ल से जो वातावरण बनता है, इसके द्वारा मौलाना के रचनात्मक स्वभाव को समझने को

हम अनदेखा नहीं कर सकते। क़ातिल के हाथ से लहू को धोते हुए रो देना और लेखनी का ख़ून के रंग में डूबी हुई दिखाई दे तो यह बात तय है कि इसमें एक अलग स्वभाव है जिसकी शेर कहने की कला हट कर है।

मौलाना ने अपनी अधिकतर ग़ज़लें अंग्रेज़ी की क़ैद में रह कर एकान्त में लिखी हैं। नूरुर्रहमान ने लाहौर से दीवान-ए जौहर का जो एडीशन प्रकाशित किया था इसमें मौलाना का दुर्लभ हस्तलेख भी ग़ज़ल के साथ छपा है जो पाकिस्तानी राष्ट्रीय म्यूज़ियम में सुरक्षित है। इससे यह ज्ञात होता है कि इन ग़ज़लों के पन्ने जेलर के हस्ताक्षर और मोहर लगाने के बाद बाहर भेजे जाते थे। इन ग़ज़लों में अधिकतर ऐसे शेर हैं जिनमें बलिदान की भावना, क़त्ल या क़त्ल से सम्बन्धित घटना जैसे भाव हैं। इस भाव के परिप्रेक्ष्य में यह कहना ग़लत न होगा कि मौलाना की ग़ज़ल से जुड़ा वातावरण और इनकी कल्पना में बलिदान और ख़ून के द्वारा शेर अपना अस्तित्त्व पाते थे।

अल्लाह के बाँकों का भी है रंग निराला
इस सादगी पे शोख़ी-ए ख़ून-ए शोहदा देख

मेरे लहू से ख़ाक-ए वतन लाला ज़ार देख
इस्लाम के चमन की ख़िज़ाँ में बहार देख

मरने को यूँ तो मरते हैं हर रोज़ सैंकड़ों
अपने लिए पयाम-ए क़ज़ा हो तो जानिये
कहते हैं नक़द-ए जाँ जिसे है आशिक़ों पे क़र्ज़
ये क़र्ज़ हम से जल्द अदा हो तो जानिये
शहद-ओ शराब-ए खुल्द में ये चाशनी कहाँ

क़ातिल-ए जौहर के हाथों से न छूटा हश्रे तक
किस बला का ख़ून ज़ालिम की रग-ए गर्दन में था
बहार-ए ख़ून-ए शहादत दिखा गये जौहर
ख़िज़ाँ में और ये रंग-ए शबाब देखो तो
है क़ब्ल-ए मर्ग ही आदा-ए दीं का वावेला
अभी हुआ ही कहाँ है अज़ाब देखो तो

और किस वज़अ की ख़ूबाँ है उरूसान-ए बहिश्त
हैं कफ़न सुर्ख़ शहीदों का सँवरना है यही

तुझसे क्या सुबह तलक साथ निभेगा ऐ उम्र
शब-ए फ़ुरक़त की जो घड़ियों का गुज़रना है यही
नक़्द-ए जाँ नज़्र करो सोचते क्या हो जौहर
काम करने का यही है तुम्हें करना है यही

बलिदान की स्वेच्छा और क़त्ल का सीधा सम्बन्ध फाँसी के फन्दे से भी है। ये और इसी तरह की दूसरी शैलियाँ फ़ारसी ग़ज़ल से उर्दू ग़ज़ल की पारम्परिक शैली में आयीं। आमतौर पर ये माना जाता है कि यह प्रगतिवादी सोच की देन है पर सच्चाई यह है कि हसरत मोहानी और मोहम्मद अली जौहर इस शैली को रचनात्मक रूप से भावना में पिरो कर इसे अपना चुके थे।

जौहर न क्यों ये रस्म-ए कुहन ज़िन्दा कर चले
<u>दार-ओ रसन</u> के गरचे न हों बनियों में हम
ऐ मसीहा इस मर्ज़ से कौन चाहेगा शिफ़ा
<u>दार पर मौत</u> आये इसकी भी कोई तदबीर है
क्या इश्क़-ए नातमाम की बतलाऊँ सरगुज़िश्त
<u>दार-ओ रसन</u> का और अभी इन्तेज़ार देख
पादाश-ए जुर्म-ए इश्क़ से कब तक मफ़र भला
माना कि तुम रहा किये <u>दार-ओ रसन</u> से दूर

मौलाना का क्रान्तिकारी होने का एक और सबूत ये है कि उन्होंने जीवन से प्रेम को कुछ इस तरह क़ाबू में कर लिया था जो उनके कथनानुसार कुछ यूँ था कि जो मानव सत्य मार्ग और देशप्रेम के रास्ते पर आगे बढ़ते हुए मृत्यु से डरता है उसका जीवन मौत से बदतर है। वो बार-बार इस बात को कहते हैं कि प्रेम के सागर में डूबना ही पार उतरना है। उन्होंने अपने जीवन से ऐसा ही जीवन्त उदाहरण प्रस्तुत किया। मौलाना की रचनात्मक सोच में जिस प्रकार घटनाएँ क़त्ल, बलिदान और ख़ून से घिरी हुई थीं इसके उदाहरण अब तक इधर-उधर से प्रस्तुत किये गये, पर इसकी व्याख्या उस ग़ज़ल से होती है जिसे हम मौलाना की सर्वश्रेष्ठ रचना कह सकते हैं। मौलाना ने अगर कुछ और न लिखा होता और यही एक ग़ज़ल कही होती तो भी उर्दू शायरी में उनका नाम लिया जाता। इस ग़ज़ल में जो प्रवाह और हृदय की पीड़ा है जो पूरे जीवन को बलिदान की राह में गुज़ार कर प्राप्त होती है। जिसके विषय में कहा गया है कि इक ख़ून का दरिया है और डूब के जाना है। अब ज़रा देखें कि इस ग़ज़ल का क़त्ल-ओ ख़ून से कितना गहरा सम्बन्ध है :

दौर-ए हयात आयेगा क़ातिल क़ज़ा के बाद
है इब्तिदा हमारी तेरी इन्तेहा के बाद

जीना वो क्या कि दिल में न हो कोई आरज़ू
बाक़ी है मौत ही दिल-ए बेमुद्दआ के बाद
तुझसे मुक़ाबले की किसे ताब है वले
मेरा लहू भी ख़ूब है तेरी हिना के बाद
लज़्ज़त हुनूज़ माएदा-ए इश्क़ में नहीं
आता है लुत्फ़-ए जुर्म-ए तमन्ना सजा के बाद
क़त्ल-ए हुसैन असल में मर्ग-ए यज़ीद है
इस्लाम ज़िन्दा होता है हर क़रबला के बाद

इस ग़ज़ल में आरम्भ और अन्त, जीवन-मृत्यु, क़ज़ा और सज़ा, आरज़ू और दिल, बेमुद्दआ, लहू और हिना, क़त्ल-ए हुसैन, मर्ग-ए यज़ीद और इस्लाम और क़र्बला में जो सम्बन्ध हैं इसके द्वारा जो चित्रण किया गया है, इन सबका सम्बन्ध बलिदान और क़त्ल की घटना से कैसा है इसे बताने की कोई औचित्य नहीं है। ये सभी कल्पनाएँ मौलाना जौहर की रचनात्मक शैली के साथ निःस्वार्थ भावना स्वाभिमान और मस्ती और सुरूर के भाव से ओत-प्रोत है और इस ग़ज़ल की अन्तिम पंक्ति बे-मिसाल है।

अभी मौलाना की अवधारणाओं की दो मंज़िलें औंर भी हैं जिनकी व्याख्या करना बात को पूरा करने के लिए आवश्यक है। प्रथम ये कि जैसा कि उपरोक्त ग़ज़ल के अन्तिम शेर से साफ़ होता है, क़त्ल-ए हुसैन और क़रबला स्वतन्त्रता संग्राम इस्लामी एकता के परिप्रेक्ष्य में, सम्भवतः उर्दू ग़ज़ल में पहली बार ऐसा प्रयोग देखने को मिलता है और इसको विस्तार से राष्ट्रीय और धार्मिक सन्दर्भ में प्रयोग में लाने का सेहरा भी मौलाना के सर बाँधा जाना चाहिए।

मौलाना ने बलिदान और सत्य मार्ग के विषय में मंसूर और अनल हक़ (अहं ब्रह्मास्मि) को भी सांकेतिक रूप से प्रयोग किया है और इनकी सहायता से रचनात्मक स्तर पर क्रान्तिकारियों की देशभक्ति की भावना और बलिदान के साहस को ललकारा है।

मंसूर

ये भी क्या पैरवी-ए हक़ है कि ख़ामोश हैं सब
हाँ अनल-हक़ भी हो, मंसूर भी हो, दार भी हो
जाँ फ़रोशी के लिए हम तो है तैयार मगर
कोई इस जिन्स-ए गिरामी का ख़रीदार भी हो

कुश्तों को तेरे किसने किया हैं सुपुर्द-ए ख़ाक़
इन मय्यतों के वास्ते गोर-ओ कफ़न कहाँ

सुनते हैं ये भी एक बुज़ुर्गों की रस्म थी
इस दौर-ए एतदाल में दार-ओ रसन कहाँ
सुन लीजे ख़िलवतों में अनल-हक़ का अद्दआ
सूली पे चढ़ सुनाए वो अब नारा जन कहाँ

हुसैन-ओ करबला

पैग़ाम मिला था जो हुसैन इब्न-ए अली को
ख़ुश हूँ वोही पैग़ाम-ए क़ज़ा मेरे लिए है

कहते हैं लोग है रह-ए ज़ुलमात पुर-ख़तर
कुछ दश्त-ए करबला से सवा हो तो जानिये

जब तक कि दिल से महव न हो करबला की याद
हम से न हो सकेगी इताअत यज़ीद की

बेताब कर रही है तमन्ना-ए करबला
याद आ रहा है बादिया पैमा-ए करबला
बुनियाद-ए जब्र-ओ क़हर इशारे में हिल गयी
हो जाये काश फिर वही ईमा-ए करबला
रोज़-ए अज़ल से है यही इक मक़सद-ए हयात
जायेगा सर के साथ ही सौदा-ए करबला

फ़ुरसत किसे ख़ुशामद-ए शमर-ओ यज़ीद से
अब अद्दआ-ए पैरवी-ए पंजतन कहाँ

मातम-ए शब्बीर है आमद-ए मेहदी तलक
क़ौम अभी सोगवार देखिए कब तक रहे

हम ऐश-ए दोरोज़ा के भी मुनकिर नहीं लेकिन
ईमा-ए शह-ए कर्ब-ओ बला और ही कुछ है
ख़ुद ख़िज़्र को शब्बीर की इस तिश्ना-लबी से
मालूम हुआ आब-ओ बक़ा और ही कुछ है

लेकिन स्पष्ट बात यह है कि इन सब कल्पनाओं का स्रोत और सन्दर्भ मौलाना मोहम्मद अली जौहर की अन्तरात्मा की पवित्रता और ईमान का प्रकाश

था। फ़िरंगियों के विरोध और अत्याचारों के बाद भी इनकी स्थिरता तनिक विचलित न हुई। अपितु जितना अत्याचार बढ़ता गया मौलाना का जोश, उनकी भावना और बलिदान देने का साहस खुलकर सामने आता गया। मौलाना ने पवित्र क़ुरान का पाठ शिबली से अलीगढ़ में लिया था। अपने मानसिक और धार्मिक प्रशिक्षण के विषय में उन्होंने सदैव इसको सर्वोपरि रखा। बलिदान की भावना का असल स्रोत भी उनकी ईश्वर से सच्ची आस्था से सम्बन्धित था। इसी भावना से उन्होंने मानव सेवा, धर्म सेवा और देश सेवा को अपनाया। मौलाना का हृदय अल्लाह के नबी स०अ०व० के प्रेम से भरा था। प्रायः ऐसा प्रतीत होता है कि शेर उनकी क़लम से स्वतः टपक रहे हों। ऐसे शेर और बलिदान भाव के शेरों में एक समानता है, और प्रायः ऐसे शेर साथ-साथ एक ही ग़ज़ल में मिलते हैं। और कुछ ग़ज़लें तो पूरी तरह ऐसी ही भावना को सामने लाती हैं जहाँ नबी स.अ.व. से प्रेम और बलिदान की भावना घुले-मिले से लगते हैं :

तिशना लब हूँ मुद्दतों से देखिए
इक दर-ए मैख़ाना-ए कौसर खुले
चाक कर सीने को पहलू चीर डाल
यूँ ही कुछ हाल-ए दिल-ए मज़तर खुले
लो वो आ पहुँचा जुनूँ का काफ़ला
पाँव ज़ख़्मी ख़ाक मुँह पर सर खुले
रूनुमाई के लिए लाया हूँ जो
अब तो शायद चेहरा-ए अनवर खुले

तुम यूँ ही समझना कि फ़ना मेरे लिए है
पर ग़ैब से सामान-ए बक़ा मेरे लिए है
हूरान-ए बहिश्ती की तरफ़ से है बुलावा
लब्बैक कि मक़तल का सिला मेरे लिए है
क्यूँ जान न दूँ ग़म में तेरे जब कि अभी से
मातम ये ज़माने में बपा मेरे लिए है
सुर्ख़ी में नहीं दस्त-ए हिना बस्ता भी कुछ कम
पर शोख़ी-ए ख़ून-ए शोहदा मेरे लिए है
क्यूँ ऐसे नबी पर न फिदा हूँ कि जो फ़रमाये
अच्छे तो सभी के हैं बुरा मेरे लिए है
ऐ शाफ़-ए महशर जो करे तू न शिफ़ाअत
फिर कौन वहाँ तेरे सिवा मेरे लिए है

अल्लाह के रस्ते ही में मौत आये मसीहा
अकसीर यही एक दवा मेरे लिए है

नबी स॰ से प्रेम की इस भावना से मौलाना का बलिदान का भाव अपनी आत्मा को शक्ति प्रदान करता है। वो सत्य की राह में स्वयं को अकेला नहीं समझते अपितु बतहा के शरणार्थियों के पदुचिह्न उनमें साहस भरते हैं। प्रेमियों के लिए सूली पर चढ़ना ही दवा है और निष्ठा की परम्परा की माँग यही है कि जान को बचा कर न रखा जाये। यदि इस दृष्टिकोण से देखें तो मौलाना की शायरी रक्तरंजित नज़र आती है। वो बलिदान के लिए सदैव तत्पर रहे और अन्ततः उन्होंने देश और राष्ट्र के लिए जान न्यौछावर कर दी। सन् 1931 में जब वो बिगड़ते हुए स्वास्थ्य और सम्बन्धियों के रोकने के बाद भी गोल मेज़ कॉन्फ्रेंस के लिए लन्दन गये तो उन्होंने गुलाम देश में वापस आने की तुलना में मर जाने को ऊपर रखा और वहीं जान दे दी। बाद में उनको बैतुल-मुक़द्दस में लाकर दफ़्न किया गया। वो एक सच्चे लीडर और सेनानी थे। इतिहास में जहाँ वो अपने जोश, हिम्मत, स्थिरता, अडिग रवैय्ये के लिए याद रखे जायेंगे वहीं दूसरी ओर उर्दू शायरी में वो अपने अलग दर्द भरे अन्दाज़ के लिए भी लोगों के दिलों में रहेंगे। उन्होंने ग़ज़ल में राष्ट्र और धर्म के भाव के समन्वय से जो एक नया आयाम पैदा किया वो भी अद्वितीय है। इनके शेरों द्वारा जो परिदृश्य स्थापित होता है इसमें बलिदान का रंग छलकता है। उन्होंने साथ ही जिस प्रकार करबला की कथा और मंसूर के वचनों की संवेदनात्मक सार्थकता को नये राष्ट्रीय और राजनीतिक अर्थों के लिए बरता और उर्दू ग़ज़ल को एक नयी दिशा दी वो भी याद रखा जायेगा। इनकी ग़ज़ल की आत्मा क्रान्ति के ख़ून के छींटों से लाल है। इसमें बलिदान की खुशख़बरी भी है और उस सदैव रहने वाले जीवन का सन्देश भी है जो किसी महान उद्देश्य के लिए सब कुछ गँवा देने से प्राप्त होता है।

अध्याय चार

हसरत के शेरों के राजनीतिक आयाम पर एक दृष्टि

हसरत मोहानी ने इस शताब्दी के करवट बदलते ही उर्दू ग़ज़ल में आशिक़ी की संस्कृति को जिस तरह जीवित किया और इश्क़-ओ मोहब्बत को जिस प्राकृतिक सहजता, सुन्दरता और खुलेपन से प्रस्तुत किया, साथ ही इश्क़िया शायरी में जो भाव पैदा किये और जिस सभ्यता, शालीनता और ग़ज़ल के रचाव और आचरण के साथ उसे निभाया यह उनका ही कारनामा है। भले ही वो हमारे बड़े शायर न सही पर अहम और अच्छे अवश्य हैं। इनकी शायरी में प्रेम, आरज़ू की प्राकृतिक ताक-झाँक, चाहने और चाहे जाने का जो वातावरण मिलता है वो एक सदी निकल जाने के बाद भी अपना एक अलग-सा प्रभाव छोड़ता है :

हुस्न बे परवा को ख़ुदबीन-ओ ख़ुदआरा कर दिया
क्या किया मैंने कि इज़हार-ए तमन्ना कर दिया

रौनक़ पैराहन हुई ख़ूबी-ए जिस्म-ए नाज़नीं
और भी शोख़ हो गया रंग तेरे लिबास का

रंग सोते में चमकता है तरहदारी का
तुर्फ़ा आलम है तेरे हुस्न की बेदारी का

निगाह-ए यार जिसे आशना-ए राज़ करे
वो अपनी ख़ूबी-ए क़िस्मत पे क्यूँ न नाज़ करे

दिलों को फ़िक्र दो आलम से कर दिया आज़ाद
तेरे जुनूँ का ख़ुदा सिलसिला दराज़ करे

ख़िरद का नाम जुनूँ पड़ गया जुनूँ का ख़िरद
जो चाहे आप का हुस्न-ए करिश्मा साज़ करे

अल्लाह रे काफ़िर तेरे इस हुस्न की मस्ती
जो ज़ुल्फ़ तेरी ता ब कमर ले के गयी है

मोहताज-ए बूए इत्र न था जिस्म-ए ख़ूब यार

ख़ुशबू-ए दिलबरी थी जो इस पैरहन में थी

एक ही बार हुईं वजह गिरफ़्तारी-ए दिल
इल्तेफ़ात इनकी निगाहों ने दोबारा न किया

तोड़ कर अहद-ए करम नाआशना हो जाइए
बन्दा परवर जाइए अच्छा ख़फ़ा हो जाइए

चुपके-चुपके रात दिन आँसू बहाना याद है
हम को अब तक आशिक़ी का वो ज़माना याद है

इक ख़ालिश होती है महसूस रग-ए जाँ के क़रीब
आन पहुँचे हैं मगर मंज़िल-ए जानाँ के क़रीब

भुलाता लाख हूँ लेकिन बराबर याद आते हैं
इलाही तर्क-ए उल्फ़त पर वो क्यूँकर याद आते हैं

नहीं आती तो याद इन की महीनों तक नहीं आती
मगर जब याद आते हैं तो अक्सर याद आते हैं
हक़ीक़त खुल गयी हसरत तेरे तर्क-ए मोहब्बत की
तुझे तो अब वो पहले से भी बढ़ कर याद आते हैं

आईने में वो देख रहे थे बहार-ए हुस्न
आया मेरा ख़याल तो शर्मा के रह गये

सर कहीं बाल कहीं हाथ कहीं पाँव कहीं
इनका सोना भी है किस शान का सोना देखो

घर से हर वक़्त निकल आते हो खोले हुए बाल
शाम देखो न मेरी जान सवेरा देखो

आह वो याद कि इस याद को होकर मजबूर
दिल-ए मायूस ने मुद्दत से भुला रक्खा है

याद हैं सारे वो ऐश बा-फ़राग़त के मज़े
दिल अभी भूला नहीं आग़ाज़-ए उल्फ़त के मज़े

बर्क़ को अब्र के दामन में छिपा देखा है
हम ने इस शोख़ को मजबूर-ए हया देखा है

रोशन जमाल-ए यार से है अंजुमन तमाम
दहका हुआ है आतिश-ए गुल से चमन तमाम
अल्लाह रे जिस्म-ए यार की ख़ूबी कि ख़ुद-बख़ुद

रंगीनियों में डूब गया पैरहन तमाम

तेरी महफ़िल से हम आये मगर बा-हाल-ए ज़ार आये

तमाशा कामयाब आया तमन्ना बेक़रार आयी

क्या हुस्नपरस्ती भी कोई जुर्म है हसरत

होने दो जो अख़लाक़ की तंक़ीद कड़ी है

इसमें शक नहीं कि हसरत, जुर्रअत और दाग़ के क़बीले के शायर थे पर इनकी रुचि कहीं अधिक विकसित और रची बसी थी। इनकी इश्क़िया शायरी में सौन्दर्य की अवधारणा नया आयाम लिए हुए है। इनकी शायरी में इश्क़ पवित्र स्थान पर था जिसके लिए उन्होंने 'वज़अ पारसा' और 'इश्क़ पाकबाज़' जैसे शब्दों का चयन किया जिसने इनकी ग़ज़ल में एक और ही रंग पैदा कर दिया। रशीद अहमद सिद्दीक़ी ने सही कहा है: "हसरत ने ग़ज़ल की आबरू उस काल में रख ली जब ग़ज़ल बहुत बदनाम और चारों ओर से घेराबन्द थी। उन्होंने ग़ज़ल के महत्त्व और महानता को एक लम्बे समय तक मनवाया'' (निगार हसरत नम्बर 'कुछ हसरत के बारे में', पृ. 22) पर हसरत का ग़ज़ल पर केवल यही एहसान नहीं। उन्होंने ग़ज़ल की विशेष पद्धति को अपनाते हुए राजनीतिक भावनाओं को जोड़कर ग़ज़ल की एक और सेवा भी की। ग़ज़ल में राजनीतिक और विरोधी भावनाओं का समन्वय करके उन्होंने एक नये अध्याय को आरम्भ किया। इस राह से काँटे निकाले और आने वाले शायरों के लिए एक नया मार्ग खोला। लेकिन मज़े की बात यह है कि हमारे आलोचकों ने हसरत की शायरी के राजनीतिक आयाम को उजागर ही नहीं किया और इसको वो स्थान नहीं दिया जो दिया जाना चाहिए था। हसरत की राजनीतिक गतिविधियों और इनके क्रान्तिकारी होने की व्याख्या तो सब करते हैं पर इसका जो सम्बन्ध उनकी ग़ज़ल से होता है उसे हमारी आलोचना उभार न सकी। इसका मूल कारण तो ये हो सकता है कि सारा ध्यान हसरत की इश्क़िया शायरी का सभ्य मार्ग उस पर मोमिन का प्रभाव, नसीम की मिठास, मीर जैसा दर्द और कोमलता की तुलना में लगा रहा। हमें दूसरी ओर नज़र उठा कर देखने का सम्भवतः अवसर ही न मिला।

हसरत का देहान्त 13 मई, 1951 को हुआ। नियाज़ फतेहपुरी ने जनवरी 1952 में आठ महीने के अन्दर-अन्दर निगार का 'हसरत नम्बर' इनकी याद में प्रकाशित किया। नियाज़ ने इस अंक के लिए उस समय की सभी बड़ी हस्तियों से लेख लिखवाए जिनमें मजनूँ गोरखपुरी, रशीद अहम सिद्दीक़ी, फ़िराक़ गोरखपुरी, आले अहमद सुरूर, एहतेशाम हुसैन, इबादत बरेलवी, किशन प्रसाद कौल और ख़्वाजा अहमद फ़ारूक़ी ने लेख लिखे। स्वयं नियाज़ ने इस यादगार नम्बर में पाँच

भाग लिखे और हसरत के व्यक्तित्त्व और उनकी शायरी के अतिरिक्त “हसरत की शायरी की विशेषता” के शीर्षक से आलेख लिखा। इस अंक के अधिकतर लेखकों ने हसरत की इश्क़िया शायरी ही पर बात की और उनकी आशिक़ी की संस्कृति की दाद दी। हसरत के स्वतन्त्रता सेनानी होने की बात सब ने की और ये भी कि उन्होंने क़ैद की कठिनाइयाँ झेलीं, तरह-तरह के बलिदान दिये और सत्य वचन हमेशा उनकी ज़ुबान पर रहे, फिर भी इन सभी आलोचकों ने हसरत के कार्यकारी जीवन और उनकी शायरी के बीच कोइ सम्बन्ध देखने का प्रयत्न नहीं किया। मज़े की बात यह है कि अगर भूले से भी किसी की दृष्टि इनकी शायरी के राजनैतिक पहलू पर पड़ी भी तो उस पहलू की अनदेखी करते हुए आगे बढ़ गये। और तो और मजनूँ गोरखपुरी, एहतेशाम हुसैन और इबादत बरेलवी के आलेख में कही भी इसकी कोई व्याख्या नहीं मिलती। हाँ नियाज़ ने यदि कुछ लिखा भी तो बस इतना “हसरत ने कुछ ग़ज़लें राजनीतिक रंग की भी कहीं हैं पर इनमें कुछ विशेष नहीं है क्योंकि ये नज़्में थीं और नज़्म कहना हसरत का क्षेत्र नहीं था।” (निगार, हसरत नम्बर, पृ. 87)। इस नम्बर में ख़लीलुर्रहमान आज़मी का भी एक लेख है जिसका उल्लेख नियाज़ ने ‘मुलाहिज़ात’ में विशेषकर किया। (निगार, हसरत नम्बर, पृ. 6) ख़लील-उर-रहमान आज़मी लिखते हैं :

“हसरत स्वयं तो इतने बड़े राजनीतिक व्यक्तित्त्व के मालिक थे, कई बार जेल में चक्की पीसी और पुलिस के कोड़े खाये, पर इनकी राजनीतिक शायरी औपचारिक और फुसफुसी है।” आगे चल कर उन्होंने भी ऐसी ग़ज़लों को नज़्म कहा है और ग़ज़ल की श्रेणी से इन्हें निकाल दिया और नियाज़ की तरह इनसे दामन छुड़ा लिया (निगार, हसरत नम्बर, हसरत की शायराना मर्तबे का तअय्युन, नवम्बर पृ. 95)। ख़लीलुर्रहमान आज़मी ने इस लेख में बड़े मज़े की बातें कही हैं। उदाहरण के तौर पर हसरत की सच्चाई में कोई शक नहीं पर वो कोई विख्यात राजनेता, चिन्तक या दार्शनिक नहीं थे। मतलब यह कि यदि वो चिन्तक, विचारक या दार्शनिक होते तो सम्भवतः इनकी राजनीतिक शायरी ध्यान देने योग्य होती। ग़ज़ल में यदि निरन्तर कोई विचार आ रहा हो तो उसे ग़ज़ल न मानना और राजनीतिक, विरोधी, या देशभक्ति शायरी करने के लिए दार्शनिक, चिन्तक, विचारक होने की माँग करना ये दो ऐसी बातें हैं कि अगर स्वयं ख़लीलुर्रहमान आज़मी कुछ वर्ष बाद अपने इस आलेख को दोबारा देखते तो वो इसको पढ़कर रद्द कर देते।

अपनी राजनीतिक विचारधारा से सम्बन्धित अब्दुश शकूर द्वारा पूछे गये प्रश्न का उत्तर देते हुए हसरत ने कहा था, ‘‘पूर्ण स्वतन्त्रता मेरा उद्देश्य है और मैं कम्यूनिस्ट हूँ, पहले नेशनलिस्ट था पर 1925 से मैंने नेशनलिज़्म को अलविदा

कहा और कम्यूनिज़्म को अपनी विचारधारा माना। (हसरत मोहानी, अब्दुश शकूर, तीसरा संस्करण 1953, पृ. 22, 23)

अख़िल भारतीय कम्युनिस्ट कॉन्फ्रेंस जो 1925 में कानपुर में आयोजित की गयी थी इसमें अध्यक्ष और सर्वेसर्वा हसरत ही थे। पर हसरत की शायरी के राजनीतिक पक्ष से प्रगतिशील ग्रूप ने भी न्याय नहीं किया। अली सरदार जाफ़री 'तरक़्क़ीपसन्द अदब' में लिखते हैंः इनकी शायरी पर इनकी विचारधारा बहुत कम पड़ा, उन्होंने अपनी शायरी को ग़ज़ल तक और ग़ज़ल को अधिकतर इश्क़िया बन्धनों में बाँधे रखा। बहुत कम ही ऐसा हुआ है कि उन्होंने ऐसे शेर कहे हों जिनमें सामाजिक जीवन या राजनैतिक सोच की झलक हो और इनका स्तर भी हसरत की शैली से निम्न है। इनमें सबसे अच्छी ग़ज़ल वो है जो यूँ शुरू होती है :

रस्म-ए जफ़ा कामयाब देखिए कब तक रहे
हुब्ब-ए वतन महव-ए ख़्वाब[1] *देखिए कब तक रहे*

(तरक़्क़ी पसन्द अदब, प्रथम प्रकाशन, अलीगढ़ 1951, पृ. 165)

मज़े की बात ये है कि सरदार जाफ़री ने हसरत से अधिक महत्त्व जिगर को दिया जिनकी शायरी को यद्यपि उन्होंने निम्न स्तरीय कहा, पर जहाँ उन्होंने हसरत का एक शेर नक़ल किया वहीं ग़ज़ल में राजनीतिक पक्ष के अन्तर्गत जिगर के आठ शेर प्रस्तुत किये। (देखें तरक़्क़ी पसन्द अदब, पृ. 165, 166, 167)

प्रश्न ये उठता है कि हसरत की शायरी की राजनीतिक पक्ष क्या वास्तव में इतना निम्न स्तरीय और हल्का है कि इसे ध्यान देने योग्य न समझा जाये। अब्दुल क़वी दसनवी ने 'हसरत की सियासी ज़िन्दगी : कुछ झलकियाँ' के नाम से एक पुस्तिका 1956 में बम्बई से प्रकाशित की थी। इसमें हसरत की जीवनी के साथ इनके राजनीति से प्रेरित शेर भी जगह-जगह मिलते हैं। और भी कई आलेख और किताबें अवश्य लिखी जा चुकी होंगी पर पूर्णरूप से हमारे आलोचकों ने हसरत की राजनीतिक शायरी का मूल्यांकन नहीं किया। यह रवैया किन्हीं कारणों से रहा होगा जिसमें एक कारण तो ये भी हो सकता है कि हसरत की इश्क़िया शायरी अपने अन्दर जो सुरूर, आकर्षण और मनमोहक भाव रखती थी उसी में सभी आलोचक खो गये और दूसरी ओर दृष्टि न डाल सके। दूसरा कारण उस दौर की पसन्द जो इश्क़िया शायरी में विद्वत्तापूर्ण और सूफ़ियाना भाव को तो स्वीकार कर लेता था क्योंकि उस्तादों ने ही भ्रम को वास्तविकता से ही पैदा किया था। सम्भवतः इस बारे में सबसे बड़ा भ्रम स्वयं हसरत मोहानी ने फैलाया। वो बराबर शायरी का विभाजन करते रहे जैसे एक वो जिसका सम्बन्ध अवतरित

1. असल मिसरअ यूँ है : *हुब्ब-ए वतन मस्त-ए ख़्वाब देखिए कब तक रहे*

होने से और दूसरी वो जिसमें केवल सप्रयास है और तीसरी वो जिसमें अवतरण और प्रयास दोनों पायी जाती हैं। अपनी क्रान्तिकारी काव्य को उन्होंने सबसे कम महत्त्व दिया और इसे तीसरे क्रम में भी तीसरे स्थान पर रखा। इससे हट कर कि ऐसा करना सही था या ग़लत और उच्च स्तर और सच्ची शायरी को विषयों में बाँटना आँकना अर्थात् आशिक़ाना या राजनीतिक भाव के परिप्रेक्ष्य में देखना सही है या नहीं। हसरत ने स्वयं और उनकी शायरी के संवाद को और प्रकाशकों ने जगह-जगह इस बात को साफ़ किया है कि हसरत ने अपना अधिकतर काम अंग्रेज़ों की क़ैद में रह कर किया पर फिर भी इसमें हालात की कड़वाहट का प्रभाव नहीं मिलता और ये शुद्ध इश्क़िया शायरी है। उस दौर में ऐसा करना इसलिए भी आवश्यक था कि हसरत की प्रसिद्धि इनकी इश्क़िया शायरी के कारण थी और इनकी शायरी के कई-कई संग्रह निकल जाते थे। कारण जो भी हो, हसरत के बारे में यह बात काफ़ी ज़ोर पकड़ चुकी थी कि इनकी शायरी में राजनीतिक पक्ष का कोई रचनात्मक महत्त्व नहीं था। होते-होते यह बात इतनी फैल गयी कि आमतौर पर यही समझा जाता रहा कि हसरत भले ही गाँधी से पुराने कांग्रेसी, जिन्नाह से पुराने मुस्लिम लीगी, सभी आज़ादी चाहने वालों से पुराने स्वतन्त्रता की गुहार लगाने वाले (निगार, पृ. 88) थे या वह सम्पूर्ण, क्रान्तिकारी थे, सच्चे साम्राज शत्रु और विद्रोही थे परन्तु इनकी क्रान्तिकारी जीवन इनकी इश्क़िया शायरी से अलग था या इनकी शायरी और विदेशी साम्राज्य से शत्रुता में कोई सच्चा सम्बन्ध न था। अर्थात् इनका क्रान्तिकारी जीवन और उनकी शायरी दो अलग-अलग चीज़ें थीं और उन्हें अपनी शायरी को अपने राजनैतिक जीवन से मिलने नहीं दिया और फिर भी यदि कहीं कोई छींटा पड़ भी गया तो वो इतना साधारण है कि इसको छोड़ा जा सकता है, अचम्भित कर देने वाली बात यह है कि जीवनयापन और शेर कहने में इस प्रकार की प्रथक्ता को हमारी आलोचना किस तरह गवारा करती है ये तो नहीं कहा जा सकता। हसरत ने अपने शेरों का जो चयन स्वयं किया था और जिसे अब्दुश शकूर ने अपने विस्तृत मुक़दमे (प्राक्कथन) के साथ प्रकाशित किया ये धारणा इसी संकलन से फैलाई गयी, क्योंकि इसमें आशिक़ाना, ज्ञानवर्द्धक और व्यभिचारी इत्यादि कलाम तो ख़ूब दिया है पर इसमें क्रान्तिकारी विचार की शायरी के मुश्किल से दो या तीन पृष्ठ हैं, और वो भी अन्त में। सम्भव है कि अधिकांश लिखने वालों ने ख़ुद हसरत के चयनित उन्हीं शेरों को देखा हो और पूरे संग्रह को न देखा हो। फिर ये भी कि हसरत का पूरा संग्रह उपलब्ध न था जबकि कुछ चयन किया हुआ भाग हर जगह लोकप्रिय और उपलब्ध था। सच बात यह है कि अपनी ग़ज़ल के राजनै. तिक पक्ष के विषय में ज़्यादा संवेदनशील न होने के लिए हम हसरत को दोषी

भी नहीं मान सकते। वह विद्रोही अवश्य थे, राजनैतिक जीवन में भी और किसी हद तक ग़ज़ल में भी। ग़ज़ल में उन्होंने जो विद्रोह किया वो इश्क़िया शायरी के उस स्तर पर है जहाँ वो इसे अनुभवहीनता, स्तर और हल्के व्यवहार से ऊपर उठाना चाहते थे। उन्होंने सारा ज़ोर लखनवी बयान, देहली का रंग और मोमिन की शैली अपनाने में कर दिया क्योंकि उस दौर में शायरी के इसी भाव को आम लोगों की पसन्द की कसौटी पर रखा जाता था। लेकिन ये भी वास्तविकता है कि उन्होंने हालात से विवश होकर या दिल के हाथों मजबूर होकर ऐसे शेर कहे हैं, जिनमें साम्राज से शत्रुता और देशप्रेम ने एक विशेष भाव उत्पन्न कर दिया। ये शेर चूँकि इश्क़िया शायरी के रंग से अलग थे और समय के अनुकूल नहीं थे इसलिए हसरत ने उन्हें अधिक महत्त्व नहीं दिया, पर इन शेरों के विषय में कि इनका कुछ विशेष न था या इनका कलात्मक पक्ष उच्च स्तरीय नहीं या यह फीके और बेजान हैं एक ऐसा आलोचनात्मक पक्षपात है जिसको कम-से-कम हसरत के आरम्भिक काल की शायरी से प्रमाणित नहीं किया जा सकता है।

ये प्रस्तावना कुछ विस्तृत हो गयी। लेकिन क्रान्तिकारी भावना और साम्राज्य दुश्मनों से परिपूर्ण हसरत की राजनीतिक शायरी से अनदेखापन का मार्ग हमारे आलोचकों ने अपनाया, इसको सामने लाने के लिए इस विस्तृत विवरण की आवश्यकता थी। नियाज़ फतेहपुरी के उस कथन से हट कर जहाँ वो कहते हैं कि हसरत की राजनीतिक ग़ज़लें वास्तव में नज़्में हैं या यह एक राजनीतिक विषय नज़्म से सम्बन्ध रखते हैं और ग़ज़ल में इनका कोई स्थान नहीं, सबसे पहले ऐसी ग़ज़लों को लिया जायेगा जिनमें क्रान्तिकारी भाव ने निरन्तरता से ये भाव उत्पन्न कर दिया है। हसरत के प्रथम संग्रह का बड़ा हिस्सा उन ग़ज़लों से सुसज्जित है जो पहली बार क़ैद में रहते 1908 और 1909 के बीच अलीगढ़ डिस्ट्रिक्ट जेल और नैनी सेंट्रल जेल में लिखी गयीं। सबसे पहले वो ग़ज़ल देखिए जो सरदार जाफ़री को भी पसन्द है :

रस्म-ए जफ़ा कामयाब देखिए कब तक रहे
हुब्ब-ए वतन मस्त-ए ख़्वाब देखिए कब तक रहे
दिल पे रह मुद्दतों ग़लबा-ए यास-ओ हिरास
कब्ज़ा-ए हिज़्म-ओ हिजाब देखिए कब तक रहे
ता ब कुजा हूँ दराज़ सिलसिला हाए फ़रेब
ज़ब्त की लोगों में ताब देखिए कब तक रहे
पर्दा-ए इस्लाह में कोशिश-ए तख़रीब का
ख़ल्क़-ए ख़ुदा पर अज़ाब देखिए कब तक रहे

नाम से क़ानून के होते हैं क्या-क्या सितम
जब्र ब-ज़ेर-ए नक़ाब देखिए कब तक रहे
दौलत-ए हिन्दोस्ताँ क़ब्ज़ा-ए अग़यार में
बे अदद ओ बेहिसाब देखिए कब तक रहे
है तो कुछ उखड़ा हुआ बज़्म-ए हरीफ़ाँ का रंग
अब ये शराब-ओ कबाब देखिए कब तक रहे
हसरत-ए आज़ाद पर ज़ोर-ए गुलामान-ए वक़्त
अज़ रह-ए बुग्ज़-ओ इताब देखिए कब तक रहे

इस संग्रह की दूसरी ग़ज़लों में निम्न कलाम को भी हम छोड़ नहीं सकते :

ग़ज़ब है कि पाबन्द-ए अग़यार होकर
मुसलमाँ रह जायें यूँ ख़्वार होकर
उठे है जफ़ा पेशगान-ए मुहज़्ज़ब
हमारे मिटाने पे तैयार होकर
तक़ाज़ा-ए ग़ैरत यही है अज़ीज़ों
कि हम भी रहें इनसे बेज़ार होकर
कहीं सुलह-ओ नर्मी से रह जाये देखो
न ये उक़्दा-ए जंग दुशवार होकर
वो हमको समझते हैं अहमक़ जो हसरत
वफ़ा के हैं तालिब दिल आज़ार होकर

क़ब्ज़ा-ए यसरब का सौदा दुश्मनों के सर में है
अब तो इंसाफ़ इस सितम का दस्त-ए पैग़म्बर में है
ज़ोर-ए योरप है बिना बेदारी-ए इस्लाम की
ख़ैर है दरअस्ल ये बा-आँकि शक्ल-ए शर में है
ख़ातिर-ए अफ़सुर्दा में बाक़ी है अब तक याद-ए इश्क़
गर्मी-ए आतिश हिनोज़ इस मुश्त-ए ख़ाकिस्तर में है
क़िल्लत-ए अफ़वाज-ए टर्की पर न हो इटली दिलेर
एक है सौ के लिए काफ़ी जो इस लशकर में है
अब ख़ुदा चाहे तो हसरत जल्द होता है बुलन्द
रायत-ए हुर्रियत ओ हक़ जो कफ़-ए अनवर में है

ऐ तिलक ऐ इफ़्तेख़ार-ए जज़्बा-ए हुब्ब-ए वतन
हक़शिनास-ओ हक़पसन्द-ओ हक़यकीन-ओ हक़सुख़न

तुझ से क़ायम है बिना आज़ादी-ए बेबाक की
तुझ से रौशन अहल-ए इख़लास-ओ सफ़ा की अंजुमन
सबसे पहले तूने की बर्दाश्त ऐ फ़रज़ंद-ए हिन्द
ख़िदमत-ए हिन्दोस्ताँ में कुल्फ़त-ए क़ैद-ए मिहन
ज़ात तेरी रहनुमा-ए राह-ए आज़ादी हुई
थे गिरफ़तार-ए गुलामी वरना यारान-ए वतन
तुने ख़ुददारी का फूँका ऐ तिलक ऐसा फ़ुसूँ
यक क़लम जिस से ख़ुशामद की मिटी रस्म-ए कुहन
नाज़ तेरी पैरवी पर हसरत-ए आज़ाद को
ऐ तुझे क़ायम रखे ता देर रब-ए ज़ुलमनन

हसरत की शायरी में राजनीतिक पक्ष पर बात करते हुए देखें तो दो बातें विशेषकर ध्यान देने योग्य हैं। प्रथम तो यह कि क्या यह शायरी वास्तव में निम्न स्तरीय, फ़ीकी और बेजान है जैसाकि हमारे दिग्गज आलोचकों का मत है और जैसा कि आम लोगों का भी मत है, और दूसरी बात यह कि इसकी साहित्यिक स्थिति को अलग रख कर बात करें तो क्या इस शायरी का कोई ऐतिहासिक महत्त्व भी है? क्योंकि यह राजनीतिक ग़ज़लें बीसवीं शताब्दी के पहले दशक की हैं जब ग़ज़ल का दामन ऐसे विषयों से लगभग ख़ाली था। या इससे अलग हट कर अगर हम बात करें कि इसे ग़ज़ल कहा जाये या नज़्म, क्योंकि निरन्तर किसी भाव का होना तो ग़ज़ल में रहा है। ध्यान देने योग्य बात ये भी है कि निरन्तर भाव वाली ग़ज़लें तो सामने की बात हैं, जबकि हसरत के राजनीतिक भाव को समझने के लिए उन ग़ज़लों से अधिक सहायता मिल सके जिनमें राजनीतिक शेर इश्क़िया शेरों के साथ मिलते हैं और सियासी बात ग़ज़ल की पद्धति को अपनाते हुए कही गयी है। प्रथम संग्रह की तीसरी ग़ज़ल का आरम्भ इस मतलअ (ग़ज़ल का पहला शेर) से होता है, जो हर एक की ज़ुबान पर है :

रंग सोते में चमकता है तरहदारी का
तुर्फ़ा आलम है तेरे हुस्न की बेदारी का

इसका मक़तअ (अन्तिम शेर) है :

कट गया क़ैद में माह-ए रमज़ाँ भी हसरत
गरचे सामान सहर का था न अफ़तारी का

ग़ज़ल का आरम्भ आशिक़ाना है और अन्त राजनीति से प्रेरित और दोनों शेर प्रसिद्ध हैं और प्रायः अलग-अलग संदर्भों में हवाले के रूप में प्रस्तुत किये जाते हैं। अब पूरी ग़ज़ल देखिए तो मालूम होगा कि पूरी ग़ज़ल में सियासी भाव निरन्तरता के साथ है और बातें इश्क़िया शायरी से जोड़ कर कही जा रही हैं

और साथ ही बाक़ी शेरों में इश्क़-ओ मोहब्बत की शैली में साम्राजी उत्पीड़न और दमन के विरुद्ध भाव नज़र आता है :

रंग सोते में चमकता है तरहदारी का
तुर्फ़ा आलम है तेरे हुस्न की बेदारी का
माया-ए इशरत बेहद है ग़म-ए क़ैद-ए वफ़ा
मैं शनासा भी नहीं रंज-ए गिरफ़्तारी का
ज़ोर-ए पैहम न करे शान-ए तवज्जह पैदा
देख बदनाम न हो नाम सितमगारी का
हैं जो ऐ इश्क़ तेरी बेख़बरी के बन्दे
बस हो उनका तो न लें नाम भी होशियारी का
कट गया क़ैद में माह-ए रमज़ाँ भी हसरत
गरचे सामान सहर का था न अफ़तारी का

ग़म क़ैद-ए वफ़ा का माया इशरत होना, रंज गिरफ़्तारी से शिनासाई, ज़ोर-ए पैहम, सितमगारी के बदनाम न होने की दुआ करना, इश्क़ की बेख़बरी पर फ़ख़्र और होशियारी का नाम भी न लेना ये सब इश्क़िया शायरी की शैली है और ग़ज़ल का विशेष भाव, पर इन शेरों में केवल प्रेमभाव का विवरण नहीं है और इस बात को कहने का औचित्य नहीं है। प्रेमभाव के पर्दे में सांकेतिक रूप से क्रान्तिकारी और साम्राज्यवादी शक्तियों के विरोध का भाव नज़र आता है। हसरत की एक और ग़ज़लः

ऐ कि निजात-ए हिन्द की दिल से है तुझको आरज़ू

भी काफ़ी प्रसिद्ध हुई है, पर कम ही लोग जानते हैं कि इस ग़ज़ल के राजनीति से प्रेरित शेर इश्क़िया ग़ज़ल ही का भाग है और ग़ज़ल के अन्त में नज़र आते हैं:

इश्क़ की रूह-ए पाक को तोहफ़ा-ए ग़म से शाद कर
अपनी जफ़ा को याद कर मेरी वफ़ा को याद कर
जान को महव-ए .गम बना दिल को वफ़ा निहाद कर
बन्दा-ए इश्क़ है तो यूँ क़तअ-ए रह मुराद कर
ग़मज़ा-ए दिल फ़रेब को और भी जाँफ़िज़ा बना
पैकर-ए नाज़-ए हुस्न पर रंग-ए हया ज़ियाद कर
खुर्रमी दो रोज़ा को इशरत-ए जावेदाँ न जान
फ़िकर-ए मोआश से गुज़र हौसला-ए मुआद कर
ऐ कि निजात-ए हिन्द की दिल से है तुझ को आरज़ू
हिम्मत-ए सरबुलन्द से यास का इंसदाद कर
क़ौल को ज़ैद-ओ उमरू के हद से सिवा अहम न जान

रोशनी-ए ज़मीर में अक़्ल से इज्तेहाद कर
हक से ब-उज़्र-ए मसलेहत वक़्त पे जो करे गुरेज़
इस को न पेशवा समझ इस पे न ऐतमाद कर
ख़िदमतें अहल-ए ज़ोर की कर न क़ुबूल ज़ीनिहार
फ़न-ओ-हुनर के ज़ोर से ऐश को ख़ाना ज़ाद कर
ग़ैर की जद्द-ओ जेहद पर तकिया न कर कि है गुनाह
कोशिश-ए ज़ात-ए ख़ास पर नाज़ कर ऐतमाद कर

———

है ग़ज़ब हंगामा फ़स्ल-ए बहार अब की बरस
दिल पे काहे को रहेगा इख़्तियार अब की बरस
है जुनून-ए शौक़ अभी से बेक़रार अब की बरस
क्या ग़ज़ब ढाएगा तूफ़ान-ए बहार अब की बरस
कामयाबी जल्द होगी आके पाबोस-ए उम्मीद
खींच डालें और रंज-ए इन्तेज़ार अब की बरस
हादसे सन आठ में गुज़रे बहुत अब देखिए
क्या दिखाए गर्दिश-ए लैल-ओ निहार अब की बरस
फ़ुरक़त-ए साक़ी में हम हसरत कुशान-ए बादा से
मिलके रोया ख़ूब अब्र-ए नवबहार अब की बरस
मुद्दतें तर्क-ए मुहब्बत को हुईं फिर ऐ अजब
याद-ए यार आती है क्यों बे-इख़्तियार अब की बरस
जोश-ए गुल की हैं यही कैफ़ियतें तो क्या अजब
अश्क़-ए बुलबुल से क़फ़स हो लाला ज़ार अब की बरस
हसरत-ए शोरीदा सर है पायमाल-ए इश्तियाक़
इस तरफ़ भी कर गुज़र ऐ शहसवार अब की बरस

हंगामा फ़स्ल-ए बहार में दिल पर इख़्तियार न रहना, जुनून-ए शौक़ की बेक़रारी, तूफ़ान-ए बहार का ग़ज़ब ढाना, रंज-ए इन्तेज़ार खींचना, फ़ुरक़त-ए साक़ी में हसरत कुशान बादा का अब्र-ए नवबहार से मिलकर रोना, तर्क-ए मोहब्बत का इरादा, लेकिन याद-ए यार का बे-इख़्तियार आना, जोश-ए गुल में क़फ़स का लाला ज़ार होना और शोरीदासरी में पाएमाल-ए इश्तियाक़ होना, यह सब ग़ज़ल शायरी की अभिव्यक्ति की विशेष शैली है। रदीफ़ 'अब की बरस' ने पूरी ग़ज़ल को एक विशेष भाव दिया है और चौथे शेर में सन आठ की घटना की ओर जो संकेत किया गया है, इससे मिल कर पूरी ग़ज़ल का भावार्थ राजनैतिक और विद्रोही हो जाता है, यही चीज़ उनके दूसरे कलाम में भी देखने को मिलती है।

पैमान-ए वफ़ा न कर फ़रामोश
ऐ हसरत-ए बेक़रार ख़ामोश
पोशीदा सुकून यास में है
इक महशर-ए इज़तेराब ख़ामोश

इस अशवा-ए नाज़नीं के जलवे
हैं दुशमन-ए अक़्ल-ओ मसलेहत कोश
आज़ाद हैं क़ैद में भी हसरत
हम दिल शुद गान-ए ख़ुद फ़रामोश

साफ़ ज़ाहिर है कि हसरत इश्क़िया शायरी की आड़ में राजनीतिक उत्पीड़न का व्याख्यान कर जाते हैं। इसी संग्रह से ऐसी और भी कई ग़ज़लें प्रस्तुत की जा सकती हैं जिनमें सियासी भाव इश्क़िया भाव के साथ घुलमिल गया है और इश्क़िया शायरी के प्रवाह में उसकी प्रस्तुति हुई है। हसरत के यहाँ ये रंग इतना आम और प्रत्यक्ष है कि इसको सिद्ध करने के लिए और किसी विश्लेषण की आवश्यकता नहीं है।

रौशन जमाल-ए यार से है अंजुमन तमाम
दहका हुआ है आतिश-ए गुल से चमन तमाम

इसमें मक़ता (अन्तिम शेर) से पहले के दो शेर राजनीति से प्रेरित हैं। हसरत की एक और प्रसिद्ध ग़ज़ल है :

दिल को तेरी दुज़दीदा नज़र ले के गयी है
अब ये नहीं मालूम किधर ले के गयी है
अल्लाह रे काफ़िर तेरे इस हुस्न की मस्ती
जो ज़ुल्फ तेरी ता ब कमर ले के गयी है

इस इश्क़िया ग़ज़ल का अन्तिम शेर सियासी है :

मग़मूम न हो ख़ातिर-ए हसरत कि तिलक तक
पैग़ाम-ए वफ़ा बाद-ए सहर ले के गयी है

1857 के स्वतन्त्रता संग्राम के बाद हसरत मोहानी उर्दू शायरों में शायद पहले राजनीतिक बन्दी थे। वह घटना जिस पर उन्हें क़ैद की सजा हुई थी अब इतिहास का हिस्सा है। 1908 में उर्दू की पत्रिका 'उर्दू-ए मुअल्ला' में एक लेख मिस्र के जाने-माने लीडर मुस्तफ़ा कमाल की मृत्यु पर प्रकाशित हुआ जिसमें मिस्र में अंग्रेज़ों की पॉलिसी पर सीधी आलोचना की गयी थी। ये लेख ब्रिटिश सरकार की नज़र में आपत्तिजनक था। सैयद सुलैमान नदवी के अनुसार "अलीगढ़ की सल्तनत में विद्रोह का यह पहला अपराध था। परिणाम यह हुआ कि अलीगढ़ कॉलेज

का आदर बचाने के लिए कॉलेज के बड़े-बड़े अधिकारियों ने हसरत के ख़िलाफ़ गवाही दी। यहाँ तक कि नवाब विकार-उल मुल्क ने भी लेख की निन्दा की। हसरत को दो वर्ष की क़ैद कठिन परिश्रम के साथ दी गयी। इनका पुस्तकालय और छापाख़ाना पुलिस के ज़ुल्म का निशाना बन गया।'' इस घटना का रोचक पक्ष जिससे हसरत की भूमिका का अन्दाज़ा होता है कि ये लेख उनका न था। लेख पर किसी का नाम न था। पूछे जाने पर भी हसरत ने इसके लिखने वाले का नाम नहीं बताया। सैयद सुलैमान नदवी से ज्ञात होता है ''ये लेख इक़बाल सुहैल का था जो हसरत की तरह शेर-ओ शायरी और राजनीतिक रुचि रखते थे।'' (निगार हसरत नम्बर, सैयद सुलैमान नदवी "हसरत की सियासी ज़िन्दगी" पृ. 112; इसके अतिरिक्त हालात-ए-हसरत, सिलसिला हालात नज़रबन्दान-ए इस्लाम, देहली 1337 हि., पृ. 10) परन्तु ख़ुर्शीद सुल्ताना इफ़्फ़त मोहानी का कहना है कि यह लेख इक़बाल सुहैल का नहीं था बल्कि कॉलेज के एक विद्यार्थी फ़ज़्ल-ए अमीन जो कि पटियाला के थे, उनका लिखा था जिनका नाम हसरत ने अन्तिम समय तक अदालत को नहीं बताया हालांकि उनकी रिहाई इसी पर टिकी थी। ('हमारी ज़बान' लेख ख़ुर्शीद सुल्ताना इफ़्फ़त मोहानी, एक मार्च 1958, पृ. 11) अब ज़रा इस ग़ज़ल को देखिये जो विशेषकर इसी क़ैद में लिखी गयी और इसके हर-हर शेर में इन हालात पर व्यंग्य है और ग़ज़ल लेखन शैली ही में इसका वृत्तान्त किया गया है :

न हो इसकी ख़तापोशी पे क्यों नाज़-ए गुनहगारी
निशान-ए शान-ए रहमत बन गया दाग़-ए सियहकारी
सितम तुम छोड़ दो मैं शिकवा संजीहा-ए नाचारी
कि फ़र्ज़-ए ऐन है केश-ए मोहब्बत में रवादारी
हुईं नाकामियाँ बदनामियाँ रुस्वाईयाँ क्या क्या
न छूटी हम से लेकिन कूए जानाँ की हवादारी
वह दिन अब याद आते हैं कि आग़ाज़-ए मोहब्बत में
न चालाकी तुझे ऐ शोख़ आती थीं न अय्यारी
ख़ुशी से ख़त्म कर ले सख़्तियाँ क़ैद-ए फ़िरंग अपनी
कि हम आज़ाद हैं बेगाना-ए रंज-ए दिल आज़ारी
वो जुर्म-ए आरज़ू पर जिस क़दर चाहें सजा दे लें
मुझे ख़ुद ख़्वाहिश-ए ताज़ीर है मुलज़िम हूँ इक़रारी

इसी दीवान की एक और अन्तिम ग़ज़ल ज़रा देखें। ग्यारह शेरों की इस ग़ज़ल से पाँच शेर यहाँ प्रस्तुत किये जाते हैं जिनके इश्क़िया अन्दाज़ से क्रान्तिकारी जोश और भाव साफ़ झलक रहा है :

है मशक़-ए सुख़न जारी चक्की की मशक़्क़त भी
इक तरफ़ा तमाशा है हसरत की तबीयत भी
जो चाहो सजा दे लो तुम और भी खुल खेलो
पर हम से क़सम ले लो की हो जो शिकायत भी
दुशवार है रिन्दों पर इनकार-ए करम यकसर
ऐ साक़ी-ए जाँ परवर कुछ लुत्फ़-ओ इनायत भी
ऐ शोक़ की बेबाकी वह क्या तेरी ख़्वाहिश थी
हरचन्द है दिल शैदा हुर्रियत-ए कामिल का
मंज़ूर दुआ लेकिन है क़ैद-ए मोहब्बत भी

कौन है जो इन शेरों को 'हल्का' या 'बेजान और फीका' कहेगा। कहीं ऐसा तो नहीं कि इस प्रकार के शेरों को हसरत की शायरी के पूरे सन्दर्भ एवं प्रसंग में देखा ही न गया हो। जिन आलोचकों का हवाला दिया गया, इनका स्तर तो है पर सम्भवतः हर चीज़ को परखा नहीं गया या फिर बाद के संग्रह की शायरी ने पहले की राजनीतिक शायरी को भी दबा दिया और एक ग़लत बात आम हो गयी। दुख की बात है कि इस बिन्दू को सिद्ध करने के लिए इतने उदाहरण देने पड़े पर अगर देखा जाये तो हसरत के शेरों के राजनीतिक पक्ष की ओर से हमारा ध्यान भटक चुका है और ये हमारी आलोचना इस ओर ध्यान न देने पर अडिग है। ऐसे में इन उदाहरणों का दिया जाना आवश्यक था। हसरत का यह कलाम केवल पहले संग्रह से लिया गया। अगर बाक़ी के ग्यारह संग्रहों से भी उदाहरण उठाय जाते तो गिनती कई गुना हो जाती। इस जानकारी के बाद किसी शक की कोई गुंजाइश नहीं बचती कि हसरत की शायरी में कई जगह इश्क़िया भाव के साथ-साथ राजनीतिक भाव भी घुल-मिल गया है और ये शेर हसरत के इस पहलू का नये सिरे से अध्ययन करने की सलाह देते हैं।

जैसा कि साफ़ किया जा चुका है कि उपरोक्त उदाहरण केवल प्रथम संग्रह से लिए गये। हसरत ने अपने जीवन में बारह संग्रह प्रकाशित किये। इनमें प्रथम 1903 से 1912 तक की ग़ज़लों का है जो क़ैद के ज़माने में 1908 से 1909 तक अलीगढ़ डिस्ट्रिक्ट जेल और नैनी सेंट्रल जेल में लिखी गयीं। दूसरा संग्रह 1912 से 1916 और तीसरा 1916 से 1917 के ज़माने का है जिसमें स्वतन्त्रता की ग़ज़लें हैं। उस समय हसरत की आयु 40 वर्ष की थी। चौथे दीवान में अगस्त 1917 से अप्रैल 1918 तक की ग़ज़लें ली गयी हैं जब हसरत दूसरी बार क़ैद हुए थे और फ़ैज़ाबाद जेल में रखे गये। पाँचवाँ दीवान 1918 से 1922 तक की ग़ज़लों का संग्रह है जो नज़रबन्दी में किठोर और मोहान में लिखी गयीं। छठा दीवान 1922 से 1923 की ग़ज़लों का संग्रह है जब हसरत तीसरी बार जेल

गये थे और बड़ौदा सेंट्रल जेल में थे। सातवाँ, आठवाँ, नवाँ और दसवाँ संग्रह भी बड़ौदा सेंट्रल जेल की ग़ज़लों पर आधारित है जो 1923 से 1924 के बीच लिखी गयी। ग्याहरवाँ संग्रह 1925 से 1934 और बारहवाँ संग्रह 1935 से 1940 तक की ग़ज़लों पर आधारित है। हसरत ने हैदराबाद की यात्रा और वहाँ ठहरने के दौरान 1943 में अपने बारह संग्रहों को एक जगह एकत्रित किया जिसमें दो परिशिष्ठ सम्मिलित थे (प्रथम परिशिष्ट आरम्भिक शायरी का और दूसरा परिशिष्ट बारहवें संग्रह के बाद की शायरी का) कुल्लियात-ए हसरत के नाम से प्रकाशित हुआ। तेरहवाँ दीवान इससे अलग प्रकाशित हुआ जिस में 1940 से 1950 तक की ग़ज़लें सम्मिलित हैं। इस विस्तृत वृत्तांत की आवश्यकता इसलिए थी कि हसरत ने हालाँकि तेरह दीवान और दो परिशिष्ट लिखे थे पर आरम्भिक दौर के बाद के कलाम में वो बात नहीं। इस ओर नियाज़ फतेहपुरी ने सबसे पहले संकेत दिया था कि 1922 के बाद हसरत की जीती-जागती शायरी समाप्त हो चुकी थी और जोश के साथ-साथ इनका उत्साह भी कम हो गया था। ऐसा लगता है कि नियाज़ को हसरत की आयु के विषय में भ्रम हुआ है। वो इनके पाँचवें संग्रह को जो 1922 तक की ग़ज़लों पर आधारित है, चालीस साल तक की आयु का सरमाया बताते हैं (निगार हसरत नम्बर, पृ. 74) वास्तविकता यह है कि पाँचवाँ संग्रह जिस समय लिखा गया उस समय हसरत 45 वर्ष के थे। मेरे निकट उनकी सच्ची शायरी 1916-1917 तक अर्थात् पहले तीन संग्रहों के समय तक समाप्त हो चुकी थी, अर्थात् जब इनकी आयु 35-40 वर्ष के लगभग थी। बाद की ग़ज़लों में इस भाव के शेर कम हैं :

अपना सा शौक़ औरों में लाये कहाँ से हम
घबरा गये हैं बेदिली-ए हमरिहाँ से हम
कुछ ऐसी दूर भी तो नहीं मंज़िल-ए मुराद
लेकिन ये जब कि छूट चलें कारवाँ से हम

इसमें कोई शक़ नहीं कि हसरत ने तिलक का जो मर्सिया ग़ज़ल के रूप में लिखा था और जो पूरा आर्या गज़ट कानपुर में प्रकाशित हुआ था और जिसके केवल तीन शेर हसरत ने पाँचवें संग्रह में सम्मिलित किये हैं, 'मातम न हो क्यों भारत में बपा दुनिया से सिधारे आज तिलक' बेजान और फीका है। या मांटिगो रिफ़ार्म पर जो शेर हैं 'किस दर्जा फ़रेब से है ममलू/ तजवीज़-ए रिफ़ार्म मांटिगो/' केवल इनमें क़ाफिया मिलाने के अतिरिक्त कुछ नहीं है। फिर भी बाद की ग़ज़लों से आरम्भिक दौर की भावनात्मक जीती जागती शायरी की तुलना करके हम रद्द नहीं कर सकते। ये शायरी अपने अन्दर सुखद भाव लिए हुए है। इसमें क्रान्तिकारी भाव हो या साम्राजवाद के विरुद्ध आवाज़, इन सभी भावों को ग़ज़ल

की शैली को ध्यान में रखकर शायरी की शिष्टता निभाते हुए बयान किया गया है और वास्तव में ये शायरी साहित्यिक दृष्टिकोण से निम्न स्तर की नहीं है।

अब अन्त में इस शायरी के ऐतिहासिक महत्त्व पर दृष्टि डालना भी अनिवार्य है। हमारे प्रगतिशील दोस्तों का दावा है कि ग़ज़ल में राजनीतिक विषयों को सम्मिलित करने का सेहरा उन्हीं के सर है। इस सन्दर्भ में विशेषकर फ़ैज़ और मजरूह की बात की जाती है। ये वास्तविकता है कि अब ये रंग इतना आम हो चुका है कि ग़ज़ल एक विशेष आयाम रखता है। इधर पचास वर्षों का शायद ही कोई शायर हो जिसके यहाँ राजनीतिक, सामाजिक, देशप्रेम, राष्ट्रीयता की अभिव्यक्ति न हुई हो, पर समस्या यह है कि ग़ज़ल में इस प्रकार की शायरी को सबसे पहले किसने सम्मिलित किया या ग़ज़ल में राजनीतिक विषयों को बड़े पैमाने पर सबसे पहले किसने सम्मिलित किया। हाल के दिनों में मजरूह ने एक रोचक बयान दिया कि लोग फ़ैज़ अहमद फ़ैज़ को मानते हैं कि उन्होंने शुरुआत की पर वास्तविकता यह है कि ये सम्मान मजरूह को दिया जाना चाहिए। इनका यह वक्तव्य कुछ यूँ है :

"जब 1945 से 1950 तक ग़ज़ल दुश्मनी विशेषकर प्रगतिवादी में भी थी हालाँकि प्रगतिशील विचारधारा में ग़ज़ल से दुशमनी नहीं थी। इस वक़्त मैंने अपने विचार को अपनाया और ग़ज़लें कहीं और राजनीतिक और सामाजिक विषयों को पहली बार ग़ज़लों में कामयाबी से बरता।"

"आमतौर पर ग़ज़ल में राजनीतिक और सामाजिक समस्याओं का विशेषकर राजनीति पर कटाक्ष और ग़ज़ल में इसके समन्वय को बिना ग़ज़ल के प्रवाह को छेड़े प्रस्तुत करने का काम फ़ैज़ ने सबसे पहले किया हालाँकि मैं फ़ैज़ को अपना बड़ा और अपने से पहले का मानता हूँ पर यहाँ मैं यह कहने से नहीं चूकूँगा कि सम्भव है पाकिस्तान में ऐसा रहा हो। पर हम हिन्दुस्तानी शायरों और लेखकों को इन दिनों अर्थात् 1950 के अन्त तक केवल फ़ैज़ की एक ही ग़ज़ल की जानकारी हो सकी थी और वो इनकी प्रसिद्ध और एक अच्छी ग़ज़ल है जिसकी पहली पंक्ति है 'तुम आये हो न शब-ए इन्तज़ार गुज़री है'। यदि हमारे देश में इनके कुछ विशेष मित्रों तक इनकी कुछ ग़ज़लें पहुँची हों जिनकी सम्भावना कम है तो कम-से-कम हम जैसे लोग इन ग़ज़लों और शेरों से अपरिचित थे। इस बात पर मैं ज़ोर इसलिए डाल रहा हूँ कि राजनीतिक विषयों के मामले में मैंने केवल पसन्द किये जाने वाले शेर नहीं कहे बल्कि गिरावट का शिकार हुआ हूँ, जिसकी सजा मझे इस हद तक मिल रही है कि लोग मेरी असली काव्यात्मक स्थिति को आज भी मानने में हिचकिचाते हैं। वो नहीं मानते कि ग़ज़ल के विषय में पहली बार एक नये मोड़ की अभिव्यक्ति मेरे द्वारा हुई।" (फ़न-ओ शख़्सियत ग़ज़ल नम्बर, बम्बई 1978, पृ. 379)

फ़ैज़ ने इस तरह का कोई भी दावा कभी नहीं किया। इसमें शक नहीं कि प्रगतिवादियों में ग़ज़ल दुशमनी को समाप्त करने में फ़ैज़ और मजरूह की शायरी का बड़ा हाथ है। पर जहाँ तक ग़ज़ल की परम्परा को समझते भी हैं और ग़ज़ल के मर्म और शैली, भाव और लक्षणों को भी समझते हैं, उन्होंने यह भूल कैसे की कि भले ही ग़ज़ल फ़ारसी की हो या उर्दू की, राजनीतिक विषय तो इसमें आरम्भ काल से आ रहे हैं, रही साम्राज्यवाद से शत्रुता या विदेशी अत्याचार और दमन के विरोध में अभिव्यक्ति, तो राजा राम नारायण मौज़ूँ को उन्होंने कैसे भुला दिया जिनका शेर सिराजुद्दौला के क़त्ल पर हर एक की ज़बान पर चढ़ गया था, या फिर मीर, हातिम, मसहफ़ी, जुर्रअत, ग़ालिब, दर्द, मोमिन, और बीसों दूसरे क्लासिकल ग़ज़ल लिखने वालों के वो शेर जिनमें स्वतन्त्रता संग्राम के आरम्भिक चिह्न मिलते हैं। ग़ज़ल के इतिहास में ऐसे उदाहरणों की कमी नहीं। रही बात राजनीतिक विषयों को ग़ज़ल के विशेष हाव-भाव, लक्षणों के साथ पूरे-पूरे चाव और रख-रखाव के साथ प्रस्तुत करना तो इस विषय में भी प्रथम होने का श्रेय न तो इनको प्राप्त है और न ही इनके किसी समकालीन को, पर यदि दृष्टि उठेगी तो बार-बार इस सज्जन की तरफ़ जिसने दावा किया था :

तू ने हसरत की अयाँ तहज़ीब-ए रस्म-ए आशिक़ी
इससे पहले एतबार-ए शान-ए रुस्वाई न था

सच यह है कि हसरत ने न केवल आशिक़ाना शायरी में आशिक़ी की संस्कृति को जीवित किया बल्कि विद्रोही शायरी को भी आशिक़ी की संस्कृति के शिष्टाचार से परिचित कराया और ग़ज़ल के वातावरण में भरपूर तौर से विदेशी साम्राज्य के विरुद्ध आवाज़ उठाई। यद्यपि इस मैदान में यदि इनका कोई दूसरा प्रतिद्वन्द्वी है तो वो भी ऐसा जिसकी ग़ज़लिया शायरी के राजनीतिक भाव को अब तक इसी तरह उपेक्षित किया गया जैसा हसरत के साथ हुआ, और वो है मौलाना मोहम्मद अली जौहर। हसरत और मोहम्मद अली जौहर दोनों समकालीन थे। संयोग से दोनों का जन्म भी एक ही वर्ष में हुआ था अर्थात् 1878। जिस तरह सरदार जाफ़री ने हसरत को इनके केवल एक शेर से याद रखा इसी तरह बेचारे मोहम्मद अली जौहर भी अपने केवल एक शेर से पहचाने जाते हैं :

क़त्ल-ए हुसैन अस्ल में मर्ग-ए यज़ीद है
इस्लाम ज़िन्दा होता है हर कर्बला के बाद

जौहर के शेरों के राजनीतिक भाव का विस्तृत विश्लेषण एक लेख में किया जा चुका है और उस परिणाम पर पहुँचा हूँ कि इनकी ग़ज़लों में साधारणतयः क्रान्तिकारी भाव और राजनीतिक सोच साथ में है। मौलाना यद्यपि बड़े मार्गदर्शक थे पर हसरत इन से बड़े शायर थे। मौलाना का अधिकतर कलाम भी फ़िरंगियों

की क़ैद में रहकर लिखा गया। ऐसी ग़ज़लों की प्रथम लिपि मौलाना मोहम्मद अली के हाथ की लिखी है जिस पर बीजापुर डिस्ट्रिक्ट जेल के जेलर की मोहरें हैं जोकि नेशनल म्यूज़ियम पाकिस्तान में सुरक्षित हैं। इस लेख की प्रतिलिपी नूर-उर रहमान के प्राक्कथन के साथ लाहौर से प्रकाशित हो चुकी है। नूर-उर रहमान का विचार है कि मौलाना के राजनीतिक कलाम का एक बड़ा भाग 1915 से 1922 का है, जब वो चार-पाँच अलग-अलग जेलों में रहे (दीवान-ए जौहर, संकलनः नूर-उर रहमान, लाहौर, 1962, पृ. 16) मौलाना मोहम्मद अली पहली बार 1914 में जेल गये जबकि हसरत 1908 में क़ैदी बने। इस प्रकार की शायरी वस्तुतः उस बेज़ुबानी की देन थी जो नज़रबन्दी और जेल की सख़्ती के चलते इन लोगों को अपनानी पड़ी थी। विचार यह भी है कि हसरत के विरोधी कलाम का प्रभाव मौलाना पर भी पड़ा और ग़ज़ल की शैली में देशभक्ति और स्तन्त्रता संग्राम सहयोग की अभिव्यक्ति मौलाना के यहाँ हसरत के प्रभाव का परिणाम हो। हसरत की प्रसिद्ध ग़ज़ल :

हुब्ब-ए वतन मस्त-ए ख़्वाब देखिए कब तक रहे

पर लिखी गयी मौलाना मोहम्मद अली की ग़ज़ल :

सीना हमारा फ़िगार देखिए कब तक रहे
चश्म ये ख़ूना ब-बार देखिए कब तक रहे

भी इसी ओर संकेत दे रहे है। ग़ज़ल में सियासी विषयों की अभिव्यक्ति के सम्बन्ध में हसरत मोहानी और मौलाना मोहम्मद अली जौहर के अतिरिक्त एक और विशेष नाम इक़बाल सुहैल का है। देशप्रेम, स्वतन्त्रता संग्राम का जोश राष्ट्रप्रेम और अंग्रेज़ों से शत्रुता इनके यहाँ भी आरम्भ से मिलती है। पर हसरत जिस समय अलीगढ़ से उर्दू-ए मुअल्ला निकाल रहे थे, इक़बाल सुहैल वहीं अध्ययनरत थे। उर्दू-ए मुअल्ला के मुस्तफ़ा कमाल पाशा नम्बर के जिस लेख में ब्रिटेन का मिस्र में कच्चा चिट्ठा खोला गया और जिसके प्रकाशन की सजा में हसरत को दो साल परिश्रम सहित क़ैदी बनाया गया। इसका विवरण पहले आ चुका है कि इस लेख के विषय में आम तौर पर यह भ्रम था कि वह इक़बाल सुहैल का लिखा हुआ था। नियाज़ अहमद सिद्दीक़ी (जिनके प्रत्यनों से मोहम्मद हसन कॉलेज जौनपुर की पत्रिका का इक़बाल सुहैल नम्बर 'यादगार-ए सुहैल' के नाम से प्रकाशित हुआ था) और आले अहमद सुरूर ने पुष्टि की कि सुहैल ने ग़ज़ल के संकेतों द्वारा हमारी राष्ट्रीय क्रान्ति की पूरी दास्तान बयान कर दी है। सुरूर साहब ने लिखा है कि सुहैल ने एक बार बातचीत में कहा थाः 'भई मैं किसी पर आशिक़ तो हुआ नहीं और तसव्वुफ़ (सूफ़ीगत) की चाह मन में रखने के बाद भी सूफ़ी नहीं हूँ। मैंने तो केवल ग़ज़ल में राजनैतिक वास्तविकताओं का वर्णन

किया है। (मोहम्मद हसन कॉलेज मैगज़ीन जौनपुर, सुहैल नम्बर, मौलाना सुहैल की शायरी', ले. आले अहमद सुरूर, पृ. 25) हम कह सकते हैं कि इक़बाल सुहैल ग़ज़ल में सम्भवतः राष्ट्रीय और राजनीतिक भावों की अभिव्यक्ति के मामले में हसरत मोहानी और मोलाना मोहम्मद अली जौहर से प्रभावित रहे होंगे।

निगार के हसरत नम्बर में हसरत की ग़ज़ल पर बहस करते हुए आले अहमद सुरूर ने उर्दू ग़ज़ल को तीन काल में विभाजित किया है। पहला काल ग़दर 1857 तक, दूसरा प्रथम विश्वयुद्ध तक और तीसरा 1920 से 1950-55 तक। उन्होंने हसरत को सही तौर पर दूसरे दौर का अन्तिम क्लासिकल शायर माना। (निगार हसरत नम्बर, पृ. 109) क्लासिकी ग़ज़ल के सन्दर्भ में यदि देखें तो पिछली तीन शताब्दियों से यह तीन भागों में बँटी चली आ रही है। प्रथम इश्क़िया, दूसरी सूफ़ियाना और तीसरी सामाजिक और राजनीतिक। यद्यपि तीसरी प्रकार बेजान सी थी, इस पर बीसवीं शताब्दी पर रंग चढ़ा जब राजनीतिक चेतना जाग्रत हुई। साम्राज्यवाद का विरोध बढ़ा और क्रान्तिकारी भावना साथ आयी। नज़्म में तो इसकी बुनियाद सर सैयद के प्रभाव और आज़ाद ने डाल दी थी और हसरत का युग आते-आते सुरुर, चकबस्त, इक़बाल, ज़फ़र अली ख़ान, महरुम और कई दूसरों ने इसे कहाँ-से-कहाँ पहुँचा दिया। पर ग़ज़ल ने इस मामले में काफ़ी देर लगाई और इसने यह परिवर्तन धीरे-धीरे स्वीकारा और इस स्वीकृति में हसरत की शायरी ने एक ऐतिहासिक भूमिका निभाई।

हसरत कोई नीतिज्ञ या राजनीतिज्ञ नहीं थे, शायर थे और अत्यन्त भावुक शायर थे। भारत की पूर्ण स्वतन्त्रता इनका सपना था। वो इस विचार से इस तीव्रता से जुड़े थे कि जहाँ इसके पूरे होने की सूरत देखते क्रान्तिकारी जोश और भावुकता से जुड़ जाते। मुसलमानों में हसरत सबसे पहले व्यक्ति थे जिन्होंने स्वदेशी आन्दोलन की अगुवाई की, स्वदेशी आन्दोलन में भाग लिया और स्वदेशी वस्त्रों की दुकान लगाई। कांग्रेस के 1921 के ऐतिहासिक जलसे में भारत के स्वराज का सुझाव को माना नहीं गया तो हसरत तुरन्त ही कांग्रेस से अलग हो गये। नरमपन्थियों से बेज़ार होकर चरमपन्थियों से जा मिले। वहाँ भी जब बात न बनी तो मुस्लिम लीग से जा मिले पर उनकी यह आस्था भी अधिक न चल सकी और स्वयं को कम्यूनिस्ट कहने लगे (निगार हसरत नम्बर, सैयद सुलैमान नदवी 'हसरत की सियासी ज़िन्दगी', पृ. 111 तथा हसरत मोहानी, ले. अब्दुश शकूर, पृ. 22)। अक्सर लोगों ने इनके साम्यवादी होते हुए भी साम्प्रदायिक राजनीति से सम्बन्ध रखने का विरोध किया। पर ये भी एक सच्चाई है कि हसरत की शायरी में न केवल यह कि साम्प्रदायिकता का कोई अंश मिलता है बल्कि इसमें एकता, सद्भाव, सहनशीलता का बड़ा मनमोहक वातावरण मिलता है। हसरत जहाँ शाह

अब्दुल रज़्ज़ाक फ़िरंगी महली के श्रद्धालुओं में थे वहीं श्री कृष्ण जी से भी उनको आस्था थी। और एक सच्चे आस्थावान की तरह मथुरा और वृन्दावन जाते थे। उनकी अनगिनत ग़ज़लें और गीत :

मथुरा कि नगर है आशिक़ी का

या

मन तो से प्रीत लगाई कन्हाई

कृष्ण जी की प्रशंसा में हैं। कुल मिलाकर कह सकते हैं इनकी सर्वधर्म आस्था, मानक प्रेम, देशभक्ति, क्रान्तिकारी भाव और साम्राज्यवाद से दुश्मनी ऐसे गुण हैं जिनके विषय में उन्होंने जगह-जगह बलिदान दिया, हानि उठाई, पर किसी स्तर पर कोई समझौता न किया और इन गुणों का प्रभाव इनकी शायरी पर भी पड़ा।

यहाँ पर एक छोटे-से अन्तर के बारे में बताना भी आवश्यक है। राजनीतिक शायरी भटकाने वाली भी हो सकती है क्योंकि यह कई विषयों में प्रयोग होती है और राजनीतिक शायरी के कई पक्ष और दिशाएँ हैं। हसरत की शायरी की महानता को समझने के लिए राजनीतिक शायरी के कुछ पक्षों पर दृष्टि रखना अनिवार्य है। उदाहरण के तौर पर इसका एक सकारात्मक पक्ष देशभक्ति है। देशभक्ति की झलक प्रायः क्लासिकल शायरों के यहाँ मिलती है जिसे उन्नीसवीं शताब्दी के मध्य के बाद हाली और आज़ाद ने नियमित शेर कहने के विषय के तौर पर बरता और कुछ आगे चल कर जिसकी पूरी अभिव्यक्ति दुर्गा सहाय सुरुर के यहाँ हुई। यही भाव और जगह उच्च स्तर पर इक़बाल के यहाँ मिलता है। याद रहे कि जिस समय हसरत ग़ज़ल में विद्रोह का बीज बो रहे थे इससे कुछ वर्ष पहले नज़्म की शायरी में 'हिमालय' और 'तराना-ए हिन्दी' और 'बांग-ए दरा' की कई नज़्में देश पर लिखी जा चुकी थीं। पर इतनी बात तो साफ़ है कि 1908 से पहले इक़बाल के यहाँ भी अंग्रेज़ों से नफ़रत का भाव देखने को मिलता है। अंग्रेज़ से द्वेष और क्रान्तिकारी भाव राजनीतिक शायरी का दूसरा पक्ष है। कुछ लोगों को अकबर इलाहाबादी के यहाँ इसका धोखा हो सकता है पर अकबर भी वास्तव में अंग्रेज़ों के नहीं बल्कि अंग्रेज़ों की फैलाई हुई पश्चिमी सभ्यता के और सर सैयद के विरोधी थे। इक़बाल के यहाँ भी साम्राज्यवाद से दुश्मनी पश्चिमी सभ्यता के विरोध के रूप में दिखाई पड़ती है। स्वतन्त्रता संग्राम का क्रान्तिकारी भाव हमें साफ़ तौर पर राजनीतिक भाव से मिला-जुला उस दौर में चकबस्त के यहाँ मिलता है। पर इनके यहाँ भी स्वतन्त्रता की चाह और जोश तो है मगर वो तड़प और राजनैतिक उत्पीड़न के विरुद्ध विरोध की वह तीव्रता नहीं मिलती जो हसरत की महानता है। राजनीतिक उत्पीड़न और साम्राज्यवाद के विरोध की तय राजनीतिक शायरी की तीसरी दिशा कही जा सकती है। हसरत के यहाँ बाग़ियों वाली तड़प नज़्म में नहीं ग़ज़ल में सामने आई जो इस दौर के शायरों से थोड़ा

अलग सा था। बीसवीं शताब्दी के दूसरे दशक के बाद उर्दू शायरी में यह रंग आम होता गया यद्यपि ग़ज़ल में इसे अधिक समय बिताना पड़ा। इसमें सन्देह नहीं कि अकबर इलाहाबादी ने हास्य व्यंग्य के लिए अधिकतर ग़ज़ल का सहारा लिया। पर अकबर का कटाक्ष पश्चिमी सभ्यता की नक़ल करने पर था न कि पश्चिम की सरमायादारी और साम्राज्यवाद पर। बाद में उन्होंने राजनीतिक शायरी भी की पर इनका भाव अधिकतर नकारात्मक रहा। वो सरकारी कर्मचारी थे। अपने 'सरकार में शामिल' होने का भाव उनमें सदैव रहा। इनकी तुलना में हसरत हर प्रकार से हर मामले में स्वतन्त्र थे। पूर्ण स्वतन्त्रता उनका उद्देश्य और विद्रोह उनका नारा था। इसलिए इस मामले में हसरत अपने दौर के सभी शायरों से सबसे अलग थे अकबर और इक़बाल को लेकर भी। राजनीतिक शायरी के जिन तीन पक्षों की बात ऊपर की गयी है अर्थात् प्रथम देशप्रेम शायरी, दूसरी क्रान्तिकारी भाव की शायरी और तीसरी राजनीतिक उत्पीड़न और नाइंसाफ़ियों के विरोध की शायरी। इनमें पहली शायरी हर दौर में मिल जाती है, पर इसका रंग तब निखरता है जब साम्राज्यवादी उत्पीड़न हो रहा हो। दूसरी प्रकार की शायरी अर्थात् जिसका मूल क्रान्ति हो, स्वतन्त्रता प्राप्ति के साथ-साथ समाप्त हो जाती है। उर्दू में भी ऐसा ही हुआ। रही तीसरी प्रकार की अर्थात् राजनीतिक ज़ुल्म-ओ सितम एवं उत्पीड़न के विरोध में आवाज़ उठाना तो ये हर काल और हर समय पायी जा सकती है जैसा कि स्वतन्त्रता के पश्चात् भी उपमहाद्वीप के दोनों देशों या तीसरी दुनिया के देशों में देखा जा सकता है। सम्भव है इस प्रकार के इक्का-दुक्का उदाहरण हसरत से पहले भी मिल जायें, लेकिन जिस व्यापक पैमाने पर पूरे विरोध भाव और गहरे राजनीतिक भाव के साथ हसरत के यहाँ अभिव्यक्त हुई है इससे पहले की शायरी में ऐसी कोई नज़ीर नहीं मिलती। उर्दू ग़ज़ल में हसरत ही इस रंग के संस्थापक कहे जायेंगे। इसलिए उर्दू ग़ज़ल का राजनीतिक पक्ष सही अर्थों में पहले-पहल हसरत द्वारा ही बरता गया। हसरत की इश्क़िया शायरी हमारा सरमाया है जिसके कारण वह सदैव याद रखे जायेंगे। पर वो बात जिसके लिए इनका नाम आदरपूर्वक लिया जायेगा, इनका यह ऐतिहासिक महत्त्व है कि उन्होंने ग़ज़ल में साम्राज्यवाद और राजनीतिक दमन, उत्पीड़न और कठोरता के विरोध में आवाज़ उठाई और ग़ज़ल के प्रवाह को छेड़े बिना उसका प्रयोग क्रान्तिकारी राजनैतिक और अवामी शायरी के लिए किया।

अध्याय पाँच

महरूम की राष्ट्रीय शायरी

तिलोक चन्द महरूम का नाम ज़ुबान पर आते ही विचार उर्दू के उन वृद्ध शायरों की ओर जाता है जिन्होंने हाली और आज़ाद से नज़्म की ज्योति हाथों-हाथ लेकर उर्दू के शायरी के महल को इसके प्रकाश से जगमगा दिया था। इनमें इस्माईल मेरठी, सुरूर जहानाबादी, अकबर इलाहाबादी, शौक़ क़िदवई, चकबस्त, इक़बाल, कैफ़ी और महरूम के नाम उल्लेखनीय हैं। इन सब के प्रयत्नों से नज़्म को ऐसा जीवन मिला कि वो ग़ज़ल से आँख मिलाने लगी। जो लोग शायरी को केवल सुन्दरता और इश्क़ समझते हैं और इसे संस्कृति और सामाजिक मुद्दों से अलग रख कर देखते हैं, उन्हें सम्भवतः महरूम की शायरी में अपने लिए कुछ न मिले, क्योंकि महरूम ने सदैव शायरी के सामाजिक यथार्थ को माना और यही भाव इनकी नज़्म का केन्द्र है। इसमें कोई शक नहीं कि शायरी की सीढ़ी सौन्दर्यवाद है पर जब देश का चप्पा-चप्पा दुःख और दर्द से भरा हो और हृदयों में स्वतन्त्रता की ज्वाला भड़क रही हो तो स्वतन्त्रता पाने के लिए वातावरण बनाना और राष्ट्रीय मुद्दों पर विचार करना भी शायर का कर्त्तव्य हो जाता है। महरूम की शायरी इसी सामाजिक व्यथा की शायरी है।

प्रत्यक्ष रूप से देखा जाये तो उनकी शायरी में अनेक रंग हैं। उन्होंने पर्वतों और नदियों के गीत गाये हैं, उभरती हुई किरणों का स्वागत किया और डूबते हुए सितारों का विषाद पिया, दिल की घटनाओं और विदायी की रातों के गीत सुनाये हैं। गायत्री, वेदों के मन्त्र और भर्तृहरि के विचार गुनगुनाये हैं। ग़ज़ल, रुबाइयाँ और क़तए भी लिखे हैं और ज्ञान शिक्षा के रहस्य भी बताये हैं। कुछ मिलाकर इनके यहाँ चित्रण, विवरण, नैतिक, ज्ञानपरक, आशिक़ाना हर तरह का कलाम मिलता है। इनकी शायरी को ध्यान से पढ़ने पर ज्ञात होता है कि इसकी तह में गहरी, लेकिन ठहरी हुई पीड़ा है। घायल भावना की चीत्कार है, एक बेनाम सी व्याकुलता है, दबा हुआ विद्रोह है। यह विद्रोह जन्मा है मानवीय मूल्यों के कुचले जाने से और यही महरूम की व्यक्तिगत शैली का रंग है। मानव

को नैतिक आधार पर दृढ़, देश को स्वतन्त्र और समृद्ध देखना ही उनकी सब से बड़ी चाह थी। और यही पीड़ा और चाह उनकी शायरी की जान है। वो कुल मिला कर मानवता के शायर हैं। इनकी नज़्में लगभग पचास साल से विद्यालयों के पाठ्यक्रम का भाग हैं। और इस दृष्टिकोण से देखा जाये तो उन्होंने कई पीढ़ियों के मानसिक प्रशिक्षण में योगदान दिया। दूसरे शब्दों में इनकी शायरी में जिन तत्त्वों पर विशेष बल दिया गया है इनसे आचरण के निर्माण में सहायता मिलती है। इसे हम यूँ भी कह सकते हैं कि महरूम की शायरी मानवता के मौलिक मूल्यों की शायरी है। सच्चाई, सत्य आचरण, एकता व सहनशीलता, कृपा व निबाह, स्वाभिमान, त्याग और बलिदान को उन्होंने अपने कलाम में प्रायः प्रयोग किया। पर उन्हें इस बात की तीव्र अनुभूति थी कि दासता इन सब की उलट है। इसीलिए इनकी शायरी गुलामी और पराधीनता के विरोध में खुल कर सामने आती है और देश की स्वतन्त्रता का राग इनकी शायरी का मूल राग है। यहाँ हमें इनकी शायरी के केवल इसी पक्ष अर्थात् इनकी राष्ट्रीय शायरी का अवलोकन करना है।

तिलोक चन्द महरूम 1887 में सिन्ध नदी के किनारे एक छोटे-से गाँव ईसा ख़ेल में जन्मे थे। शायरी इनको प्रकृति से धरोहर के रूप में प्राप्त हुआ था। अभी वह विद्यार्थी ही थे कि उन्होंने साम्राजी शक्तियों द्वारा की जा रही लूट-खसोट और देश की क्षति देखी जिसका प्रभाव इन पर पड़ा। इनकी आरम्भिक नज़्मों से मालूम होता है कि इनकी शायरी ने आँख ही इस दुआ के साथ खोली थी।

अख़्तर-ए हिन्द को हम ओज-ए सुरैया कर दे

1906 में एक नज़्म में हिन्दुस्तान की दुर्दशा, अपमान और बर्बादी का बड़ा ही भावुक और प्रभावी चित्रण किया और हर बन्द के बाद पूछा, "तुम को मालूम है क्यों रोती है भारत माता?" नज़्म के अन्दाज़ से पता चलता है कि सत्रह-अट्ठारह वर्ष की आयु ही में महरूम ने साम्राज्यवादी और स्वराज्य, स्वतन्त्रता व गुलामी जैसी मूल समस्यों पर सोचना शुरू कर दिया था। उसी ज़माने में उन्होंने बहादुरशाह ज़फ़र की पंक्ति "असीरो! करो कुछ रिहाई की बातें" को भी नज़्म के रूप में अपने देशवासियों को आने वाले कल की ख़ुशख़बरी देते हुए कहा कि अब बसन्त ऋतु नयी शान से आई है और ज़रूरत है कि दास्ता के पत्थर को सदैव के लिए सीने पर से उठा कर फेंका जाये। विद्यार्थी जीवन की एक और नज़्म "लिटिल जोन" उल्लेखनीय है। इसमें महरूम ने एक फ़िरंगी बच्चे के साथ अपनी वार्ता का विवरण दिया है और बताया है कि किस तरह उन्होंने स्वतन्त्र जाति के एक छोटे-से बच्चे का दिल भी देशप्रेम के भाव से भरा हुआ पाया। ये वो समय था जब देश की आर्थिक और सामाजिक दरिद्रता का

रहस्य समझ में आने लगा था, और स्वदेशी आन्दोलन का आरम्भ हो चुका था। महरूम ने भी इसका साथ दिया और इस आन्दोलन को आम करने की दिशा में कई नज़्में लिखीं।

विद्यार्थी जीवन के ज़माने से इनका क़लाम मख़ज़न और ज़माना जैसे साहित्यिक पत्रिकाओं में प्रकाशित होने लगा था। उर्दू शायरी की दुनिया में उस समय सबसे प्रभावी और ऊँची आवाज़ अकबर और इक़बाल की थी। महरूम पर इन दोनों का प्रभाव पड़ा, पर इनमें और अकबर और इक़बाल में एक बड़ा अन्तर था। अकबर रुढ़ीवादी थे और बीते समय में रहने के कारण इतिहास की धारे की सही दिशा पहचानने में सक्षम नहीं थे। उन्होंने अपने समय के अनेकों राष्ट्रीय आन्दोलनों जो उस समय में देश और राष्ट्र की प्रगति के लिए उठे, उनका विरोध किया। अगर वो स्वयं सरकार का हिस्सा न होते तब भी नये परिवर्तनों के प्रति उनकी मनोवृत्ति बदलने वाली नहीं थी। इनके स्वभाव की समस्या ही यह ही थी कि वो हर परिवर्तन को शक से देखते थे। अंग्रेज़ों की राजनीतिक चालों को देखते हुए भी वो स्वतन्त्रता संग्राम को बेकार समझते थे। उनके अनुसार :

हरगिज़ न मुस्तक़िल समझ इस इंक़लाब को
रख राह-ए-रास्त भौंकने दे इन कलाब को

महरूम आयु में इक़बाल से 13 या 14 वर्ष छोटे थे। 1908 के लगभग महरूम अपनी दिशा तय कर चुके थे। और यह वो ज़माना था जब इक़बाल हिमालय और नया शिवाला के दौर से निकल चुके थे। सुरूर जहाँनाबादी यद्यपि इक़बाल और चकबस्त से कुछ साल बड़े थे और राष्ट्रीय और देशप्रेम की शायरी के अगुआ भी थे पर इनका युवा अवस्था (1910) में ही देहान्त हो गया। चक. बस्त की आवाज़ राष्ट्र की शायरी के आकाश पर एक चमकता हुआ सितारा है जो इक नये सवेरे का सन्देश है। बहरहाल जब महरूम की शायरी अपनी दिशा निर्धारित करने लगी, इनके समक्ष सुरूर और इक़बाल की नज़्मों या चकबस्त की उभरती हुई आवाज़ के अतिरिक्त कोई और रास्ता न था। महरूम ने इन्हीं चिराग़ों से अपना दीप प्रज्वलित किया और अच्छे से अच्छा कहने के प्रयत्न में लग गये। इनका महत्त्व इसमें है कि उन्होंने उर्दू शायरी में देश और राष्ट्र के तत्त्व पर ऐसे समय में ध्यान दिया जब उर्दू के कई शायर स्वतन्त्रता संग्राम का हिस्सा बनने से कतरा रहे थे। महरूम केवल इस कार्य में पूरे भाव से जुड़े बल्कि इसके लिए उन्होंने हर प्रकार के भय का भी सामना किया। वह सरकारी नौकर थे और एक लम्बे समय तक इन पर सी.आई.डी. की निगरानी भी रही। यही कारण है कि इनका कलाम बेनाम से या किसी दूसरे के नाम से देश के अलग-अलग समाचार-पत्रों और पत्रिकाओं में प्रकाशित होता रहा। इनके संग्रह

में “सहरा नशीं” के नाम से कुछ नज़्में इसी समय की यादगार हैं, कुछ नज़्में कहीं भी प्रकाशित न हो सकीं और पहली बार स्वतन्त्रता के बाद सामने आयीं। बीसवीं शताब्दी के दूसरे दशक से लेकर स्वतन्त्रता प्राप्त होने तक हमारी क्रान्ति को कई मोड़ों से गुज़रना पड़ा। इस पूरी यात्रा का ब्योरा, अपनी आशाओं और विश्वास, सफलताओं और असफलताओं के साथ हमको महरूम की शायरी में देखने को मिलता है।

उन्नीसवीं शताब्दी के अन्त तक स्वतन्त्रता संग्राम शिक्षित समाज के लोगों और औद्योगिक पूँजीपतियों तक सीमित था। ये लोग अंग्रेजों के न्याय को मानते थे और देश व राष्ट्र की प्रगति के लिए इनसे सुधार हेतु रियायतें प्राप्त करते थे। बीसवीं शताब्दी के आरम्भ में अंग्रेज़ों की नीति का रहस्य खुलने लगा तो ऐसे में क्रान्तिकारियों की बड़ी संख्या समझौते का मार्ग त्याग कर हिंसात्मक तरीक़ों पर उतर आयी। बंगाल विभाजन और लार्ड कर्ज़न की कठोरवादी नीति ने इस जलती आग पर तेल का काम किया, और जनता को और भी भड़का दिया। पूरे देश में उग्रवादी तरीक़ा अपनाया जाने लगा। सरकार ने इन आन्दोलनों को कुचलने का जितना प्रयत्न किया यह इतना ही अधिक बढ़ने लगे। दुःख-दर्द पीड़ा और रोष के इस वातावरण में रही सही कमी रोलेट बिल ने पूरी कर दी। इसके विरोध में देश के सभी वर्गों ने एक होकर आवाज़ उठाई। जगह-जगह हड़तालें हुईं और जुलूस निकाले गये। अमृतसर में 13 अप्रेल, 1919 को जलियाँ वाला बाग़ के शान्तिपूर्ण जलसे पर जनरल डायर ने गोलियों की बाड़ झोंक दी, जिससे चार सौ लोग मारे गये और हज़ार से अधिक घायल हुए। इस ख़ूनी घटना के बाद अंग्रेज़ों के प्रति नफ़रत की भावना अपने चरम तक जा पहुँची। इस आन्दोलन को दबाने के लिए सरकार ने पंजाब में दो महीने तक मार्शल लॉ लगा दिया। समाचारों के सेंसर का ये हाल था कि जलियाँवाला बाग़ की घटना का समाचार लन्दन में आठ महीनों के बाद पहुँचा। इस घटना का प्रभाव भारत में ये हुआ कि इसके बाद से स्वतन्त्रता संग्राम सही अर्थों में देशव्यापी और अवामी हो गया। अब हर वर्ग और हर विचार के लोग इसमें जुड़ने लगे।

जलियाँवाला बाग़ की घटना हमारी स्वतन्त्रता संग्राम की यात्रा की बड़ी ही दुःखदाई घटना है। शहीद होने वाले चार सौ भारतीयों ने बलिदान का ऐसा उदाहरण प्रस्तुत किया कि इस दीप से कई दीप जल उठे। महरूम ने इससे जो प्रभाव लिया, वह बहुत कम शायरों के हिस्से में आया। उन्होंने इस घटना से प्रभावित होकर कई नज़्में लिखीं। ये सब की सब अंग्रेज़ों से नफ़रत के ज़हर में बुझी हुई थीं और इनमें ज़ुल्म और उत्पीड़न के विरुद्ध एक पीड़ाजनक विरोध था। प्रस्तुत हैं एक नज़्म के कुछ शेर :

नादिर का क़त्ल-ए आम है मशहूर आज तक
सफ़्फ़ाक इसका नाम है मशहूर आज तक
लेकिन है ज़ोर-ए नादिर-ए सफ़्फ़ाक से सिवा
डायर के क़त्ल-ए आम का पुर होल माजरा
उसने किया था क़त्ल रिआया-ए ग़ैर को
जो हो चुकी थी जंग में ख़ुद उसके रू-ब-रू
डायर ने क़त्ल-ए आम किया उस मक़ाम पर
मरते जहाँ हैं लोग इताअत के नाम पर
योरप लहू से जिनकी अभी लाला ज़ार है
अब तक हवा-ए दहशत में जिनका गुबार है
इन ही के भाई बन्द थे उस बाग़ में जहाँ
सावन के बादलों की तरह बरसी गोलियाँ
शामिल थे इनमें पीर भी और ख़ुर्द साल भी
दिल में किसी के था न ख़तर का ख़्याल भी
मेला समझ के बाग़ में दाख़िल हुआ कोई
जमघट अजीब जान के शामिल हुआ कोई
निकला था कोई लूटने फ़स्ल-ए बहार को
आग़ोश में लिए था कोई शीर-ख़्वार को
थी दरमियान-ए बाग़ हज़ारों की भीड़ भाड़
नागाह इक तरफ़ से चली गोलियों की बाड़
फिर वो हुआ कि जिससे लरज़ती है तन में जाँ
पत्थर का दिल बनाऊँ तो कुछ हो सके बयाँ
डायर के क़त्ल-ए आम ने ख़ून-ए वफ़ा किया
लोहू से लाल दामन-ए बर्तानिया किया

(डायर और नादिर)

1916 से 1923 तक का ज़माना हिन्दू-मुस्लिम एकता के चरम का ज़माना था। प्रथम विश्वयुद्ध में ब्रिटेन ने तुर्की के विरुद्ध युद्ध की घोषणा की। इससे हिन्दुस्तान के मुसलमानों में भी फ़िरंगियों से नफ़रत की भावना जाग्रत हुई और वो भी भारत से अंग्रेज़ी साम्राज्य को समाप्त करने में पूरी तरह कांग्रेस के साथ आ मिले। उद्देश्य के इस संयोग से ख़िलाफ़त आन्दोलन का आरम्भ हुआ जिसने अंग्रेज़ दुश्मनी के भाव को देश के कोने-कोने तक पहुँचाया। हिन्दू-मुसलमान दोनों को यह लगने लगा कि इनके एकजुट होने और समझौता करने में बड़ी शक्ति है। पर भाईचारे और प्रेम का यह वातावरण अधिक दिन तक न चल पाया।

विदेशी माल के बायकॉट के समय में जो विरोध कुछ समय के लिए समाप्त हो गया था। एकता समाप्त होते ही वो फिर से सर उठाने लगा और दोनों सम्प्रदायों में वो फिर से तनाव बढ़ने लगा, इन परिस्थितियों में महरूम ने इन दोनों को सम्बोधित कर कहा :

वादे थे इत्तेहाद के, दावे ख़ुलूस के
क्या हो गया वो अहद, वो पैमाँ किधर गया
आता नहीं है नारा-ए पुरजोश ता ज़ुबाँ
पहलू में यक-ब-यक दिल-ए शोरीदा मर गया
आख़िर हुआ है दर्द-ए वतन का इलाज क्या
जिससे तमाम गिरया-ए शाम-ओ सेहर गया
हालत से अपनी हो गये ग़ाफ़िल हम इस तरह
जादू किसी पे कोई हो जिस तरह कर गया
क्या मुत्मइन हैं अहल-ए वतन, देखिए ज़रा
गोया गले से तौक़-ए ग़ुलामी उतर गया

(अनजाम-ए इत्तेहाद)

हिन्दुओं और मुसलमानों में आपसी एकता और प्रेम बढ़ाने के लिए महरूम ने कई नज़्में लिखीं हैं, इनमें अंग्रेज़ों की रणनीति की ओर संकेत हैं, पाखण्ड की बुराइयों और एकता की अच्छाइयों का वर्णन है, एक होकर स्वतन्त्रता आन्दोलन की जंग जीतने की खुशख़बरी है। 'हिन्दू मुसलमान' महरूम की एक दीर्घ कविता है। इसमें बताया गया है कि यदि हम लापरवाह, बे-ख़बर और बेशर्म हैं तो हमें हिन्दुस्तानी कहलाने का कोई हक़ नहीं है। हिन्दू या मुसलमान वही है जिसका आचरण सदाचार है और जिसके हृदय में धर्म से प्रेम के साथ-साथ देश सेवा का भाव भी पनपता है।

स्वतन्त्रता की मंज़िल तय करने के लिए महरूम ने सबसे अधिक ज़ोर राष्ट्रीय एकता और अखण्डता पर ही दिया है। एक जगह स्वतन्त्रता की तारीफ़ करते हुए लिखते हैं :

है फ़क़त इत्तेहाद का इनाम

महरूम ने आपसी फूट, पाखण्ड, संकीर्णता, पक्षपात् और साम्प्रदायिकता की कठोर से भी कठोर शब्दों में निन्दा की है। वो चाहते थे कि अपने चेतन और भावना को पूरी शक्ति से इन समाज विरोधी बुराइयों के निवारण में लगाएँ, ताकि हिन्दुस्तान एक बार फिर गौतम, नानक और चिश्ती के आध्यात्मिक गीतों से गूँज उठे। यह बात बिना किसी भय या रोकटोक के कही जा सकती है कि राष्ट्रीय एकता और भाईचारे के विषय पर महरूम ने जितना लिखा इतना और

वैसा किसी ने नहीं लिखा होगा (देखें : 'आईना-ए हाल', 'फिर भी लड़ते हैं', 'क़ाफ़ले यूँ भी तल्फ़ होते हैं', 'इंक़लाब-ए दहर', 'पयाम-ए सुलह कल', 'याद-ए इत्तेहाद', 'अहले वतन की ख़िदमत में')। महरूम ने अपने देशवासियों के उपद्रवी और सम्प्रदायवाद को निकट से देखा था और इसकी तकलीफ़ भी सही थी। इन नज़्मों में जगह-जगह दिल के दाग़ों की महक आती है। 'पयाम-ए सुलह कल' में उन्होंने हिन्दू-मुसलमानों के अन्तर पर दुःख प्रकट किया है और लिखा है कि हर तरफ़ प्रतिज्ञा, कृपा, सच्चाई, स्पष्टवादिता का काल है। लोग स्वयं शान्ति के शत्रु हो रहे हैं। वह अपने निरादर और बर्बादी का निमन्त्रण दे रहे हैं। आपसी दंगों पर महरूम के ये शेर से उठने वाली टीस की तरह हैं :

दौर-ए ज़माँ जो दुश्मन-ए अम्न-ओ अमाँ हुआ
बरहम निज़ाम-ए किशवर-ए हिन्दोस्ताँ हुआ
जीना यहाँ का बाइस-ए आज़ार-ए जाँ हुआ
दोज़ख़-नुमा ये ख़ित्ता-ए जन्नत-निशाँ हुआ
क्या इंक़लाब-ए दहर क़दूरत-फ़िशाँ हुआ
बाद-ए सहर चली तो बगूला अयाँ हुआ
घेरा तमाम मुल्क को नफ़रत की आग ने
दिल दाग़दार कर दिये नाहक की लाग ने

(इंक़लाब-ए दहर)

उन्हें दुःख होता था कि शेख़-ओ ब्रहमन के बीच खींचतान से एकता की धज्जियाँ उड़ गयी हैं और शहीदों के ख़ून से एकता के जिस उद्यान को सींचा गया था, वो बिना कारण बर्बाद हो रहा है। इस बात से उन्हें दुःख पहुँचता था कि लोगों के दिलों में घृणा और द्वेष भर चुका है और जिन्होंने एकता की दुहाइयाँ दी थीं अब उन्हें तोड़ने में वही आगे-आगे दिखाई दे रहे हैं। अपनी एक नज़्म में वो हिन्दू व मुसलमान दोनों से सम्बोधित होकर कहते हैं :

हिन्द के हिन्दूओं मुसलमानों!
अक़्ल से काम लो कहा मानो
ये न मज़हब है, न सियासत है
बरबरियत है और वहशत है
घर से निकलो घरों को आग लगाओ
बेकसों, बेबसों को इसमें जलाओं
बेगुनाहों को राह चलतों को
घेर लो और ज़िबह कर डालो
चीख़ती औरतों पे वार करो

नेज़े बच्चों के दिल से पार करो
क्या यही चीज़ आदमियत है?
यही मज़हब, यही शराफ़त है?

(अहल-ए वतन की ख़िदमत में)

इसके बाद उन्होंने चेतावनी दी है कि नफ़रत के जिस बीज को बोने का प्रयत्न जारी है वो फूट कर "आज़ार का दरख़्त" बनेगा, और इससे घृणा और द्वेष का फल खाकर पूरे देशवासियों का जीवन कड़वाहट से भर जायेगा। इस भविष्यवाणी की सच्चाई से आज शायद ही कोई असहमत हो!

हिन्दू मुसलमानों के मध्य इस खाई के ज़माने में अंग्रेज़ मेम्बरों पर आधारित साइमन कमीशन (1928), आया। देशभक्तों ने इसका बहिष्कार किया। पर कुछ अंग्रेज़ों से प्रभावित सियासी पार्टियों ने इसका स्वागत किया। राजनीतिक अलगाव और आराजकता के समय में महरूम ने जो नज़्म कही, देश की बदहाली और हिन्दू-मुसलमानों के दिल को दुःखी कर देने वाला वर्णन है :

है मशहूर हिन्दोस्ताँ का निफ़ाक़
मर्ज़ हो गया है पुराना निफ़ाक़
अजब लोग हैं अहल-ए हिन्दोस्ता
नहीं जानते अपना सूद-ओ ज़ियाँ
नहीं मुत्तफ़िक़ ये किसी बात पर
तुले रहते हैं इख़्तेलाफ़ात पर
न लीडर यहाँ के बहम मुत्तफ़िक़
न पब्लिक, न अहल-ए क़लम मुत्तफ़िक़

(साइमन कमीशन)

बीसवीं शताब्दी के दूसरे चौथाई के आरम्भ में स्वतन्त्रता की भावना जनता के हृदय में लावे की तरह उबल रही थी। शान्ति से किये जा रहे आन्दोलनों के अतिरिक्त देश भर में उग्रवादियों के कई गिरोह भी व्यस्त थे। रेल की पटरियाँ उखाड़ी जाती थीं और बम फेंके जाते थे। केन्द्रीय विधिकर्त्ता एसेम्बली में बम फेंकने पर भगत सिंह और उनके साथी गिरफ़्तार हुए। बाद में उन पर सांडर्स की हत्या का भी मुक़दमा चला और सब को फाँसी दे दी गयी। देश के इन बलिदानियों का उल्लेख महरूम ने कई जगह किया है। भगत सिंह से सम्बन्धित ये रुबाई ज़रा देखें :

ज़िन्दा में शहीदों का वो सरदार आया
शैदा-ए वतन, पैकर-ए ईसार आया
है दार-ओ रसन की सरफ़राज़ी का दिन
सरदार भगत सिंह सर-ए दार आया

अंग्रेजों के वादा करके मुकर जाने और भ्रष्टाचार के विरोध में 1930 में सिविल अवज्ञा आन्दोलन बड़े ज़ोर-शोर से आरम्भ हुआ। अन्ततः गाँधी-इरविन पैक्ट पर इसका अन्त हुआ। महात्मा गोल मेज़ कॉन्फ्रेंस के लिए लन्दन गये। वहाँ साम्प्रदायिक आधार पर इलेक्शन के विषय में के सदस्यों से विरोध के चलते कॉन्फ्रेंस सफल न हो सकी। अंग्रेज़ प्लासी युद्ध (1757) के समय से हिन्दुस्तानियों में आपसी फूट डाल कर इनको शोषण कर रहे थे। इस पॉलिसी का उद्देश्य केवल इतना था कि हिन्दुओं और मुसलमानों में अधिक से अधिक फूट डाली जाये, इसलिए इनकी एकता के ताबूत में अन्तिम कील कम्यूनल एवार्ड की ठोकी गई, जो 1932 में कांग्रेस के घोर विरोध के बाद भी लागू हो गया। भारत के दूसरे प्रान्तों की तरह पंजाब में भी देश प्रेमियों ने इस एवार्ड के विरोध में आवाज़ उठाई। इक़बाल ने जब इस पर अपनी असहमति जताई, तो इसे दीवानापन का नाम दिया। महरूम का ये शेर इसी कड़वाहट को दर्शाता है :

तल्ख़ी-ए तफ़रक़ा हर रोज़ बढ़ी जाती है
फ़िरक़ा वारी का नतीजा नज़र आता है तुझे?

कम्युनल एवार्ड ने स्वतन्त्रता की समीप आती हुई मंज़िल को और भी दूर कर दिया और साम्प्रदायिकता को भड़काने में इससे सहायता मिली। महरूम ने इन राजनीतिक परिस्थितियों का विश्लेषण अपनी एक नज़्म में यूँ किया :

भड़की है इससे फ़िरक़ापरस्ती की आग और
हर फ़िरक़ा अपनी डफ़ली पे गाता है राग और
ढ़ीली हुई समंद-ए अदावत की बाग़ और
फुँकारता है आज तआस्सुब का नाग और
है इसके मुँह में ज़हर कम्यूनल एवार्ड का
हिन्दी हैं और क़हर कम्यूनल एवार्ड का

(कम्यूनल एवार्ड)

1942 में स्वतन्त्रता संग्राम का आन्दोलन चरम पर पहुँच चुका था। देश भर और विशेषकर बंगाल में उग्रवादियों ने अंग्रेज़ी साम्राज्य को क्षति पहुँचाने में कोई कसर उठा न रखी थी। इस अवसर पर अंग्रेज़ों के न्याय प्रिय और प्रजा प्रेम का इससे बड़ा उदाहरण क्यां होगा कि बंगाल में भयानक अकाल पड़ा और ग़रीब जनता लाखों की संख्या में बिन आयी मौत मर गये। किसी भी इन्सान के लिए ये दर्द सजा से कम न था। महरूम भी दिल के दर्द के हाथों कड़वाहट उगलने पर बाध्य हो गये; राष्ट्र को चेतावनी देते हुए कहते हैं :

ऐ मस्त-ए मय बेख़बरी! हाल-ए जहाँ देख!
सरहद-ए फ़ना है यही, पहुँचा है कहाँ देख!

क्या अहले वतन का तुझे ग़म कुछ भी नहीं है?
बंगाल के मिटने का अलम कुछ भी नहीं है?
सफ़्फ़ाक़ बहुत ख़ुश हैं तबाही पे हमारी
ये ज़ौर है नाकर्दा गुनाही पे हमारी
बंकिम के तरानों का वतन नाला कुनाँ है
टैगोर के नग्मों का चमन वक़्फ़-ए ख़िज़ाँ है
जिस ख़ित्ते से उठी है सदा हुब्ब-ए वतन की
मिलती है इसे आज सजा हुब्ब-ए वतन की
टूटा न अगर हलक़ा-ए ज़ंजीर-ए गुलामी
इससे भी ख़तरनाक है तक़दीर-ए गुलामी

(क़हत-ए बंगाल)

महरूम की राष्ट्रीय शायरी का एक उज्जवल पक्ष यह है कि उन्होंने स्वतन्त्रता संग्राम के धुँधले से धुँधले पलों में भी आशा का दामन नहीं छोड़ा। इस आधी शताब्दी में देश ऐसे-ऐसे कठिन और संवेदनशील रास्तों से गुज़रा कि बड़ों-बड़ों का साहस ढेर हो गया। पर महरूम की शायरी में कहीं भी निराशा, खिन्नता या पराजय के आसार नहीं दिखाई देते हैं। उन्होंने दृढ़ निश्चय के दीप को सदैव प्रज्वलित रखा और स्वतन्त्रता की आशा बँधाते हुए आने वाले सुनहरे कल की ख़ुशख़बरी दी है। 'शुआ-ए उम्मीद' में कहते हैं :

जलवा-ए सुबह यक़ीनी है शब-ए तार के बाद
दौर-ए इक़बाल है हर क़ौम का अदबार के बाद
जेहद-ए हस्ती से न घबरा कि नुमायाँ होगा
दौरा-ए अम्न-ओ अमाँ गर्मी-ए पैकार के बाद

कुछ नज़्मों में उन्होंने युवाओं को सम्बोधित किया है, उन्हें तरह-तरह से उभारा और ललकारा है और स्वतन्त्रता संग्राम में सम्मिलित होने का निमन्त्रण दिया है। 'हिम्मत करो जवानों', 'बढ़े चलो' और 'फुग़ाँ किये जाओ' में उन्होंने खुले शब्दों में बताया है कि लक्ष्य निकट है और वो दिन दूर नहीं जब हम अपनी मनोकामना पूरी कर लेंगे। 'नौजवान-ए वतन से गुज़ारिश' में उन्होंने कहा कि जिस भारत माता ने तुम्हें परवान चढ़ाया है इसका भी तुम पर कुछ अधिकार है, और अब आवश्यक है कि इस रास्ते की ज़ंजीरों को तोड़ फेंका जाये। देखिए 'बज़्म-ए नव' में किये आत्मविश्वास की अभिव्यक्ति करते दिख रहे हैं :

भारत के नौजवानों! इक बज़्म-ए नव बनाएँ
हुब्ब-ए वतन की शमएँ उस बज़्म में जलाएँ
हो बज़्म-ए नव हमारी ख़जलत दह-ए गुलिस्ताँ

बुलबुल से बढ़ के चहकें, गुल होके खिलखिलाएँ
हुब्ब-ए वतन की मय का चलता हो दौर-ए पैहम
भर भर के जाम-ओ साग़र बाहम पिए, पिलाएँ
हस्ती के मुद्दआ को पूरा किया है हम ने
इस उम्र में अगर हम भारत के काम आएँ

'नौजवानों से ख़िताब' के कुछ शेर देखें, जिनका एक-एक शब्द राष्ट्रीय गौरव के कोड़े की तरह है :

नौजवानान-ए किशवर-ए पंजाब!
नौनिहालान-ए गुलशन-ए शादाब!
ज़िल्लत-ए मादर-ए वतन पर तुम
जाए हैरत है, यूँ रहो गुमसुम
जोश आये न ख़ून-ए गैरत में
बेहिसी हो रग-ए हमीयत में
तुम को आख़िर ये हो गया क्या है
"आख़िर इस दर्द की दवा क्या है?"

महरूम को देश के सेवकों और बलिदानियों से गहरी आस्था रही है। उन्होंने सदैव शायरी की भाषा से उनका प्रोत्साहन किया, उनके हौसले बढ़ाए और उनके बलिदान और निःस्वार्थता के गीत गाये हैं। इस तरह से उनकी शायरी में एक चित्रशाला है जिसमें भारत के लगभग सभी महान हस्तियाँ अपने महिमामण्डल के साथ नज़र आती हैं। इनमें बाल गंगाधर तिलक, गोपाल कृष्ण गोखले, सी. आर. दास, मोतीलाल नेहरू, रफ़ी अहमद क़िदवई, महात्मा गाँधी, जवाहर लाल नेहरू, अबुल कलाम आज़ाद जैसे राष्ट्रीय मार्गदर्शक हैं तो सुभाष चन्द्र बोस, लाजपत राय और हसरत मोहानी जैसे सरफ़रोश और भगत सिंह और हरकिशन जैसे बलिदानी भी हैं। इन सब से सम्बन्धित महरूम ने बीसों नज़्में कही हैं। कुछ मरसिये भी हैं जो दिल के हाथों विवश होकर लिखे गये हैं। यूँ तो सब नज़्में बड़ी प्रभावी और दर्दनाक हैं, पर लाजपत राय से सम्बन्धित नज़्मों में कुछ और ही बात है। उनसे वह सम्भवतः मानसिक रूप से प्रेम करते थे। उनके देश निकाला, यात्रा, गिरफ़्तारी, बीमारी, स्वस्थ होने, मृत्यु इत्यादि हर मामले से जुड़ा कुछ-न-कुछ लिखा। लाजपत राय का विलाप 'अश्क़-ए ख़ूँ' इस योग्य है कि इसे देशभक्ति के कारवाँ में पूरा का पूरा पढ़ा जाये। दूसरे मर्सियों में गोपाल कृष्ण गोखले वाली नज़्म 'चार आँसू' इसलिए ध्यान देने योग्य है कि इसमें शायरी का भाव, शब्दों का चयन कुछ इस तरह का है कि इसकी काव्य रसज्ञता स्वतन्त्रता संग्राम के आरम्भिक योद्धाओं और उनकी महानता और पराक्रम की झलक सामने आती है :

माँग रहा था ग़ैब से जिसकी बक़ा तमाम हिन्द
सोग में आज इसके है बज़्म-ए अज़ा तमाम हिन्द
बख़्त की नारसाई से, चर्ख़ की कज अदाई से
हो गयी आह नारसा, तेरी दुआ, तमाम हिन्द
फ़ख़्र-ए ज़माना कौन-सा आज जहाँ से चल दिया
वक़्फ़-ए अलम है इक जहाँ मह्व-ए बुका तमाम हिन्द
मादर-ए हिन्द के सपूत तेरे ग़म-ए फ़िराक़ में
आज है दाग़ ख़ुर्दा सोज़-ए फ़ना तमाम हिन्द
हिन्द के जो फ़िदाई हों, वो ना जिएँ, हज़ार हैफ़!
वक़्त से पहले चल बसें, गर्दिश-ए रोज़गार, हैफ़!

महरूम ने कई नज़्में सीधे देश से सम्बन्धित भी कहीं है, इनमें 'हिन्दुस्तान हमारा', 'सुब्ह-ए वतन', 'शाम-ए वतन', 'ख़ाक-ए हिन्द' और 'अपना वतन' विशेष तौर पर उल्लेखनीय हैं। इनमें उन्होंने देश की मिट्टी के कण-कण को देवता बना कर प्रस्तुत किया है। हिन्दोस्तान के चाँद तारों की बातें की हैं। इसके पहाड़ों, नदियों और घाटियों की सुन्दरता और आकर्षण के तराने गाये हैं और इसके बीते हुए कल की महानता की कहानियाँ सुनाई हैं। इन नज़्मों में महरूम की कल्पना देश की धरती के सीने को चूम रही थीं। कहीं चौपायों की घंटी की सदा सुनी है, कहीं झोंपड़ी की छाँव में शान्ति की साँस ली है, कहीं कोयल को माथे से लगाया है। ऐसी नज़्मों में प्रवाह, उत्साह और भाव के परिप्रेक्ष्य में देखें तो 'ख़ाक-ए हिन्द' विशेष तौर पर ध्यान आक़र्षित करती है। इसके अन्तिम दो बन्द जो भारत के अतीत की महानता के बारे में हैं, कुछ यूँ हैं :

तहज़ीब तेरी चश्म-ए जहाँ में समा गयी
तालीम तेरी ज़ोर-ओ सितम को मिटा गयी
तक़लीद तेरी दहेर को जन्नत बना गयी
ता साहिल-ए अरब तेरी ठण्डी हवा गयी
हर ज़र्रा है तेरा वो ज़िया-बार-ए फ़लसफ़ा
यूनान तक गये तेरे अनवार-ए फ़लसफ़ा

तू आज मिट मिटा के भी है फ़ख़्र-ए रोज़गार
बस चल सका न गर्दिश-ए दौराँ का ज़ीनहार
दौर-ए ज़माँ से मिट नहीं सकती तेरी बहार
हर दाग़-ए दिल है फूल की सूरत में आशकार
बदख़्वाह गो है सदियों से चर्ख़-ए कुहन तेरा
फिर भी उजड़ उजड़ के हरा है चमन तेरा

स्वतन्त्रता या स्वतन्त्रता की देन पर महरूम ने कुछ अधिक नहीं लिखा, लेकिन दासता जैसे अभिशाप, इसकी बुराइयों और राष्ट्रों के विनाश कर देने वाले प्रभावों पर उन्होंने खुल कर विचारों की अभिव्यक्ति की। 'तस्वीर-ए गुलामी' के शीर्षक से उन्होंने एक प्रभावशाली मसनवी लिखी है। इसमें दास्ता को दार्शनिक दृष्टिकोण से सरल और आकर्षण शैली में नज़्म के द्वारा प्रस्तुत किये और अन्त में बताया कि गुलाम राष्ट्रों के जीवन में एक समय ऐसा भी आता है जब कोई जियाला अपने आत्मविश्वास और कर्म द्वारा मृत मानवता की रगों में फिर से रक्त प्रवाह कर देता है। मसनवी के आरम्भ में गुलामी को बुरा कहा है। इसकी कमियों को बताते हुए स्वतन्त्रता की अच्छाइयों का आभास कराया है :

है मस्दर-ए सद गुनह गुलामी
जिससे हो ज़लील हर गिरामी
अफ़राद हैं बे-वक़ार इससे
अक़वाल ज़लील-ओ ख़्वार इससे
शेरों को किया है इसने रूबाह
जो कोह-ए गिराँ थे, हो गये काह
गिर जाता है मर्तबा शुक्र का
देता है वो काम गाउ, ख़र का
हर बात में दूसरे का मोहताज
क्योंकर रखे अपने नफ़्स की लाज
जिस क़ौम की मर्ग-ओ ज़िंदगानी
जिस क़ौम का रंज-ओ शादमानी
जिस क़ौम की सब बुराई नेकी
और जिस का ज़वाल और तरक़्क़ी
सदियों से हो ज़ेर-ए हुक्म-ए अग़यार
उस क़ौम का हाल क्यों न हो ज़ार

अपनी कई नज़्मों में उन्होंने भारत की गुलामी का चित्रण बड़े ही भावुक और प्रभावशाली प्रवाह में किया है। इसके दुःख दर्द और इसकी दुर्दशा, ग़रीबी और असहाय होने पर दुःख जताया है। अपने देशवासियों के आत्म सम्मान को उभारा है और उनकी संवेदनहीनता, आलस और लापरवाही पर उन्हें जाग्रत किया है। ऐसी दो नज़्मों से अंश प्रस्तुत करता हूँ। इन शेरों में कर्त्तव्य की लगन, भावना की गहराई और भावुकता की अभिव्यक्ति इतनी सजीव है कि ये देश से प्रेम के बिना आ ही नहीं सकती :

ख़ुर्शीद पे दाग़-ए दिल-ए सोज़ाँ का है धोका
या शोला आह-ए शरर अफ़शाँ का है धोका
या शमा-ए सर-ए गोर-ए ग़रीबाँ का है धोका
या अख़गर-ए सोज़-ए ग़म-ए पिन्हाँ है धोका
शबनम पे तेरी अश्क-ए चकीदा का गुमाँ है
ये गुम्बद-ए नीली है कि आहों का धुआँ है

(सुब्ह वतन)

हिन्दी की तारीख़ में हमने पढ़ा है बारहा
रश्क-ए फ़िरदौस-ए बरीं ये ख़ित्ता-ए शादाब था
इसके बाशिंदे थे हक़बीं रहमदिल और बा-सफ़ा
था ब-फ़ैज़-ए क़ुदरत-ए रब्ब-ए करीम इस मुल्क का
"ज़र्रा-ए सहरा दस्तगाह-ओ क़तरा दरिया आशना"
उसकी हालत आह लेकिन रहेम के क़ाबिल है आज
हर बला-ए नागहानी की यही मंज़िल है आज
इंक़लाब-ए दहेर से मौज-ए करम साहिल है आज
गुफ़्ता-ए ग़ालिब की है तस्वीर याँ जो दिल है आज
"आफ़ियत का दुश्मन और आवारगी का आशना"

(तज़मीन)

अन्ततः भारत का स्वतन्त्रता संग्राम सफल हुआ और जब मंज़िल सामने दिखने लगी तो महरूम ने बढ़ कर इसका स्वागत किया :

पैदा उफ़क़-ए हिन्द से हैं सुबह के आसार
है मंज़िल-ए आख़िर गुलामी की शब-ए तार
आमद सेहर-ए नव की मुबारक हो वतन को
पामाल-ए मुहन को!
मशरिक़ में ज़िया रेज़ हुआ सुबह का तारा
फरख़ंदा-ओ ताबिन्दा-ओ जाँ-बख़्श-ओ दिल-आरा
रौशन हुए जाते हैं दर-ओ बाम वतन के
ज़िन्दान-ए कुहन के!

(जय हिन्द)

पर इसके साथ-साथ शायर का देश ही इसका अपना देश न रहा और उसे उन्हीं हवाओं को अलविदा कहना पड़ा जिनमें अब तक वो साँस ले रहा था। देश छोड़ते हुए महरूम ने 'पाकिस्तान को अलविदा' के शीर्षक से एक अत्यन्त दर्दनाक नज़्म लिखी है। यह इनके संग्रह 'कारवान-ए वतन' में सम्मिलित है। यहाँ केवल एक रुबाई प्रस्तुत की जा रही है :

आज अपने वतन से जा रहा है महरूम
मामन पेश-ए नज़र, न मंज़िल मालूम
हंगाम-ए विदा हमने देखा इसको
हसरत-ज़दा, दिल-ए शिकस्ता, हैराँ, मग़मूम

ये थी महरूम की राष्ट्रीय शायरी की एक झलक, इसका तात्पर्य इनकी शायरी के इस पक्ष को प्रकाश में लाना था जिस पर अभी ज़्यादा ध्यान नहीं दिया गया। महरूम की शायरी की ज्ञानपरक और नैतिक शैली से यह समझा जाता है कि वो एक नैतिक मूल्यों के शायर हैं। मानवतावादी यद्यपि ये इनकी शायरी का केवल एक पक्ष है। जैसा कि बताया गया, महरूम की शायरी की पद्धति व्यक्तिगत न होकर सामूहिक है। इनके निकट नैतिक मूल्यों को अपने तौर पर आगे बढ़ाना अर्थहीन है यदि हम स्वतन्त्र नहीं हैं। मूलतः मानवीय मूल्य वास्तव में साधन हैं एक महान उद्देश्य की प्राप्त करने के। अच्छे जीवन और सुन्दर भविष्य की नींव उच्च मानवीय मूल्यों पर ही रखी जा सकती है। गुलामी इन सबको समाप्त कर देती है जबकि स्वतन्त्रता इनके पनपने के लिए सही वातावरण तैयार करती है और इनको बढ़ावा देने और पनपने में सहायक होती है। महरूम की शायरी में देशप्रेम और स्वतन्त्रता की चाह को इसी दृष्टिकोण से देखा जाना चाहिए। यही वो बिन्दु है जिसकी सहायता से महरूम की आवाज़ को पहचानने में सहायता मिलती है और इनके दिल में छिपे रहस्य तक पहुँचा जा सकता है।

अध्याय छह

जोश मलीहाबादी : क्रान्ति व इंक़लाब का शायर

जोश मलीहाबादी (1898-1982) बीसवीं शताब्दी के उन दिग्गज शायरों में से थे जिनका उदाहरण ज़माना फिर पैदा नहीं कर सकेगा। इनके साथ-साथ एक पूरे युग का समापन हो गया। आधी शताब्दी तक जोश ने अपनी शायरी का उतार-चढ़ाव अपनी आँखों में देखा। आम स्वीकृति और शायरी की रसात्मकता मज़ा को ईश्वर की देन माना गया है। सम्भवतः कारण यह है कि सृजनता किसी भी प्रकार की हो इसका गहरा सम्बन्ध ईश्वरीय देन से होता है। आम स्वीकृति में तो फिर भी ज़माने के रंग ढंग, अभिरुची, गुणवत्ता के अतिरिक्त व्यक्तित्त्व के बाँकपन या अनूठपेन या सनक का कुछ-न-कुछ हाथ अवश्य होता है। पर कहने का अन्दाज़ और उसका रचना से सम्बन्ध और अभिव्यक्ति का विकास तभी सम्भव है जब शायर के अपने काल या उसके बाद भी आने वाले समय तक चर्चा का विषय बना रहे। कौन नहीं जानता कि बीसवीं सदी में टैगोर और इक़बाल के बाद जितना सम्मान, प्रसिद्धि और लोकप्रियता जोश को प्राप्त हुई किसी दूसरे शायर के हिस्से में नहीं आयी। यह भी एक वास्तविकता है कि 1956 में जब जोश प्रवासी बने तो दोनों देशों बल्कि पूरे उपमहाद्वीप में जोश के नाम का डंका बजता था। क्या यह बात विशेष ध्यान देने योग्य नहीं कि इससे हटकर देखें तो शायरी का वो अन्दाज़ जिसके लिए जोश जाने जाते थे ऐतिहासिक तौर पर उसके समाप्त होने का सम्मान भी उन्हीं को प्राप्त होने वाला था क्योंकि स्वतन्त्रता के पश्चात् कुछ ही वर्षों में क्या ये अन्दाज़ अपना बोरिया बिस्तरा समेट नहीं रहा था? जब दौर बदलता है तो रुचि भी बदलती है। साहित्यिक बदलाव यद्यपि ख़ामोशी से होते हैं परन्तु ये राजनीतिक तूफ़ानों और तहलकों से कम नहीं होते। क्या ये वास्तविकता नहीं है कि स्वतन्त्रता के बाद के पहले दशक के अन्दर-अन्दर ही पाकिस्तान और भारत में उर्दू शेर-शायरी के मैदान में बड़े-बड़े दूरगामी परिवर्तन की सम्भावनाएँ दिखने लगी थीं। इसीलिए जब रुचि बदलने लगी तो इंक़लाब की आवाज़ लगाने वाले स्वयं एक इंक़लाब के चक्र में फँस गये। हमारी शायरी का इतिहास इन परिवर्तनों का मूक दर्शक है।

जोश इतनी जल्दी एक पुरानी परम्परा बन कर रह जायेंगे आज से पच्चीस वर्ष पूर्व किसी ने सोचा भी नहीं था। फिर भी वो हमारी शायरी की किताब का वो अध्याय हैं जिसके कुछ निशान आसानी से धूमिल न होंगे। जोश की उठान में एक ज़बरदस्त ज़ोर था। अपना तख़ल्लस उन्होंने यूँ ही जोश नहीं रखा था। सम्भवतः अपनी प्रकृति के जोशीलेपन का उन्हें आरम्भ से ही ज्ञान था। इनके यहाँ शुरू से ही एक ज़बरदस्त विकास की शक्ति, सृष्टि की उपज, फट पड़ने और अनायास बहा ले जाने वाली दशा मिलती है। वो इक बगूले की तरह उठे और तूफ़ान बन कर छा गये। देखते-ही-देखते उन्होंने अपने तहलके से शेर-ओ शायरी के महल के दर-ओ दीवार हिला दिये। देखा जाये तो वे एक रूमानी शायर थे और साथ ही विद्रोही भी। ऐसा विद्रोही जो अन्ततः स्वयं अपनी ही आग की भेंट चढ़ गया। दक्षता, कथनी, शब्दों का चयन और प्रस्तुति इन पर समाप्त थी। इनकी शायरी से लगता है कि वह जिस विषय या दृश्य को जैसा चाहते थे, हाथ के हाथ नज़्म में पिरो देते थे। शब्दों का ऐसा जादूगर अनीस के बाद दूसरा पैदा नहीं हुआ। भाषा के साथ-साथ उनका स्वभाव अत्यन्त अफ़सरों जैसा और रोवीला तानाशाहों जैसा था। ऐसा प्रतीत होता था, मानो हज़ारों शब्द क़तार में हाथ बाँधे खड़े हैं और एक छोटा सा संकेत मिलते ही सर झुकाए शेर में ढलते चले जाते हैं। जोश के अन्दाज़ में ऐसा रोब/अभिमान और मर्दानगी थी और उनकी आवाज़ में ऐसी घनगरज कड़क और भाव था कि जैसे हिमालय में कम्पन सा आ गया हो या भूकम्प आ गया हो। 'शोला-ओ शबनम' के बाद उनका यह शेर यूँ ही नहीं हर एक की ज़बान पर चढ़ गया था :

काम है मेरा तग़य्युर नाम है मेरा शबाब
मेरा नारा इंक़लाब-ओ इंक़लाब-ओ इंक़लाब

वैसे वह 'शायर-ए इंक़लाब' के साथ-साथ शायर-ए शबाब भी कहे जाने लगे थे। एक साथ शायर-ए इंक़लाब और शायर-ए शबाब होना जोश ही का कमाल था। अतर्विरोध की श्रृंखला जोश की पूरी शायरी में मिलती है। जोश को इस पर गर्व भी था। उन्होंने अपने संग्रहों के नाम शोला-ओ शबनम, सुंबुल-ओ सलासल, सैफ़-ओ सुबू, हर्फ़-ओ हिकायत, फ़िक्र-ओ निशात, जुनून-ओ हिकमत, सरोद-ओ ख़रोश, इल्हाम-ओ अफ़कार, अर्श-ओ फ़र्श, आयात-ओ नग़मात, समूम-ओ सबा यूँही नहीं रखे थे। जोश की पूरी शायरी में यही गुणवत्ता है कि एक भाव दूसरे से अलग है, उससे विपरीत है और एक रंग दूसरे रंग को बे-रहमी से काटता है। पर जोश अब पुल के दूसरी ओर जा चुके हैं। सवाल उठता है कि समय के इस अंधकार में इनकी शायरी का जो रूप उभरता है वो कैसा है और मदमस्त, ठण्डी और ज़हरीली हवाओं के गुज़रने के बाद इस मैदान जिसका नाम दुनिया है, से

गुज़रने के बाद जोश की शायरी के वो कौन से चिन्ह हैं जो अब भी ज्वलित हैं।

इसके जवाब के लिए ज़्यादा दूर जाने की आवश्यकता नहीं। जोश अपने समय से आगे न सही अपने समय की आवाज़ अवश्य थे और ये चीज़ कोई साधारण नहीं। ख़िलाफ़त आन्दोलन और उसके पश्चात् से ये उपमहाद्वीप राजनीतिक जागरण और राष्ट्रीय जोश की जिस भावना से निकल रहा था, जोश की शायरी उसकी प्राकृतिक एवं प्रमुख संरक्षक बन गयी थी। स्वतन्त्रता के तराने छेड़ने वालों में जोश अकेले नहीं थे। शिबली, हसरत मोहानी, चकबस्त, मोहम्मद अली जौहर, इक़बाल, ज़फ़र अली ख़ाँ, इक़बाल सुहैल और कई दूसरे शायर साम्राज्यवाद के विरोध में वातावरण तैयार कर चुके थे। पर जोश की आवाज़ जोश की थी। उनकी बाग़ियाना तड़प और घनगरज सब से अलग थी। शायर-ए इंक़लाब कहलाने का सम्मान किसी को मिला तो केवल जोश को। इस प्रकार देखा जाये तो वह शायरी के स्तर पर स्वतन्त्रता के क़ाफ़िले के सरदारों में से थे और जिस क्रान्तिकारी जोश और उत्साह से उन्होंने साम्राज्यवाद के विरोध में इंक़लाब के तराने गाये और अंग्रेज़ों के विरुद्ध क्रान्ति की ज्वाला को सीनों में दहकाया वह भारत के इतिहास का हिस्सा है। रहा शायर-ए शबाब का मामला तो वो ज़रा कमज़ोर है। इनकी भावना की तीव्रता से सम्भवतः जितना लाभ इनके क्रान्तिकारी और विद्रोही होने को पहुँचा, उसी अनुपात में उतना या उससे ज़्यादा हानि उनकी इश्क़िया शायरी से हुई। शारीरिक सौन्दर्य के वर्णन में विलासी और वासनाग्रस्त होने से आगे न देख सकने का कारण भी यही था। स्त्री के प्रति जोश की कल्पना भी जीर्ण और सीमित थी। फिर भी यदि क्रान्तिकारी लय से हट कर इनकी शायरी का अगर कोई सकारात्मक पक्ष हो सकता है तो वो इनको प्राकृतिक सौन्दर्य के प्रति लगाव है। ऐसा लगता है प्राकृतिक दृश्यों के आकर्षण से इन पर एक लूट-खसोट जैसा भाव छा जाता था। उन्होंने प्रकृति के सौन्दर्य के जो नमूने प्रस्तुत किये और अलबेली सुबहों, ढलती शामों, सावन के महीनों और गरजती बरसती घटाओं से आवाज़ की सीढ़ियों द्वारा जो बातें की हैं और दिन, रात, लू, गर्मी, तपिश, बहार और बरसात का जो वर्णन किया है वो पूरी उर्दू शायरी में अपना जवाब नहीं रखती। जोश की शायरी के इस पक्ष की ओर इतना ध्यान नहीं दिया गया जितना दिया जाना चाहिए था। यहाँ इस शैली से सम्बन्धित भी बात की जायेगी जो जोश की शायरी की विशेषता है।

जोश की क्रान्तिकारी शायरी के तीन पहलू हैं :

आम जनता का सामाजिक पक्ष जहाँ उन्होंने समाज की कुरीतियों और जनता की हालत बयान की। दूसरे वो नज़्में जिनमें उन्होंने क्रान्तिकारी और स्वतन्त्रता के तराने छेड़े, और तीसरा पक्ष वो जिन नज़्मों में साम्राज्यवाद से दुश्मनी की

खुलकर अभिव्यक्ति की। इनमें हर स्तर का विस्तृत विश्लेषण सम्भव नहीं होगा। कुछ जगहों पर संकेतों से काम लिया जायेगा। जोश की क्रान्तिकारी शायरी में सामाजिक पक्ष एक विशेष स्थान रखता है। वो हमारे पहले बड़े शायर हैं जिन्होंने बिना किसी बाहरी सहारे के मनुष्य केन्द्रीयता को माना और इसे इंक़लाब की पहली और मूल कड़ी के रूप में प्रस्तुत किया। और उस नये इन्सान को ख़ुशख़बरी देते हैं जिसे अपनी शक्ति पर भरोसा है और जो साम्राज्यवाद से टक्कर लेने के प्रण व उत्साह से परिपूर्ण है। प्रगतिशील आन्दोलन की बागडोर सँभालना बाद की बात है। इस प्रकार की भावना जोश के यहाँ प्रगतिशील आन्दोलन के आरम्भ से दस-पन्द्रह वर्ष पहले अर्थात् 1921 या 1922 से मिलने लगी थी। 'इन्सान का तराना', 'बाग़ी इन्सान', 'पस्त क़ौम', 'महाजन और मुफ़लिस', 'ज़ईफ़ा', 'भूका हिन्दोस्तान' और विशेषकर 'किसान' और 'हमारी सोसाइटी' और इस तरह की दूसरी नज़्मों में जोश ने उपमहाद्वीप की जनता के दुःख दर्द, पीड़ा, ग़रीबी, अज्ञानता, दरिद्रता को तरह-तरह से उभारा है और देशवासियों को जाग्रत करने के लिए उनकी इज़्ज़त को ललकारा है। 'किसान' और 'हमारी सोसाइटी' को छोड़कर, जो उच्चस्तरीय है दूसरी सामाजिक नज़्मों में दो कमियाँ विशेष रूप से खटकती हैं। प्रथम तो जोश जहाँ भी स्त्री को देखते हैं इनकी क्रान्ति का रंग ही बदल जाता है। 'हुस्न और मज़दूरी' को कुछ नर्म दिल लोग जोश की बेहतरीन नज़्मों में रखते हैं। इनके आम आदमी के प्रति प्रेम और देशभक्ति के भाव पर कोई सवाल नहीं उठता। एक सुन्दरी सड़क पर पत्थर तोड़ रही है। गालों पर धूल है और उसके केश मिट्टी में अटी हुई हैं, चूड़ियों की धुन में दर्द है, ये दृश्य देखकर शायर के दिल से धुआँ उठता है और वो दरिद्रता के भाव से लिप्त हिन्दोस्तान पर दुःख जताता है पर इसकी देशप्रेम की भावना अन्ततः इस विचार पर टूटती है :

दस्त-ए नाज़ुक को रसन से अब छुड़ाना चाहिए
इस कलाई में तो कंगन जगमगाना चाहिए

दूसरे ये कि आम आदमी को सम्बोधित करते हुए प्रायः जोश की शैली इतनी कड़वी हो जाती है कि इनकी सहानुभूति और प्रेम भाव पर शक होने लगता है। इतनी बात तो साफ़ है कि जोश की समाज की कल्पना किसी गम्भीर चिन्तन का परिणाम नहीं थी। वो हर चीज़ को व्यक्तिगत उच्च दृष्टि से देखते थे। इसमें कुछ हाथ इनके धनवान होने और पारिवारिक प्रतिष्ठा का भी था। एक जगह कहा है "हिन्द के ग़ुलामान-ए रूसियाह" शायर से आँख मिलाने के क़ाबिल भी नहीं। "फ़िरंगी के ग़ुलाम, रूसियाह, कमीने, वहशी, बेहया, बदगुमाँ जैसे शब्द जोश की ज़बान पर चढ़े हुए थे। वो प्रायः इस बात का खेद जताते

थे कि वो 'नामर्द क़ौम' में जन्में ही क्यों ('गुलामों से ख़िताब') ऐसे स्थानों पर उनका व्यवहार अपने देशवासियों के प्रति अपमानजनक हो जाता है। वास्तविकता यह है कि वो उन्हें सम्मान दिलाने और निद्रा से जगाने के लिए ऐसा करते थे पर प्रचंड क्रोध से शेर का रंग दूसरा हो जाता है। जोश की सामाजिक नज़्मों से इनकी वो नज़्में कहीं अच्छी हैं जिनमें उन्होंने स्वतन्त्रता और विद्रोह के तराने गाये हैं और इंक़लाब के लिए जाग्रत किया है। जोश की शैली में जो मर्दानगी, शिकायत, ऊँचा सुर, अभिमान था वो भाव क्रान्ति और स्वतन्त्रता की तड़प की अभिव्यक्ति से विशेष सम्बन्ध रखता था। जोश की आवाज़ की ललकार और कड़क उत्साहवर्द्धक और साहस व पराक्रम को ऊँचा करने के लिए आग का काम करती है। इसी भाव में कहते है :

काम है मेरा तग़य्युर, नाम है मेरा शबाब
मेरा नारा इंक़लाब-ओ इंक़लाबो-ओ इंक़लाब

———

रंग सूरज का उड़ाता है मेरे सीने का दाग़
बाद-ए सरसर का बदल देता है रुख़ मेरा चिराग़

———

तैर जाती है दिल-ए फ़ौलाद में मेरी नज़र
ख़ून मेरा ख़ंदाज़न रहता है मौज-ए बर्क़ पर

———

एक दीन-ए नव की लिखूँगा किताब-ए जरफ़िशाँ
सब्त होगा जिसकी ज़र्रीं जिल्द पर 'हिन्दोस्ताँ'

———

फिर उठूँगा अब्र के मानिन्द बल खाता हुआ
घूमता, घिरता, गरजता, गूँजता, गाता हुआ

———

वलवलों से, बर्क़ के मानिन्द लहराया हुआ
मौत के साये में रह कर मौत पर छाया हुआ

———

ऐसी नज़्मों में 'सलाम', 'बग़ावत', 'नाखुदा कहाँ है', 'बेदार हो बेदार', 'पैदा कर' और 'निज़ाम-ए नव' में स्वतन्त्रता, क्रान्ति औ विद्रोह की आग भरी है। इनसे आज भी उस उपद्रवी युग की स्मृति ताज़ी हो जाती है।

भरा हुआ ग़ैज़ में समन्दर फ़िज़ा की जानिब हुमक रहा है
गरज कड़क है, कड़क चमक है, चमक हवा है, हवा घटा है
झनन-झनन है धरड़-धरड़ है, घनन-घनन है दना-दना है
फ़लक के होंठों पर अलहज़र है, ज़मीं के लब पर अलअमाँ है
कोई ख़ुदा के लिए बताओ कि नाख़ुदा कौन है कहाँ है?

(नाख़ुदा कहाँ है)

उठ और ज़मीं पे नया लाला ज़ार पैदा कर
न आयी हो जो कभी वो बहार पैदा कर
निज़ाम कुहना-ए नीली रवाक़, वहम-ओ फ़रेब
नया तसव्वुर लैल-ओ निहार पैदा कर
बहार में तो ज़मीं से बहार उगलती है
जो मर्द है तो ख़िज़ाँ में बहार पैदा कर

(पैदा कर)

मेहराब की हवस है न मिम्बर की आरज़ू
हम को है तब्ल-ओ परचम-ओ लशकर की आरज़ू
काँटों पे हक़परस्त बदलते हैं करवटें
बालिश का इशतियाक़, न बिस्तर की आरज़ू

(सलाम)

हाँ बग़ावत! आग, बिजली, मौत, आँधी मेरा नाम
मेरे गिर्द-ओ पेश अजल, मेरी जलू में क़त्ल-ए आम
ज़र्द हो जाता है मेरे सामने रूए हयात
काँप उठती है मेरी चैन-ए ज़बीं से कायनात
ज़िक्र होता है मेरा पुरहौल पैकारों के साथ
ज़ेहेन में आती हूँ तलवारों की झँकारों के साथ
अल्लाह अल्लाह करवटें मेरे दिल-ए आज़ाद की
जिनसे गिर जाती हैं डाटें कस्र-ए इस्तबदाद की
मेरी इक जुम्बिश से होता है जहाँ ज़ेर-ओ ज़बर
मेरी सरताबी सुरैया का झुका देती है सर
अल हज़र मेरी कड़क का ज़ोर हंगाम-ए मुसाफ़
साफ़ पड़ जाता है ऐवान-ए हुकूमत में शिगाफ़
अल्लाह अल्लाह बज़्म-ए हस्ती में मेरी गुल बारियाँ
टुकड़े-टुकड़े दस्त-ओ बाज़ू, रेज़ा रेज़ा इस्तख़्वाँ
अल अमान-ओ अल-हज़र! मेरी कड़क, मेरा जलाल

ख़ून, सफ़्फ़ाकी, गरज, तूफ़ान, बर्बादी, क़ताल
बरछियाँ, भाले, कमानें, तीर, तलवारें, कटार
बैरक़ें, पर्चम, अलम, घोड़े, प्यादे, शहसवार
जंग की सूरत से गो हंगामा करती हूँ शुरू
अम्न की सुब्हें मेरे ख़ंजर से होती हैं तुलू
ऐ जफ़ा-परवर इमारत! देख नादारों से भाग
भाग, दीवानों की ख़ूँ आशाम तलवारों से भाग
मौत का पैग़ाम है बिफरे हुए शेरों का वार
मुद्दई कफ़ दर दहाँ आबादियों से होशियार
ख़ल्क़ है बेताब तेरा मुँह झुलसने के लिए
तेरे सोने पर है अब लोहा बरसने के लिए
हुर्रियत की तुंद लहरों में ठहर सकता है कौन?
ज़ज़्बा-ए ख़ल्क़-ए ख़ुदा को फ़तेह कर सकता है कौन?
रोब-ए सुल्तानी से ये चेहरा उतर सकता नहीं
जो ख़ुदाई से लड़े, शाही से डर सकता नहीं

(बग़ावत)

लेकिन इनसे भी अधिक आग उन नज़्मों में है जहाँ जोश ने साम्राज्यवाद पर खुल कर आक्रमण किया है। इन नज़्मों में जोश के क्रान्तिकारी तेवर देखने से सम्बन्ध रखते हैं। ऐसा प्रतीत होता है कि किसी ज्वालामुखी पहाड़ का मुँह खुल गया हो और शोले बरस रहे हों। उन्होंने फ़िरंगियों को ललकारा है और साम्राज्यवाद के कण-कण में बिखर जाने की शुभ सूचना दी है। ऐसी नज़्मों में 'ज़वाल-ए जहाँबानी', 'ईस्ट इंडिया कम्पनी के फ़रज़ंदों के नाम', 'वफ़ादारान-ए अज़ली का पयाम शहनशाह-ए हिन्दोस्तान के नाम' और 'शिकस्त-ए ज़िन्दा का ख़्वाब' विशेषकर उल्लेखनीय हैं। ये वो नज़्में है जिन्हें उपमहाद्वीप की स्वतन्त्रता के इतिहास में कदापि भुलाया नहीं जा सकेगा। "वफ़ादारान-ए अज़ली का पयाम शहंशाह-ए-हिन्दोस्तान के नाम" में व्यंग्य की एक लहर है जिसने नज़्म में ललकार की चमक पैदा कर दी है। इसमें हिन्दोस्तान के मजबूर और विवश लोगों की ज़बान में अंग्रेज़ों से डरते हुए सम्बोधन किया है पर इसमें दबा हुआ सा ऐसा व्यंग्य है जिसका वार गहरा है। इस शृंखला की निःसन्देह सबसे अच्छी नज़्म "शिकस्त-ए-ज़िन्दाँ का ख़्वाब" है। ये पूरी नज़्म स्वतन्त्रता से पूर्व उबलते-खौलते हुए भारत का रूपक है। पूरा देश एक कारागार का दृश्य प्रस्तुत करता है जहाँ क्रान्ति का लावा उबलने को है। जनता क़ैदी है जो दीवारों के नीचे आ कर एकत्रित हो गये हैं। जिनके सीनों में मौजे हैं और आँखों में बिजलियाँ हैं। ज़ंजीरों की झंकार

क्रान्ति का स्वर है। दीवार और दर बैठ गये हैं और इंक़लाब ने झंडा खोल दिया है। आठ शेरों की इस छोटी-सी नज़्म में जोश ने जिस प्रकार क्रान्तिकारी भावना की तड़प और बेचैन उत्साह को जीवन्त रूप दे दिया है उन्हीं का हिस्सा है :

क्या हिन्द का ज़िन्दा काँप रहा है गूँज रही हैं तकबीरें
उकताये हैं शायद कुछ क़ैदी और तोड़ रहे हैं ज़ंजीरें
दीवारों के नीचे आ आ कर यूँ जमा हुए हैं ज़िन्दानी
सीनों में तलातुम बिजली का, आँखों में झलकती शमशीरें
भूखों की नज़र में बिजली है, तोपों के दहाने ठण्डे हैं
तक़दीर के लब को जुंबिश है, दम तोड़ रही हैं तदबीरें
आँखों में गदा के सुर्ख़ी है, बे-नूर है चेहरा सुलताँ का
तख़रीब ने परचम खोला है, सजदे में पड़ी हैं तामीरें
क्या उनको ख़बर थी ज़ेर-ओ ज़बर रखते थे जो रूह-ए मिल्लत को
उबलेंगे ज़मीं से मार-ए सियह, बरसेंगी फ़लक से शमशीरें
क्या उनको ख़बर थी सीनों से जो ख़ून चुराया करते थे
इक रोज़ इसी बेरंगी से झलकेंगी हज़ारों तसवीरें
क्या उनको ख़बर थी होंठों पर जो क़ुफ़्ल लगाया करते थे
इक रोज़ इसी ख़ामोशी से टपकेंगी दहकती तकरीरें
सँभलों कि वो ज़िन्दा गूँज उठा, झपटों कि वो क़ैदी छूट गए
उठो कि वो बैठी दीवारें, दौड़ों कि वो टूटी ज़ंजीरें

यहाँ पर कुछ जोश की सृजनात्मक अभिव्यक्ति की शैली से सम्बन्धित बताना भी अनिवार्य है। जोश ने यूँ तो अपनी नज़्मों में अलग-अलग स्वरूपों से काम लिया पर क़सीदे और मुसद्दस की आत्मा इनकी पूरी नज़्म की शैली पर इसकी छटा दर्शनीय है। अपने आरम्भिक काल में ही मरसिये, सलाम, मनक़बत से सम्बन्ध रहा, तत्पश्चात् वर्षों बाद इन्होंने इसे 'तुलुए फ़िक्र' के द्वारा जोड़ा। इस टूटती जुड़ती शृंखला का सम्बन्ध जो अनीस की शायरी की परम्परा से रहा और जिस तरह उन्होंने जानते हुए या अनजाने में इससे लाभ भी उठाया वो एक अलग ही विषय है। क़सीदे और मुसद्दस के स्वरूपों में जो अभिव्यक्ति का समन्वय है, इससे मैं अपने आलेख 'उसलूबियात-ए अनीस' में बहस कर चुका हूँ। इसमें कोई दो राय नहीं कि जोश ने अपने सम्बोधन से एक शक्तिशाली शस्त्र का काम लिया और अपनी क्रान्तिकारी शायरी में एक विशेष शान पैदा की। परन्तु जहाँ-जहाँ वो अभिव्यक्ति की नौका को भावनात्मकता के थपेड़ों के हवाले कर देते हैं ऐसे शब्द और उनके अर्थ का सम्बन्ध टूट सा जाता है और केवल शाब्दिक प्रहार ही बचता है। इस स्थिति में गुण से परिपूर्ण तीव्र प्रवाह,

तीक्ष्णता और सृजनात्मक अंकुरण शक्ति नज़्म को आगे बढ़ने नहीं देती। क्या ये बात विचार करने योग्य नहीं है कि जोश के यहाँ बहुत से बन्द या नज़्में ऐसे शब्दों से शुरू होती हैं जिनकी पुनरावृत्ति को वो यूँ ही जान बूझ कर अपने हेतु अनिवार्य कर लेते हैं। जैसेः

क़सम उनकी जो हँस कर ख़ून में अपने नहाते हैं
क़सम उन घनगरज पुरहोल तोपों के दहानों की
क़सम उन ग़ाज़ियों की मौत से जो जंग करते हैं

या फिर :

क़सम उस दिल की चस्का है जिसे सहबा परस्ती का
क़सम उस रूह की ख़ू है जिसे फ़ितरत परस्ती का

क़समों को ये बोझिल कर देने का सिलसिला शेर-दर-शेर पूरी नज़्म में चलता रहता है। इसी प्रकार यदि कभी भूले से वो साक़ी से सम्बोधन कर लें तो फिर आसानी से उसे नहीं छोड़ते। इनकी अनेको नज़्में 'अस्सलाम' से आरम्भ होती हैं। यही दशा अल-हफ़ीज़, अल-अमाँ, अल-हज़र का भी है। इन शब्दों के प्रयोग में वो इतने व्याकुल रहते हैं कि इससे अपने अर्थ से अलग होकर केवल शब्द रह जाते हैं।

अन्त में स्थानीय वातावरण व दृश्यों से सम्बन्धित जोश की उन नज़्मों का व्याख्यान आवश्यक है जिनकी ओर आरम्भ में ही इशारा किया गया था और जिन्हें 'मंज़रिया' (दृश्य सम्बन्धी) का नाम देना उचित रहेगा। इन नज़्मों की बात करते हुए 'शिकस्त-ए ज़िन्दा का ख़्वाब', 'वफ़ादारान-ए अज़ली का पयाम शहंशाह-ए हिन्दोस्तान के नाम' जैसी क्रान्तिकारी नज़्मों को भी ध्यान में रखना आवश्यक है क्योंकि सम्बोधन की शैली, प्रवाह, और सृजनात्मक शक्ति का शीर्षक एक ही है। 'शिकस्त-ए ज़िन्दा का ख़्वाब' 1921 में ख़िलाफ़त आन्दोलन के दौर में लिखी गयी थी। इसके सात साल बाद 1927 की लिखी हुई एक नज़्म का बन्द ज़ो एक दृश्य को दिखाता है यूँ है :

उठो वो सुबह का ग़ुर्फ़ा खुला, ज़ंजीर-ए शब टूटी
वो देखो पौ फटी, ग़ुँचे खिले, पहली किरन फूटी
उठो, चौंको, बढ़ो, मुँह हाथ धो आँखों को मल डालो
हवा-ए इंक़लाब आने को है हिन्दोस्ताँ वालों

(आसार-ए इंक़लाब)

इसमें सुबह के ग़ुर्फ़े के खुलने और ज़ंजीर-ए शब के टूटने से हट कर उठो, देखो, चौंको, बढ़ों की गूँज से अचानक 'शिकस्त-ए ज़िन्दा का ख़्वाब' के अन्तिम शेर की याद ताज़ा हो जाती है :

सँभलो, कि वो ज़िन्दा गूँज उठा, झपटो कि वो क़ैदी छूट गए
उठो कि वो बैठी दीवारें, दौड़ो कि वो टूटी ज़ंजीरें

सँभलो, उठो, झपटो, दौड़ो, क्या यह अन्दाज़ एक क्रान्तिकारी नायक की ललकार सरीखे नहीं लगते। इस प्रकार शब्दों का आक्रमण जोश के यहाँ कई बार मिलता है और ये अपना एक अलग प्रभाव डालता है। जोश के यहाँ समानान्तरता एक विशेष भूमिका निभाती है।

'बदली का चाँद' से ये दृश्य देखिए :

ख़ुर्शीद, वो देखो डूब गया, ज़ुल्मत का निशाँ लहराने लगा
महताब, वो हल्के बादल से, चाँदी के वरक बरसाने लगा
सिमटी जो घटा, तारीकी में चाँदी के सफ़ीने ले के चला
सनकी जो हवा, तो बादल के गरदाब में ग़ोते खाने लगा
पर्दा जो उठाया बादल का, दरिया पे तबस्सुम दौड़ गया
चिल्मन जो गिराई बदली की, मैदान का दिल घबराने लगा
उभरा तो तजल्ली दौड़ गयी, डूबा तो फ़लक बेनूर हुआ
उलझा तो सियाही दौड़ा दी, सुलझा तो ज़िया बरसाने लगा

रदीफ़ और क़ाफ़िये से हट कर पंक्तियों के अन्दर के ये टुकड़े ध्यान देने योग्य हैं। सिमटी जो घटा, सनकी जो हवा, पर्दा जो उठाया बादल का, चिल्मन जो गिराई बदली की, उभरा, उलझा, डूबा, सुलझा, ये संरचना जुड़े हुए मिस्रों की एक सी अनुकूलता की ओर संकेत देती है। इस व्याख्या की आवश्यकता नहीं कि ये समानान्तरता किस प्रकार जान-बूझ कर या अनजाने में रचनात्मक प्रक्रिया का हिस्सा बन जाती है और शेर में प्रवाह का एक जादू जगाती है। अब इसका दूसरा पक्ष भी देखिए। नीचे दी गयी नज़्म 'रूपमती' नामों के प्रयोग का अनूठा उदाहरण है। आठ शेर की इस नज़्म में एक भी कर्म नहीं। आन्तरिक संरचना में कर्म का वजूद है लेकिन बाहरी संरचना में यह हटा दिया गया है :

रुख़सार में शम-ए काबे की ज़ौ
आँखों में चिराग़-ए दैर की लौ
ख़ुश-पैकर-ओ ख़ुश-जमाल-ओ ख़ुश-रू
छिटकी हुई चाँदनी लब-ए जू
पलकों की झपक में मुस्कुराहट
शोले की ख़फ़ीफ़ थरथराहट
बरसात की रागनी की रातें
ग़लतीदा हसीन दस्त-ओ पा में
अनफ़ास में कमसिनी की ख़ुशबू

बंगाल का अंखुड़ियों में जादू
चेहरे पे शबाब का तलातुम
बुतख़ाने की सुबह का तबस्सुम
आरिज़ में दमक, दमक में नुदरत
बरसात के चाँद की लताफ़त
रस की बूँदें की नर्म बातें
आवाज़ में मालवे की रातें

बिल्कुल ऐसी ही संरचनात्मक भावना 'गर्मी और देहाती बाज़ार' की भी है। सारा ढाँचा नामों पर है, कहीं-कहीं होना का प्रयोग है। ये नज़्म भी जोश की प्रसिद्ध नज़्म है और पिछले बिन्दुओं को ध्यान में रख कर पढ़ने योग्य है :

दोपहर, बाज़ार का दिन, गाँव की ख़िलक़त का शोर
ख़ून की प्यासी शुआएँ, रूह फ़रसा लू का ज़ोर
आग की रो, कारोबार-ए ज़िन्दगी का पेच-ओ ताब
तुंद शोले, सुर्ख़ ज़र्रे, गर्म झोंके, आफ़ताब
शोर, हलचल, ग़लग़ला, हैजान, लू, गर्मी, ग़ुबार
बैल, घोड़े, बकरियाँ, भेड़ें, क़तार अन्दर क़तार
मक्खियों की भिनभिनाहट, गुड़ की बू, मिर्चों की घाँस
ख़रपरे, आलू, खली, गेहूँ, कद्दू, तरबूज़, घाँस
धूप की शिद्दत, हवा की यूरिशें, गर्मी की रौ
कमलियों पर सुर्ख़ चावल, टाट के टुकड़ों पे जौ
गर्म ज़र्रों के शदायद, झक्कड़ों की सख़्तियाँ
झक्कड़ों में खाँसते बूढ़ों की चिलमों का धुआँ
माँओं के कांधों पे बच्चे, गर्दनें डाले हुए
भूख की आँखों के तारे प्यास के पाले हुए
बाम-ओ दर लरज़े हुए ख़ुर्शीद के आफ़ात से
हर नफ़्स, इक आँच सी उठती हुई ज़र्रात से
मर्द-ओ ज़न गर्दिश में चीलों की सदा सुनते हुए
चिलचिलाती धूप की रौ में चने भुनते हुए
म्यान से मौसम के तेग़-ए बेअमाँ निकली हुई
प्यास से इंसाँ-ओ हैवाँ की ज़बाँ निकली हुई
लू के मारे बाम-ओ दर की रूह घबराई हुई
दोस्तों की शक्ल पर बेगानगी छाई हुई
यूँ शुआएँ साया-ए अशजार से छनती हुई

बे-मुरव्वत की सपाट आँखों की जैसे रोशनी
आसमाँ पर अब्र के भटके हुए टुकड़ों का रम
नश्शे में मुमसिक का जैसे वादा-ए जूद-ओ करम
हर रविश पर चिड़चिड़ापन, हर सदा में बेरुख़ी
हर जिगर भुनता हुआ, हर खोपड़ी पकती हुई
सर पे काफ़िर धूप, जैसे रूह पर अक्स-ए गुनाह
तेज़ किरनें, जैसे बूढ़े सूद-ख़ोरों की निगाह

इन नज़्मों को लेकर वाद-विवाद करने का तात्पर्य यह भी है कि इनके अतिरिक्त जोश की कहने की क्षमता के विभिन्न पहलुओं को सामने लाने के इस बात की भी व्याख्या हो जाये कि जहाँ जोश ने अपनी रचनात्मक शक्ति पर अंकुश लगाया है और अपनी भावनात्मक को दबा कर धैर्य से काम लिया है, नज़्म अद्वितीय हो गयी। इस स्तर की दूसरी नज्में 'जादू की सरज़मीं', 'आवाज़ की सीढ़ियाँ', और 'अलबेली सुबह' हैं जो अपने हावभाव और सुन्दर वर्णन में 'गर्मी और देहाती बाज़ार' और 'रूपमती' से किसी तरह कम नहीं हैं। यदि विस्तार से बात करनी होती तो इन नज़्मों को भी विश्लेषण के लिए रखा जाता क्योंकि जब तक इनकी एक-एक पंक्ति पर बात नहीं की जाती इनके प्रभाव को जानना लगभग असम्भव है। और ये मालूम करना भी कठिन है कि ऐसी नज़्मों में जोश ने बयानिया शायरी की किन ऊँचाईयों को छुआ। भारत की वर्षा ऋतु जोश का प्रिय विषय है। इस पर जोश ने 'भरी बरसात की रूह', 'बरसात की पहली घटा', 'रिमझिम', 'बरसात है बरसात', 'बरसात की चाँदनी', 'बरसात की शफ़क़', 'सावन के महीने' अनगिनत नज़्में कही हैं। यहाँ अन्त में एक छोटी-सी नज़्म 'बरसात की एक शाम' (राजपुताना) प्रस्तुत की जाती है जिससे इन सभी बातों की पुष्टि हो जायेगी जो ऊपर कही गयी हैं :

खुनक हवाओं में उठती जवानियों का ख़िराम
किनार-ए दश्त में बरसात की गुलाबी शाम
ज़मीं के चेहरा-ए रंगीं पे आसमाँ की तरंग
खुनक हवाओं की भीगी हुई तहों की रंग
फ़लक पे बाज़ी-ए तिफ़लाना अब्र पारों की
नदी के मोड़ में अँगड़ाईयाँ निगारों की
हर एक ज़र्रे में हैजान मस्त होने का
ज़रा-सा रेल की पटरी पे रंग सोने का
शफ़क़, हिलाल, नदी, रंग, अब्र, सब्ज़ा, हवा
हवा में मोर की आवाज़, झींगरों की सदा

ख़फ़ीफ़ ज़मज़मा, अमवाज की रवानी में
फ़लक पे रंग, दरख़्तों के साये पानी में
फ़िज़ा शगुफ़्ता, घटा लाला गूँ, शफ़क़ चोंचाल
हवा लतीफ़, ज़मीं नर्म, आसमाँ सय्याल
ये जाँ-फ़रोज़ मनाज़िर कि दिल लुभाते हैं
बिछड़ गया हूँ किसी से तो खाये जाते हैं

जोश की शायरी का एक बड़ा भाग इस प्रकार की नज़्मों पर आधारित है जिसे आमतौर पर शबाबियात का नाम दिया जाता है। ये नाम इस तरह तो इन नज़्मों का तार्किक प्रतिनिधित्वि नहीं करता है क्योंकि इनमें केवल प्रत्यक्ष सौन्दर्य का वर्णन है, मानवीय सम्बन्धों की खींचातानी, उलझाव नहीं है। यह इस प्रकार का वर्णन है जिसमें नारी के सौन्दर्य के उभार और निखार है। इसका वर्णन भी कोमल प्रवाह की तरह है। इसमें कोई विवाद नहीं कि देखने वाली दृष्टि विलासिता का दृष्टिकोण रखती है और जोश इसको रहस्य भी नहीं बनाते। कोहिस्तान-ए दकन की औरतों (फट पड़ा है जिनमें तूफ़ाँख़ेज़ पथरीला शबाब) का बयान है जहाँ कहते हैं :

जिस्म है कुछ इस क़दर ठोस, अल-हफ़ीज़-ओ अल-अमाँ
लीजिए चुटकी तो छिल जायें ख़ुद अपनी उँगलियाँ

तात्पर्य यह है कि सौन्दर्य तनिक से इशारे पर कामवासना में बदल जाता है। अगर इससे सौन्दर्यवाद का प्रतिनिधित्व होता है तो फिर इसे भी साहित्य माना जाये। और यदि ये कोरी भावनात्मकता या कलाविहीनता है तो फिर इससे कुछ नहीं मिलना है। वैसे विश्व की लगभग सभी भाषाओं में इस प्रकार का साहित्य मिलता है जिसके उदाहरणों की कमी नहीं है। जोश की शायरी को किसी नैतिक लीपापोती की आवश्यकता नहीं है इसलिए क्योंकि स्वयं जोश इस पर कोई परदा नहीं डालते। जोश के कुछ संस्कारी प्रशंसक यूँही इसको लेकर लज्जित होते हैं और तर्क देते रहते हैं। लालसा हो या विलासिता, इनके कोई अर्थ कहीं से अवतरित नहीं होते, अपितु यह हमारे स्वयं के गढ़े हुए होते हैं। अगर कुछ देर के लिए इन नैतिक मान्यताओं को अलग कर दें तो हमें अन्दाज़ा होगा कि कुछ नज़्में (कुछ कमज़ोर शेर कम कर देने पर) उच्चस्तरीय हैं और इनमें नारी की शारीरिक संरचना, उसके सौन्दर्य के आकर्षण और मृदुलता का जो विवरण प्रस्तुत किया गया है वो अपने में सौन्दर्यवादी श्रेष्ठता रखती है। यद्यपि इनकी प्रस्तुति 'दृश्य' से ही सम्बन्धित है पर सौन्दर्य को एक दृश्य के रूप में प्रस्तुत करना कहीं-कहीं लूट-खसोट जैसा प्रतीत होने लगता है। इनका विस्तार और कुछ भर्ती के शेरों के कारण रुकावट बनता है, अन्यथा इनमें ऐसे शेरों की कमी नहीं जो शृंगार

रस में डूबे हैं। जोश की इस प्रकार की नज़्मों में 'जामुन वालियाँ', 'बदली का चाँद', 'फ़ित्ना-ए ख़ानक़ाह', 'दोपट्टे को मसले बदन को चुराए', 'गंगा के घाट पर', 'जंगल की शहज़ादी', 'धूप छाँव', 'अल्हड़ कामिनी', 'क्या गुल बदनी है' और 'रंगीन रात का पिछला पहर' को गिना जा सकता है। इन सबका विवरण देना तो सम्भव नहीं, दो-तीन हवालों से बात साफ़ की जा सकती है। पहले 'गंगा के घाट' पर से ये कुछ शेर देखें :

बढ़ाये सुर्ख़ी-ए आरिज़ हवा-ए सेहरा से
नहाया कौन चला आ रहा है गंगा से

———

सिरा दुलाई का सर पर नज़र झुकाये हुए
दबाये दाँतों में आँचल, बदन चुराये हुए

———

दराज़ ज़ुल्फ़ में जादू, सियाह आँख में मध
नसीम-ए सुबह बनारस, हिलाल-ए शाम-ए अवध

———

ख़ुनक नसीम से उभरे हुए नुक़ूश-ए शबाब
सबाहतें हैं कि बरसात की शब-ए महताब

———

नमी है ज़ुल्फ़ में, अशनान करके निकली है
ये किसकी मौत का सामान करके निकली है

'जंगल की शहज़ादी' भी मज़े की नज़्म है जिसमें रेल के जंगल में रुकने और एक लड़की के सौन्दर्य को निहारने का चित्रण है जो अपने अन्दर एक जादुई सा प्रभाव रखता है। जोश की दक्षता इस समय एक अलग ही शान रखती है जब वो सौन्दर्य के आगमन या यौवन की सुन्दरता की व्याख्या करते हैं। 'रूपमती' की बात पहले हो चुकी है, 'अल्हढ़ कामिनी' और 'धूप छाँव' भी कमाल की नज़्में हैं। इन शेरों की प्रस्तुति, सौन्दर्य का प्रभाव श्रेष्ठता से भला कौन प्रभावित न होगा :

नाज़ से चौंकी है यूँ इक मस्त अल्हड़ कामिनी
जैसे इठलाती किरन से रसमसाती है नदी
चाँद से माथे पे ज़ुंबिश में महकती काकुलें
काकुलों के ज़ेर-ए साया झुटपुटे की मोहिनी
करवटों में कमसिनी के वलवलों की चुटकियाँ
अंखुड़ियों में भैरवी अँगड़ाइयाँ लेती हुई
करवटों से खुल रहा है जिस्म का यूँ बन्द बन्द

खिल रही है नाज़ से गोया चंबेली की कली
सुबह के मसले हुए बिस्तर पे क़ामत की फबन
'शाम; के तरशे हुए होठों पे जैसे बाँसुरी
काँपती लौ से लब-ओ रुख़सार पे वो धूप छाँव
फूल बन में जैसे उड़ते जुगनुओं की रोशनी
खुफ़्ता बासी हार पर बिखरी हुई ज़ुल्फ़-ए दोता
और बिखरी ज़ुल्फ़ में उलझी हुई चंपा कली
बिन धुले मुखड़े पर ऐसी मुस्कुराहट जिस तरह
पंखुड़ी की ओस पर पिछले पहर की चाँदनी

(अल्हड़ कामिनी)

सिन, नीम सफ़ेद, नीम धानी
आईना-ए तिफ़ली-ओ जवानी
चढ़ता हुआ दिलबरी का पारा
मुड़ता हुआ कमसिनी का धारा
रंगीनी-ए जिस्म से, भबूका
बारीक चुभा हुआ शलूका
शोख़ी में हया की कसमसाहट
फबके हुए तन में गुनगुनाहट
अँगड़ाई के लोच में जमाही
अरबाब-ए निगाह की तबाही
तन, नीम रसीदगी के रस में
रफ़्तार नहीं ख़ुद अपने बस में
आँखों की तहों में धुँधले धुँधले
नादीदा-ओ पुरफ़ुसूँ जज़ीरे
लहजे में सरोद की चुभन सी,
आवाज़ में फूटती किरन सी!
आँखों में चढ़ी हुई बरातें
भीगी हुई मालवे की रातें
पेचीदा सबा, कली के तन में
पौ सी फटती हुई बदन में
पच्छिम की तरफ़, रवाना मद्धम
किरनों की अमारियों में शबनम
हर नक़्श-ए क़दम में सहर-ए बंगाल

पुल पर चढ़ते हुए मह-ओ साल
तिफ़ली से शबाब का तफ़न्नुन
उक़दे के उफ़क़ पे सुबह-ए नाखुन
तन में तूफ़ान बो रहा है
ये कौन जवान हो रहा है

(धूप छाँव)

यह तो जोश पर शोध करने वाले ही बतायेंगे कि जोश ने कितने हज़ार शेरों का ख़ज़ाना यादगार छोड़ा है। एक आम हिसाब से जोश ने पचास हज़ार के आस-पास शेर क्या कहे होंगे। क़सीदे और मुसद्दस की परम्परा का शायर जब कहने पर आ जाता है तो समझा यही जाता है कि मोतियों के दरिया बहा रहा है और जोश के प्रशंसक उन्हें ये समाझाते भी थे और यही ज़माने का रंग भी था। फिर भी शेरों के इस भंडार में चमकदार रत्नों की कमी नहीं है। ऐसे कई स्थान पर बल्कि कई बार ऐसा हुआ है जहाँ नज़्म के मार्ग से न हट कर और अपने उच्चस्तरीय कथन और रचनात्मकता से सही काम लिया। विद्रोही और अलौकिक दृश्यों पर आधारित दोनों प्रकार की शायरी उन्होंने की और उन्होंने अपने पीछे कुछ ऐसे शाहकार छोड़े हैं जिनमें रचाव, सौन्दर्य, तेज के चिन्ह इतनी आसानी से समय मिटा न सकेगा। 'हमारी सोसाइटी', 'शिकस्त-ए ज़िन्दा का ख़्वाब', 'वफ़ादारान-ए अज़ली का पयाम', 'किसान', 'गर्मी और देहाती बाज़ार', 'बदली का चाँद', 'रूपमती', 'अलबेली सुबह', 'बरसात की एक शाम' हमारी दृष्टि में उस स्तर की नज़्में हैं कि ये बीसवीं शताब्दी की उर्दू नज़्म के कड़े से कड़े चयन में भी जगह बना लेंगी और इनके बिना उर्दू नज़्म की कोई भी वार्ता हो ही नहीं सकेगी। जोश एक अद्वितीय शायर थे। अपनी आवाज़ के हवाले से और अपने अलग स्वभाव से भी, हर स्तर पर उन्होंने तत्त्वों पर कड़ा प्रहार किया। इनके व्यक्तित्त्व का सकारात्मक पक्ष यही है कि उन्होंने हर कल्पना से विद्रोह किया। वो समाज के भी बाग़ी थे, राजनीति के भी विद्रोही थे, नैतिकता के भी और तो और स्वयं अपने आपके भी विरोधी थे। अर्थात् उन आदर्शों और मूल्यों को भी चूर-चूर करने से नहीं चूकते थे जिन्हें उन्होंने स्वयं तराशा और सँवारा था। यही इनका कारनामा है और यही इनका दुःखद पक्ष है। वो शब्दों में ज्वाला भर सकते थे और दिलों में आग लगा सकते थे। जब तक सत्य, साहस, निष्ठा, पौरुष और स्वतन्त्रता और क्रान्तिकारी भाव शेर-ओ शायरी का जीवन है जोश की विद्रोही और क्रान्तिकारी भावना और इनकी शैली उर्दू शायरी का सम्मान्नीय पूँजी बनी रहेगी।

अध्याय सात

फ़िराक़ गोरखपुरी

> जोश मलीहाबादी और फ़िराक़ गोरखपुरी के कुछ दिन पहले होने वाले देहान्त से उर्दू और हिन्दुस्तानी भाषा को दो बड़े धक्के लगे। फ़िराक़ गोरखपुरी ने हमारी चेतना को कई स्तर पर प्रभावित किया। यह मेरे लिए सौभाग्य की बात है कि मैं फ़िराक़ के सम्पर्क में कई साल रही थी। उन्होंने मुझे और मेरे पिता को कई पत्र लिखे। इधर कुछ समय पूर्व लिखे उनके पत्रों को पढ़ कर लगता था कि उनको लगने लगा था कि उनका अन्त समीप आ चुका है, फिर भी जब मैंने उन्हें देखा तो मुझे बताया गया कि उनकी हालत ठीक है और उन्हें अस्पताल से छुट्टी मिलने वाली है।
>
> –इंदिरा गाँधी (1)

रघुपति सहाय फ़िराक़ का जन्म 1896 में गोरखपुर (उ.प्र.) के एक प्रतिष्ठित कायस्थ परिवार में हुआ था। मानवता, शान्तिवाद, सार्वभौमिकता, सौहार्द, धर्मनिरपेक्षता उन्हें अपने पिता से विरासत में मिले जो उनका काव्यदर्शन बने। एक अच्छे विद्यार्थी के रूप में उन्हें कई भाषाओं का ज्ञान था। हिन्दी, संस्कृत, उर्दू, फ़ारसी और इंगलिश पर उन्हें अच्छी पकड़ थी। उनका परिवार धार्मिक आस्थाओं को मानता था। हिन्दू धर्म से जुड़े रीति-रिवाज़ों, मान्यताओं का चलन उनके परिवार में था। जहाँ तक आध्यात्मिक ज्ञान का विषय है यहाँ भी फ़िराक पीछे नहीं थे। वेदों, उपनिषदों से लेकर गीता, रामायण के साथ-साथ महाभारत और रामायण जैसे काव्य ग्रन्थों का ज्ञान भी उन्हें था। इसके अतिरिक्त कालीदास, सूरदास और तुलसीदास सरीखे सन्त-कवियों की वाणी से भी वो प्रभावित थे।

---

1. अजय मान सिंह, गोपीचन्द नारंग, प्राक्कथन फ़िराक़ गोरखपुरी : The Poet of Pain and Ecslasy (नयी दिल्ली रोली बुक्स 2015). Kindle digital Edition

इन सबका प्रभाव फ़िराक़ की शायरी पर पड़ा। कुछ लोग तो उन्हें 'उर्दू भाषा का हिन्दू कवि' तक कहने लगे थे। पर फ़िराक़ ने इस पहचान को संकीर्ण मानसिकता माना। और इसमें कोई दो राय नहीं कि इस प्रकार की सोच एक परिधि में रह कर उनकी शायरी की विविधता और विचारों के विपरीत थी।

ऐसा कहना उचित होगा कि फ़िराक़ ने अपनी शायरी में तीन मुख्य प्रभावों का विवरण दिया जो उनके जीवन से सम्बन्धित है। प्राचीन भारत की सभ्यता, हिन्दू शास्त्रों का विवरण, भारत में इस्लाम और उपमहाद्वीप की सूफ़ी परम्परा और पाश्चात्य दर्शन।

1914 में वह एक छल का शिकार होकर किशोरी देवी नाम की महिला के साथ विवाह सूत्र में बँध गये जोकि एक अच्छी इन्सान थीं, पर ज्ञान में वो फ़िराक़ के आस-पास नहीं थीं। यह एक ऐसी घटना थी जिसका परिणाम उनके वैवाहिक जीवन पर पड़ा जिसमें कड़वाहट, पीड़ा, अलग होना साथ लगा रहा। इसका प्रभाव उन पर आजीवन रहा। उन्होंने अपनी इस पीड़ा को एक शेर में भी कुछ यूँ कहा :

ग़म-ए फ़िराक़ तो उस दिन ग़म-ए फ़िराक़ हुआ
जब उनको प्यार किया मैंने जिनसे प्यार नहीं

फ़िराक़ ने अपनी उच्च शिक्षा इलाहाबाद में प्राप्त की। 1918 में उनका चयन भारतीय प्रशासनिक सेवा में हुआ। पर उन्होंने इसको ठुकराया और ज़िला कांग्रेस कमेटी से जुड़ गये और कांग्रेस पार्टी सदस्यों के साथ जेल भी गये। एक युवा पार्टी वर्कर के रूप में आनन्द भवन में भी उनका आना जाना था जहाँ उन्होंने पण्डित जवाहर लाल नेहरू के साथ काम किया। इंदिरा गाँधी से भी उनका परिचय हुआ जब वो भी युवा थीं और ये सम्बन्ध फ़िराक़ ने आजीवन बनाये रखा। फ़िराक़ ने 1927 में अपनी राजनीतिक आकांक्षाओं को त्याग दिया और शिक्षण से जुड़ गये। पहले लखनऊ और फिर कानपुर। आगरा विश्वविद्यालय से 1930 में उन्होंने अंग्रेज़ी में एम.ए. किया और बाद में इलाहाबाद यूनिवर्सिटी में अंग्रेज़ी के लेक्चरर हो गये। उन्होंने अपना पूरा जीवन एक अध्यापक के रूप में ही व्यतीत किया और उनका विषय अंग्रेज़ी साहित्य रहा। सन् 1968 में उन्हें पद्मभूषण एवार्ड से सम्मानित किया गया, 1969 में ज्ञानपीठ और 1970 में साहित्य अकादेमी फेलोशिप उन्हें दिया गया। फ़िराक़ गोरखपुरी का देहान्त नयी दिल्ली में 1982 में हुआ उस समय वो 85 वर्ष के थे। उनका देहान्त आर.के. गर्ग के निवास पर हुआ था जो उनके विद्यार्थी थे। इलाहाबाद के हज़ारों लोगों ने उनके अन्तिम संस्कार पर उन्हें भावभीनी विदाई दी। फ़िराक़ ने अपनी मृत्यु दिवस पर पहले से ही एक शेर लिख छोड़ा था :

आज इलाहाबाद है सूना शायर के उठ जाने से
सदियों सदियों ढूँढोंगे लेकिन कहाँ फ़िराक़ को पाओगे

यदि सही अर्थों में देखा जाये तो फ़िराक़ भारतीयता का प्रतीक थे। यद्यपि भारत की अनेकता और उर्दू की गंगा-जमनी संस्कृति भारतीयता के अर्थ समझने में कठिनाई पैदा करती है पर यदि इसमें हम स्वदेशी स्वाद की बात करें तो हमें अमीर ख़ुसरो, क़ुली क़ुतुब शाह, मीर तक़ी मीर, ग़ालिब, इक़बाल और इन जैसे कई और के यहाँ वह मिलेगा जिसने इस देश में चारों ओर फैली हुई अनेकों सभ्यताओं की जड़ों में जाकर भारतीयता के अर्थ को समझाया, जिसमें इन सबका अपना-अपना अलग दृष्टिकोण है। हम फ़िराक़ के दृष्टिकोण को समझने की कोशिश करेंगे अपने द्वारा चयनित लेखों में जो हमने अपने इस अध्याय में सम्मिलित किये हैं। फ़िराक़ का कहना था कि एक कवि के हाथ होते हैं उस घंटी को बजाने के लिए जो मानवता के मन्दिर में हो और जिससे सृष्टि की ध्वनि निकले।

फ़िराक़ गोरखपुरी को हम बिना किसी विवाद के 20वीं शताब्दी के महान कवि के रूप में जान सकते हैं जिनका नाम इसी शताब्दी के कुछ महान कवियों की श्रेणी में आता है जिनमें इक़बाल और फ़ैज़ के नाम उल्लेखनीय हैं। ग़ज़ल के अतिरिक्त उन्होंने रुबाइयाँ लिखीं और भारतीय रहन-सहन और नारीत्व का अद्वितीय वर्णन किया। उन्होंने नज़्में ज़्यादा नहीं लिखीं फिर भी उनके द्वारा लिखी नज़्मों का उर्दू साहित्य में अपना एक अलग स्थान है। फ़िराक़ ने कभी भी अपनी उपलब्धियों को शिष्टता की दृष्टि से देखना पसन्द नहीं किया।

आने वाली नस्लें तुम पर रश्क करेंगी हमअसरों
जब उनको मालूम ये होगा तुमने फ़िराक़ को देखा है[1]

हम अपनी बात शुरू करेंगे फ़िराक़ की प्रसिद्धि नज़्म हिण्डोला से। इस महान काव्य में भारत के पाँच हज़ार वर्षों के इतिहास का वर्णन है, जहाँ हमें रामायण और महाभारत जैसे शास्त्रों के वर्णन के साथ-साथ आधुनिक युग के महान कवियों ग़ालिब और टैगोर के युग का वर्णन भी मिलता है। फ़िराक़ ने अपनी निजी गाथा को अपनी मातृभूमि में इस तरह पिरोया है जिसके अन्त में वो अपील करते हैं कि आने वाली पीढ़ी को उच्च शिक्षा प्राप्त हो ताकि वो इस महान राष्ट्र के संरक्षक बनकर उभरें। चूँकि यह नज़्म काफ़ी लम्बी है, हम यहाँ

---

1. दूसरी पंक्ति यूँ भी है :
   जब ये ध्यान आयेगा उनको तुमने फ़िराक़ को देखा था

पर इसका संक्षिप्त विवरण दे रहे हैं जिसमें इस महान रचना के महत्त्वपूर्ण भागों को सम्मिलित किया गया है :

दयार-ए हिन्द था गहवारा याद है हमदम
बहुत ज़माना हुआ किसके किसके बचपन का
इसी ज़माने पे खेला है राम का बचपन
इसी ज़मीन पे उन नन्हें नन्हें हाथों ने
किसी समय में धनुष बाण को सँभाला था
इसी दयार ने देखी है कृष्ण की लीला
यहीं घरौंदों में सीता, सुलोचना, राधा
किसी ज़माने में गुड़ियों से खेलती होंगी
यही ज़मीन यही दरिया पहाड़ जंगल बाग़
हुआ ज़माना के सिद्धार्थ के थे गहवारे
मोहनजोदारो हड़प्पा के और अजन्ता के
बनाने वाले यहीं बल्लमों से खेले थे
इसी हिंडोले में भवभूत-ओ कालिदास कभी
हुमक हुमक के तुतला के गुनगुनाए थे
सरस्वती ने ज़बानों को उनकी चूमा था
यहीं के चाँद व सूरज खिलौने थे उनके
इन्हीं फ़ज़ाओं में बचपन पला था ख़ुसरो का
इसी ज़मीं से उठे हैं तानसेन और अकबर
रहीम नानक-ओ चैतन्य और चिश्ती ने
इन्हीं फ़ज़ाओं में बचपन के दिन गुज़ारे थे
अहिल्याबाई दमन पद्मिनी-ओ रज़िया ने
यहीं के पेड़ों की शाख़ा में डाले थे झूले
इन्हीं नज़ारों में सावन के गीत गाये थे
इन्हीं फ़ज़ाओं में गूँजी थी तोतली बोली
कबीरदास तुकाराम सूर-ओ मीरा की
इसी ज़मीं के थे लाल मीर-ओ ग़ालिब भी
अनीस-ओ हाली-ओ इक़बाल और वारिस शाह
यहीं की ख़ाक से उभरे थे प्रेमचन्द-ओ टैगोर
यहीं से उठे थे तहज़ीब-ए हिन्द के मेअमार
इसी ज़मीं से उठे वो देश के सावंत
उड़ा दिया था जिन्हें कम्पनी ने तोपों से

इसी ज़मीं से उठी है अनगिनत नस्लें
पले हैं हिन्द हिंडोले में अनगिनत बच्चे
इस अर्ज़-ए पाक से उठीं बहुत-सी तहज़ीबें
यहीं तुलूअ हुईं और यहीं ग़ुरूब हुईं
इसी ज़मीन से उभरे कई उलूम-ओ फ़ुनून
फ़राज़-ए कोह-ए हिमाला-ए दौर-ए गंग-ओ जमन
और इनकी गोद में परवर्दा कारवानों ने
यहीं रूमूज़-ए ख़िराम-ए सुख़न-नुमा सीखे
नसीम-ए सुब्ह-ए तमद्दुन ने भैरवी छेड़ी
वो दिन के बढ़ते हुए साये सेह-पहर का सुकून
सुकूत शाम का जब दोनों वक़्त मिलते हैं
ग़रज़ झलकते हुए सरसरी मनाज़िर पर
मुझे गुमान परिस्तानियत का होता था
हर इक चीज़ की वो ख़्वाबनाक असलियत
मेरे शऊर की चिलमन से झाँकता था कोई
लिए रूबाईयात-ए काएनात का एहसास
हर इक जलवे में ग़ायब-ओ शोहूद का वो मिलाप
हर इक नज़ारा इक आइना-ख़ाना-ए हैरत
हर एक मंज़र-ए मानूस एक हैरत-ज़ार
कहीं रहूँ कहीं खेलूँ कहीं पढ़ूँ लिख्खूँ
मेरे शऊर पे मण्डलाते थे मनाज़िर-ए देहर
मैं अक्सर उनके तसव्वुर में डूब जाता था
वफ़ूर-ए जज़्बा से हो जाती थी मिज़हा पुरनम
मुझे यक़ीं है इन उन्सुरी मनाज़िर से
कि आम बच्चों से लेता था मैं ज़्यादा असर
कहानियाँ जो सुनूँ उनमें डूब जाता था
इन्हीं फ़सानों में पिन्हाँ थे ज़िन्दगी के रुमूज़
उन्हीं फ़सानों में मिलती थीं ज़ीस्त की क़दरें
रुमूज़-ए बेश-बहा ठेठ आदमियत के
कहानियाँ थीं कि सद-दर्सगाहे ख़िलक़त-ए क़ल्ब
हर इक कहानी में शाइस्तगी-ए ग़म का सबक़
वो उन्सुर आँसुओं का दास्तान-ए इंसाँ में
वो नल-दमन की कथा सरगुज़श्त-ए सावित्री

शकुन्तला की कहानी भरत की क़ुर्बानी
वो मर्ग-ए भीष्मपितामह वो सेज तीरों की
वो पाँचों पाण्डवों की स्वर्ग यात्रा की कथा
वतन से रुख़्सत-ए सिद्धार्थ, राम की बनबास
वफ़ा के बाद भी सीता की वो जला वतनी
वो रातों रात श्री कृष्ण को उठाए हुए
बला की क़ैद से बरदेव का निकल जाना
वो अन्धकार वो बारिश भरी हुई जमुना
ग़म-आफ़रीं कहानी वो हीर राँझा की
शऊर-ए हिन्द के बचपन की यादगार-ए अज़ीम
कि ऐसे वैसे तख़इय्युल की साँस उखड़ जाये
कहानियों की ये दौलत ये बे-बहा दौलत
फ़साने देख लो इनके नज़र भी आती है
फ़सानों से मेरे बचपन ने सोचना सीखा
फ़सानों से मुझे संजीदगी के दर्स मिले
फ़सानों में नज़र आती थी मुझको ये दुनिया
ग़म-ओ ख़ुशी में रची प्यार में बसाई हुई
मेरी सरिश्त में ज़िहैन के कई जोड़े
शुरू ही से थे मौजूद आब-ओ ताब के साथ
मेरे मिज़ाज में पिन्हाँ थी इक जदलियत
रगों में छूटते रहते थे बेशुमार अनार
नदीम ये हैं मेरे बालपन के कुछ आसार
वफ़ूर-ओ शिद्दत-ए जज़्बात का ये आलम था
नदीम ज़िक्र-ए जवानी से काँप जाता हूँ
ज़मीन-ए हिंद हिंडोला नहीं है बच्चों का
करोड़ों बच्चों का ये देस अब जनाज़ा है
हम इंक़लाब के ख़तरों से ख़ूब वाक़िफ़ हैं
कुछ और रोज़ यहीं रह गये जो लैल-ओ निहार
तो मोल लेना पड़ेगा हमें ये ख़तरा भी
कि बच्चे क़ौम की सबसे बड़ी अमानत हैं

फ़िराक़ अपनी युवावस्था में स्वतन्त्रता संग्राम में पूर्णतया शामिल थे। उन्होंने जवाहर लाल नेहरू के साथ डेढ़ साल जेल में भी बिताया। नीचे लिखी पंक्तियों में वो पीड़ा है जिसमें एकान्त में बिताये क्षण और रातों का विवरण है। नोट करने

योग्य है कि किस तरह शब्द भयानक अँधेरे में प्रवेश करते हैं :

इक्का दुक्का सदा-ए ज़ंजीर
ज़िन्दा में रात हो गयी है

स्वतन्त्रता का विषय स्वतन्त्रता आन्दोलन से जुड़ी कविताओं में प्रायः देखने को मिलता है। उर्दू शायरों ने भी आज़ादी के शीर्षक के अन्तर्गत कई नज़्में लिखीं जिसमें सबका अपना-अपना दृष्टिकोण और शैली भिन्न थी। जिसके चलते इस विषय में अलग-अलग विचार देखने में आते हैं। फ़िराक़ ने भी इस शीर्षक को लेकर एक नज़्म लिखी। इसकी कुछ पंक्तियाँ हम अपने पाँचवें अध्याय में दे चुके हैं, पर यहाँ हम पूरी नज़्म प्रस्तुत कर रहे हैं। इन सोलह शेरों में शायर स्वतन्त्रता की व्याख्या से सम्बन्धित रूपक प्रस्तुत करता है। अपनी नज़्म के रदीफ़ में आज़ादी शब्द का प्रयोग करते हुए शायर ने क़ाफ़िया चुनने में काफ़ी सावधानी बरती है जिसके कारण जीवन्त प्रस्तुतिकरण हमारे समक्ष आता है। पर स्वतन्त्रता का सपना अभी भी एक स्वप्न है। तो ऐसे में जो चित्र उभरता है वह मज़बूत है। संध्या और रात्रि शब्दों का प्रयोग कई बार हुआ है जो स्वतन्त्रता का प्रतीक और गुलामी के अन्त की बात करता है, जो भोर से मिश्रित है। यह बात समझ में आने वाली है क्योंकि स्वतन्त्रता संग्राम के लम्बे काल में आशा के क्षण भी थे और ऐसे भी जहाँ पीड़ा थी।

इस नज़्म में ज़ोर देकर यह बात कही गयी है कि मज़दूरों और किसानों को चाहिए कि वो अपने बलिदानों से एक नये संसार का मार्ग दिखाएँ। हम ऐसा अनुमान लगा सकते हैं कि इस कविता का सम्पूर्ण रचनात्मक पहलू उन पीड़ा दायक दिनों से सम्बन्धित है जब यह लिखी गयी थी।

मेरी सदा है गुल-ए शमा-ए शाम-ए आज़ादी
सुना रहा हूँ दिलों को पयाम-ए आज़ादी
लहू वतन के शहीदों का रंग लाया है
उछल रहा है ज़माने में नाम-ए आज़ादी
जो राज करते हैं जम्हूरियत के पर्दे में
उन्हें भी है सर-ओ सौदा-ए ख़ाम-ए आज़ादी
बनाएँगे नयी दुनिया किसान और मज़दूर
यही सजायेंगे दीवान-ए आम-ए आज़ादी
फ़ज़ा में जलते दिलों से धुँआँ-सा उठता है
अरे ये सुब्ह-ए गुलामी ये शाम-ए आज़ादी
ये महर-ओ माह ये तारे ये बाम हफ़्त-अफ़लाक

बहोत बुलन्द है इनसे मुक़ाम-ए आज़ादी
फ़ज़ा-ए शाम-ए सेहर में शफ़क़ झलकती है
कि जाम में है मय-ए लाला-फ़ाम-ए आज़ादी
सूकूँ का नाम न ले है वो क़ैद-ए बेमियाद
है पय-ब पय हरकात में क़याम-ए आज़ादी
ये कारवाँ है पसमांदगान-ए मंज़िल के
कि रहरवों में यही है इमाम-ए आज़ादी
दिलों में अहल-ए ज़मीं के है नींव उसकी मगर
क़सूर-ए ख़ुल्द से ऊँचा है बाम-ए आज़ादी
वहाँ भी ख़ाक़ नशीनों ने झंडे गाड़ दिए
मिला न अहल-ए दुवल को मकाम-ए आज़ादी
हमारे ज़ोर से ज़ंजीर-ए तीरगी टूटी
हमारा सोज़ है माह-ए तमाम-ए आज़ादी
तरन्नुम-ए सहरी दे रहा है जो छुप कर
हरीफ़-ए सुब्ह-ए वतन है ये शाम-ए आज़ादी
हमारे सीनों में शोले भड़क रहे हैं फ़िराक़
हमारी साँस से रौशन है नाम-ए आज़ादी

देश या राष्ट्र का अस्तित्त्व में आना दो बातों पर निर्भर होता है : या तो मूल निवासी जो एक लम्बे समय से रह रहे हों, वो एक साथ मिलकर कोई ऐसी राजनीतिक इकाई बनायें जो एक देश बनकर उभरे या लोग एक जगह से दूसरी जगह जाकर कुछ समय बाद साझा संस्कृति विकसित करके साथ रहें। भारत दोनों प्रकार की पद्धतियों का प्रतिनिधित्व करता है। दक्षिण भारत के निवासी प्राचीन काल से हैं जहाँ बाहर से आना-जाना नहीं था। परन्तु उत्तर भारत की बात करें तो यहाँ मध्य एशिया, ईरान और दूसरी जगहों से लोग आकर बस गये थे, या तो विजेताओं के रूप में या प्रवासियों के रूप में जो बेहतर काम-काज और वातावरण की तलाश में आकर बस जाते थे।

उन लोगों का किसी एक जगह से न होने के परिणामस्वरूप संस्कृति, भाषाओं और धर्मों की अनेकता पनपने लगी। जहाँ तक इतिहासकारों का प्रश्न है उन्होंने तथ्यों पर बात की। दूसरी ओर राजनेताओं ने इन्हीं का सहारा लेकर फूट डाली और अनेकता पर प्रहार किया। इसके विपरीत शायर ने अपनी कल्पना से एक तस्वीर बनाई जिसे रूपकों से सँवारा। ये न तो इतिहास था और न ही राजनीति। कवि का अपना एक उद्देश्य था कि रचनात्मकता और सौन्दर्य की दृष्टि से चिरस्थायी साहित्य का निर्माण हो जो पाठकों तक पहुँचे। अब जो ग़ज़लें

और नज़्में प्रस्तुत की जायेंगी उनमें फ़िराक़ ने कारवाँ शब्द के रूपक प्रयोग किये जिसमें दर्शाया गया कि देश किस तरह अस्तित्त्व में आया जो पहले एक कारवाँ था। ये एक लम्बी और उलझी प्रक्रिया है पर मूलभूत सिद्धान्त पर टिकी है। भारत भी किसी एक समय काल में अस्तित्त्व में नहीं आया था। आज हम जो कुछ सामने पा रहे हैं वो परिणाम है विकासवादी प्रक्रिया का। और यही रहस्य है इस देश के चिरस्थायी सौन्दर्य और अन्दरूनी शक्ति का।

ज़ेर-ओ बम से साज़-ए ख़िलक़त के जहाँ बनता गया
ये ज़मीं बनती गयी, ये आसमाँ बनता गया
दास्तान-ए जौर-ए बेहद ख़ून से लिखता रहा
क़तरा क़तरा अश्क-ए ग़म का बे-कराँ बनता गया
इश्क़-ए तनहा से हुईं आबाद कितनी मंज़िलें
इक मुसाफ़िर कारवाँ दर कारवाँ बनता गया
मैं तेरे जिस ग़म को अपना जानता था वो भी तो
ज़ेब-ए उनवान-ए हदीस-ए दीगराँ बनता गया
बात निकले बात से जैसे वो था तेरा बयान
नाम तेरा दास्ताँ दर दास्ताँ बनता गया
हम को है मालूम सब रूदाद-ए इल्म-ओ फ़लसफ़ा
हाँ हर ईमान-ओ यक़ीं वहम-ओ गुमाँ बनता गया
मैं किताब-ए दिल में अपना हाल-ए ग़म लिखता रहा
हर वरक़ इक बाब-ए तारीख़-ए जहाँ बनता गया
बस उसी की तरजुमानी है मेरे आशआर में
जो सुकूत-ए राज़ रंगीं दास्ताँ बनता गया
मेरी घुट्टी में पड़ी थी हो के हल उर्दू ज़बाँ
जो भी मैं कहता गया हुस्न-ए बयाँ बनता गया
सरज़मीन-ए हिन्द पर अक़वाम-ए आलम के फ़िराक़
क़ाफ़ले बसते गये हिन्दोस्ताँ बनता गया

फ़िराक़ मूलतः ग़ज़ल और रुबाई के शायर थे। उनकी रुबाइयों का संग्रह “रूप” को उर्दू साहित्य में सर्वोच्च स्थान प्राप्त है। इसको तीन विषयों में बाँटा गया है जो अनन्त है।

सत्यम्, शिवम्, सुन्दरम्। फ़िराक़ ने भारतीय नारी के सौन्दर्य का वर्णन किया है जिसके कई रूप हैं। वो बेटी, बहन, पत्नी और प्रेमिका भी है और कोई भी उस जैसा नहीं है। वो मात्र एक सुन्दर मुखड़ा या आकर्षक शरीर नहीं है। वो बहुमुखी है और एक साथ कई भूमिकाओं को निभाती है। फ़िराक़ ने बड़े ही

रचनात्मक अन्दाज़ से नारी के प्रति प्राचीन भारतीय अवधारणा जगत माता या जननी को प्रस्तुत किया है। मज़े की बात यह है कि जोश मलीहाबादी ने फ़िराक़ को रूबाई लिखने के लिए प्रेरित किया था। लेकिन रूबाई को भारतीयता का दर्पण बनाने की कला फ़िराक़ के अपने दिमाग़ की उपज थी। देश की माटी की सुगन्ध को उन्होंने अपनी रचनाओं का हिस्सा बनाया। जिस प्रकार उर्दू शायरी के आरम्भिक काल में हमें ये कला मीर और नज़ीर अकराबादी के यहाँ दिखती है और आधुनिक युग में इक़बाल की आरम्भिक शायरी में भी हमें इसकी झलक मिलती है। जैसे ही फ़िराक़ ने ये राह पकड़ी, उन्होंने अपनी इन रचनाओं में कुछ ऐसा रस डालना शुरू किया जिसकी छटा हमें तुलसीदास, सूरदास, मीराबाई और टैगोर के यहाँ मिलती है। अधिकांश रुबाइयों में शृंगाररस अपने चरम पर है। यहाँ हम चार रुबाइयाँ नमूने के रूप में प्रस्तुत कर रहे हैं यद्यपि यह एक ऐसा विषय है जो पूरे अध्याय की माँग करता है।

अमृत वो हलाहल को बना देती है
ग़ुस्से की नज़र फूल खिला देती है
माँ लाडली औलाद को जैसे ताड़े
किस प्यार से प्रेमी को सजा देती है

आँखें हैं कि पैग़ाम मोहब्बत वाले
बिखरी हैं लटें कि नींद में हैं काले
पहलू से लगा हुआ हिरन का बच्चा
किस प्यार से है बग़ल में गर्दन डाले

दोशीज़ा फ़ज़ा में लहलहाया हुआ रूप
आइना-ए सुबह में छलकता हुआ रूप
ये नर्म निखार, ये सजल धज, ये सुगन्ध
रस में कुँवारे-पन के डूबा हुआ रूप

है ब्याहता पर रूप अभी कुँआरा है
माँ है पर अदा जो भी है दोशीज़ा है
वो मोद भरी, माँग भरी, गोद भरी
कन्या है, सुहागन है, जगत माता है

फ़िराक़ ग़ज़ल के दिग्गज थे पर उनका सुर और स्वभाव स्वदेशी था। उन्हें इस बात पर गर्व था कि वो एक उच्च श्रेणी के शायर हैं, जैसा कि उनके द्वारा

लिखित निम्न पंक्तियाँ कह रही हैं :

ढूँढ़ेंगे मुझको बज़्म-ए सुख़न में अगर कहीं
पायेंगी मुझको बाद की नस्लें ग़ज़ल के बीच

फ़िराक़ ने काफ़ी लम्बी ग़ज़लें लिखीं जिनमें से कई ग़ज़लें ऐसी भी है जिनमें दो दर्जन शेर से भी अधिक मिलते हैं। इन्हीं ग़ज़लों में कुछ अनमोल मोतियों जैसे शेर छिपे हैं जो कि उर्दू शायरी में अपना एक स्थान रखते हैं। जहाँ हर एक शेर दो पंक्तियों में ही एक कहानी सुनाता है और यही शेर पाठक को रुक कर सोचने पर मज़बूत करते हैं। हम यहाँ पाँच ऐसे शेर प्रस्तुत कर रहे हैं जो ग़ज़ल प्रेमी को निश्चित ही आकर्षित करेंगे:

एक मुद्दत से तेरी याद भी आई न हमें
और हम भूल गये हों तुझे ऐसा भी नहीं

———

इस दौर में ज़िन्दगी बशर की
बीमार की रात हो गयी है

———

ये निगाह-ए ग़लत अन्दाज़ भी क्या जादू है
देखने वाले तेरे जी न सकें मर न सकें

———

तुम मुख़ातिब भी हो क़रीब भी हो
तुम को देखूँ कि तुम से बात करूँ

———

किस लिए कम नहीं है दर्द फ़िराक़
अब तो वो ध्यान से उतर भी गए

हम अपने इस अध्याय का समापन फ़िराक़ की प्रसिद्ध ग़ज़ल से लिए कुछ शेरों के साथ कर रहे हैं :

किसी का यूँ तो हुआ कौन उम्र भर फिर भी
ये हुस्न-ओ इश्क़ तो धोखा है सब मगर फिर भी
हज़ार बार ज़माना इधर से गुज़रा भी
नयी-नयी सी है कुछ तेरी रहगुज़र फिर भी
तेरी निगाह से बचने में उम्र गुज़री है
उतर गया रग-ए जाँ में ये नशतर फिर भी
अगरचे बेख़ुदी-ए इश्क़ को ज़माना हुआ
फ़िराक़ करती रही काम वो नज़र फिर भी

अध्याय आठ

ज़ब्त की गयी नज़्में

मेरा ऐसा मानना है कि बीसवीं शताब्दी की मानवीय स्थिति एक अलग प्रकार की कविता की माँग कर रही थी जिसे Poetry of Witness कह सकते हैं। Czeslaw Milosz ने एक निबन्ध लिखा था The Witness of Poetry जो कि 1983 में लिखा गया और इसी के द्वारा Poetry of Witness अस्तित्व में आया जिसे साहित्यिक शब्दकोश में जगह दी गयी। इस व्याख्या को कुछ लोगों ने सन्देह से देखा और इसे राजनीतिक कविता का एक रूप माना। Witness अर्थात् गवाही शब्द को हम समय काल के सन्दर्भ में भी ले सकते हैं, या उस व्यक्ति के लिए जो एक कवि है। "Poets of Witness" उन लोगों को कह सकते हैं जो साहित्यिक दस्तावेज़, और कविता सम्बन्धित रिपोरताज़ को राजनीतिक स्वीकारवाद का रूप दे रहे थे।

— कैरोलीन फोर्श(1)

मोलवी मोहम्मद हुसैन आज़ाद

फ़तेह अफ़वाज-ए शिर्क़

कू मुल्क-ए सुलेमान-ओ कुजा हुक्म-ए सिकन्दर
शाहान-ए ऊलुल अज़्म-ओ सलातीन जहाँदार
न शौकत-ओ हशमत है न वो हुक्म न हासिल
किस जा है जहाँ और कहाँ हैं वो जहाँदार
होता है अभी कुछ से कुछ इक चश्म-ए ज़दन में

1. कैरोलीन फोर्श और डंकन वू द्वारा सम्पादित Poetry of Witness (न्यूयॉर्क : डब्ल्यू. डब्ल्यू. नार्टन एंड कम्पनी 2013) डिजिटल एडीशन

हाँ दीदा-ए दिल खोल दे ऐ साहिब-ए अबसार
है कल का अभी ज़िक्र कि जो क़ौम-ए नसारा
थी साहेब-ए इक़बाल-ओ जहाँबख़्श-ओ जहाँदार
अल्लाह ही अल्लाह है जिस वक़्त कि निकले
आफ़ाक़ में तेग़-ए ग़ज़ब-ए हज़रत-ए क़हहार
सब जौहर-ए अक़्ल इनके रहे ताक़ पे रख्खे
सब नाखुन-ए तदबीर-ओ ख़िरद हो गये बेकार
काम आये ना इल्म-ओ हुनर-ओ हिकमत-ओ फ़ितरत
पूरब के तिलंगों ने लिया सब को वहीं मार
ये सानेहा वो है कि न देखा न सुना था
है गर्दिश-ए गरदूँ भी अजब गर्दिश-ए दव्वार
हाँ दीदा-ए इबरत को ज़रा खोल तो ग़ाफ़िल
हैं बन्द यहाँ अहल-ए ज़बाँ के लब-ए गुफ़्तार
हुक्काम नसारा का बन्दीं दानिश-ओ बीनिश
मिट जाये निशाँ ख़ल्क़ में इस तरह से यकबार
इस वाक़िये की चाही जो आज़ाद ने तारीख़
दिल ने कहा क़ुल फ़ा-तबेरू या ओलिल अब्सार

1273 हिजरी

अंग्रेज़ी साम्राज्य का अपने शाही प्रभुत्व को भारत पर बनाये रखना समझ में आने वाली बात है। इस उद्देश्य की पूर्ति के लिए उन्हें कई क्षेत्रों में अलग-अलग रणनीतियाँ बनाना पड़ती थीं जिसमें प्रमुख नेताओं को जेल में क़ैद करना, साथ ही क्रूर तरीक़े से शान्तिप्रिय वातावरण में निकाली जा रही रैलियोँ और जुलूसों को तितर बितर करना। फ़िरंगी शासक क़लम की ताक़त को भी समझते थे। विशेषकर लेखन द्वारा युवा पीढ़ी में जोश पैदा करके उन्हें स्वतन्त्रता संग्राम के आन्दोलन में शामिल करना। इसी के चलते शासक सतर्क रहते थे कि समाचार-पत्रों और पत्रिकाओं में क्या छप रहा है।

ब्रिटिश शासकों ने सभी प्रान्तों के ज़िला कलेक्टरों और गुप्तचर एजेंसियों को सख़्त निर्देश दे रखे थे कि कहीं भी किसी समाचार-पत्र अथवा साप्ताहिक या मासिक पत्रिका या किताब और पोस्टर यदि ब्रिटिश साम्राज्य के विरुद्ध कुछ छापते हैं तो उसे तुरन्त बैन कर दिया जाये। कुछ मामलों में तो सेंसर इतना कड़ा था कि समाचार-पत्रों का लाइसेंस भी रद्द कर दिया गया और प्रिंटिंग प्रेस सील कर दिये गये।

ज़ब्त की गयी सामग्री की प्रतियों को भारतीय पुरातत्त्व विभाग के एक विशेष सेल में रखा गया जो कि नयी दिल्ली में है। स्वतन्त्रता संग्राम के आन्दोलन में उर्दू भाषा का बहुत बड़ा योगदान था इसलिए ज़ब्त की गयी अधिकतर सामग्री उर्दू भाषा की है।

अनगिनत किताबें जिनमें मुंशी प्रेमचन्द का प्रथम लघुकथाओं का संग्रह 'सोज़-ए वतन' भी है उसे आग की लपटों की नज़र कर दिया गया था। जाने-माने शायर अली जव्वाद ज़ैदी ने एक कोशिश की थी कि ज़ब्त की गयी नज़्मों को पुरातत्त्व विभाग से निकाला जाये। इस काम को उन्होंने अपने दो साथियों को सौंपा और इस प्रकार ज़ब्त शुदा नज़्में[(1)] अस्तित्त्व में आयीं जो कि शायरी का एक सरमाया है, जिसे ज़ैदी साहब को भेंट किया गया। इस अध्याय में हम उन प्रतिबन्धित नज़्मों में से कुछ विशेष चुनी हुई नज़्में प्रस्तुत करेंगे। इनमें से कुछ का विवरण हम पहले दे चुके हैं। इनमें कुछ ऐसे क्रान्तिकारी हैं जिन्होंने अपनी मातृभूमि के लिए प्राणों की आहुति दी और कुछ गुमनाम शायर हैं जो अपना नाम सामने नहीं लाना चाहते थे। एक महत्त्वपूर्ण बात यह ध्यान में रखने योग्य है कि इन नज़्मों को साहित्यिक दृष्टिकोण से देखा, और परखा न जाये। इसमें प्रस्तुत की गयी भावनाओं को साहित्य से परे रख कर सम्मान दिया जाना चाहिए और यह आवश्यक है कि हम इस विशिष्टता को ध्यान में रखें। यह नज़्में Witness Poetry (गवाह कविताएँ) की श्रेणी में रखी जायेंगी क्योंकि यह गवाह हैं जो कुछ शायरों ने अपनी आँखों से देखा, कानों से सुना और किस प्रकार उन्होंने ब्रिटिश साम्राज्य के विरुद्ध क़दम उठाया। उनके उत्पीड़न और क्रूरता पर लिखने का साहस दिखाया। एक कवि अपने झोले में तलवार या बन्दूक नहीं रखता, उसके हथियार होते हैं क़लम और कागज़ के टुकड़े। वो अपने शब्दों द्वारा ज़ालिम को लज्जित करता है और आने वाली पीढ़ियों के लिए धरोहर छोड़ता है कि वो पढ़ें और गर्वान्वित हों।

रामप्रसाद बिस्मिल (1897-1927) एक कवि और क्रान्तिकारी थे जिन्हें मैनपुरी और काकोरी काण्ड के लिए फाँसी दी गयी। उन्हें प्रसिद्धि प्राप्त हुई अपनी एक ग़ज़ल सेः

सरफ़रोशी की तमन्ना अब हमारे दिल में है
देखना है ज़ोर कितना बाज़ू-ए क़ातिल में है

इसको हम चौथे अध्याय में पढ़ चुके हैं। नीचे दी जा रही दो ग़ज़लें जो बिस्मिल ने लिखी थीं चर्चित नहीं हैं, सम्भवतः इसलिए क्योंकि अंग्रेज़ों द्वारा ये

1. अली जव्वाद ज़ैदी, ख़लीक़ अंजुम और मुज्तबा हुसैन, ज़ब्त शुदा नज़्में (दिल्ली : मक्तबा जामिया, 1975)

ज़ब्त से नहीं गुज़रीं। इन दोनों ग़ज़लों में हम वही क्रान्तिकाारी भाव-भाव पाते हैं जो सरफ़रोशी की तमन्ना में हमें मिलता है :

ग़ज़ल-1[1]

चर्चा अपने क़त्ल का अब यार की महफ़िल में है
देखना है ये तमाशा कौन-सी मंज़िल में है
देश पर क़ुरबान होते जाओ अब ऐ हिन्दियो
ज़िन्दगी का राज़ मुज़मिर खंजर-ए क़ातिल में है
साहिल-ए मक़सूद पर ले चल ख़ुदारा नाख़ुदा
आज हिन्दोस्तान की कश्ती बड़ी मुश्किल में है
बाम-ए रिफ़अत पर चढ़ा दो देश पर होकर फ़ना
बिस्मिल अब इतनी हवस बाक़ी हमारे दिल में है

ग़ज़ल-2

असीरान-ए क़फ़स से काश ये सय्याद कह देता
रहो आज़ाद होकर हम तुम्हें आज़ाद करते हैं
रहा करता है अहल-ए ग़म को क्या-क्या इन्तज़ार उसका
कि देखे वो दिल-ए नाशाद को कब शाद करते हैं
ये कह कह कर बसर की उम्र हमने क़ैद-ए उल्फ़त में
वो अब आज़ाद करते हैं वो अब आज़ाद करते हैं
सितम ऐसा नहीं देखा जफ़ा ऐसी नहीं देखी
वो चुप रहने को कहते हैं जो हम फ़रियाद करते हैं
कोई बिस्मिल बनाता है जो मक़तल में हमें बिस्मिल
तो हम डर कर दबी आवाज़ में फ़रियाद करते हैं

अशफ़ाक़ुल्लाह खाँ (1900-1927) रामप्रसाद बिस्मिल के साथियों में थे। इन्हें भी बिस्मिल के साथ 1927 में फाँसी पर चढ़ाया गया था। वो भी एक क्रान्तिकारी शायर थे जिनकी शायरी पर प्रतिबन्ध लगा दिया गया था। यहाँ हम उनका एक शेर और उनकी एक नज़्म प्रस्तुत कर रहे हैं :

वतन हमारा रहे शाद-काम और आज़ाद
हमारा क्या है अगर हम रहे रहे न रहे

---

1. ये दोनों ग़ज़लें एक समाचार-पत्र में प्रकाशित हुई थीं, कांग्रेस पुष्पांजलि, 1930

शोरिश-ए जुनूँ[1]

बहार आयी है शोरिश है जुनून-ए फ़ितना सामाँ की
इलाही ख़ैर रखना तू मेरे जेब-ओ गरीबाँ की
भला जज़्बात-ए उल्फ़त भी कहीं मिटने से मिटते हैं
अबस हैं धमकियाँ दार-ओ रसन की और ज़िन्दाँ की
नहीं तुम से शिकायत हमसफ़ीरान-ए चमन मुझ को
मेरी तक़दीर ही में था क़फ़स और क़ैद ज़िन्दाँ की
ज़मीं दुश्मन ज़माँ दुश्मन जो अपने थे पराये हैं
सुनोगे दास्ताँ क्या तुम मेरे हाल-ए परेशाँ की
ये झगड़े और बखेड़े मेट कर आपस में मिल जाओ
अबस तफ़रीक़ है तुम में ये हिन्दू और मुसलमाँ की

अनगिनत लोगों ने स्वतन्त्रता संग्राम आन्दोलन में अपनी जानें गवाईं पर किसी की भी भगत सिंह (1907-1931) से अधिक श्रद्धा और लोकप्रियता प्राप्त न हुई, जिन्हें केवल 23 वर्ष की छोटी-सी आयु में फाँसी पर चढ़ना पड़ा था। जुर्म था एक अंग्रेज़ पुलिस अफ़सर जॉन साण्डर्स का क़त्ल।

उनके बलिदान का शोक पूरे देश ने मनाया और जन मानस के आक्रोश की सही अभिव्यक्ति सुभाष चन्द्र बोस ने की। उन्होंने कहा, भगत सिंह ने युवाओं में जागृति की एक नयी लहर दौड़ायी। 'कँवर प्रताप चन्द आज़ाद' जिन्हें कम लोग जानते हैं, उन्होंने एक कविता लिखी जिसमें उन्होंने इस बात को उभारा कि मातृभूमि के लिए अपने प्राणों की आहुति देना "दीवानापन" है लेकिन ये दीवानगी अलग तरह की है। शहीद जब अपनी गर्दन में रस्सी का फन्दा अत्यन्त क्रोधित हो नशे में चूर होकर डालते हैं वो अवस्था जागरण की चरम अवस्था होती है जहाँ एक इन्सान के लिए अपने देश की स्वतन्त्रता अपने जीवन से कहीं ऊपर उठ चुकी होती है।

दीवाना भगत सिंह[2]

आज़ादी का दीवाना है मस्ताना भगत सिंह
बम केस में पकड़ा गया दीवाना भगत सिंह

1. यह नज़्म अमृतसर से प्रकाशित मासिक पत्रिका कीर्ति में 1930 में प्रकाशित हुई थी।
2. यह नज़्म 'तराना-ए आज़ाद' नाम से प्रकाशित एक किताब में सम्मिलित थी।

भारत की एक शान है दीवाना भगत सिंह
हर बाग़ी का अरमान है दीवाना भगत सिंह
होती थी मीटिंग असेम्बली में जिस दम फेंका बम
इस केस में पकड़ा गया दीवाना भगत सिंह
देता था लाल पर्चा वो लाहौर के थानों में
हो जाओ होशियार ये कहता था भगत सिंह

कवि टीका राम सुख़न जो नौजवान भारत सभा का कार्यकर्ता था, वह मौलाना ज़फर अली ख़ाँ जो कि लाहौर से निकलने वाले एक प्रसिद्ध समाचार-पत्र 'ज़मींदार' के ऐडीटर थे, उनके एक शेर से काफ़ी प्रभावित था जो उन्होंने भगत सिंह की फाँसी के दिन लिखा था।

तवानाओं के बस में है सर पाये हिक़ारत से
करोड़ों नातवानों की तमन्नाओं को ठुकराना

टीका राम सुख़न ने इसी रदीफ़ और क़ाफ़िए को उठा कर एक ग़ज़ल[1] कही। प्रस्तु है उस ग़ज़ल के ये दो शेर :

कोई कह दे हुकूमत से न उल्झे नौजवानों से
इन्हें सिखला दिया है ज़ुल्म ने ज़ालिम से टकराना
यक़ीनन इंक़लाब-ए हिन्द होगा ऐ सुख़न होगा
हमें ज़ेबा है अपने घर पे झंडा सुर्ख़ लहराना

अनगिनत शायरों ने गुमनाम रह कर या नाम बदल कर लिखा। उन्हें गिरफ़्तारी और सजा का डर था। अब हम एक ग़ज़ल[2] प्रस्तुत कर रहे हैं जिसे किसी उस्मान ने लिखा था। ये नाम मुस्लिम समुदाय में काफ़ी मिलता है :

इलाही हमें जल्द आज़ाद कर दे
यही आज विर्द-ए ज़बाँ हो रहा है
तुम्हारा तशद्दुद कहाँ पर नहीं है
यहाँ हो रहा है वहाँ हो रहा है
मज़ार-ए शहीदाँ से आती सदा है
बढ़ों हिन्दियो इम्तिहाँ हो रहा है

जलियाँवाला बाग़ काण्ड अमृतसर में 13 अप्रैल 1919 को हुआ था जिसमें सैकड़ों लोग मारे गये और अनेकों घायल हुए थे। ये अंग्रेज़ों द्वारा किया गया

---

1. यह ग़ज़ल 'मज़दूर किसान' नामक समाचार-पत्र में 1930 में छपी थी।
2. यह ग़ज़ल किसी समाचार-पत्र या पत्रिका में 1930 में 'दर्द-ए वतन' नाम से प्रकाशित हुई थी।

एक भयानक नरसंहार था। इसके उपरांत मार्शल लॉ लगा दिया गया था और प्रेस बन्द कर दी गयी थी। कुछ दुर्लभ लेख ही बचे। हम अल्लामा इक़बाल द्वारा लिखा एक क़तअ प्रस्तुत कर चुके है जो उन्होंने इस काण्ड पर लिखा था।

निम्नलिखित नज़्म इसी शोकपूर्ण घटना पर है जो एक गुमनाम कवि सरजू ने लिखी :

जलियाँवाला बाग़

बेगुनाहों पर बमों की बेख़तर बौछार की
दे रहे है धमकियाँ बन्दूक़ और तलवार की
बाग़-ए जलियाँ में निहत्थों पर चलाई गोलियाँ
पेट के बल भी रेंग आया ज़ुल्म की हद पार की
हम ग़रीबों पर किये जिसने सितम बे-इंतहा
याद भूलेगी नहीं उस डायर-ए बदकार की [1]

स्वतन्त्रता आन्दोलन के समय केवल समाचार-पत्र ही नहीं थे जनसंचार का अकेला माध्यम, पर्चे भी छापे जा रहे थे, जिनके द्वारा जन मानस तक क्रान्तिकारी विचार पहुँचते थे। चाहे वो छिप-छिप कर किये जा रहे कार्य हों या कविताएँ जिनके द्वारा प्रेरणा दी जा रही थी आन्दोलन को जारी रखने की। ऐसी ही एक कविता लिखी थी माहिर नाम के एक कवि ने, जिसे कानपुर के देव नारायण पाण्डे ने पर्चों पर छपवा कर लोगों तक पहुँचाया :

होती हैं आज़ाद क़ौमें सर कटा देने के बाद
ख़ौफ़ दिल से एक दम बिल्कुल हटा देने के बाद
मिल नहीं सकती है आज़ादी बिला क़ीमत दिए
रोक सकता कौन है क़ीमत चुका देने के बाद
वेद में लिखा यही ये ही लिखा है क़ुरान में
होती हैं आज़ाद कौमें सर कटा देने के बाद

(हिन्दोस्तानी आज़ाद जमात का पैम्फ़लैट)

महाराज बहादुर वर्मा बर्क़ (1884-1936) दिल्ली के एक जानेमाने शायर थे। इन्होंने देशभक्ति पर आधारित कई नज़्में लिखीं। हम यहाँ उनकी एक नज़्म 'खद्दर' प्रस्तुत कर रहे हैं जिसमें उन्होंने गाँधी जी की आत्मनिर्भर देश बनने की आवाज़ की सराहना की है। खादी स्वतन्त्रता संग्राम में नेताओं और आम कार्यकर्त्ताओं ने अपना लिया था।

---

1. कार्यकारी बिग्रेडियर जनरल रेगिनाल्ड डायर जिसके आदेश पर भोलीभाली जनता पर फायरिंग की गयी।

कमख़्वाब बेफ़रोग़ है खद्दर के सामने [1]

खद्दर में सादगी की अजब आन बान है
क़ायम इसी से अहद-ए गुज़िश्ता की शान है
पोशाक अमीरों की ग़रीबों की जान है
कैसी अजीब चीज़ ये गाढ़े का कान है
पोशाक अहल-ए हिन्द को ज़ेबा तरीं है ये
कर्म ख़र्च और साथ में बाला नशीं है ये
खद्दर का तार तार सफ़ाई में फ़र्द है
इसकी सफ़ाई में मख़्मल-ए रूमी भी गर्द है
बाज़ार इसके दम से बिदेशी का सर्द है
पहनो इसे वतन का अगर दिल में दर्द है
अतलस ख़जिल है गाढ़े की चद्दर के सामने
कमख़्वाब बेफरोग है खद्दर के सामने

स्वतन्त्रता संग्राम के दौरान अनगिनत नज़्में लिखी गयीं जिनमें भारत या तो देश है या सुन्दरता की धरती। यहाँ हम प्रस्तुत कर रहे हैं दो कविताएँ जो प्रतिबन्धित थीं। पहली कविता लिखने वाले शायर का नाम अनवर है जो कि एक आम नाम है।

हिन्दोस्तान

आज़ाद होगा अब तो हिन्दोस्ताँ हमारा
बेदार हो रहा है हर नौजवाँ हमारा
वो सख़्तियाँ फ़लक की बे-आब-ओ दाना रहना
क़ैदी का फिर ये कहना हिन्दोस्ताँ हमारा
बेड़ा उठा लिया है आज़ादियों का हमने
जन्नत निशाँ बनेगा हिन्दोस्ताँ हमारा
सोज़-ए सुख़न से अपने मजनूँ हमें बना दे
बच्चों की हो ज़बाँ पर हिन्दोस्ताँ हमारा
इक बार फिर ये नग़्मा अनवर हमें सुना दे
हिन्दी है हम वतन है हिन्दोस्ताँ हमारा [2]

---

1. यह नज़्म 1930 में आह-ए-बेकस नाम पुस्तक में प्रकाशित की गयी थी।
2. आख़िरी पंक्ति अल्लामा इक़बाल की नज़्म तराना-ए हिन्दी से ली गयी है।

दूसरी नज़्म मौलाना ज़फ़र अली ख़ाँ (1873-1956) ने लिखी थी जो कि एक असरदार राजनीतिक विश्लेषक और दैनिक समाचार-पत्र 'ज़मींदार' (लाहौर) के सम्पादक और देशभक्त शायर थे।

हिन्दोस्तान

नक़ूस से ग़र्ज़ है न मतलब अज़ाँ से है
मुझ को अगर है इश्क़ तो हिन्दोस्ताँ से है
तहज़ीब-ए हिन्द का नहीं चश्मा अगर अज़ल
ये मौज-ए रंग-रंग फिर आई कहाँ से है
ज़र्रे में गर तड़प है तो इस ख़ाक़-ए पाक से
सूरज में रौशनी है तो इस आसमाँ से है
है इसके दम से गर्मी-ए हंगामा-ए जहाँ
मग़रिब की सारी रौनक़ इस इक दुकाँ से है

नीचे दी जा रही नज़्म के विषय में इतना बता दें कि ये नज़्म अनवर नारायण सिंह मुसाफ़िर ने लिखी थी जो कि 'पयाम-ए जंग' के सम्पादक थे। इन्होंने इसे कामरेड प्रेम दत्त के लाहौर कोर्ट में पढ़ा था जहाँ उन पर लाहौर काण्ड का केस चल रहा था। गवाहों के कठघरे से पढ़ी जाने वाली इस रचना में उनके साथी अभियोगी भी आवाज़ से आवाज़ मिलाते थे।

मुक़दमा लाहौर साज़िश के असीरों की आवाज़

भारत न रह सकेगा हरगिज़ गुलाम ख़ाना
आज़ाद होगा होगा आता है वो ज़माना
अब भेड़ और बकरी मिलकर न रह सकेंगे
कर देंगे ज़ालिमों का अब बन्द ज़ुल्म ढाना
ख़ूँ खौलने लगेगा हिन्दोस्तानियों का
इस पस्त-हिम्मती का होगा कहाँ ठिकाना
भारत के हम हैं बच्चे भारत हमारी माता
है इसके वास्ते अब मंज़ूर सर कटाना
उरूज-ए कामयाबी पर हिन्दोस्तान होगा
बहार आयेगी उस दिन जब बाग़बान होगा
चखाएँगे मज़े बरबादी-ए गुलशन के गुलचीं को
जब अपनी ज़मीं होगी और आसमान होगा

शहीदों के मजारों पर लगेंगे हर बरस मेले
वतन पर मरने वालों का यही बाक़ी निशाँ होगा

सलाम मछली शहरी (1921-1973) एक जानेमाने रोमांटिक शायर थे जिन्होंने अपनी युवावस्था में देशभक्ति शायरी भी लिखी। प्रस्तुत की जा रही उनकी नज़्म में व्यथा है आम आदमी की जो हर जगह फ़िरंगियों द्वारा प्रताड़ित किया जा रहा है। उसकी आवाज़ दबाई जा रही है। भोले-भाले आम आदमी के साथ क्रूरता का व्यवहार रुकने का नाम नहीं ले रहा है :

मजबूरियाँ

मुझे नफ़रत नहीं है इश्क़िया अशआर से लेकिन
अभी उनको ग़ुलामाबाद में मैं गा नहीं सकता
मुझे नफ़रत नहीं है हुस्न-ए जन्नत ज़ार से लेकिन
अभी दोज़ख़ में उस जन्नत से दिल बहला नहीं सकता
मुझे नफ़रत नहीं पाज़ेब की झंकार से लेकिन
अभी ताब-ए निशात-ए रक़्स-ए महफ़िल ला नहीं सकता
अभी हिन्दोस्ताँ को आतिशी नग़में सुनाने दो
अभी चिंगारियों से बर्ग-ए गुल रंगीं बनाने दो

साहिर लुधियानवी (1921-1980) जिस समय गवर्मेंट कॉलेज लुधियाना में विद्यार्थी थे उन्होंने वहाँ क्रान्तिकारी नज़्में लिखना और विद्यार्थियों के समूहों में सुनाना शुरू कर दी थीं। उनकी इस निडर सक्रियता ने उन्हें दूसरे छात्रों के बीच काफ़ी प्रसिद्धि दिला रखी थी पर उन्हें ज़िला प्रशासन की ओर से चेतावनियाँ भी दी गयीं। निम्नलिखित नज़्म[1] एक नौजवान छात्र की आवाज़ है जो सम्भवतः साहिर ने कॉलेज के अन्तिम दिनों में लिखी थी। 1940 में वो लाहौर चले गये थे।

शोला नवाई

हुकूमत की बुनियाद ढाये चला जा
जवानों को बाग़ी बनाये चला जा
बरस आग बन कर फ़िरंगी के सर पर
तकब्बुर की दुनिया को ढाये चला जा
जुनून-ए बग़ावत न हो जिन सरों में

1. यह नज़्म 1939 में अफ़गन नामी साप्ताहिक में प्रकाशित हुई थी।

उन्हें ठोकरों से उड़ाये चला जा
ग़रीबों के टूटे चराग़ों की लौ से
अमीरों के ऐवान जलाये चला जा
शहीदान-ए मिल्लत की सौगंध तुझ को
ये पर्चम यूँ ही लहलहाये चला जा
परख़चे उड़ा डाल अरबाब-ए ज़र के
ग़रीबों को बाग़ी बनाये चला जा
गिरा डाल क़स्त्र-ए शहंशाहियत को
इमारत के ख़िरमन जलाये चला जा

सन्दर्भ ग्रन्थ

इतिहास, सभ्यता, समाज

Annals and Antiquities of Rajasthan, Todd, James, New York, 1914

Elliot & Dowson's History of India as told by its own Historians, Vol.II., Aligarh 1952. Pp. 102/855.

Glimpses of Medieval Indian Culture, Yusuf Husain, Bombay, 1957, Pp. 161

History of Khiljis, K.S. Lal., Allahabad, 1950, Pp. 416.

India. Rawlinson, H.G., London, 1952, Pp. 454 (4th Ed).

India Through the Ages, Sircar, Jadu Nath, Calcutta, 1951. Pp. 99

Khazainul Fatuh, Amir Khusrau. Edt. by Mohd. Habib, Bombay 1931. Pp. 131

Later Mughals, Vol. I & II. Irvine, William, Calcutta, 1922, Pp. 392/432.

उर्दू में एक नादिर रोज़नामचा (यादगार-ए मज़हर), मज़हर अली संदेलवी, सम्पादन नूरुल हसन हाशमी, लखनऊ, 1954, पृ. 207

उमरा-ए हुनूद, मोहम्मद सईद अहमद मारहरवी, औरंगाबाद, 1932, पृ. 561

बोस्तान-ए अवध, दुर्गा प्रसाद, अहमदी प्रकाशन, लखनऊ, पृ. 284

तारीख़-ए अवध, भाग 5, मो. नजमुल ग़नी, नवलकिशोर, लखनऊ, 1919, पृ. 302

तारीख़-ए फ़रिश्ता, नवलकिशोर, लखनऊ, 1874, पृ. 420

जान-ए आलम, अब्दुल हलीम शरर, लाहौर, 1951, पृ. 192

देहली बारहवीं सदी में, नवाब ज़ुलक़द्र दरगाह क़ुली ख़ाँ सालार जंग ख़ान दौराँ, सम्पादन मुज़फ़्फ़र हुसैन, ताज प्रेस हैदराबाद, पृ. 66/16/82

ज़िक्र-ए मीर, मीरतक़ी मीर, सम्पादन मौलवी अब्दुल हक़, अंजुमन तरक़्क़ी उर्दू, औरंगाबाद, 1928, पृ. 153

अरब-ओ हिन्द के ताल्लुक़ात, सैयद सुलेमान नदवी, इलाहाबाद, 1930, पृ. 402

क़ैसरुत्तवारीख़ (तारीख़-ए अवध), भाग 2, कमालुद्दीन हैदर, नवलकिशोर प्रेस, लखनऊ, 1896, पृ. 470

गुज़िशता लखनऊ, अब्दुल हलीम शरर, लखनऊ, 1957 (दूसरा संस्करण), पृ. 412

महल ख़ाना शाही (वाजिद अली शाह अख़्तर), उर्दू अनुवाद फ़िदा अली ख़ंजर, नामी प्रेस लखनऊ, 1924, तृतीय संस्करण, पृ. 160

मुसलमानों का रौशन मुस्तक़बिल, तुफ़ैल अहमद, देहली 1945, पाँचवाँ संस्करण, पृ. 720

वाक़िआत दारुल हुक़ूमत, बशीरुद्दीन अहमद, भाग एक, आगरा, 1919, पृ. 1040, भाग दो, आगरा, 1919, पृ. 876

वक़ा-ए आलमशाही, कुँवर प्रेमकिशोर फ़िराक़ी, सम्पादन इम्तियाज़ अली अर्शी, रामपुर, 1949, पृ. 232

First War of Indian Independence, SavUrkar, K.D., Bombay, 1947. Pp. 552

1857, Mazumdar, Calcutta, 1957

1857, Sen Delhi, 1957

Twilight of the Mughals, Percival Spear, London, 1951. Pp. 270.

1857, ग़ुलाम रसूल मेहर, लाहौर, 1957, पृ. 364

1857, कवाइफ़-ओ सहाफ़त, इदारा मत्बूआत पाकिस्तान, कराची, 1957, पृ. 84

1857, मोहम्मद शफ़ी, लाहौर, 1957, पृ. 357

उर्दू समाचार-पत्र, दिनांक 24 मई, 1857

काल नम्बर 2, भाग 19, संस्करण 21, राष्ट्रीय अभिलेखागार, दिल्ली

असबाब-ए बग़ावत-ए हिन्द, सर सैयद अहमद ख़ान, 1903, दूसरा संस्करण, मुफ़ीद आलम प्रेस, आगरा, पृ. 66

अल-शूरा अल-हिंदिया, लेखक फ़ज़ल हक़ ख़ैराबादी, उर्दू अनुवाद- बानी हिन्दुस्तान-द्वारा मोहम्मद अब्दुल शाहिद ख़ाँ शेरवानी, प्रकाशक अख़बार-ए मदीना, बिजनौर, 1947, पृ. 476

इंक़लाब 1857 की तस्वीर का दूसरा रुख़, एडवर्ड टामस, (उर्दू अनुवाद - हिसामुद्दीन), लुधियाना, 1931, पृ. 120

अंग्रेज़ों की बिपता, सम्पादन ख़्वाज़ा हसन निज़ामी, महबूब अल-मताबे, देहली, 1927 (पाँचवाँ संस्करण), पृ. 64

बहादुर शाह ज़फ़र, अमीर अहमद अलवी, इदारा फ़रोग़-ए उर्दू, लखनऊ, 1955, पृ. 288

बहादुर शाह ज़फ़र और उसका अहद, रईस अहम जाफ़री, 1956, पृ. 1340

तारीख़ बग़ावत-ए हिन्द, मुकुन्द लाल (प्रति 7, भाग 3), मुफ़ीद ख़लाएक़, आगरा, 1860, पृ. 97/128

तारीख़ अहद-ए उरूज इंगलिशिया, ज़काउल्लाह, शम्सुल मताबे, देहली, 1904, पृ. 236/876

दास्तान-ए ग़दर, ज़हीर देहलवी, करीमी प्रकाशन, लाहौर, बाद 1911, पृ. 256

दस्तंबू ग़ालिब द्वारा फ़ारसी गद्य सामग्री, नवलकिशोर प्रकाशन, कानपुर, 1875, पृ. 416

देहली की जाँकनी, ख़्वाजा हसन निज़ामी, हलक़ा मशाएख़ बुक डिपो, देहली, 1922, पृ. 100

ग़दर देहली के अख़बार, सम्पादन ख़्वाजा हसन निज़ामी, देहली, पृ. 240

ग़दर का नतीजा, सम्पादन हसन निज़ामी, (नुसरत नामा गवर्नमेंट), महबूब-उल-मताबे, देहली 1930, पृ. 72

ग़दर के चन्द उलमा, इंतेज़ामुल्लाह शहाबी, नया किताब घर, उर्दू बाज़ार, देहली, पृ. 144

ग़दर की सुबह शाम (दिनचर्या मोईनुद्दीन हसन ख़ाँ और जीवन लाल, सम्पादन सर चार्ल्स मैटकाफ़) अनुवाद मोलवी ज़ियाउद्दीन अहमद बर्नी, प्रकाशकः ख़्वाजा हसन निज़ामी, देहली, 1925, पृ. 272

फ़ुग़ान-ए देहली (हस्तलिखित), तफ़ज़्ज़ुल हुसैन कौकब, लेखन वर्ष 1862, प्रकाशन 1862

ज़ख़ीरा अब्दुस्सलाम, पाण्डुलिपि विभाग, लिटन लाइब्रेरी अलीगढ़

फ़ुग़ान-ए देहली, सम्पादन कौकब, अकमल आलमताबे, देहली, 1863, (प्रथम संस्करण)

फ़ुग़ान-ए देहली, सम्पादन कौकब, मुर्तज़्वी प्रकाशन, बाद 1863, द्वितीय संस्करण, पृ. 72

फ़ुग़ान-ए देहली, सम्पादन कौकब, पंजाब अकादमी, लाहौर 1954, तृतीय संस्करण पृ. 207

फ़रियाद-ए देहली, निज़ामी बदायूँनी, निज़ामी प्रेस, बदायूँ 1931, पृ. 120

महारबा अज़ीम, कन्हैया लाल, नवलकिशोर, लखनऊ, पृ. 390

❍

Customs, Manners and Ceremonials of India. Dubois, Abbe, J.A., London, 1953, PP. 741

Dance of Shiva. Coomaraswamy, A., Bombay, 1948, PP. 196
Heritage of India. Max Muller, Friedrich, Calcutta, 1951. PP. 148
Hindu Holidays and Ceremonials. Gupta, B.A., Calcutta, 1919
Hindu Religion, Customs and Manners. Thomas, P., Bombay, 1956. PP. 166
Ideal of Indian Art. Havel, E.B., London, 1911. PP. 188
Indian Heritage. Humayun Kabir., Bombay, 1955. PP. 170
Influence of Islam on Indian Culture. Tara Chand., Allahabad, 1946. PP. 327
Music of India. Popley, H.A., Calcutta, 1950.
Myths and Symbols in Indian Art & Civilisation. Zimmer, Heinrich, New York 1953. PP. 248
Standard Dictionary of Folklore, Vol. I & II, New York 1950. PP. 531/1196
Vision of India. Sisirkumar Mitra, New York 1949. PP. 336
अंग्रेज़ी अहद में हिन्दोस्तान के तमद्दुन की तारीख़, अब्दुल्लाह यूसुफ़ अली, इलाहाबाद, 1936, पृ. 415
बज़्म-ए आख़िर, फ़ैजुद्दीन, दानिश महल, देहली, 1945 (चौथा संस्करण), पृ. 126
तमद्दुन-ए हिन्द, ली बान गुस्ताव (उर्दू अनुवाद, सैयद अली बिलग्रामी), शमसी प्रकाशन, आगरा, 1913, पृ. 531
राजपूत और मुग़ल ज़न-ओ शो की मुआशरत, मक़बूल अहमद समदानी, इलाहाबाद, 1947, पृ. 412
क़ुरून-ए वुस्ता में हिन्दुस्तानी तहज़ीब, गौरी शंकर हीराचन्द ओझा, (उर्दू अनुवादः प्रेमचन्द), इलाहाबाद, 1939, पृ. 238
क़ौमी तहज़ीब का मसला, डॉ. सैयद आबिद हुसैन, अलीगढ़, 1955, पृ. 335
मआशरती हालात-ए हिन्द, अब्दुल्लाह यूसुफ़ अली, इलाहाबाद, 1928, पृ. 114
हिन्दू त्योहारों की दिलचस्प असलियत, राम प्रसाद माथुर, लखनऊ, 1942, पृ. 316
हिन्दुस्तान का क़दीम तमद्दुन, बेनी प्रसाद (उर्दू अनुवादः असग़र हुसैन), इलाहाबाद, 1950, पृ. 72
हिन्दुस्तानी तमद्दुन, ईश्वर अटोपा, हैदराबाद 1943, पृ. 340
हिन्दुस्तानी समाजियात, डॉ. जाफ़र हुसैन, अलीगढ़, 1955, पृ. 363
हिन्दुस्तानी क़ौमियत और क़ौमी तहज़ीब, डॉ. सैयद आबिद हुसैन, भाग - प्रथम, द्वितीय, तृतीय, मक्तबा जामिया लिमिटेड, देहली, 1946
मुत्तहदा हिन्दुस्तानी क़ौमियत, डॉ. सैयद महमूद, बम्बई, 1947, पृ. 70

बज़्म-ए सूफ़िया, सबाहुद्दीन अब्दुल रहमान, आजमगढ़, 1949, पृ. 520

तारीख़-ए तसव्वुफ़-ए इस्लाम, डॉ. मो. मुस्तफ़ा हलमी (उर्दू अनुवाद : रईस अहमद जाफ़री), किताब मंज़िल, लाहौर, 1950, पृ. 333

तारीख़-ए मशाएख़-ए चिश्त, ख़लीक़ अहमद निज़ामी, देहली, 1953, पृ. 778

तसव्वुफ़-ए इस्लाम, अब्दुल माजिद दरियाबादी, आज़मगढ़ 1946 (तृतीय संस्करण), पृ. 234

हुज्जतुल इस्लाम, अकबर शाह ख़ाँ, नजीबाबाद (यू.पी.), तृतीय संस्करण, पृ. 182

हदीक़त-उल औलिया, गुलाम सरवर, नवलकिशोर, कानपुर, 1899, पृ. 164

रूद-ए कौसर, पृ. 400, आब-ए कौसर, पृ. 224, मौज-ए कौसर, पृ. 416, मोहम्मद इकराम, लाहौर

सिरात-ए मुस्तक़ीम, असद-उर रहमान, देहली, 1355 हि., पृ. 100

तरीक़ुल हिज्रतैन बाबुस्सआदतैन अज़ इब्ने जोज़ी, (उर्दू अनुवाद) इस्लामी तसव्वुफ़, अब्दुल रहीम, लाहौर, पृ. 160

अरबों का तमद्दुन, डॉ. जोज़फ़ हेल (उर्दू अनुवाद : नज़ीर नियाज़ी), देहली, 1927, पृ. 194

अवारिफ़ुल मुआरिफ़ (उर्दू अनुवाद) अबुल हसन, नवलकिशोर, लखनऊ, 1926, पृ. 684

फ़लसफ़ा-ए अजम, मोहम्मद इक़बाल, सम्पादन मीर हसनउद्दीन, हैदराबाद, 1946, चौथा संस्करण, पृ. 247

क़ुरान-अल हक़ीम मय तर्जुमा (अनुवाद सहित) (रौशन चिराग़) द्वारा : फ़तेह मोहम्मद ख़ाँ, ताज कम्पनी लाहौर, पृ. 982

क़ुरान और तसव्वुफ़, वलीउद्दीन, देहली, 1948, पृ. 180

कश्फ़-उल महजूब (उर्दू अुवाद) मोहम्मद हुसैन, लाहौर, पृ. 488

कलमात-ए तय्यबात, सम्पादक मोहम्मद फ़ज़लुर्रहमान, मुज्तबाई प्रकाशन, देहली, 1891, पृ. 308

कीमिया-ए सआदत, इमाम ग़ज़ाली, मुज्तबाई प्रकाशन, शाहदरा 1278 हि., पृ. 567

मक़ाला दर मसला-ए वहदत-उल वुजूद (यके अज़ फ़स्ल मख़तूता बजानिब अलग़रबी फी हल मुश्किलात अल-शेख़ मुहिउद्दीन अल-अरबी) ब तरतीब-ओ तस्हीह डॉ. मोहम्मद अहमद सिद्दीक़ी, इलाहाबाद यूनीवर्सिटी, 1954, पृ. 32

लमआत, शाह वलीउल्लाह देहलवी (उर्दू अनुवाद) मोहम्मद सरवर, लाहौर, 1946, पृ. 267

Introduction to the History of Sufism. Arberry, Arthur J., London, 1942. Pp. 84.

Muhammadan Festivals. Grunebaum, G.E. Von., New York, 1951. Pp. 107.

Reconstruction of Religious Thought in Islam, Mohd. Iqbal., Lahore, 1944 (reprint). Pp. 202.

Spirit of Islam. Ameer Ali., London, 1946.

Studies in Islamic Mysticism. Nicholson, R.A., London, 1921.

Sufism. Arberry, A.J., London, 1950.

वृत्तांत, इतिहास

उर्दू की इब्तदाई नश्व-नुमा में सूफ़िया-ए किराम का हिस्सा, मौलवी अब्दुल हक़, अलीगढ़, 1957 (दूसरा संस्करण), पृ. 80

पंजाब में उर्दू, महमूद शीरानी, लाहौर, 1949 (द्वितीय संस्करण), पृ. 400

तराजिम उल्मा-ए हदीस-ए हिन्द, प्रथम भाग, लेखक अबू यहया इमाम ख़ाँ नौ शहरवी, जैयद बर्क़ी प्रेस, देहली, 1356 हि.

तलामज़ा-ए ग़ालिब, मालिक राम, देहली, 1958, पृ. 314

जुरअत का अहद और इश्क़िया शायरी, डॉ. अबुल लैस सिद्दीक़ी, लाहौर, 1952, पृ. 144

जवाहर-ए सुख़न, प्रथम, द्वितीय, तृतीय, चौथा, सम्पादन मोहम्मद मुबीन चिरइय्या. कोटी, इलाहाबाद, 1932/1935, पृ. 415/840

हाली मुहिब्ब-ए वतन, डॉ. ज़ाकिर हुसैन, देहली, 1943, पृ. 48

दाग़, नूरुल्लाह नूरी, हैदराबाद, 1355 हि., पृ. 208

दास्तान तारीख़-ए उर्दू, हामिद हसन क़ादरी, आगरा, 1941, पृ. 852

दकन में उर्दू, नसीरुद्दीन हाशमी, हैदराबाद, 1936 (तृतीय संस्करण), पृ. 568

देहली का दबिस्तान-ए शायरी, डॉ. नूरुल हसन हाशमी, कराची, 1949, पृ. 398

ज़िक्र-ए ग़ालिब, मालिक राम, मक्तबा जामिया देहली, (द्वितीय संस्करण) 1950, पृ. 232

रासिख़ अज़ीमाबादी, हमीद अज़ीमाबादी, पटना, पृ. 96

रूह-ए अनीस, सम्पादक मसूद हसन रिज़वी अदीब, लखनऊ, 1956, द्वितीय संस्करण, पृ. 276

सौदा, शेख़ चाँद, औरंगाबाद, 1936, पृ. 367

सरगुज़िश्त-ए हातिम, डॉ. मोहिउद्दीन क़ादरी ज़ोर, हैदराबाद दकन 1944, पृ. 128

शेर-उल अजम (पाँचवा संस्करण), शिबली, इलाहाबाद, 1918, पृ. 248

शेर-उल हिन्द, अब्दुस्सलाम नदवी, मत्बा मुआरिफ़, आज़मगढ़, 1949, पृ. 445/ पृ. 559

शौक़ (तज़किरा-ए शौक़), अताउल्लाह पालवी, लाहौर, 1956, पृ. 391

शौक़ लखनवी, डॉ. ख़्वाजा अहमद फ़ारूक़ी, लखनऊ, 1950, पृ. 88

काशिफ़-उल हक़ाइक़, सैयद इमदाद इमाम असर, भाग प्रथम व द्वितीय, लाहौर, 1956 (द्वितीय संस्करण), पृ. 420/544

गुल-ए राना, लेखकः अब्दुल हई, मत्बा मुआरिफ़, आज़मगढ़, 1340 हि., पृ. 546

लखनऊ का दबिस्तान-ए शायरी, अबुल लैस सिद्दीक़ी, लाहौर, 1955, (द्वितीय संस्करण), पृ. 886

मजालिस-ए रंगीन, सआदत यार ख़ाँ रंगीन, सम्पादन मसूद हसन रिज़वी अदीब, लखनऊ, 1929, पृ. 72

मोहम्मद हुसैन आज़ाद, जहाँ बानो बेगम, हैदराबाद, 1940, पृ. 200

(मरहूम) देहली कॉलेज, अब्दुल हक़, अंजुमन तरक़्क़ी उर्दू, देहली, 1945, पृ. 174

मसहफ़ी और इनका कलाम, मोहम्मद अबुल लैस सिद्दीक़ी, लाहौर, 1950, पृ. 240

मलिक मोहम्मद जायसी, क़लबे मुस्तफ़ा, अंजुमन तरक़्क़ी उर्दू, देहली, 1941, पृ.207

मियाँदाद ख़ाँ सय्याह और उनका कलाम, डॉ. ज़हीरुद्दीन मदनी, बम्बई, 1957, पृ. 96

मयख़ाना-ए दर्द, नासिर नज़ीर फ़िराक़ देहलवी, जय्यद बर्क़ी प्रेस, देहली, 1344 हि. पृ. 246

मीर तक़ी मीर, ख़्वाजा अहमद फ़ारूक़ी, अलीगढ़, 1954, पृ. 632

मीर हसन और ख़ानदान के दूसरे शोअरा, महमूद फ़ारूक़ी, लाहौर, 1956, पृ. 304

नुसरती, मोअल्लिफ़ा मोलवी अब्दुल हक़, अंजुमन तरक़्क़ी उर्दू, नयी देहली, पृ. 337

वली गुजराती, डॉ. ज़हीरुद्दीन मदनी, बम्बई, 1950, पृ. 156

याद-ए चकबस्त, सम्पादक आनन्द नारायण मुल्ला, इलाहाबाद, 1926, पृ. 171

यादगार-ए बर्क़, तालिब देहलवी, देहली, 1945, पृ. 464

यादगार-ए शोअरा, सम्पादक तुफ़ैल अहमद, इलाहाबाद, 1943, पृ. 231

European and Indo European Poets of Urdu. Saxena, Ram Babu, Lucknow, 1941. Pp. 318/407.

Ghalib. S.A. Latif (2nd Edn), Hyderabad, 1929. Pp. 104.

Literary History of the Arabs, Nicholson, Reynold A, London, 1953. Pp. 506.

Literary History of Persia (in four volumes). Browne, Ed. G. London, 1919.

दीवान और कुल्लियात

दीवान-ए आबरू (चयन आबरू), असग़र अली आबरू शिष्य असीर व मुसहफ़ी, मत्बा मोहम्मदी, टोंक 1888, पृ. 168

दीवान-ए असीर (मुज़फ़्फ़र अली), गुलिस्तान-ए सुख़न, मत्बा अलवी अली बख़्श, लखनऊ, 1271 हि., पृ. 541

दीवान-ए अश्क (मीर अली हसन), 1293 हि., पृ. 182

दीवान-ए अमानत (आग़ा हसन) रौशन लाल प्रेस, लखनऊ, 1320 हि.

दीवान-ए बह्र, मत्बा मुस्तफ़ाई, लखनऊ, 1285 हि., पृ. 284

दीवान-ए बेदार, सम्पादक मोहम्मद हुसैन महवी सिद्दीक़ी, 1935, पृ. 178/45

दीवान-ए ताबाँ, सम्पादक मोलवी अब्दुल हक़, अंजुमन तरक़्क़ी उर्दू, देहली, 1935, पृ. 279

दीवान-ए तुराब अली काकोरवी, नवलकिशोर, लखनऊ, पृ. 343

दीवान-ए तस्लीम (अमीरुल्लाह), नामी प्रेस, लखनऊ, 1321 हि.

दीवान-ए सनाउल्लाह फ़िराक़ (हस्तलिखित), क़ुतुबख़ाना अंजुमन तरक़्क़ी उर्दू, अलीगढ़, पृ. 474/29, 1199 हि. पूर्व, कुल पृष्ठ 64,

प्रथम एवं अन्तिम नष्ट दीवान-ए जलील, मत्बा यूसुफ़ी लखनऊ, पृ. 98

दीवान-ए जोशिश, सम्पादक क़ाज़ी अब्दुल वुदूद, अंजुमन तरक़्की उर्दू हिन्द, देहली, 1941, पृ. 116/272

दीवान-ए हातिम अली बेग मेहर, मत्बा इलाहीबख़्श, 1287 हि., पृ. 516

दवावैन दाग़, अनवारुल मताबा, लखनऊ, 1922, आफ़ताब-ए दाग़ पृ. 106, गुलज़ार-ए दाग़, पृ. 316,

महताब-ए दाग़, पृ. 316, यादगार-ए दाग़, पृ. 256, सम्पादक अहसन मारहरवी, लाहौर, प्रकाशन, (1323 हि.)

दीवान-ए दर्द, सम्पादक मोईनुद्दीन शाहजहाँपुरी, मत्बा निज़ामी, बदायूँ, 1923, पृ. 92

दीवान ज़ादा (हस्तलिखित) शाह हातिम, ख़ुदाबख़्श लाइब्रेरी पटना, पृ. 359, 1188 हि. कुल पृष्ठ 210 (लेखक का निजी प्रतिलिपि)

दीवान-ए ज़ौक़, सम्पादक मोहम्मद हुसैन आज़ाद, लाहौर, पृ. 350

दीवान-ए राजा (गुल रियाज़ राजा), बलवान सिंह काशी निवासी, मत्बा अज़ीम-उल अख़बार, आगरा, 1271 हि., पृ. 267

दीवान-ए रश्क (अली औसत) हस्तलिखित, अंजुमन तरक़्क़ी उर्दू पुस्तकालय, अलीगढ़, पृ. 64/509, 1271 हि. प्रकाशन, कुल पृ. 128

दीवान-ए रौनक़, प्यारे लाल रौनक़ शिष्य रासिख़ देहलवी, इंपीरियल बुक डिपो प्रेस, कटरा मशरू, देहली, 1320 हि., पृ. 238

दीवान-ए सेहर, अमान अली (रियाज़ सेहर) मत्बा कारनामा, लखनऊ, 1279 हिं., पृ. 196

दीवान-ए सेहर (देबी प्रसाद सेहर), मत्बा नवलकिशोर, कानपुर, 1894, पृ. 120/44

दीवान-ए सोज़ (सैयद मीर सोज़) हस्तलिखित, पुस्तकालय अंजुमन तरक़्क़ी उर्दू हिन्द अलीगढ़, पृ. 32/477, 1213 हि. पूर्व, कुल पृष्ठ 145

दीवान-ए शाह तुराब काकोरवी, मत्बा नवलकिशोर, कानपुर, 1892, पृ. 350

दीवान-ए शोर (द्वितीय), जॉर्ज पेश शोर, मत्बा मुम्ताज़-उल मताबे, मेरठ, 1878, पृ. 228

दीवान-ए शोर (तृतीय), मत्बा मोहिब्ब-ए किशवर-ए हिन्द, मेरठ, 1884, पृ. 232

दीवान-ए शोर (चतुर्थ), मत्बा पोलीस प्रेस, मेरठ, 1889, पृ. 260

दीवान-ए शहीदी करामत अली (हस्तलिखित), रज़ा लाइब्रेरी रामपुर, पृ. 887, 1290 हि.

दीवान-ए शीरीं (नवाब शाहजहाँ बेगम भोपाल निवासी), मत्बा निज़ामी, कानपुर, 1288 हि., पृ. 192

दीवान-ए शेफ़्ता (मुस्तफ़ा ख़ाँ), लाहौर, 1954, पृ. 257

दीवान-ए आसी (तोता राम आसी), मत्बा अलवी, 1271 हि. (द्वितीय संस्करण), पृ. 221

दीवान-ए आसी, नग़्मा तरब (ब्रजबासी लाल), विक्टोरिया प्रेस बदायूँ, 1888, पृ. 104

दीवान-ए ग़ालिब, सम्पादक मालिक राम, देहली, 1957, पृ. 359

दीवान-ए फ़ाइज़ देहलवी, सम्पादक मसूद हसन रिज़्वी अदीब, अंजुमन तरक़्क़ी उर्दू, देहली, 1946, पृ. 242

दीवान-ए फ़ुग़ाँ, सम्पादक, सैयद सबाहुद्दीन अब्दुर्रहमान, कराची, 1950, पृ. 211

दीवान-ए फ़िलहाल (अब्दुल क़ादिर दकनी मुरीद शाह क़ुदरत), (हस्तलिखित) किताबत 1224 हि., पृ. 28, निशान-ए कुल्लियात व दीवान 27/512, अंजुमन तरक़्क़ी उर्दू, अलीगढ़।

दीवान-ए क़ायम चाँदपुरी (हस्तलिखित) रज़ा लाइब्रेरी, रामपुर, 373, किताबत 1256 हि., पृ. 195

दीवान-ए क़ायम (मीरज़ा मोहम्मद क़ायम), तोहफ़ा-ए हिन्द प्रेस, देहली, 1322 हि. पृ. 80

दीवान-ए कमाल (शाह कमालुद्दीन हुसैन) हस्तलिखित, अंजुमन तरक़्क़ी उर्दू, अलीगढ़, 30/475, पृ. 54

दीवान-ए गोया (फ़क़ीर मोहम्मद), नवलकिशोर, कानपुर, 1888, पृ. 103

दीवान-ए मसहफ़ी प्रथम (हस्तलिखित), रज़ा लाइब्रेरी, रामपुर 406, किताबत 1211 हि., पृ. 85, निशान 411, किताबत 1245 हि., पुनः निशान 412-415

दीवान-ए मसहफ़ी द्वितीय (हस्तलिखित), रज़ा लाइब्रेरी, रामपुर 407, किताबत 1211 हि., पृ. 106

दीवान-ए मसहफ़ी तृतीय (हस्तलिखित), किताबत 1211 हि., पृ. 109, रज़ा लाइब्रेरी, 408, निशान 416

दीवान-ए मसहफ़ी चतुर्थ (हस्तलिखित), रज़ा लाइब्रेरी रामपुर, 409, किताबत 1211 हि., पृ. 98, निशान 417

दीवान-ए मसहफ़ी छठा (हस्तलिखित), रज़ा लाइब्रेरी रामपुर, 413, पृ. 177, पुनः निशान 418

(मसहफ़ी) मजमूआ क़साएद (हस्तलिखित), रज़ा लाइब्रेरी रामपुर, 414, पृ. 131

दीवान-ए मसहफ़ी (आयात मसहफ़ी), सम्पादन मोहज़्ज़ब लखनवी 1953, पृ. 160

दीवान-ए मलिक दकनी (हस्तलिखित) अंजुमन तरक़्क़ी उर्दू लाइब्रेरी अलीगढ़, दीवान व कुल्लियात 72/517, लगभग 1280 हि. में लिखे गये, पृ. 68

मुनीर शिकोहाबादी के दीवान

प्रथम दीवान (मुंतख़िब-उल अशआर) मत्बा सईदी रामपुर, 1264 हि, पृ. 332

द्वितीय दीवान (तनवीर-उल अशआर)

तृतीय दीवान (नज़्म-ए मुनीर) मत्बा समर हिन्द, लखनऊ, 1879, पृ. 478

दीवान-ए मीर हसन, नवल किशोर, लखनऊ, 1912, पृ. 144
दीवान-ए नासिख़ प्रथम व द्वितीय, नवलकिशोर, लखनऊ, 1872, पृ. 244
दीवान-ए नज़ीर अकबराबादी, सम्पादन फ़रहतुल्लाह बेग, देहली, 1942, पृ. 37/172
दीवान-ए नूर (शिष्य जुर्रात) हस्तलिखित, अंजुमन तरक़्क़ी उर्दू अलीगढ़, 82/527, कुल पृष्ठ 27
दीवान-ए नियाज़ बरेलवी (नियाज़ अहमद), मत्बा नवलकिशोर, लखनऊ, 1937 (दसवाँ संस्करण), पृ. 60
दीवान-ए वहशत, शिष्य जाफ़र अली हसरत (हस्तलिखित), अंजुमन तरक़्क़ी उर्दू अलीगढ़, 78/523, पृ. 242
दीवान-ए वज़ीर (दफ़्तर फ़साहत) प्रथम व अन्तिम पृष्ठ नष्ट
दीवान-ए वली, सम्पादन नूरुल हसन हाशमी, अंजुमन प्रेस पाकिस्तान, कराची 1954 (तृतीय संस्करण), पृ. 54/328
दीवान-ए यक़ीन, सम्पादन फ़रहतुल्लाह बेग, अलीगढ़, 1930, पृ. 64
कुल्लियात-ए आतिश, मत्बा नवलकिशोर, लखनऊ, 188, पृ. 255
कुल्लियात-ए अख़तर (वाजिद अली शाह), लखनऊ, 1278 हि., पृ. 990
कुल्लियात-ए इलाहीबख़्श मारूफ़ (हस्तलिखित), अंजुमन तरक़्क़ी उर्दू अलीगढ़ लाइब्रेरी, 31/476
कलाम-ए इंसा, सम्पादन मिर्ज़ा मोहम्मद अस्करी, हिन्दुस्तानी एकेडमी, इलाहाबाद, 1952, पृ. 448
कुल्लियात-ए बहरी (क़ाज़ी महमूद) सम्पादन डॉ. मोहम्मद हफ़ीज़ सैयद, नवलकिशोर, लखनऊ, 1938, पृ. 312
कुल्लियात-ए जुरअत, मत्बा कारनामा, लखनऊ, 1883
कुल्लियात-ए ज़की (मेहदी अली ख़ाँ), नवलकिशोर, पृ. 354
कुल्लियात-ए ज़टल नारनोली (हस्तलिखित), रज़ा लाइब्रेरी, रामपुर, 756, कुल पृ. 46
कुल्लियात-ए सिराज दकनी, सम्पादन अब्दुल क़ादिर सरवरी, हैदराबाद, 1938, पृ. 674
कुल्लियात-ए सौदा, प्रथम व द्वितीय भाग, सम्पादन आसी, मत्बा नवलकिशोर, लखनऊ, 1932, पृ. 460 और 450
कुल्लियात-ए ज़फ़र (बहादुर शाह), मत्बा नवलकिशोर, लखनऊ, 1918, पृ. 394/198/196/244

कुल्लियात-ए क़ासिम (क़ुदरतुल्लाह खाँ देहलवी) हस्तलिखित, अंजुमन तरक़्क़ी-ए उर्दू, अलीगढ़, 505/60

कुल्लियात-ए मोहम्मद क़ुली क़ुतुब शाह, सम्पादन डॉ. ज़ोर, हैदराबाद, 1940, पृ. 1068

कुल्लियात-ए मोमिन, मत्बा नवलकिशोर, कानपुर, 1284 हि., पृ. 458

कुल्लियात-ए मीर तक़ी मीर, सम्पादन अब्दुल बारी आसी, नवलकिशोर, लखनऊ, 1941, पृ. 68/976/27

कुल्लियात नज़ीर अकबराबादी, सम्पादन अब्दुल बारी आसी, नवलकिशोर, लखनऊ, तृतीय संस्करण 1951, पृ. 104/959

मजमूआ "अंबा नामा", सैयद मोहम्मद अब्दुल बाक़ी, मासूम-उल मुताबे, लखनऊ, 1933, पृ. 20

मिरासी अनीस, नवलकिशोर, (सारे भाग)

मिरासी दबीर, नवलकिशोर, (सारे भाग)

मिरासी बख़्शी-अल मुल्क राजा उल्फ़त राय बहादुर (हस्तलिखित), 1888 अंजुमन तरक़्क़ी उर्दू अलीगढ़, 669/10

मिरासी ख़लीक़ (हस्तलिखित) अंजुमन तरक़्क़ी उर्दू अलीगढ़, 678/19, कुल पृष्ठ 28, किताबत 1236 हि. पूर्व

मिरासी मिर्ज़ा बीजापुरी (हस्तलिखित), प्रथम व अन्तिम नष्ट, कुल पृष्ठ 38, किताबत 1082 हि. पूर्व (निशान 672/14)

मिरासी मीर ज़मीर, मत्बा नवलकिशोर, लखनऊ, 1898, पृ. 372

मुसद्दस बेनज़ीर, यार अली जान साहेब, सम्पादन असर रामपुरी, रामपुर, 1950, पृ. 130/32

नादिरात-ए शाही (कलाम शाह आलम द्वितीय), सम्पादन इम्तियाज़ अली अर्शी, रामपुर, 1944, पृ. 327

आधुनिक शायरी

आरज़ू लखनवी, सुरीली बाँसुरी, लखनऊ, 1938, पृ. 200

फ़ुग़ान-ए आरज़ू, हैदराबाद, 1945, पृ. 272

आज़ाद (मोहम्मद हुसैन) ख़मकदा-ए आज़ाद, देहली, 1930 पृ. 100

निज़ाम आज़ाद, लाहौर 1910, द्वितीय संस्करण, पृ. 160

असर लखनवी, बहाराँ, लखनऊ, 1939, पृ. 179

इक़बाल (डॉ. सर शेख़ मोहम्मद), कुल्लियात नज़्म उर्दू, लखनऊ, 1953, पृ. 467

अकबर इलाहाबादी, कुल्लियात प्रथम भाग, कराची, 1951, पृ. 440

अकबर इलाहाबादी, कुल्लियात भाग 2 व 3, कराची, 1951, पृ. 473

बर्क़ देहेलवी (महाराज बहादुर), हर्फ़-ए नातमाम (सम्पादन तालिब देहलवी), देहली, 1941, पृ. 204

बेनज़ीर शाह, किताब-ए मुबीन (मसनवी), दकन, 1314 हि.

प्रेमचन्द आज़ाद, इंक़लाब-ए वतन, बरेली, 1954

जमील मज़हरी, नक़्श-ए जमील, पटना, 1953, पृ. 256

जोश मलीहाबादी : रूह-ए अदब, बम्बई, 1920, पृ. 182

शोला-ओ शबनम, बम्बई, 1944, पृ. 360

सैफ़-ओ सुबू, बम्बई, 1945, पृ. 228

हर्फ़-ओ हिकायत, बम्बई, पृ. 220

रामिश-ओ रंग, बम्बई, 1945, पृ. 262

आयात-ओ नग़मात, बम्बई, पृ. 256

सुमूम-ओ सबा, देहली, पृ. 400

सुंबुल-ओ सलासल, बम्बई, 1947, पृ. 383

सरोद-ओ ख़रोश, देहली, 1952

चकबस्त, सुब्ह-ए वतन, इलाहाबाद, 1939, पृ. 211

हाली, मुसद्दस, लाहौर (ताज कम्पनी एडीशन), पृ. 129

दीवान, 1950 (देहली), पृ. 214

मजमूआ-ए नज़्म हाली, अलीगढ़, 1929, पृ. 131

हामिदुल्लाह अफ़सर, पयाम-ए रूह, इलाहाबाद, 1927, पृ. 243

जूए रवाँ, लखनऊ, 1954, पृ. 238

हसरत मोहानी, कुल्लियात, लाहौर, 1955, पृ. 2311

हफ़ीज़ जालंधरी, सोज़-ओ साज़, हैदराबाद, 1933, पृ. 239

नग़्मा ज़ार, लाहौर, (तृतीय संस्करण), 1940, पृ. 159

तल्ख़ाबा-ए शीरीं, लाहौर, 1946

रविश सिद्दीक़ी, मेहराब-ए ग़ज़ल, देहली, 1956, पृ. 158

साहिर लुधियानवी, तलख़ियाँ, देहली, 1956 (दसवाँ संस्करण), पृ. 184

साग़र निज़ामी, बादा-ए मशरिक़, लाहौर, 1944, पृ. 236
सरदार जाफ़री : पत्थर की दीवार, देहली, 1953, पृ. 168
नयी दुनिया को सलाम, बम्बई, 1947, पृ. 175
ख़ून की लकीर, बम्बई, 1949
एशिया जाग उठा, बम्बई, 1950, पृ. 48
अमन का सितारा, बम्बई, 1950, पृ. 104
सुरूर जहानाबादी (दुर्गा सहाय), जाम-ए सुरूर, इलाहाबाद, 1910, पृ. 190
सलाम मछलीशहरी, पायल, देहली, 1944, पृ. 88
सलीम (वहीउद्दीन), मुख़म्मस, लाहौर, 1889
शाद अज़ीमाबादी
मसनवी मादर-ए हिन्द, पटना, 1931, पृ. 117
मयख़ाना-ए इलहाम, पटना, 1938, पृ. 400
सरोश-ए हस्ती, पटना, 1956, पृ. 265
शिबली, कुल्लियात-ए नज़्म, सम्पादन मसूद अली नदवी, आज़मगढ़, पृ. 121
शमीम करहानी, रौशन अंधेरा, लखनऊ, 1946, पृ. 86
शौक़ क़िदवाई : दीवान, गोण्डा 1947
गंजीना, मत्बा सईदी, रामपुर, पृ. 52
मसनवी आलम-ए ख़्याल, सिद्दीक़ बुक डिपो, लखनऊ, 1931, पृ. 96
ज़फ़र अली ख़ाँ : निगारिस्तान, लाहौर, 1936, पृ. 256
बहारिस्तान, लाहौर, 1937, पृ. 256
चमनिस्तान, लाहौर, 1944, पृ. 284
फ़िराक़ गोरखपुरी : रूह-ए काएनात, इलाहाबाद, 1945, पृ. 280
रम्ज़-ओ किनायात, इलाहाबाद, 1947, पृ. 304
शोला साज़, लाहौर, 1945, पृ. 248
रूप, इलाहाबाद, 1946, पृ. 350
फ़ैज़ (फ़ैज़ अहमद) : नक़्श-ए फ़रियादी, लाहौर, 1954 (चौथा संस्करण), पृ. 116
दस्त-ए सबा, देहली, 1953, पृ. 110

ज़िन्दाँनामा, देहली, 1957, पृ. 142
कैफ़ी (ब्रज मोहन दत्तात्रेय): भारत दर्पण, देहली, 1905, पृ. 104
जग बीती, देहली, 1955, पृ. 66
चन्द नज़्में, देहली, पृ. 69
गोपीनाथ अमन, कारवान-ए मंज़िल, देहली, 1950, पृ. 224
माहिरुल क़ादरी, नग़मात-ए माहिर, हैदराबाद, 1943, पृ. 207
महरूम (तिलोक चन्द): गंज-ए मआनी, देहली, 1957 (द्वितीय संस्करण), पृ. 549
रूबाइयात-ए महरूम, देहली, 1954 (द्वितीय संस्करण), पृ. 252
मोहसिन काकोरवी, कुल्लियात, सम्पादन नूरुल हसन, लखनऊ, 1924, पृ. 257
मुख़्तार सिद्दीक़ी, मंज़िल-ए शब, लाहौर, 1955, पृ. 122
मुल्ला (आनन्द नारायण), जूए शीर, लखनऊ, 1950, पृ. 392
नाज़िर (ख़ुशी मोहम्मद), नग़्मा-ए फ़िरदौस, भाग 1 व 2, लायलपुर, 1937
निहाल स्योहारवी, शबाब-ओ इंक़लाब, देहली, 1944, पृ. 204
वामिक़ जौनपुरी, जरस, लखनऊ, 1950, पृ. 164
वहीदुद्दीन सलीम, अफ़कार-ए सलीम, लाहौर, 1957, पृ. 319

चयन

आज़ादी की नज़्में, संयोजन सिब्ते हसन, लखनऊ, 1940, पृ. 192
इस नज़्म में, संयोजन मीराजी, देहली, 1944, पृ. 211
इन्तख़ाब उर्दू-ए मुअल्ला, 1903 से 1908 तक, सम्पादन हसरत मोहानी, अलीगढ़,
इन्तख़ाबात दवावैन, सोज़, फ़ुग़ाँ, रासिख़ देहलवी, रौनक देहलवी (शिष्य रासिख़), शमीम बुलन्दशहरी, मोहम्मद तक़ी मायल देहेलवी (शिष्य अनवर), वाजिद अली शाह अख़तर, जाफ़र अली हसरत, असीर, तन्हा, शहीदी, साबिर देहलवी, हवस लखनवी, अशरफ़ अली कसमंडवी, सम्पादन हसरत मोहानी। इनमें से कई बीसवीं शताब्दी के आरम्भ में अहसन-उल मताबे या मत्बा फ़ैज़-ए आम अलीगढ़ से प्रकाशित हुए हैं।
इंतेख़ाबात दवावैन, नसीम, तस्लीम, मोहम्मद अमान निसार, बक़ाउल्लाह बक़ा, मोहम्मद तक़ी मायल, मख़मूर, ऐश, आतिश, ग़ाफ़िल (शिष्य अनवर देहलवी), असीर लखनवी, तन्हा, शहीदी, सहर, क़ल्क़, कैफ़ लखनवी, रशकी, बेनज़ीर शाह, मस्त बनारसी, साक़िब बदायूँनी, हयात बख़्श रसा, सम्पादन हसरत मोहानी

इन्तख़ाब-ए जदीद, सम्पादन आले अहमद सुरूर और अज़ीज़ अहमद, अंजुमन तरक़्क़ी उर्दू, देहली, 1943, पृ. 273

इन्तख़ाब ज़ौक़-ओ ज़फ़र, सम्पादन पण्डित कैफ़ी और शानुल हक़ हक़्क़ी, अंजुमन तरक़्क़ी उर्दू, देहली, 1945, पृ. 202

इन्तख़ाब-ए क़लाम शेर अली अफ़सोस (मुंतख़ब अशआर), सम्पादन बिलग्रामी, जामिया मिल्लिया लाइब्रेरी, देहली

तस्वीर मनाज़िर, सम्पादन ताजौवर नजीबाबादी

भाग प्रथम, लाहौर, 1927, पृ. 152

भाग द्वितीय, लाहौर, 1927, पृ. 152

ज़ज़्बात-ए हुर्रियत, सम्पादन मुश्ताक़ अहमद मेरठी, हाशमी प्रेस मेरठ, (तृतीय संस्करण), 1940, पृ. 64

रूह-ए नज़्म, सम्पादन ताजौर, नजीबावादी और मेला राम वफ़ा

प्रथम भाग, लाहौर, पृ. 165

द्वितीय भाग, लाहौर, पृ. 190

गुलज़ार-ए नज़ीर, सम्पादन सलीम जाफ़र, इलाहाबाद, 1951, पृ. 454

मनाज़िर-ए क़ुदरत, सम्पादन इलियास बर्नी

भाग एक, अलीगढ़, 1922, पृ. 148

भाग दो, अलीगढ़, 1923

भाग तीन, अलीगढ़, 1924, पृ. 200

भाग चार, अलीगढ़, 1925, पृ. 187

नवा-ए आज़ादी, बम्बई, 1957, पृ. 399

विविध

उर्दू-ए मुअल्ला, ग़ालिब, लाहौर, 1922, पृ. 420

अफ़ादात-ए सलीम, वहीदुद्दीन सलीम, सम्पादन सैयद अशरफ़ हैदराबादी

अन्दाज़े फ़िराक़ गोरखपुरी, लाहौर, 1956 (द्वितीय संस्करण), पृ. 132

तनक़ीद और अमली तनक़ीद, एहतेशाम हुसैन, देहली, 1952, पृ. 280

क्लासिकी अदब, डॉ. ख़्वाजा अहमद फ़ारूक़ी, देहली, 1953, पृ. 252

जदीद ग़ज़ल, रशीद अहमद सिद्दीक़ी, अलीगढ़, 1955, पृ. 48

मुक़दमा शेर-ओ शायरी, हाली, देहली, पृ. 228

मकातीब-ए ग़ालिब, सम्पादन इम्तियाज़ अली अर्शी, रामपुर 1949, छटा संस्करण, पृ. 205/254

हमारी शायरी, मसूद हसन रिज़वी अदीब, लखनऊ 1953, पाँचवाँ संस्करण, पृ. 242

पत्रिकाएँ

आजकल (देहली), एक जुलाई 1947, 15 सितम्बर, 1949

उर्दू, औरंगाबाद, 1929

ओरिएंटल कॉलेज मैगज़ीन, लाहौर, तीसरा संस्करण 1927, संस्करण एक और चार 1928

मआरिफ़, आज़मगढ़, मार्च 1940 (भाग 45), अप्रैल, 1940

निगार, लखनऊ, जनवरी 1928, जनवरी 1939, सितम्बर 1949, जनवरी, 1950, फ़रवरी 1950, जनवरी-फ़रवरी 1952

हिन्दुस्तानी, इलाहाबाद, 1938, भाग 8 (पृ. 301-318)

इंडिया ऑफ़िस लाइब्रेरी ब्रिटेन में ज़ब्त की गयी किताबें

बाशिंदगान-ए देहली का पैग़ाम पुलिस के सिपाहियों के नाम, देहली, पृ. 30

बिस्मिल, रामप्रसाद, बिस्मिल की तड़प और किसानों की दुर्दशा, राम सनातन प्रेस, लखनऊ, 1930, पृ. 116

अहमद हसन, मोलवी, सदा-ए क़ौम, मुरादाबाद, मुरादाबाद प्रिंटिंग हाउस, पृ. 145

अली हुसैन शाह, सदा-ए दर्द, बारदला हाउस, लाहौर 1940, पृ. 173

अली ख़ान, मोहम्मद, महात्मा गाँधी, अज़ीजी प्रेस, कानपुर, पृ. 107

बाबू राम, अंग्रेज़ों की अकड़ फ़ूँ निकल गई, भारत बुक एजेंसी, देहली, पृ. 117

बाबू राम, कूज़े में दरिया, स्वराज्य दारुल इशाअत, मुज़फ़्फ़रनगर, पृ. 157

बिकट कहानी, अफ़ज़ल, 18 वीं सदी (हस्तलिखित)

भारती, टेक चन्द, कांग्रेस पुष्पांजली, सहारनपुर, फ़ारूक़ी प्रेस, 1930, पृ. 160

फ़हीम ख़ाँ, मोहम्मद, मग़रिबी बन्दर, हिन्दुस्तानी प्रेस, लखनऊ, 1923, पृ. 46

कुल्लियात-ए इंशा

दीवान-ए रेख़्ता रंगीन, बख़त मुसन्निफ़, 1823

कुल्लियात-ए ज़टलनामा, मीर जाफ़र ज़टल्ली

दीवान-ए यकरु, दीवान-ए मुब्तिला

कुल्लियात-ए सौदा

दीवान-ए मीर सोज़, 18 वीं शताब्दी

कुल्लियात-ए जुर्रअत

नोट : बहुत-सी किताबें जिनका विवरण सन्दर्भ-सूचि में है या जिनको सन्दर्भ-सूचि में बाद में डाला गया वह यहाँ सम्मिलित नहीं हैं।

❑❑